U0680756

淮安市淮安区文史资料第二十九辑

淮安盐商

政协淮安市淮安区委员会　编

中国文史出版社

图书在版编目（CIP）数据

淮安盐商 / 政协淮安市淮安区委员会编. -- 北京：中国文史出版社, 2022.11

ISBN 978-7-5205-3979-1

Ⅰ. ①淮… Ⅱ. ①政… Ⅲ. ①盐业史－淮安 Ⅳ. ①F426.82

中国版本图书馆CIP数据核字(2022)第234750号

责任编辑：窦忠如　　装帧设计：张　璞

网　址：www.chinawenshi.net

社　址：北京市海淀区西八里庄路69号院　邮编：100142

电　话：010- 81136606　81136602　81136603（发行部）

传　真：010-81136655

印　刷：廊坊市海涛印刷有限公司

装　帧：淮安市淮安区文史资料研究中心

经　销：全国新华书店

开　本：787×1092　1/16

印　张：20

字　数：332千字

版　次：2023年1月北京第1版

印　次：2023年1月第1次印刷

定　价：98.00元

《淮安盐商》编委会

序一

中共淮安市淮安区委书记　颜　复

公元前486年，随着我国最早的人工运河邗沟的开凿，淮安成为运河沿线最重要的城市之一。黄河夺淮入海以后，淮安因地处黄、淮、运三河交汇处，“居天下之中”，成为中国古代的交通枢纽，也因此步入了历史发展的快车道，与扬州、苏州、杭州并称为运河沿线上的“四大都市”。

“自古煮盐之利，重于东南，而两淮（注：指江苏省淮河南北地区）为最”，且“两淮盐税甲天下”。淮安以其独特的地理位置，自先秦以来一直都是国家重要的盐产区和盐业管理中心，特别是明清时期，管理淮北盐务的两淮都转盐运使司淮安分司和淮北盐引批验所等机构先后驻设于淮安，淮安管辖着淮北盐场5座、淮南盐场5座，与通州（今江苏省南通市）、泰州各占两淮盐场三分之一份额，为我国古代政治、经济发展做出了巨大贡献。直至今日，淮安探明地下蕴藏岩盐储量资源居世界首位，沪市主板上市企业“苏盐井神”已形成年产量800万吨盐化工产业规模，成为淮安打造培育的百亿级主导产业。

“淮北商人环居萃处，天下盐利淮为大”。因盐务管理机构的驻设，来自山西、陕西、徽州以及苏南等地的盐商纷纷迁居淮安，他们身上“贾而好学”的价值取向和“富而养生”的生活情趣，为淮安的社会经济发展注入了可贵的精神给养，对淮安的社会风貌产生了重要影响，并为我们留下了珍贵的历史文化遗产和可贵的精神财富。明清时期，淮安人文蔚起，仅盐商聚集的河下一地，就培养出67名进士，且多为盐商子弟，如“一门六进士”的歙县程氏和道光帝师、榜眼汪廷珍等。河下的市井风貌也得益于南来北往的盐商们，“高堂曲榭，第宅连云，墙壁垒石为基，煮米屑磁为汁”，其中100余处私家园林多是他们所构筑，雀替、马头墙、砖雕等徽派建筑特色也被他们兼收并蓄；他们倡修石板街，以致河下108条街道皆由盐商们从全国各地购置石板铺就；他们捐建义学、义所，扶危济困，由徽州盐商所捐建的“新安义所”中诞生的抗日救国团体“新安旅行团”，成为中国少年抗战史上一面光辉的旗帜……

2021年以来，为充分发挥政协文史工作“存史、资政、团结、育人”作用，探寻古代盐政制度与淮安的深厚渊源，厘清淮安盐产业发展的历史脉络，挖掘淮安盐商身上的可贵品质和人文精神，淮安区政协积极组织文史专家及特邀文史委员，历时2年，通过搜集、整理、研究大量文史资料，并围绕盐政与淮安盐业发展，以及盐商群体对淮安地方文化教育、城市建设、山阳医派与淮扬菜形成等10个方面，精心编写了《淮安盐商》一书，并由中国文史出版社正式出版。可以说，该书是我区重要的历史文化研究成果，既直观展现了淮安盐产业发展的历史变迁，又生动再现了古代淮安盐商身上心怀天下、勤奋好学、乐善好施等可贵品质，为我们传承和弘扬中华优秀传统文化提供了一部图文并茂的历史教材。

激发新动力，展现新作为。在《淮安盐商》出版之际，我谨向为本书付出辛勤劳动的编写者致以衷心的谢意。同时也期望区政协要以此书的出版为契机，进一步挖掘我区深厚的历史文化资源，用丰硕的研究成果，丰富淮安历史文化宝库，展现历史名城深厚底蕴，为大运河百里画廊建设和淮安古城复兴提供智力支撑，更为建好周恩来总理家乡和推进淮安区高质量跨越发展做出新的更大贡献。

序二

淮阴师范学院原党委副书记
《江苏地方文化史·淮安卷》主编　顾建国

我在《江苏地方文化史·淮安卷》中曾指出："一方区域文化的产生和形成，溯其本源不外人和自然两大因素的影响。"就自然地理而言，江淮区域自古就有鱼盐之饶。如唐玄宗诏称："引鱼盐于淮海，通杭纻于吴越。"（《唐大诏令集·行幸东都诏》）《两淮盐法志》也载："煮海之利，重于东南，而两淮为最。"从先秦到汉唐以降，两淮（指江苏省淮河南北地区）区域皆为海盐的重要产地。唐代诗人高适在《涟上题樊氏水亭》中描述道："煮盐沧海曲，种稻长淮边。四时常晏如，百口无饥年。菱芋藩篱下，渔樵耳目前。"说此地近海临河，人们既可以在海湾煮盐，也能在水岸边种植水稻，门前屋后的水塘篱笆里，长满了菱角和芋头，随处可见渔樵的身影，老百姓生活安定无忧。诗人温庭筠行经淮阴时也见"鱼盐桥上市，灯火雨中船"（《送淮阴孙令之官》）。既有此地利，就必然会吸引各方人等的关注和集聚。意大利旅行家马可·波罗在其所著的《马可·波罗行记》中记载说："淮安州是一甚大城市，此城制盐甚多，供给其他四十城市之用。"特别是明中叶实行"中盐法"后，以北方晋商和南方徽商为代表的客商，大批来淮业盐，并在此定居繁衍。这就在很大程度上改变了淮安城镇人口的结构和文化创造的主体，为淮安文化的发展补充了新的血液，注入了新的活力。

《淮安盐商》一书正是从这一视角，阐述了淮安盐业发展的悠久历史，较为全面地展陈了盐商的社会活动对淮安城市文化面貌和社会风尚等产生较大影响的整体画面。全书前置《两淮盐政大事年表》和《两淮盐场分布示意图》，让读者便捷地领略了淮安盐商活动的历史背景和地理空间。正文十章，则详实地记述了盐政与淮安盐业发展、盐商与淮安盐业、淮安盐商家族与人物、盐商生活与地方文化教育发展和淮安古代城市建设，以及与山阳医派和淮扬菜的形成等重要内容。

淮安盐商“贾而好儒”的价值取向，对地方的文化和教育产生了积极的影响。书中举述了徽州盐商秉承“以诚为利、以和为贵、以信为赢、以正为念”的古训，在经商活动中，讲求“存好心、行好事、说好话、亲好人”，以仁爱之心及人。倡导做人与做官要“忠厚节俭，学吃亏，存廉耻”，读书守分，取友端，临财廉，正色立朝，不棘不阿。使其子弟们为人、为学、为官多有佳名。歙县程氏“十三家”先后涌现了6名进士、12名举人，11名贡生和1名武举人，休宁汪氏则涌现了以汪廷珍为代表的一代帝师，他主张读书人要以天下为已任，切实掌握实用之学，为义为人，不利为己，并将书斋取名为“实事求是斋”，强调读书的目的是明白事理。正是这种理念的驱使，他们捐资助学，兴办义学，淮阴书院声名远播，学子仰慕；新安小学更是薪火相传，人才辈出，举国知名。

以太原阎氏和太谷王氏为代表的晋商子弟阎若璩和王锡祺等，则在学术文化事业上作出了名闻于世的贡献。阎若璩生前即被雍正皇帝称誉为“东南读书种子”，作为一名笃实的学者，他终生孜孜矻矻，著书立说。其传世之作有《尚书古文疏证》《潜丘札记》《困学纪闻录》《四书释地》《眷西堂诗集》等十几种。特别是他的《尚书古文疏证》一书，被誉为开一代学者“疑经之风”的惊世之作，其魄力之大，材料之充分，论证之严密，远远超过前人，被认为是有清200多年来最成功的一部考据之作。作为“乾嘉学派”的开创者，他所运用和创立的本证、旁证、实证、虚证、理证的考据方法，为考据辨伪学创立了通例。梁启超称他为“近三百年学术解放之第一功臣”。与阎若璩潜心治学精神一脉相承的王锡祺，在“九应省试不中”后，便以治学为乐。其一生著述宏富，经、史、古文、诗、舆地、洋务、时政等无所不包，其代表作《小方壶斋舆地丛钞》及其补编、再补编，收书一千余种，近一千万字，保存了清代相当完整、珍贵的地理资料，是研究清代中外历史地理的重要丛书，在中国地理学史上占有重要地位。其《小方壶斋丛书》则是研究淮安地方史的重要资料。

淮安盐商“富而养生”的生活情趣，推动了地方医学、美食、戏曲、园林建造和审美鉴赏水平的提升。很多盐商及其子弟们，往往集鸿儒、诗人、书画家、戏曲家、收藏家、美食家、医药家、园林家于一身。他们所建的宅邸名园，既是文人雅集的绝好场所，也为淮安城市留下了深厚的历史文化底蕴。著名的曲江楼雅集、晚甘园雅集、寓园雅集、荻庄雅集等，曾吸引了国内众多一流的学者文人前来聚会交流。文人雅士们在此创作了大量的诗文书画作品，成为研究淮安历史文化的宝贵资料。本书中指出，盐商及其子弟在与文人雅集宴请的交往过程中，文人身上所体现出的寄情山水、能书善画、高歌吟唱的文化风骨，以及平和养生、身心兼修的饮食态度，顺应自然、崇尚本真、追求至美的美食精神，清淡调和、南北相恬的中庸治膳风格，也影响着盐商的饮食审美水平，使他们懂得崇尚真美，追求精细、雅丽、清淡。淮扬菜也因此被许多美食家称为“文人菜”。晚清著名文人杨度就曾对淮扬菜的这一风味赞美有加，他说淮扬因河工盐务关系，饮食丰盛，种类甚多，肴馔清洁（刘晴波主编《杨度集》）。

为了增强可读性，《淮安盐商》一书在注意文字通俗表述的同时，还征引插入了许多珍贵的图表资料，进而丰富了人们的阅读感受。相信此书会为广大读者深入地了解国家历史文化名城——淮安，打开一扇新的窗口，提供一份新的认知。

两淮盐政大事记年表

（先秦时期—1912 年）

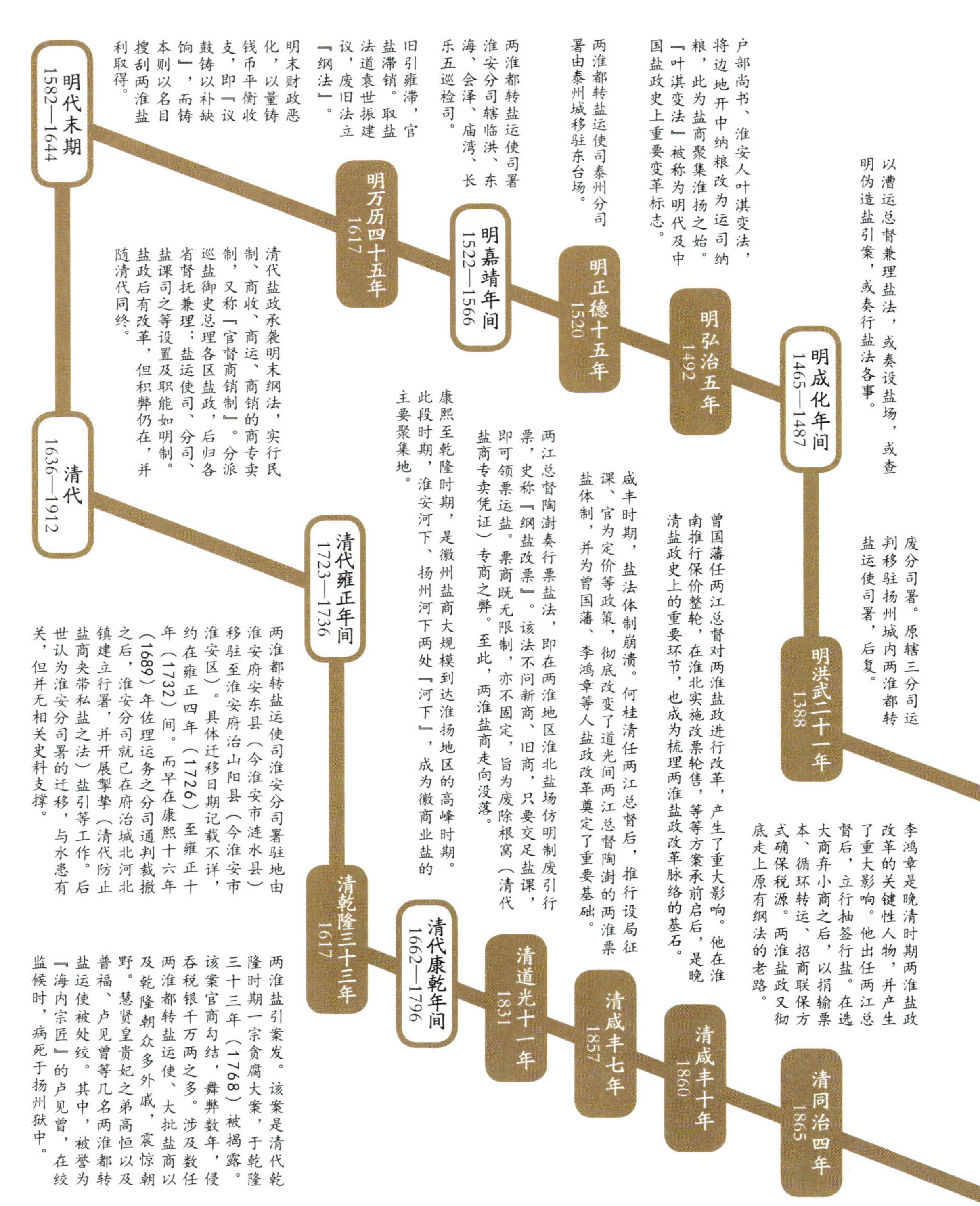

明洪武二十一年 1388
废分司署。原辖三分司运判移驻扬州城内两淮都转盐运使司署，后复。
明成化年间 1465—1487
以漕运总督兼理盐法，或奏设盐场，或查明伪造盐引案，或奏行盐法各事。
明弘治五年 1492
户部尚书、淮安人叶淇变法，将边地开中纳粮改为运司纳粮，此为盐商聚集淮扬之始。『叶淇变法』被称为明代及中国盐政史上重要变革标志。
明正德十五年 1520
两淮都转盐运使司泰州分司署由泰州城移驻东台场。
明嘉靖年间 1522—1566
两淮都转盐运使司署淮安分司辖临洪、东海、会泽、庙湾、长乐五巡检司。
明万历四十五年 1617
旧引壅滞，官盐滞销。取盐法道袁世振建议，废旧法立『纲法』。
明代末期 1582—1644
明末财政恶化，以量铸钱币平衡收支，即『议鼓铸以补缺饷』，而铸本则以名目搜刮两淮盐利取得。
清代 1636—1912
清代盐政承袭明末纲法，实行民制、商收、商运、商销的商专卖制，又称『官督商销制』。分派巡盐御史总理各区盐政，后归各省督抚兼理；盐运使司、分司、盐课司之等设置及职能如明制。盐政后有改革，但积弊仍在，并随清代同终。
清代雍正年间 1723—1736
两淮都转盐运使司淮安分司署驻地由淮安府安东县（今淮安市涟水县）移驻至淮安府治山阳县（今淮安市淮安区）。具体迁移日期记载不详，约在雍正四年（1726）至雍正十年（1732）间。而早在康熙十六年（1689）年佐理运务之分司通判裁撤之后，淮安分司就已在府治城北河北镇建立行署，并开展掣挚（清代防止盐商夹带私盐之法）盐引等工作。后世认为淮安分司署的迁移，与水患有关，但并无相关史料支撑。
清乾隆三十三年 1617
两淮盐引案发。该案是清代乾隆时期一宗贪腐大案，于乾隆三十三年（1768）被揭露。该案官商勾结，舞弊数年，侵吞税银千万两之多。涉及数任两淮都转盐运使、大批盐商以及乾隆朝众多外戚，震惊朝野。慧贤皇贵妃之弟高恒以及普福、卢见曾等几名两淮都转盐运使被处绞。其中，被誉为『海内宗匠』的卢见曾，在绞监候时，病死于扬州狱中。
清代康乾年间 1662—1796
康熙至乾隆时期，是徽州盐商大规模到达淮扬地区的高峰时期。此段时期，淮安河下、扬州河下两处『河下』，成为徽商业盐的主要聚集地。
清道光十一年 1831
两江总督陶澍奏行票盐法，即在两淮地区淮北盐场仿明制废引行票，史称『纲盐改票』。该法不问新商、旧商，只要交足盐课，即可领票运盐。票商既无限制，亦不固定，旨为废除根窝（清代盐商专卖凭证）专商之弊。至此，两淮盐商走向没落。
清咸丰七年 1857
咸丰时期，盐法体制崩溃。何桂清任两江总督后，推行设局征课、官为定价等政策，彻底改变了道光间两江总督陶澍的两淮票盐体制，并为曾国藩、李鸿章等人盐政改革奠定了重要基础。
清咸丰十年 1860
曾国藩任两江总督对两淮盐政进行改革，产生了重大影响。他在淮南推行保价整轮，在淮北实施改票轮售，等等方案承前启后，是晚清盐政史上的重要环节，也成为梳理两淮盐政改革脉络的基石。
清同治四年 1865
李鸿章是晚清时期两淮盐政改革的关键性人物，并产生了重大影响。他出任两江总督后，立行抽签行盐。在选大商弃小商之后，以捐输票本、循环转运、招商联保方式确保税源。两淮盐政又彻底走上原有纲法的老路。

先秦 —前221

夙沙初作煮海为盐，号称『盐宗』。周设『盐人』『掌盐笶之政令，以供百官之盐』。

春秋战国 前770—前221

管仲于齐国推行『官山海』政策，开中国盐政之始。

秦两汉 前221—前207

秦统一天下，食盐自由采售，官府税重。

西汉 前202—8

吴王刘濞封广陵，『东煮海水为盐』。

西汉元狩四年 前119

盐铁之利归官专卖。

东汉 25—220

废盐专卖，置盐官征盐税。

魏晋南北朝 220—581

食盐专卖并设盐校尉，后或征税或专卖不常。

隋开皇三年 583

除禁榷，通盐池、盐井之利与百姓共之，既不行官卖，又免征盐税，实行无税制。

唐代 618—907

逐步恢复盐税，后实行『就场专卖制』，即民制、官收、官卖、商运、商销。创世袭盐籍，隶盐铁使。

唐宝应元年 762

刘晏任盐铁使，年煮盐六十万担。时淮盐产量占江淮地区总产量三分之一。

五代十国 902—979

或专卖，或征税，或官商，或并卖。盐仍由民制、官收，运销划官卖区与通商区。淮食但禁转售。私煮私贩处极刑，为中国盐政最严酷时期。

北宋 960—1127

两淮盐区实行止行官卖法，即官卖商销，后有反复。两淮盐区商人可自行下场支盐。雍熙间推行折中法，商输粮草至边塞，计价发『交引』。范祥实行盐钞法后，一度缓解朝廷财政危机。淮南道建造楚州、通州两处盐仓，真州、涟水两处转搬仓。

南宋绍兴四年 1134

朝廷诏令『淮浙盐钞每袋贴输钱三千，并计纲输所在』。终宋一代，虽盐制多变，然以行就场专卖为主，即民制、官收、官卖、商运、商销。由于战事导致江浙商旅堵滞，各地盐钞盛行。恢复后盐钞法罢去。

元代 1271—1368

元初行盐税，后仿北宋折中法，延续就场专卖制，但立法较严，但弊端亦多，有称元代之亡，亡于盐政紊乱。

元至元十四年 1277

置两淮都转盐运使司署于泰州，管理两淮盐政。

元至元十九年 1282

议设『盐使司、卖盐法』。两淮盐场实行盐民生产、按额度依『工本钞』收购价卖于官方。

元大德四年 1300

推行『立仓纲运』，设立官仓，置盐官，严禁盐商从盐户手中购盐。

明代 1368—1644

朱元璋建国前两年，在与张士诚交战时即置两淮都转盐运使司署。明初，该署下设通州、泰州、淮安三分司。盐政产运销基本依元制，仿宋代开中法，而全国盐政归属户部。万历间，全面实行『商专卖制』。

清代末期 —1912

清末盐政状况如民国时期盐务改革家左树珍所言，专商积弊，迄未革除，各省盐务，纷乱如丝，国课民生，交受其困。时倡导改革盐务运动者，最具影响力者首推张謇，次为景学钤。

两淮盐场分布示意图

（据清代雍正年间相关盐政史料标绘）

两淮都转盐运使司署　**辖三分司三十盐场：**

通州分司　**辖：**　丰利场　马塘场　掘港场　石港场　西亭场　金沙场　余西场　余中场　余东场　吕四场

泰州分司　**辖：**　小海场　草堰场　丁溪场　东台场　何垛场　梁垛场　安丰场　富安场　角斜场　栟茶场

淮安分司　**辖：**　兴庄团场　临洪场　徐渎浦场　板浦场　莞渎场　庙湾场　新兴场　伍祐场　刘庄场　白驹场

兴庄团场
临洪场
徐渎浦场
板浦场
莞渎场
庙湾场
淮北地区
淮南地区
江
蘇
淮安分司署
淮北盐引批验所大使署
漕运总督署
新兴场
伍佑场
刘庄场
白驹场
草堰场
小海场
丁溪场
东台场
何垛场
梁垛场
安丰场
泰州分司署
富安场
角斜场
栟茶场
丰利场
马塘场
掘港场
石港场
西亭场
吕四场
通州分司署
金沙场
余西场
余中场
余东场
两淮都转盐运使司署
淮南盐引批验所大使署
徐州
洪澤湖
揚州
鎮江
江寧
常州
蘇州
太湖
松江
崇明

CONTENTS

目　录

第一章　盐政与淮安盐业发展

盐是人们日常生活中的必需品，同时还是关系到社会稳定的重要物资及战略资源。中国制盐历史悠久，在世界盐业发展史上有着举足轻重的地位。从春秋时期管仲推行“官山海”政策，开中国盐政之始，到唐代刘晏创立“就场专卖”制度，定中国盐政发展之道，历代盐业制度不断发展完备的过程，正是国家逐渐走向统一、稳定和辉煌的历程。“自古煮盐之利，重于东南，而两淮（注：指淮河南北）为最”，且“两淮盐税甲天下”。淮安东近黄海，地处两淮盐场淮南（指淮河以南）地区北部，历来都是我国主要盐产区之一。明清兴盛时期，两淮地区共设盐场30座，其中淮北地区5座，淮南地区25座。淮安领淮北盐场5座、淮南盐场5座，与通州（今南通市）、泰州各占两淮盐场三分之一份额，为我国古代政治、经济发展做出了贡献。

第一节　盐政沿革

我国的制盐历史最早可以追溯至先秦时期（前221），而盐政始于春秋战国。上古先民们，在利用海水自然晒干的粉末添加进食物后，享受到了食物的鲜香，便将盐作为食物调味品使用，而后开始摸索从海水中制取食盐。在随后的历史中，伴随着盐产业的诞生与发展，国家对盐产业的运行和监管应运而生，被称作为盐政。

一、元代前的盐政

上古历史文献汇编《尚书·禹贡》中记录了海盐的生产历史：“海岱惟青州。

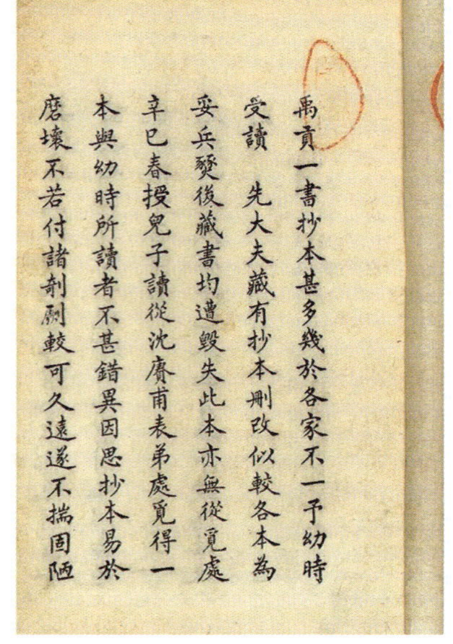
禹貢一書抄本甚多幾於各家不一予幼時
受讀 先大夫藏有抄本刪改似較各本為
妥兵燹後藏書均遭毀失此本亦無從覓處
辛巳春授兒子讀從沈賡甫表弟處覓得一
本與幼時所讀者不甚錯異因思抄本易於
磨壞不若付諸剞劂較可久遠遂不揣固陋

禹貢
上之所取謂之賦下之所供謂之貢獨以貢名者
貢乃夏后氏田賦之總名也
禹敷土隨山刊木奠高山大川
此禹治水之要也洪水橫流區域莫辨禹分別土
地以為九州地勢之高下以知而功可施矣洪水
方割道路不通禹隨山之便宜以斬木之蔽障水
勢之緩急以知而功可興矣洪水滔天州境不別

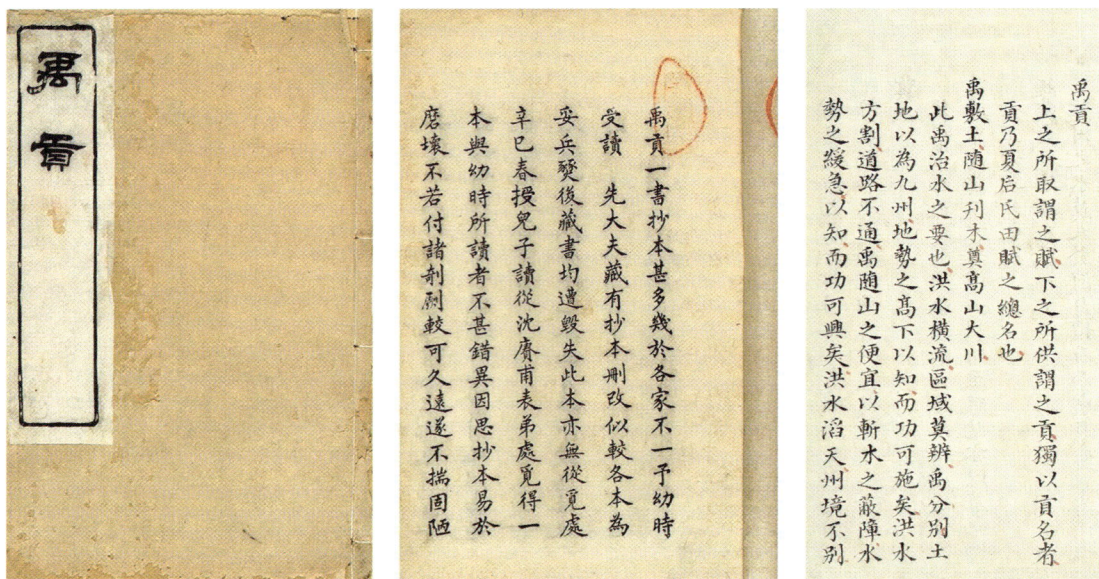

古代地理著作《禹贡》

该著作托名于大禹所作，为《尚书》中的一篇。其地理记载囊括了各地山川、地形、土壤、物产等情况。历代对其作者说法不一。王国维在《古史新证》中认为周初人所作；史念海在《论〈禹贡〉的著作时代》中认定作者为魏国人；顾颉刚认为出自战国时秦国人之手；此外还有日本学者内藤虎次郎的战国末至汉初说。

嵎夷既略，潍、淄其道。厥土白坟，海滨广斥。厥田惟上下，厥赋中上。厥贡盐絺，海物惟错。”时中国之盐产区，除“海岱惟青州”之外的“海岱及淮惟徐州”“淮海惟扬州”中，即包括了后世淮安及其所辖的食盐产地。这块土地曾先后被郯、齐、吴、越、楚等政权占据，历来产量大，成本低，品质好的“淮盐”，成为所有统治者竭尽全力刮取之利，以此充实军需，力图霸业。

《尚书·禹贡》中关于“青州贡盐”之记录，是为盐税征收之开端。《中国盐政史》中也有记载：“税法之起始于贡，禹承尧命别九州，任土作贡，青州盐贡，为盐税起源。”盐税在历史上被称为“盐课”，《尚书·禹贡》中还记载了青州所贡赋税有盐、细葛布及各种海产品等实物，可见盐税的维形在夏代就已产生。到了周代，税收设为“九赋”，是国家财政的经常性收入。九赋中的“山泽之赋”，则是对煮盐征收赋税的具体规定。春秋战国时期，淮盐生产完全附属于农业。如依照齐国的盐业制度，制盐分为官制、民制两种，这在先秦学术著作《管子》中有颇为详尽的介绍。时经君王批准，人们可于农闲时节，砍伐枯蒌草木作为煮盐燃料。从冬十月开始，到第二年正月，为规定的淮盐生产期。而到阳春农忙季节，则禁止煮盐。在当时，煮盐燃料的获取，必须得到君王的准予；煮盐的工具、灶丁的食物，则可用实物在集市交易获得；而煮出的盐不得占为私有，必须向政府缴纳，再靠政府发还煮盐生产成本，或由政府向富户“称贷”，以解决盐民的工本。齐国宰相管仲还首次提出盐、铁专卖思想。他认为，“若盐铁专卖，则能民不加赋，而国家财用足。”《左传》“昭公二十年”中载，春秋末年“法制递变，流弊寖多”，齐国还专门设置了看守煮盐燃料资源的“山林”“草地”职官和守护海产的“祈望”职官，以护盐利，即“海之盐蜃，祈望守之”。唐初经学家孔颖达曾疏：“海是水之大神，有时祈望祭之，因以祈望为主海之官也。”故后世学者据此而推定，齐国当时守护海盐的“祈望”之官，为中国盐业缉私制度的开始。

秦统一中国后，实行郡县制，各种税收均由诸侯国征收，盐税仍属“山泽之赋”。西汉时期，汉武帝刘彻为防御北部边疆，并抑制商人资本发展，开始实行盐的专卖，且制定了盐铁专卖法，全部官运官销。东汉时期，光武帝刘秀改为征税。三国鼎立之后，魏、蜀、吴均实行食盐专卖。南北朝后，

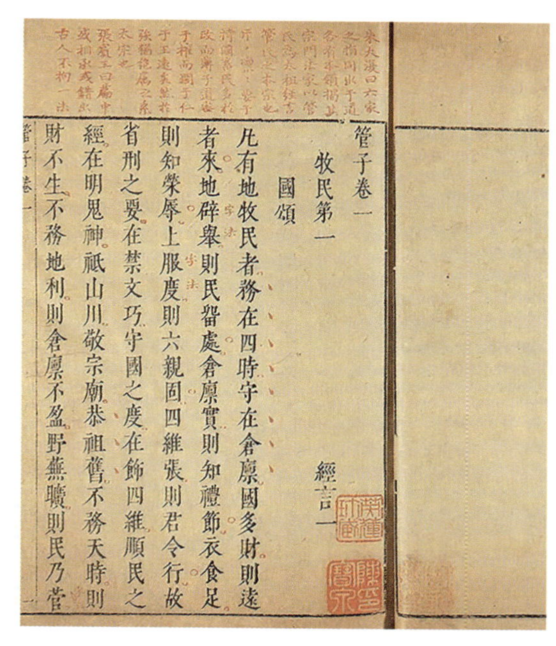
管子卷一
牧民第一　經言一
國頌
凡有地牧民者務在四時守在倉廩國多財則遠者來地辟舉則民留處倉廩實則知禮節衣食足則知榮辱上服度則六親固四維張則君令行故省刑之要在禁文巧守國之度在飾四維順民之經在明鬼神祇山川敬宗廟恭祖舊不務天時則財不生不務地利則倉廩不盈野蕪曠則民乃菅
管子卷一

先秦时期各学派言论汇编——《管子》

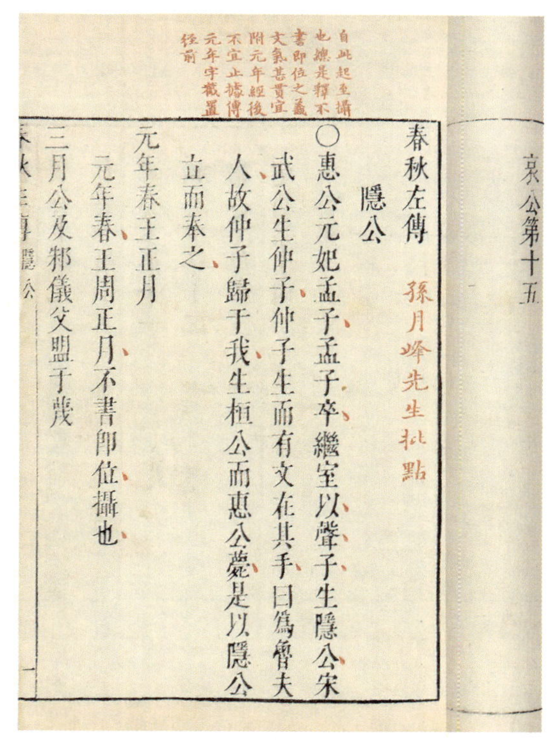
哀公第十五
春秋左傳
隱公　孫月峰先生批點
○惠公元妃孟子孟子卒繼室以聲子生隱公宋武公生仲子仲子生而有文在其手曰爲魯夫人故仲子歸于我生桓公而惠公薨是以隱公立而奉之
元年春王正月
元年春王周正月不書即位攝也
三月公及邾儀父盟于蔑
春秋左傳　隱公　一

中国首部叙事完备的编年体史书——《左传》

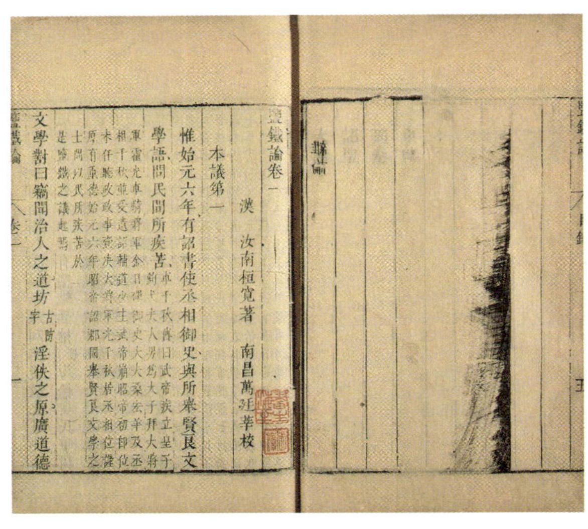

西汉桓宽《盐铁论》

《盐铁论》是西汉名臣桓宽根据著名的“盐铁会议”记录、整理、撰写的文学体裁对话体史书。

南朝采用征税制，北朝则以专卖与征税并行。隋文帝统一南北后，采用租庸调制，使得财政收入较为充足，直至中唐时期都不征盐税。中唐以后，社会时局动荡，国家财政出现困难，唐玄宗李隆基开始征收盐税，且变换花样加码。直至唐德宗李适当政年间，刘晏改革盐铁制度，才“寓税于价”，并开始实行食盐专卖。到了五代，盐政实行按户强销政策。后晋则实行两税盐钱，即把盐税均摊至田税，于春夏两季，随地税征收。北宋初期实行盐税法，除两税盐钱外，还推行商运法和官司卖法。商运法即每年收取过税1钱，往卖税2钱，听商运销；官司卖法即由官司运卖。由于两种盐法均存在弊端，又改行钞盐法，规定商人凡纳钱4800文，售予1票，可领盐200斤，任期限运销。又设置都盐院，作为盐价调节机关，平衡盐价，使盐有常价，钞有定数。到宋神宗熙宁年间，为使盐商专卖，而发售盐引。宋徽宗时，宰相蔡京当权，又改钞盐法为盐引法。南宋时，亦使用变盐法，设置合同场，收引税钱，每斤输引钱25文。同时，又有许多附加，如土产税、住税等。金代初期，盐税沿用宋制，行钞盐法。南宋嘉定七年

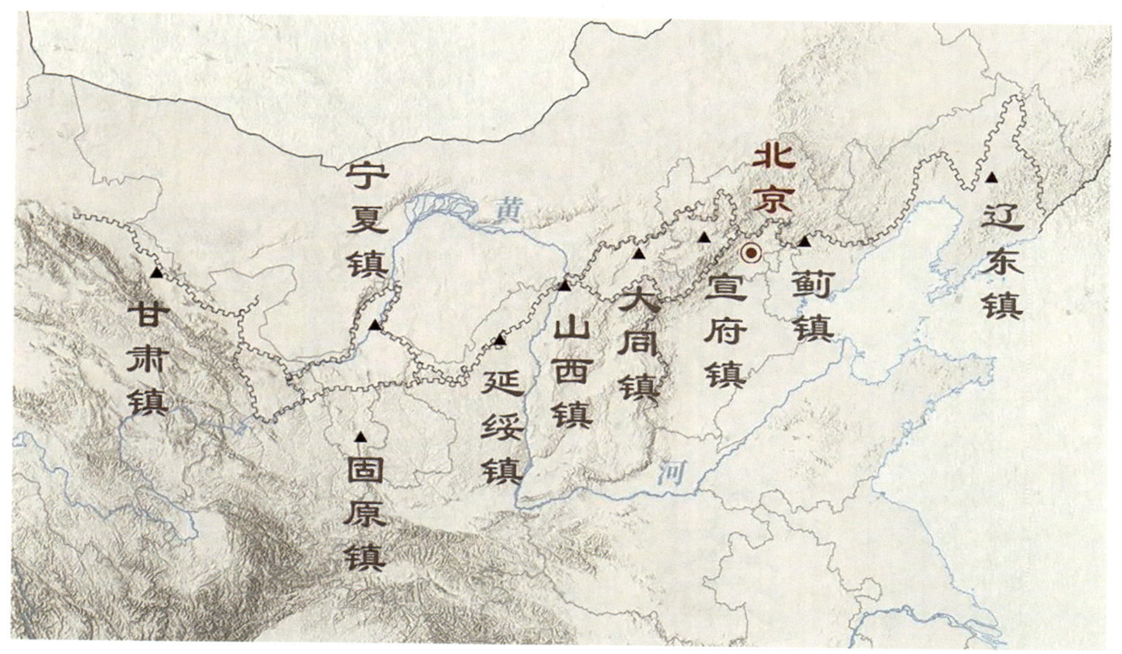

明代“九边重镇”

明代“九边重镇”东起鸭绿江，西抵嘉峪关，自北部边防线相继设立辽东镇、蓟镇（亦称蓟州镇）、宣府镇、大同镇、山西镇（亦称偏头关）、延绥镇（亦称榆林镇）、宁夏镇、固原镇（亦称陕西镇）、甘肃镇依次排开。嘉靖中期以后，随着防务加重，明廷又在“九镇”基础上析置众多新镇，成为明王朝同蒙古残余势力防御作战的重要战线。

（1214），朝廷征召灶民，建灶刈草（割草），设场煎盐，并在楚州（今淮安市及盐城市、连云港市、宿迁市一带）建“天赐盐场”。元代时，盐税制度得到进一步发展，实行专商运销之法，即专卖制，又称引岸法。商人想要运盐，先要买盐引，每引400斤。这样，商人便取得公开运销食盐的权利，成为专商。同时，设两淮都转运盐使司，专门负责管理两淮地区盐运事务。

二 明清时期盐政

明清时期是中国盐政发展的一个重要历史阶段，也是高光时期。明代以后，蒙元势力被赶至漠北地区，但仍经常骚扰北部边疆，成为明王朝的心腹大患。为此，明廷从辽东至甘肃设立“九边重镇”（即9个边防镇守地），驻以80万军队戍边。因为战线长、军队多，后勤供给成为了一个大问题。于是，朝廷利用国家所控制的盐业专卖权，实行开中法，来解决这样一个问题。所谓“开中”，即指让商人向国家交纳一定的粮食、草料、马匹，并令其将这些物资运至指定的边防要塞，国家再发给其相应数量的盐引（领销食盐凭

《明史》

《明史》是二十四史中的最后一部，共320卷，包括本纪24卷，志75卷，列传220卷，表13卷。作为一部纪传体断代史，其记载了自明太祖朱元璋洪武元年（1368）至明思宗朱由检崇祯十七年（1644）共276年的历史，是一部水平较高的史书。

证），到指定盐场领盐，再至指定地区销售，以获取利润。后来，又相继实行纳布中盐法、纳马中盐法和纳铁中盐法，均为明代盐法开中制度的重要内容。

明代边防主要集中在西北地区，近水楼台先得月的山西、陕西粮商闻风而动，首先经营起这项业务。他们挟资到产粮区去购买粮食，运至塞上，再换取相应的食盐经营权，牟取高额利润。后这些粮商为免去采购和运输粮草的麻烦，便直接雇人在边塞地区开荒种地，就地产粮，就地交纳。再之后，内地盐商也纷纷加入了这一行列。在当时，军队在边塞同样也要屯垦，被称为“军屯”，商人屯垦则被称为“商屯”。商屯的出现，使边塞的荒地得到了开垦，人口增多，市面繁荣，军用物资充足，客观上大大有利于国防。

在当时，商人向国家交纳的粮草马匹等实物，称为“本色”。后由于权贵、宦官等群体强占盐利，使得拿到盐引的商人，在盐产区提不到盐。有的盐商甚至守了多年仍然无盐可供，只得将手中的盐引卖给有能力支盐的人去提取。

如此，形成了盐引可变现白银，而白银同样可以换成盐引的局面。此后，盐法制度逐渐有了改变，即商人可直接向都转盐运使司交纳同等价值的白银，即可换取盐引，且还无须再交粮草实物至边塞。这种缴纳白银换取盐引的方式，被称为“折色”。官府将折色银上缴户部，户部再分配给各个边防，由他们自己采购所需粮草马匹等物资。于是，商人们陆续从边塞地区撤回。在与边防彻底脱钩后，他们便直接来到产盐地区来单一从事盐业经营。

淮安是淮盐的重要产区，在当时来了不少西北盐商。其时，国家财政收入大大增加，时“国家岁入正赋共四百万有奇，而盐课居其半”。有人将交纳本色改为交纳折色称之为一次变法，而始于弘治年间户部尚书、淮安人叶淇。《明史・食货一》中记载：“明初，募盐商于各边开中，谓之商屯。迨弘治中，叶淇变法，而开中始坏。诸淮商悉撤业归，西北商亦多徙家于淮，边地为墟，米石直银五两，而边储枵然矣。”《明史・食货四》中也记载道：“弘治五年（注：1492），商人困守支，户部尚书叶淇请召商纳银运司，类解太仓，分给各边。每引输银三四钱有差，视国初中米直加倍，而商无守支之苦，一时太仓银累至百余万。然赴边开中之法废，商屯撤业，菽粟翔贵，边储日虚

明代弘治年间户部尚书叶淇画像

叶淇（1426—1501），字本清，淮安河下人。景泰五年（1455）进士。历任云南道监察御史、河南武陟县知县、顺天府宝坻县知县、广西按察司佥事、河南按察使、都察院左佥都御史、户部左侍郎、户部尚书等官职。弘治五年（1492）叶淇实施的盐政改革，既是当时社会发展的需求，也是经济发展的要求，并基本确立了明清两代盐政制度的总体框架。使得徽商得以在两淮地区迅速崛起，让社会消费大增，城市交易日益频繁，为明代中后期资本主义萌芽产生，奠定了基础。

明代“两淮税课”十两银锭

该银锭为明代淮盐行销地区所征盐税折银十两银锭，刻有税项及银匠名称“得正”。铸造精美，双耳完整，通体带银光。时淮盐粒大色白，品质优良，不仅行销多省，同时也是政府食盐采办的主要对象。

矣。”正因叶淇如此变法，使得明代士大夫对他多有责难，甚至说他这样做是为了照顾自己的亲故。万历年间状元焦竑曾说：“叶淇与内阁徐溥最厚，溥以淇淮安人，盐商皆其亲识，因与淇言：‘商人赴边纳禄，价少而且远涉，在运司纳粮，价多而又易办。’淇遂奏准，两淮运司盐课，于运司开中纳银，解太仓银库收贮，分送各边。盐价积至100余万两，人以为利，而不知坏旧法也。盖洪、永以来，天下盐课，俱开中各边，上纳本色米豆，商人欲求盐利，预就边开垦，转运本色以待。故边方粟豆，无甚贵之时，而阡陌林木，交互森茂，胡马不得内侵。今废商人赴边报中之法，虽曰利多，而土地抛荒，米豆腾涌，盐政亦并大坏。二人误国之罪，不可胜诛矣。”以他的说法，实施开中法制度的并不只有叶淇一个人，还有一个“同伙”徐溥，其于弘治五年（1492）为首辅，是叶淇的顶头上司。

盐政方针从交纳本色改为交纳折色，而致使边防削弱的责任全部推到少数几个人头上是有失公允的。其实，纳银取代纳粟并不始于叶淇。史学家李洵在其《明史食货志校注》中对《明史·食货志》相关段落加注时写道：“成化年间已停止各边开中法，令盐商于户部、运司纳粮中盐。可见明代停止开中法并不始于叶淇变法。”中盐纳银始于成化初，但非始于盐商，而是源于皇亲、贵族、官僚和宦官。《明史·食货四·盐法》中载："宪宗末年，阉宦窃势，奏讨淮、浙盐无算，两淮积欠至五百余万引，商引壅滞。"明代中期名臣马文升在《重盐法以备急用疏》中说："有乞恩求讨者，有织造支用者，加以两京往来势要船只，夹带私盐数多，又况行盐地方之不拘，私自贩卖之无禁，虽有中者，及至到边，多不上纳粮料，止是折收银两。一遇紧急缺粮，复命大臣前去督理，重复劳民买运。"经营盐业可获巨利，一些皇族、高官当然眼馋，便公然或以他人名义插手盐业。还有一些皇帝宠爱的宦官，竟直接向皇帝讨要盐引，从中牟利。他们从不参与买粮缴纳换取盐引的事宜，都是直接交银子办事。时间一久，交银子中盐就成了惯例。尽管不是人人都可以办得到，但当时的盐商个个都想做到。总之，开中法行之百余年，一旦变革，绝非由某些人的主观意图所能决定的。寻根究底，开中法的变革，源于商品经济的发展。自明代中叶以后，还相继出现田赋折银、力役折色等措施。而中盐纳粮改纳折色，亦是此段时期经济趋势发展的产物。至于对边防产生的某些不利因素，应采用移民屯垦等其他方法进行调节。

叶淇自弘治四年（1491）起，担任了6年户部尚书。《明史·叶淇传》中称其"直亮有执，能为国家惜财用"。他还曾对奸民献皇庄与内官太监龙绶两人请长芦盐引一事，进行了坚决抵制。这说明他在盐业政策上的坚持是有原则的，也对国之理财多有建树。至于开中变法，也只是顺应历史潮流和民情而已。因为"不夺权势"，抵制"额外陈乞"而受到攻击，是正常的。说他"误国之罪，不可胜诛"就未免太过分了。说盐商皆叶淇之"亲识""与扬州盐商至亲"，都没有实据。但有一点是可以肯定的，即盐商们对叶淇是拥护的，感激的。至于他们纷纷来到叶淇家乡定居、业盐，则还是多因为业务所需，毕竟除了淮安之外，扬州、泰州等地也同样有盐商定居业盐。叶淇是淮安河下人，淮安地方志中有关于叶淇的记载也很多。如记载为叶淇所立牌坊就有象贤坊、地官尚书坊、持宪坊、进士坊等等，均在河下竹巷

官盐运输木凭证

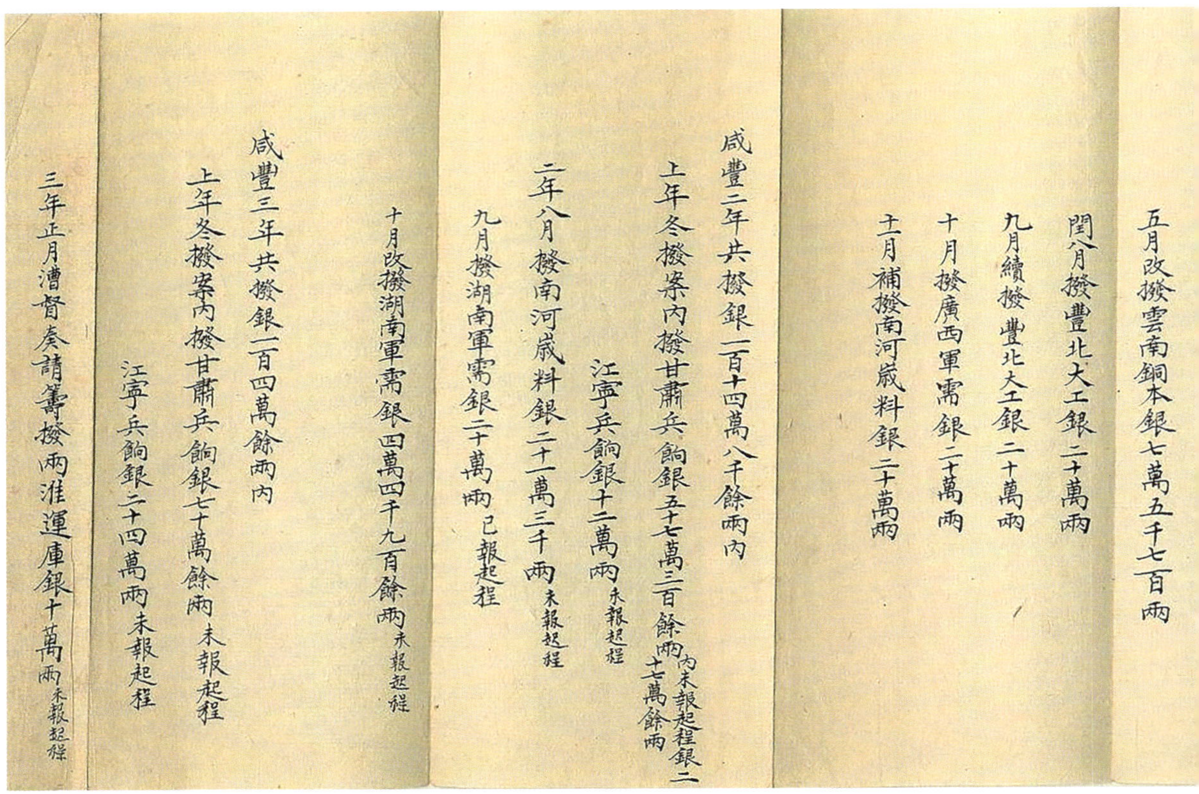
五月改撥雲南銅本銀七萬五千七百兩
閏八月撥豐北大工銀二十萬兩
九月續撥豐北大工銀二十萬兩
十月撥廣西軍需銀二十萬兩
十一月補撥南河歲料銀二十萬兩
咸豐二年共撥銀一百十四萬八千餘兩內
上年冬撥案內撥甘肅兵餉銀五十七萬三百餘兩內未報起程銀二十七萬餘兩
江寧兵餉銀十二萬兩未報起程
二年八月撥南河歲料銀二十一萬三千兩未報起程
九月撥湖南軍需銀二十萬兩已報起程
十月改撥湖南軍需銀四萬四千九百餘兩未報起程
咸豐三年共撥銀一百四萬餘兩內
上年冬撥案內撥甘肅兵餉銀七十萬餘兩未報起程
江寧兵餉銀二十四萬兩未報起程
三年正月漕督奏請籌撥兩淮運庫銀十萬兩未報起程

街。他的墓在移风闸西岸，即板闸镇（今淮安市生态文旅区）西北，当年有祠堂及神道碑。

每当一个新的制度运行一段时间，就会有新的弊端出现。以实物中盐改为折色中盐以后，边防削弱。之后亦部分恢复起原有的开中制度，且始终都未能根除各种弊端。万历四十五年（1617），朝廷设疏理盐法道，袁世振以按察使身份任其职，并与官员李汝华联名向朝廷建议实行纲盐法。就淮北地区而言，他将淮北各商所领盐引分成“十四纲”，并编成纲册，即“天”“杯”“圣”“寿”“齐”“南”“岳”“帝”“藻”“辉”“光”“动”“北”“辰”。崇祯三年（1630），改为“调”“和”“赞”“化”“育”“羹”“鼎”“裕”“盐”“梅”。每字代表一纲，每年行一字，以一纲行积引（即凭积存的旧引支盐运销）。另外“十三纲”，则用新引（即由商人直接向盐户收购运销）。自万历四十六年（1618）始，迄崇祯四年（1631）止，淮北积引俱销完。从此，盐的收买运销权都归于盐商，并得以世袭专卖。纲盐实行以后，即收到明显成效，不但行盐顺畅，且把积欠国家的课额都补了回来。

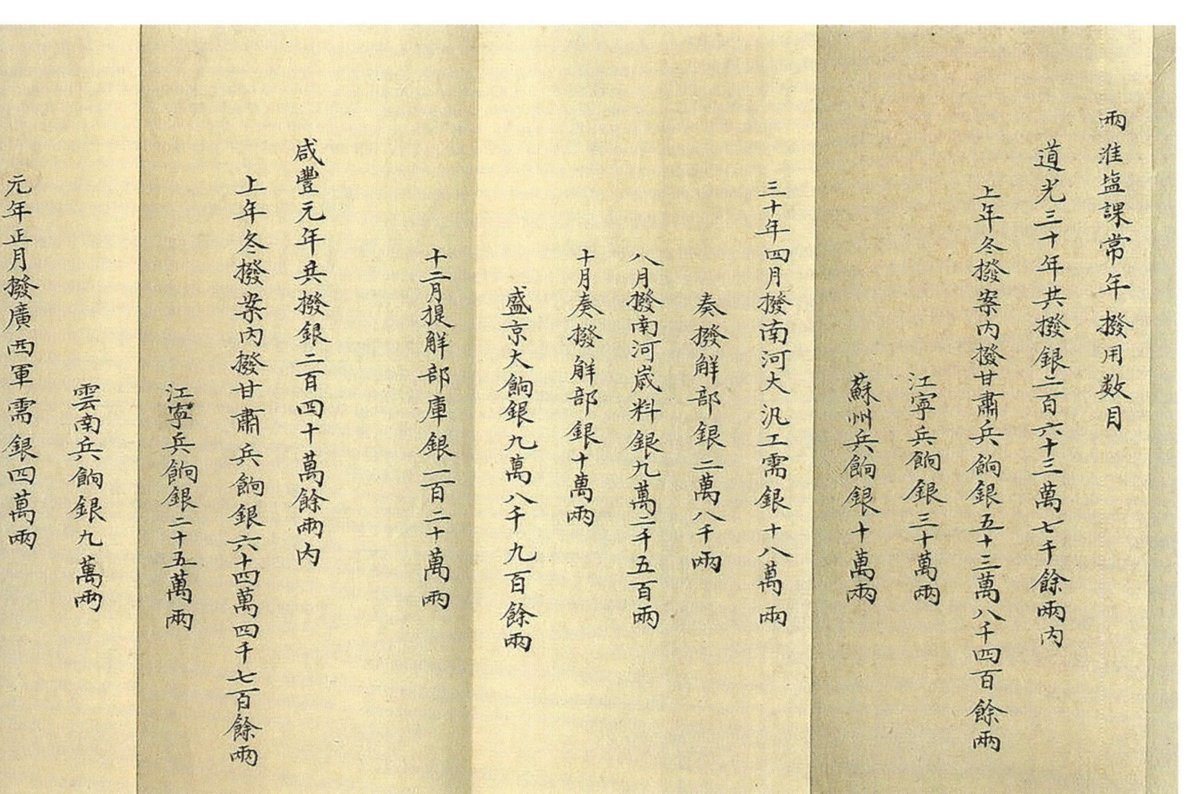

兩淮盐課常年撥用數目

道光三十年共撥銀二百六十三萬七千餘兩內

上年冬撥案內撥甘肅兵餉銀五十三萬八千四百餘兩

江寧兵餉銀三十萬兩

蘇州兵餉銀十萬兩

三十年四月撥南河大汛工需銀十八萬兩

奏撥解部銀二萬八千兩

八月撥南河歲料銀九萬二千五百兩

十月奏撥解部銀十萬兩

盛京大餉銀九萬八千九百餘兩

十二月提解部庫銀一百二十萬兩

咸豐元年兵撥銀二百四十萬餘兩內

上年冬撥案內撥甘肅兵餉銀六十四萬四千七百餘兩

江寧兵餉銀二十五萬兩

雲南兵餉銀九萬兩

元年正月撥廣西軍需銀四萬兩

清代两淮盐课拨银奏折

该奏折记录了道光三十年（1850）至咸丰三年（1853）间两淮盐课拨款数目情况。其最后，还记载了咸丰三年（1853）正月，漕运总督杨殿邦奏请筹拨两淮都转盐运使司库银十万两之事宜。

纲盐制度虽然成效明显，且实行了200余年，但随着时间积累，其间弊窦不断再现，不得不改行票盐。在纲盐实行期间，各种正杂税收课银的摊派和加征，以及官员的巧立名目勒索，盐商攫取高额利润的需求等，全都加到了盐上，使盐价上升，并导致不同销盐区之间的食盐倒卖情况发生。如此情形，盐商们便不肯继续经营。两淮盐商向来有数百家，至清代道光九年（1829）仅存10余家，且多为负债经营。盐商不肯运销之后，朝廷额定的盐引就会不断积压，国家的盐税自然收不上来。道光九年（1829）引额仅销了十分之七，到道光十年（1830）年终，当年盐引竟无人领销，使这两年之内，未能销出以往一年之引额。盐课税银任务完成不了，国家财政就会受到严重影响。此时的两淮都转盐运使司，便下令强迫盐商出来经营。王锡祺的曾祖父王錧曾是淮安盐商，因盐业不景气，已停止业盐，经营质库（当典行）。但

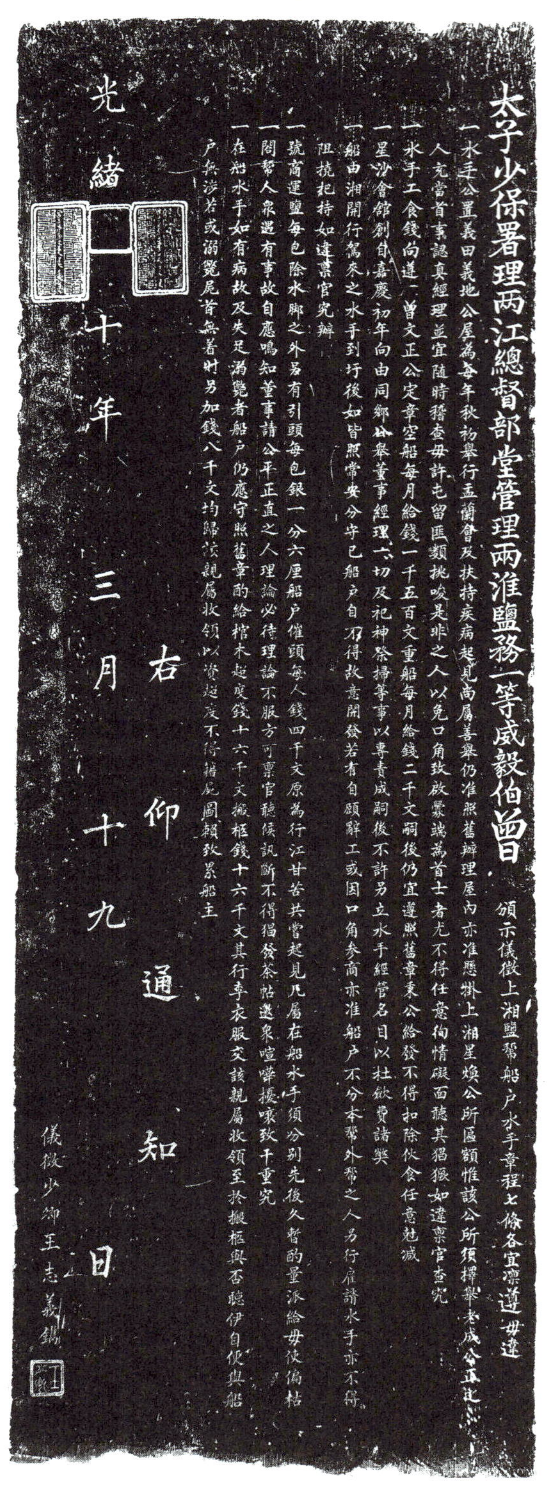
太子少保署理兩江總督部堂管理兩淮鹽務一等威毅伯曾

頒示儀徵上湘鹽幫船户水手章程七條各宜凛遵毋違

一水手公置義田義地公屋爲每年秋初舉行盂蘭會及扶持疾病起見尚屬善舉仍准照舊辦理屋内亦准懸掛上湘星煥公所區額惟該公所須擇舉老成公正之人充當首事認真經理並宜隨時稽查毋許屯留匪類挑唆是非之人以免口角致啟釁端爲首士者尤不得任意徇情礙面聽其猖獗如違禀官查究

一水手工食錢向遵 曾文正公定章空船每月給錢一千五百文重船每月給錢二千文嗣後仍宜遵照舊章秉公給發不得扣除伙食任意剋減

一星沙會館創自嘉慶初年向由同鄉公舉董事經理一切及祀神祭掃等事以專責成嗣後不許另立水手經管名目以杜斂費諸弊

一船由湘開行駕來之水手到圩後如皆照常安分守己船户自不得故意開發若有自願辭工或因口角參商亦准船户不分本幫外幫之人另行雇請水手亦不得阻撓把持如違禀官究辦

一號商運鹽每包除水脚之外另有引頭每包銀一分六厘船户催頭每人錢四千文原爲行江甘苦共嘗起見凡屬在船水手須分別先後久暫酌量派給毋使偏枯

一閤幫人衆遇有事故自應鳴知董事請公平正直之人理論必待理論不服方可禀官聽候訊斷不得猖發茶帖邀衆喧嘩擾嚷致干重究

一在船水手如有病故及失足溺斃者船户仍應守照舊章酌給棺木起度錢十六千文搬柩錢十六千文其行李衣服交該親屬收領至於搬柩與否聽伊自便與船户無涉若或溺斃屍首無着者另加錢八千文均歸該親屬收領以資超度不得藉屍圖賴致累船主

右仰通知

光緒十年三月十九日

儀徵少卿王志義鐫

清代两江总督颁示盐帮船户章程碑文拓片

因名单在册，仍成为被政府强迫经营的对象。为逃避这种强迫，王錧便从淮安躲到了扬州。他的从兄王铨（1751—1796），没能外逃躲避，就又被迫经营了2年。为了改变这种状况，两江总督陶澍开始实行票盐法，在不区分商人类别的情况下，按规定缴税纳款，即可获得盐政部门许可业盐，自由竞争，不再世袭垄断其利，这就是清末著名的“纲盐改票”，影响深远。道光中期，朝廷撤销巡盐御史，并将两淮都转盐运使事改由两江总督兼管，官署随之由扬州府城移于江宁府城（今南京市）内之两江总督署中。

第二节　行政机构

中国食盐生产历史源远流长，行政管理也随之产生。在元代之前，盐政管理体制历经了频繁的调整与变更，直至元代以后，才趋于规范化和系统化。自元代开始，蒙元政权便在两淮地区设立正三品官职的两淮都转盐运使司，以负责食盐的产、运、销。到了明代，盐业方面基本实行官督商销的制度。明代建立之前，朱元璋就已经重视两淮盐务。在其率领明军尚与元军张士诚部交战之时，于元代至正二十六年（1366）二月沿用元制设置两淮都转盐运使负责两淮盐务，“太祖初起，即立盐法，置局设官，令商人贩鬻，二十取一，以资军

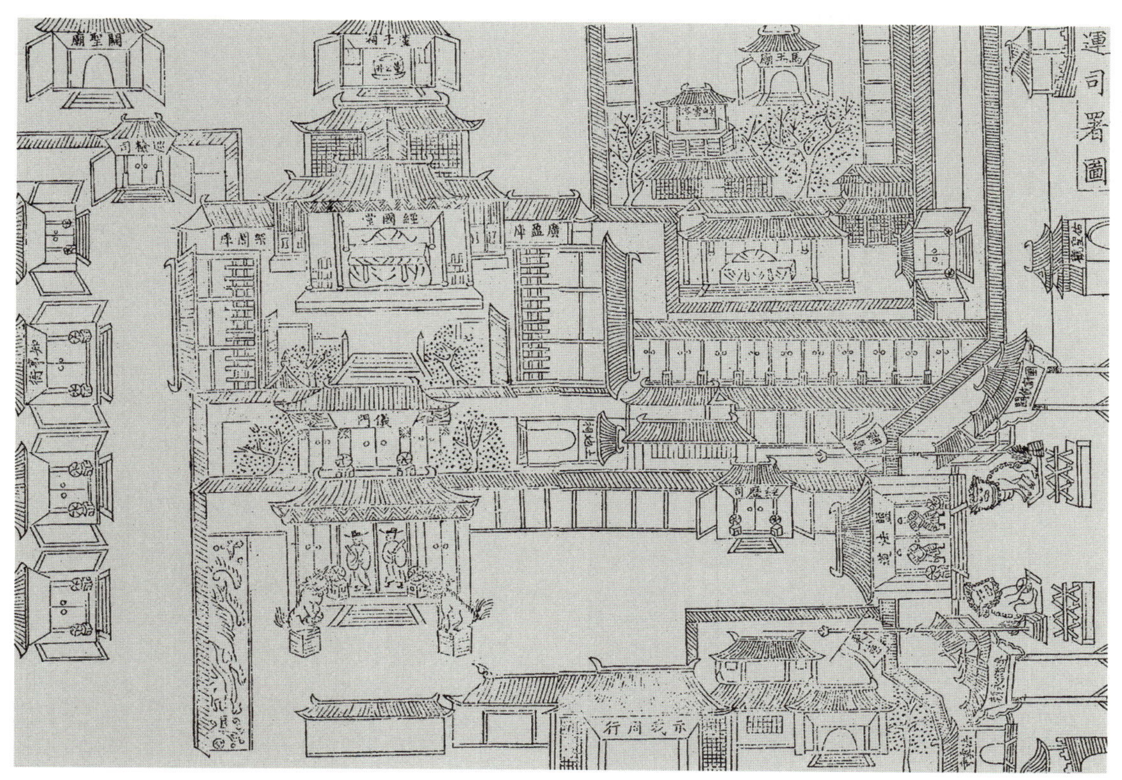

清代两淮都转盐运使司署图（位于扬州府城新城）

饷。”明代建国后，在全国先后设立了六大盐产区，分别是两淮、两浙、长芦、山东、福建、河东。每个盐产区分别设有都转盐运使司进行管理。另外，还有7个小型产盐区，只设盐课提举司。清代沿袭明制，但列入的产盐地区有所增加。除当时蒙古、新疆之外，内地又增加了奉天、广东、四川、云南、陕甘5个盐产区，共成立11个都转盐运使司和7个盐课提举司。户部为管理全国财政收支机构，盐业方面的事由具体由其下属的山东清吏司负责，掌全国盐课核销请引及稽查各地盐税入库等事务，但并不掌管全国盐政之权。主管盐务的各地都转盐运使司，则都建立有一套完整的运行体系与系统。在盐运使和盐法道之上，朝廷每年还派出一名巡盐御史专督其事，亦称“盐政”。

清代光绪年间，由两淮都转盐运使司署（扬州）发出的公文封

两淮都转盐运使司署。该署初于明代洪武元年（1368）

清代通州分司告示碑

该碑由两淮都转盐运使司通州分司所立。全碑顶部刻有“奉宪勒石”大字，即示“奉行法令”之意。碑首为“署理两淮都转盐运使司通州分司加十级记录十次韩”，落款为“咸丰五年拾壹月”。据相关盐政史料记载，韩茂萱先为两淮候补运判，后任职通州分司。同治五年（1866），其因收受商贩贿赂，被李鸿章参奏革职。

驻节泰州（时属扬州府）城内州署以东，后于洪武三年（1370）迁至扬州新城。主掌两淮地区食盐生产、行销等事宜，下设通州（即今南通市，时属扬州府）、泰州、淮安3个分司及各盐场课司、盐仓等机构，受巡盐御史及盐法道监督。两淮都转盐运使司“设都转运使，从三品；同知，从四品；副使，从五品，皆各一人；判官，从六品，无定员；及经历司经历、知事、各盐课司、盐仓、批验所大使、副使等职。同知、副使分司进行管理，总于都转运使”。盐运使主要负责两淮地区盐场食盐的运销、征课，钱粮的支兑、拨解，属官的升迁、降调，私盐案件的处理与缉私考核，并按时向两淮巡盐御史汇报盐务。通州分司负责管理丰利、马塘、掘港、石港、西亭、金沙、余西、余中、余东、吕四10座盐场及其对应的10座盐课司与各盐仓。该分司署初设于通州西城，后于正德十四年（1519）移驻至通州石港（今南通市通州区石港镇）。泰州分司负责管理栟茶、角斜、富安、安丰、梁垛、东台、何垛、丁溪、小海、草堰10座盐场及其对应的10座盐课司与各盐仓。该分司署初设于泰州城北关，后在驻节泰州城内的两淮都转盐运使司署迁往扬州，继废盐运广盈仓后，泰州分司署也随之迁往东台场（今东台市安丰镇一带）。淮安分司负责管理兴庄

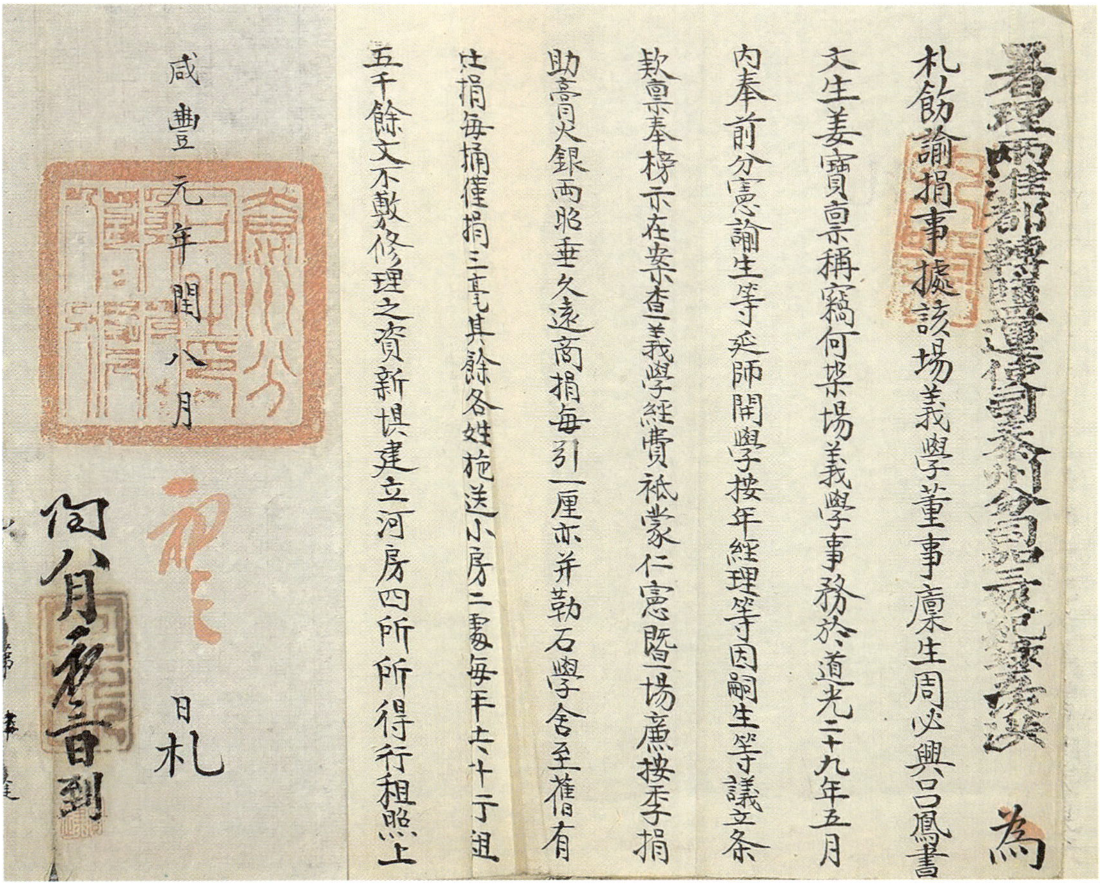

署理兩淮都轉鹽運使司泰州分司[illegible] 為
札飭諭捐事據該場義學董事廪生周必興呂鳳書
文生姜寳禀稱竊何垜場義學事務於道光二十九年五月
内奉前分憲諭生等延師開學按年經理等因嗣生等議立条
欵禀奉榜示在案查義學經費祗蒙仁憲暨場廳按季捐
助膏火銀兩賠垂久遠商捐每引一厘亦并勒石學舍至舊有
灶捐每捕僅捐三毛其餘各姓施送小房二處每年共十千丁且
五千餘文不敷修理之資新謀建立河房四所所得行租照上

咸豐元年閏八月 日札

閏八月初三日到

清代泰州分司札

该札（局部）为清代咸丰元年（1851）写本。内容涉及兴办义学、筹集款项、经费开支等事宜。纸缝拼接处，骑盖“泰州分司之印”。

团、临洪、徐渎浦、板浦、莞渎、庙湾、新兴、伍祐、刘庄、白驹10座盐场及其对应的10座盐课司与各盐仓。该分司署初设于安东县（今淮安市涟水县）东城坊，于清代康熙年间在淮安府城西北河北镇建立行署，并在雍正年间迁署于此，后又移驻于其以南侧河下。乾隆二十四年（1759），该署移驻海州（今连云港市）板浦；乾隆二十八年（1763），淮安分司更名“海州分司”。从明初至清末盐政停止间，两淮都转盐运使司所辖3个分司各司其责，所辖盐场、盐仓或

清代淮安分司署牌匾

该匾为竖形官署门匾，曾悬于两淮都转盐运使司淮安分司署正门中心上方。据清代乾隆《淮安府志》中记载，该司署时驻节河北镇："前门，三间。后门，三间。大使宅，一所。商厅，一所。大堂，三间。二堂，三间。上房，五间。左右厢房，各二间。右上房，三间。左厅房（川）[穿]堂，三间。书房，上下六间。厨房，三间。文昌阁，一所。"

巡检司因时期不同，则会有所调整。

明清时期，位于扬州新城内的两淮都转盐运使司署，下设淮安府治山阳县（今淮安市淮安区）的办事机构主要有4个，除盐务行政机关——淮安分司署外，还有淮北监掣同知署、淮北盐引批验所大使署与乌沙河巡检司署等。此处"淮北"是一个特指地名，即这些官署的驻地——淮安府城西北的淮北镇，简称"淮北"。后改为河北镇，简称"河北"。清代乾隆《淮安府志》中，河北镇（今淮安市淮安区河下街道河北村）与平河桥镇（今淮安市淮安区平桥镇）、车家桥镇（今淮安市淮安区车桥镇）、板闸镇（今淮安市生态文旅区）、清江浦镇（今淮安市清江浦区）、汊河镇（今淮安市洪泽区岔河镇）并列为山阳县（今淮安市淮安区）六大镇，曾有一座小型城池。

两淮都转盐运使司淮安分司署。该分司行政长官为盐运使司副职官员，如常由盐运同知、副使、运判等担任。在《清史稿》中，就记录了这些"运同，运副，运判，掌分司产盐处所，辅运使、盐道以治其事"。明代嘉靖《两淮盐法志》中记载的就更为具体："判官掌治分司盐筴之政令，督诸场使，促程课，理积逋，岁巡季历，以稽其课之多寡，官之勤

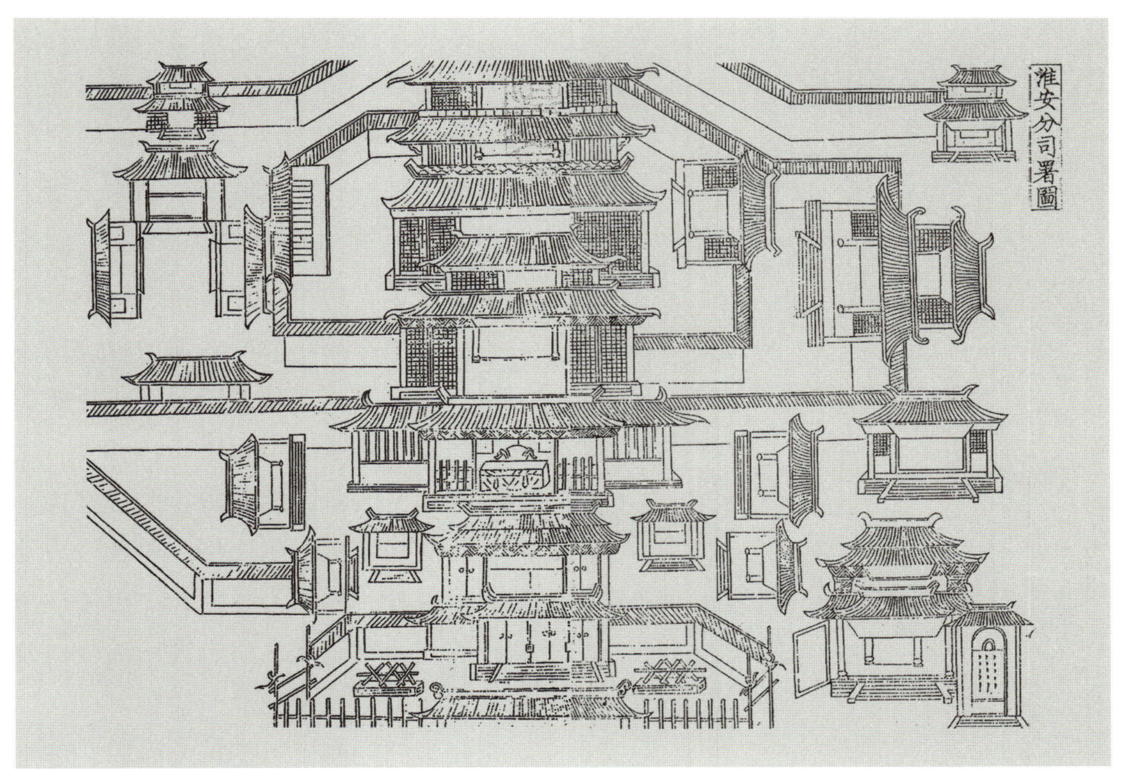

清初两淮都转盐运使司淮安分司署图

惰，而惩劝之。凡驵侩侵渔，悍玩圮族者，则治之以法。而又以时检校巡司，杜缉私贩。凡灶情、商隐、士蔽、官邪，得于睹闻昔，悉达之总司，而入告于御史焉。”总的说来，分司行政长官的主要职责就是管理所属盐场的产盐、收税、验票、支盐、清税以及考核所属官吏、处理盐务纠纷、检查所属巡检司、防范食盐走私等事务。因为权力很大，所属盐务官吏、各类盐商便都要围着他转。因此，淮安分司署设在安东县时，安东就成了盐运枢纽和集散中心；分司署迁至淮安府城周边时，淮安府治山阳县就成了盐运枢纽和集散中心。明代书画名家文征明的曾孙、天启二年（1622）壬戌科状元文震孟在他的《安东县创筑城垣记》一文中描述万历四十六年（1618）时写道：“行鹾御史臣龙疏请于朝，谓淮北盐贾集于安东者，每岁不下二十万，得城则商资安，商安而邑民富”“安东为河、淮入海之路，淮北锁钥，百万盐筴辐辏于此。”那时许多盐商都聚集在安东，还有不少人都入了安东县籍。淮安分司署于清初迁至淮安城北河北镇，后南迁至河下。盐商们亦紧随其后，陆续从安东县迁往山阳县，并成为淮安盐商的主体。

清代《两淮盐河图》（缉私官图）残卷

该图绘制于乾隆二十二年（1757）左右，今藏于大英图书馆（British Library）。全图残佚，尚存北至淮安府，南至泰州盐河以南部分。图中未附比例、图例，采南上北下方位。分别在运河沿线、兴化县、羊毛湾等地，以7处文字注记私盐贩运经由道路或吁文武官员合力缉私提醒。嘉庆七年（1802）七月，两淮都转盐运使曾燠上奏称道："淮安南北实为私盐囤积要区……至泰州中间通江之道，不少均系私盐出没要处……"

淮北监掣同知署。该署职能原由淮安分司负责，时淮安分司署尚驻节安东县，但已在府治山阳县河北镇建立行署，同与淮北盐引批验所行监掣之事。这期间，可能由淮安府的一位佐贰官（副职官员）负责过一段时间。淮安分司署迁来淮安后，与淮北盐引批验所大使署一同驻节河北镇，但监掣工作仍由分司负责。乾隆二十五年（1760），上驷院卿高恒兼管两淮盐政，经他奏请，淮北即仿淮南批验所之例，单独设立监掣同知掣盐，并作为实缺，"吏部议覆准设淮北监掣同知，所有淮所大使以及淮北巡缉事宜，统归淮北监掣管辖。"淮北监掣同知原同为盐运使副职，要高出批验大使官阶许多，他便鸠占鹊巢，占了淮北盐引批验所大使署，并让批验大使"附驻其旁"。

淮北盐引批验所大使署。该署与淮北监掣同知署职责基本相同，且后来还在同一处办公。它在淮安曾驻节过几处位置。先是位于淮安坝，明代中期名臣王琼在其《漕河图志》中记载："淮安坝在新城西北七里淮岸之南。"嘉靖《两淮盐法志》中又载："安东县南六十里支家河头，淮北诸场盐必榷于此，始货之庐、凤、河南。旧所基在淮南岸，当河冲流，弘治间再圮于水，费帑藏七千金筑之。正德辛未复圮焉，御史（刘）绎乃从商议，请移于北岸”。这个“支家河头”即指支家河的最南端终点，就是淮安坝。后移驻至河北镇西里坊，即淮安坝的斜对面。改换地点的原因是因为淮安坝处“岸高水低，难为船运”，且“私盐难禁”。清代光绪《重修两淮盐法志》中还记载：“淮北监掣同知署，旧在淮安府山阳县北门外七里淮北镇之西里坊，淮北批验所大使署在监掣同知署内之右，乌沙河巡检署即在淮北镇之东里坊，均于咸丰十年（1860）毁于捻军，迄未建复。今官赁民屋以居。”淮安文人杨庆之在其《春宵呓剩》中也是如此记载：“郡城盐河北西里，旧有批验厅、同知署，盖盐引至此，其官批发核验。”之后，该署又迁至河下绳巷因案罚没的程梦鼐豪宅懋敷堂之中。其行政长官为大使，“秩正八品，专掌水商赴淮买运后，申请给发水程运票、引皮、到日订封引目，钤盖印信，给商领运。每季分别口岸，造具运过纲盐商名引数，申司呈院，颁发江南、河南两盐法道查照督销。”但批验大使工作是有人监管的，即所谓“监掣”。

乌沙河巡检司署。该司署原驻节安东县安东坝，亦称安东坝巡检司。其行政长官为巡检，“掌盘诘

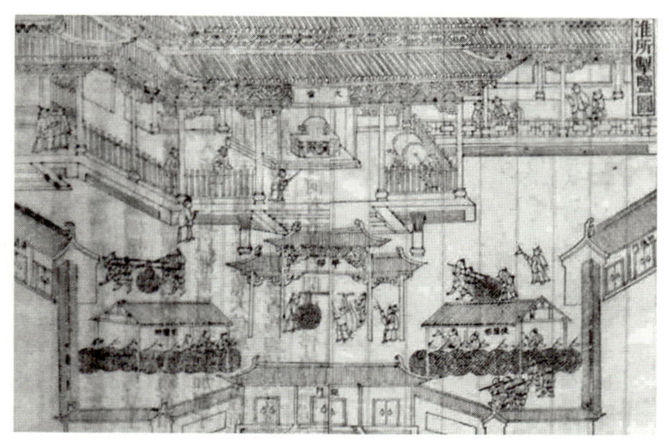

《淮所掣盐图》

《乌沙河开行图》

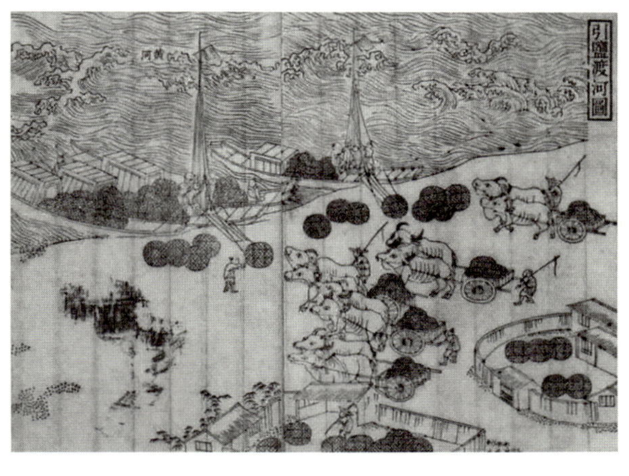

《引盐渡河图》

清代晚期巡盐船

该张照片拍摄于清代晚期，为两淮都转盐运使司署所辖盐饷巡查船只。

盐引之政令，凡商盐赴掣，各候验于桥坝下。淮南盐船泊湾头桥，淮北盐船泊安东坝，查无私夹，乃籍其舟次，以上于使司而放之行。其有犯禁私鬻者则举其货，系其人，以候所司之究核。月终令以所获之绩，比较于所隶分司，分司季终则以其有无多寡，请于御史行赏罚之令焉。”“湾头镇、安东坝二巡司，专主验放商盐，兼诘私贩”。乾隆二十九年（1764），安东坝巡检司迁至山阳县乌沙河附近，遂更名为乌沙河巡检司。巡检“专掌淮北纲食引盐皮票，到日查明引数，填注日期挂号，督率巡役、巡船、水手催趱引盐，严稽夹带，并查拏爬窃窝囤，及酗酒赌博打降等事。永利、裕民二闸，亦归管理”。

第三节　管辖盐场

淮安以其独特的地理位置，自先秦以来一直都是国家重要的盐产区和盐业管理中心。唐宝应元年（762），刘晏任盐铁使时，年煮盐60万担，淮盐产量占江淮食盐总产量的三

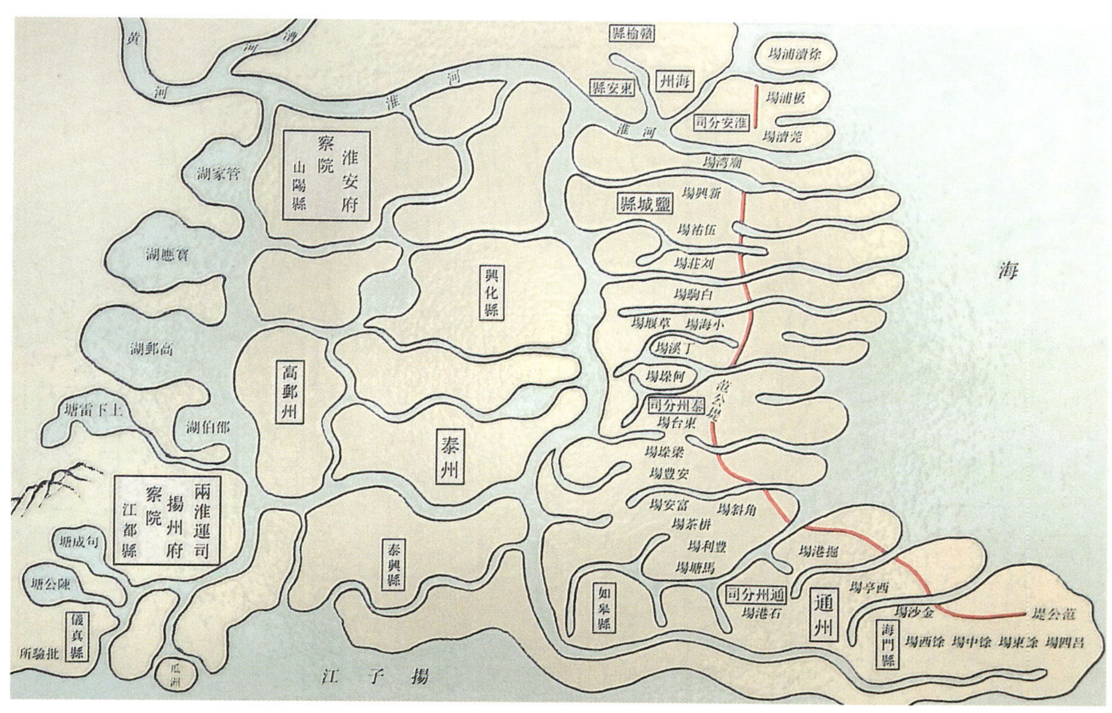

分之一。唐宋时期，楚州属县盐城（今盐城市）就有“盐亭百二十三”。明清以后，淮安府继而成为两淮地区的核心盐产区。如据明代嘉靖二十九年（1550）数据统计，时两淮盐区总引额705,180引，实征引额696,030.5引。其中，淮安分司总引额290,050引，实征引额288,070.5引。淮安实征占两淮盐区实征引额41.39%。所属淮北、淮南各5座盐场，实征分别占淮安分司实征引额的60.80%与25.16%。

明代两淮盐场总图

该图为明代嘉靖年间两淮盐场总图。两淮盐场共计30座，以通州（南通）10座为“上十场”，泰州10座为“中十场”，淮安10座为“下十场”。

明代以后，苏北地区只设二府一州。二府即指淮安府与扬州府，时淮安府辖11个州县，扬州府辖10个州县。一州即徐州（直隶州），明代时还未升府，只辖丰、沛、萧、砀4个县。明清时期所指两淮，亦以淮安府境之淮河为界，将苏北地区一分为二，形成淮北与淮南两个地区。两淮原有盐场30座，其中淮安占有10座，分别位于淮安府所属的海州（今连云港市）、安东（今淮安市涟水县）、山阳（今淮安市淮安区）、盐城（今盐城市）等州县（包括清代新建的阜宁县）。由北至南，分别是兴庄团、临洪、徐渎浦、板浦、

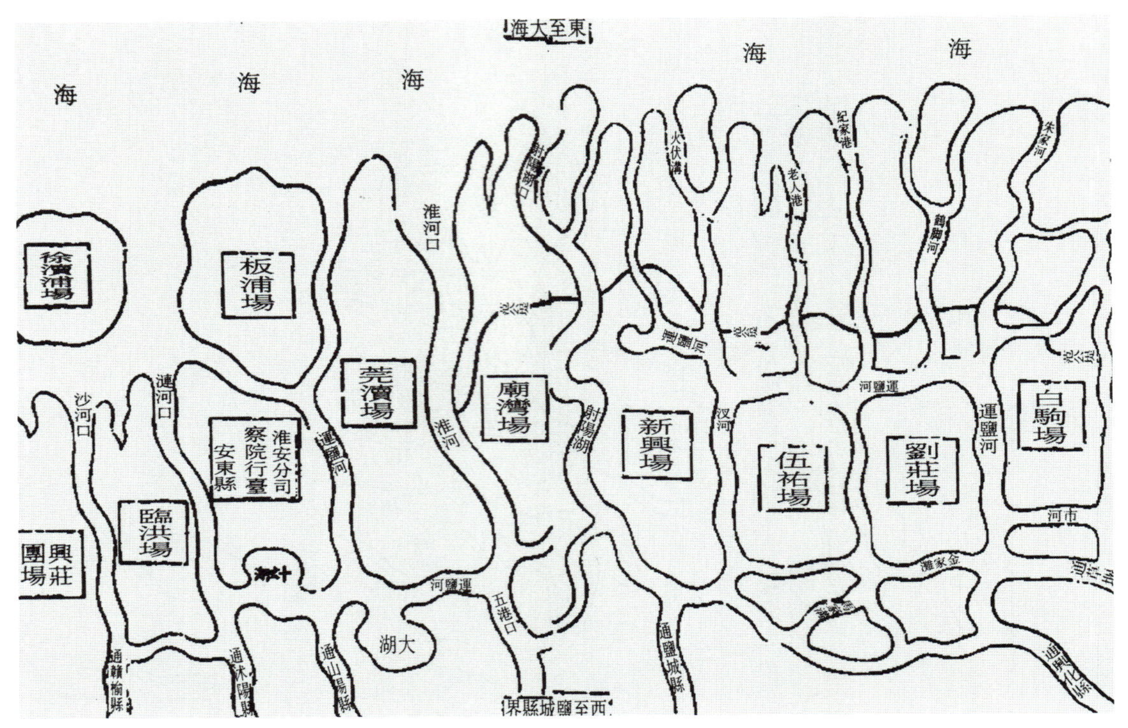

清初淮安盐场总图（淮南、淮北各5座）

莞渎、庙湾、新兴、伍祐、刘庄、白驹10座盐场。因淮安府境横跨淮河南北，兴庄团、临洪、徐渎浦、板浦、莞渎5座盐场则位于淮北，庙湾、新兴、伍祐、刘庄、白驹5座盐场则位于淮南。明代嘉靖《两淮盐法志》中，亦对这些盐场有着较为系统、详细的记载。

兴庄团场。即天赐场，旧在海州惠泽乡，后迁赣榆城东，更名兴庄团。“距分司三百四十里，使司七百七十里。东临海，西界赣榆，南接临洪，北据分水岭。”共设有4座盐仓，即正仓、范家口团仓、三墩坡便仓与七里便仓。

临洪场。该盐场“距分司二百四十里，使司六百七十里。东薄海，西据马蹄山，北界赣榆，南抵新坝”。共设有3座盐仓，即正仓、浦北便仓与东官团仓。

徐渎浦场。该盐场“距分司三百七十里，使司七百五十里。在朐山东北，临洪东南，海关渡口之北，四面阻海”。共设有5座盐仓，即于公仓、大义仓、东石仓、西石仓与白现仓。

板浦场。该盐场“距分司一百五十里，使司五百二十里。东、北滨海，南带祝项河，西控涟河”。共设有4座盐仓，即南仓、北仓、东新团便仓、东临海团便仓。

《板浦放关图》

莞渎场。该盐场“距分司一百二十里，使司五百里。东薄海，西抵大湖，南带遏蛮河，北据芦石山”。共设有3座盐仓，即一图便仓、二图南便仓、二图二便仓。

庙湾场。该盐场“距分司一百六十里，使司五百四十里。东、北际海，西控淮，南抵盐城，东南连于新兴”。共设有3座盐仓，即新仓、旧仓与便仓。

新兴场。该盐场“距分司三百里，使司三百六十里。东薄海，西据杜家冈，南界盐城，北连庙湾”。共设有2座盐仓，即正仓与便仓。

伍祐场。该盐场“距分司三百七十里，使司三百三十里。东薄海，南接刘庄，西、北界于盐城”。共设有2座盐仓，即正仓与便仓。

刘庄场。该盐场“距分司三百七十里，使司三百二十里。东北阻海，北连伍佑，南接白驹，西界盐城”。共设有2座盐仓，即旧仓与新仓。

白驹场。“距分司三百八十里。东、北界于刘庄，东、南界于草堰，西抵兴化海沟河”。该盐场共设有2座盐仓，即东仓与西仓。

两淮盐场历史上曾有过多次撤并或重组。如明初淮安分司只辖9座盐场，至嘉靖《两淮盐法志》中记载时，即增加至10座。清代康熙十七年（1678），徐渎

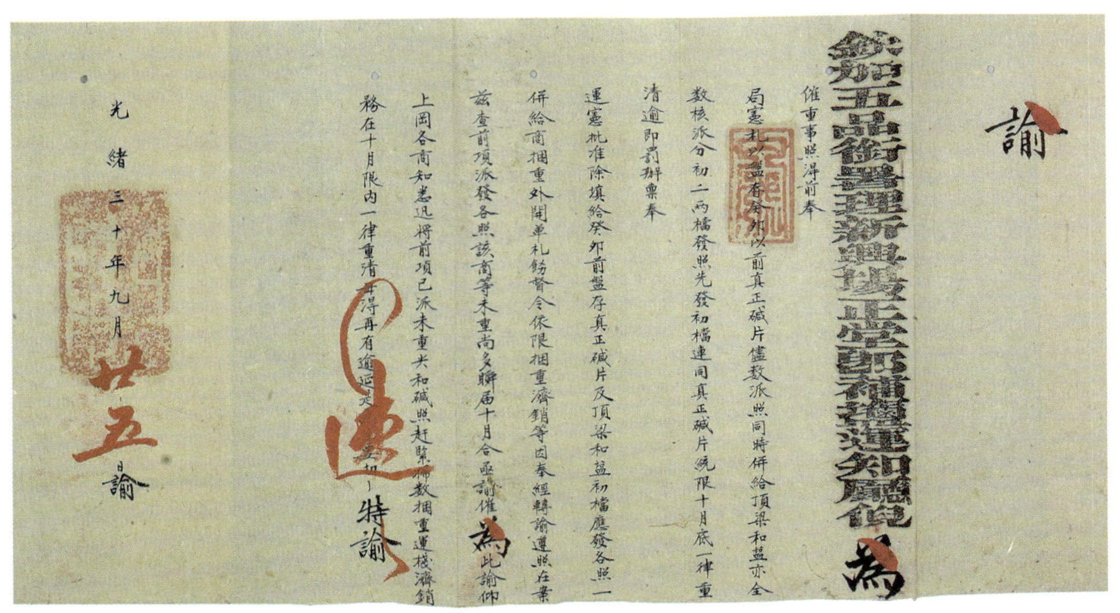

諭

欽加五品銜署理新興場正堂即補鹽運知廳 為

催重事照得前奉

局憲札以鹽奋外以前真正碱片儘數派照同時併給頂梁和鹽亦全

數核派分初二兩檔發照先發初檔連同真正碱片統限十月底一律重

清逾即罰辦稟奉

運憲批准除填給癸卯前盤存真正碱片及頂梁和鹽初檔應發各照一

併給商捆重外開單札飭督令依限捆重濟銷等因奉經轉諭遵照在案

茲查前項派發各照該商等未重尚多聯届十月合亟諭催 為此諭仰

上開各商知悉迅將前項已派未重夾和碱照赶緊如數捆重運棧濟銷

務在十月限内一律重清毋得再有逾延是為切要 特諭

光緒三十年九月廿五日諭

清末新兴场“五品运盐知厅”盐运特谕奏折

场并入板浦场；雍正六年（1727），临洪场与兴庄团场合并为临兴场。乾隆元年（1736），这是两淮地区盐务机构大变动的一年，两淮各盐场进行了大规模的裁撤、合并、拆分和改变隶属。如淮安分司所属淮南地区的庙湾、新兴、伍祐、刘庄、白驹5座盐场，改由泰州分司管辖。之后，莞渎场改并为中正场。至此，淮安分司仅存3座盐场，且全部位于海州（今连云港市）境内，这也为乾隆以后淮安分司移驻海州并更名为“海州分司”埋下伏笔。

第四节　盐政志著

在我国封建时期的国家财政收入中，盐税是一项较为重要的支柱性税收。正因如此，历代中央政府都高度重视盐业发展和盐务管理，尤其是处于中国封建盐政发展高峰期的明清两代，国家对于整个盐政的统筹、运行与治理，为今人留下了相当丰富的盐政史料。其中，涉及两淮、两浙、山东、福建、河东、两广、东三省等多个产盐区，涵盖了经济、财政、法律、官制、教育、赈济、交通等诸多方面内容，包含了地方人物的大量传记、碑志、奏议等资料。淮安作为两淮盐产区的重要组成部分、参与者，地区大量盐政活动被载入两淮地区相关史料著作，这对研究古代淮安区域经济、财政等方面历史，有着极为重要的参考作用。

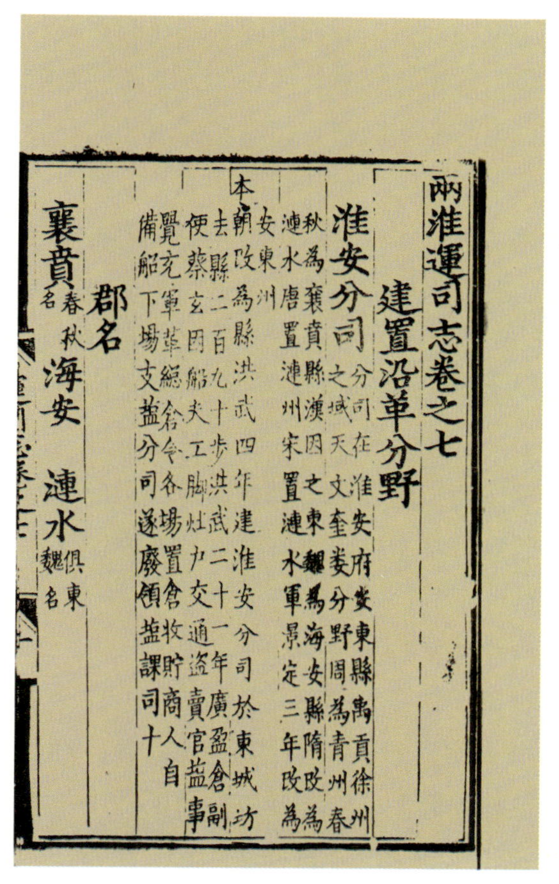

兩淮運司志卷之七

建置沿革分野

淮安分司

分司在淮安府安東縣禹貢徐州之域天文奎婁分野周為青州春秋為襄賁縣漢因之東魏為海安縣隋改為漣水唐置漣州宋置漣水軍景定三年改為安東州本朝改為縣洪武四年建淮安分司於東城坊去縣二百九十步洪武二十一年廣盈倉副使蔡玄因船夫工腳灶戶交通盜賣官鹽事覺充軍革總倉令各場置倉收貯商人自備船下場支鹽分司遂廢領鹽課司十

郡名

襄賁春秋 海安 漣水俱東魏名

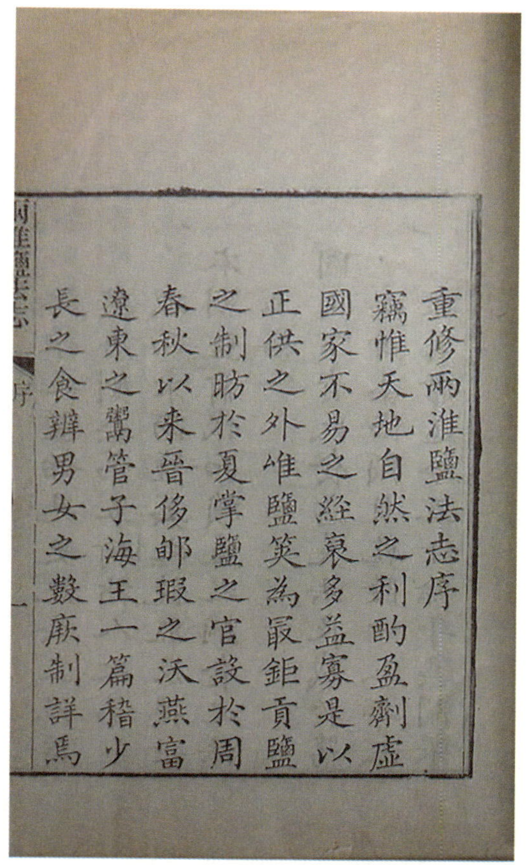

重修兩淮鹽法志序

竊惟天地自然之利酌盈劑虛國家不易之経裒多益寡是以正供之外唯鹽筴為最鉅貢鹽之制昉於夏掌鹽之官設於周春秋以来晉侈郇瑕之沃燕富遼東之鬻管子海王一篇稽少長之食辨男女之數厥制詳焉

明代弘治《两淮运司志》、清代嘉庆《重修两淮盐法志》

明代之前，我国没有专门记录国家盐政事务的书籍。盐政著作的大批编修、出版，主要集中在明清时期，其中包含了很多与两淮盐政有关的书籍。

《两淮运司志》。该志不分卷，初由明代弘治初年两淮都转盐运使司运判徐鹏举辑修，未成。弘治十二年（1499），两淮巡盐御史史载德巡视两淮盐课，以其旧稿聘学官弟子续辑，后成。该志是我国最早的区域性盐政著作，它对明代弘治以前两淮地区盐业历史和制度做了较为详细的记录和整理，保存了诸多两淮盐业史料。

《两淮盐法志》。该志是明清两代记录两淮盐业运营、管理的官修志书，也是明清时期较为权威、系统的盐政历史资料。明代嘉靖《两淮盐法志》是目前已知保存最早、最完整的一个版本，刊成于嘉靖三十年（1551），由两淮巡盐御史杨选、两淮都转盐运使陈暹编修，举人史起蛰、张榘具体撰写。全书共12卷，约30万字。资料丰赡，体例严整，全面翔实地记载了嘉靖以前两淮盐务情况。清代以后，相比

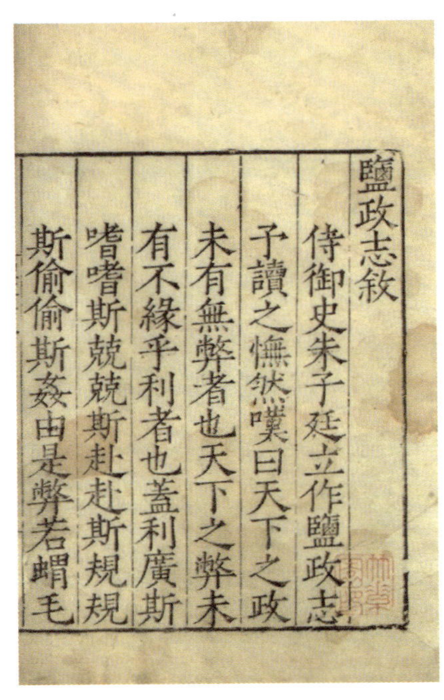

鹽政志敘

侍御史朱子廷立作鹽政志

子讀之憮然嘆曰天下之政

未有無弊者也天下之弊未

有不緣乎利者也蓋利廣斯

嗜嗜斯競競斯赴赴斯規規

斯偷偷斯姦由是弊若蝟毛

明代嘉靖《盐政志》

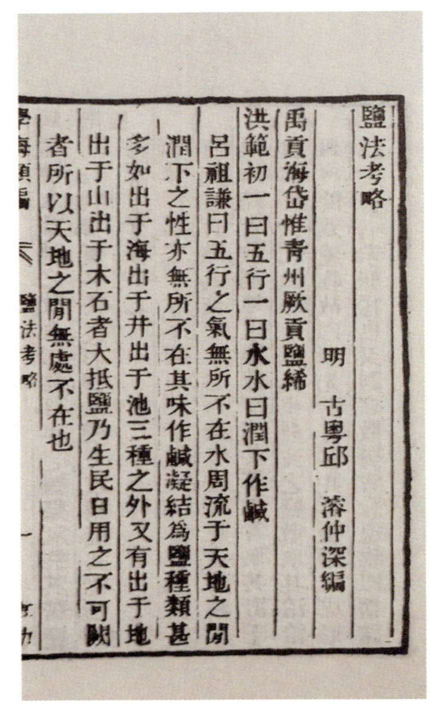

鹽法考略

明 古粵邱 濬仲深編

禹貢海岱惟青州厥貢鹽絺

洪範初一曰五行一曰水水曰潤下作鹹

呂祖謙曰五行之氣無所不在水周流于天地之間

潤下之性亦無所不在其味作鹹凝結為鹽種類甚

多如出于海出于井出于池三種之外又有出于地

出于山出于木石者大抵鹽乃生民日用之不可闕

者所以天地之間無處不在也

明代邱浚《盐法考略》

明代要更加重视此类志书的编修，且自成系统。清廷于康熙、雍正、乾隆、嘉庆、光绪年间数度再修其志，为两淮地区留下了丰富的清代盐业发展史料。

《盐政志》。该志共10卷，由明代嘉靖年间两淮巡盐御史朱廷立等修。全书将两淮地区盐政分为7个部分论述，即出产、建立、制度、制诏、疏议、盐官、禁令，每个部分下面再分子目，共394个。这些内容，对当时盐政管理起到了重大指导作用，至今仍有其借鉴意义。时嘉靖皇帝对朱廷立赞赏有加，感其勤勉，还专门赐御其书“功勤可嘉”。

《盐法考略》。该书共1卷，由明代名臣邱浚所撰，收录于其《大学衍义补》。《四库全书总目·政书类存目一》摘录其中巨帙1篇，别立新名。《盐政辞典》《中国盐书目录》等书均有著录。邱浚在该书中批评管仲盐改：“自管仲兴盐筴，以夺民利，始开盐禁。”

《淮鹾本论》。该书共2卷，由清代顺治、康熙年间巡盐御史胡文学所撰，于康熙元年（1662）刊刻出版。全书内容涉及两淮盐政之分停兑会、附销不带盐、复三府、关桥掣规、厘所掣、掣江都食盐、淮北改所、撤分司、庆兴庄临湖场、草场不加税以及分恤株连、缓倒追、禁私贩、除鏇棍、谢游客、简关防祛吏弊、不任承役、宽追比、便销批、公佥报、均急公窝引、去江掣弊、酌归纲、省繁费、修书院等，是了解清初两淮地区盐业发展的重要资料。

《两淮盐筴书》。该书共20卷，由清初学者、曾任《明史》纂修官的朱彝尊编撰。康熙四十四年（1705）秋，朱彝尊拜访江宁织造郎中曹寅，因曹寅曾兼任两淮巡盐御史，便“嘱辑《两淮盐筴书》”，以记两淮盐政所涉税收、政策、法令等内容。在曹寅帮助下，朱彝尊于康熙四十七年（1708）成书，并由曹寅刊刻出版。后朱彝尊再编《两淮盐筴书引证群书目录》，为《两淮盐筴书》之引证书目，共计引书336种。《两淮盐筴书》今已佚不存，但《两淮盐筴书引证群书目录》尚存，国学大师罗振玉曾藏其“嘉兴唐翰题抄《潜采堂书目》”本。

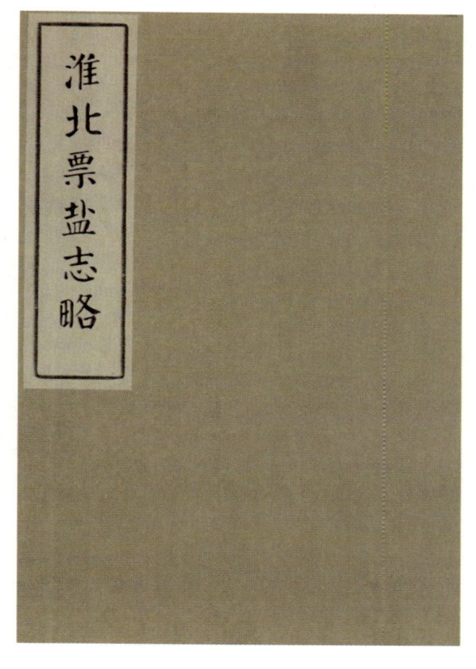

清代《淮北票盐志略》

《淮北票盐志略》。该书共15卷，由清代道光年间两淮都转盐运使司海州分司（原淮安分司）运判童濂主持编修，魏源、许乔林等人共同纂辑，于道光十八年（1838）成书，并刊刻出版。全书刊图11幅，涉及改票、改道、设局、设卡、遴员、丈池、江运、奏销、融南、奖励、税库、捐输、义仓、书院等内容。咸丰十一年（1861），书版毁于大火，后于同治七年（1868）八月由海州分司重新刻印。

《淮北票盐续略》。该书共12卷，由清代道光年间海州分司运判许宝书按《淮北票盐志略》体例续修，节去各图、议票、改道、遴员、丈池、奖励、税库等内容，新增开网、食岸、饷盐、水利等篇幅。全书对两江总督陶澍于淮北行票盐法过程及效果予以续记，所载内容之具体，可与《淮北票盐志略》互证其相沿和改动之类目。

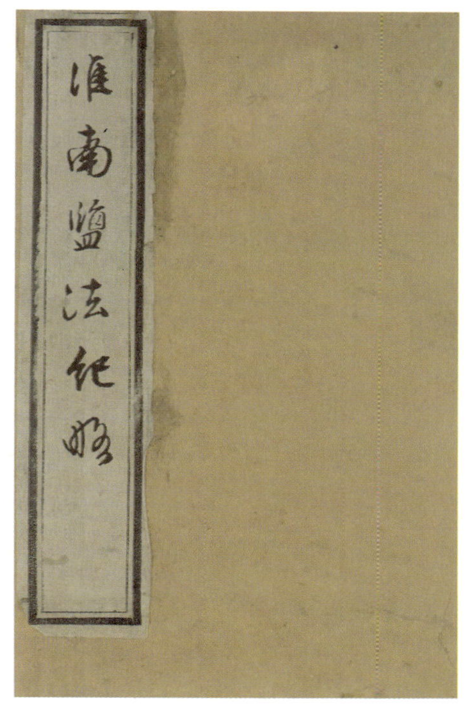
清代《淮南盐法纪略》

《淮南盐法纪略》。该书共10卷，由清代同治年间署理两淮都转盐运使庞际云编纂。该

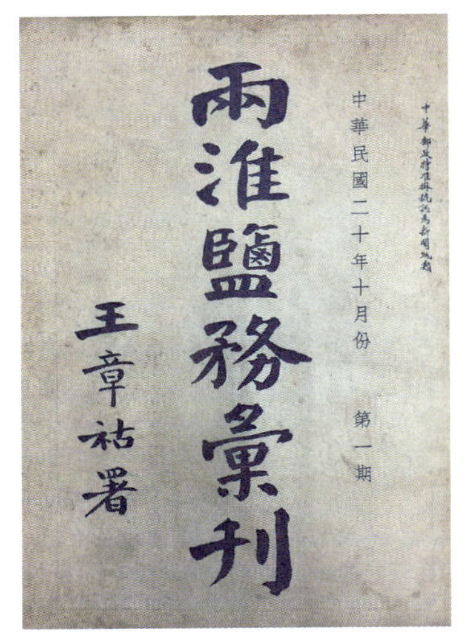

兩淮鹽務彙刊

中華民國二十年十月份 第一期

王章祜署

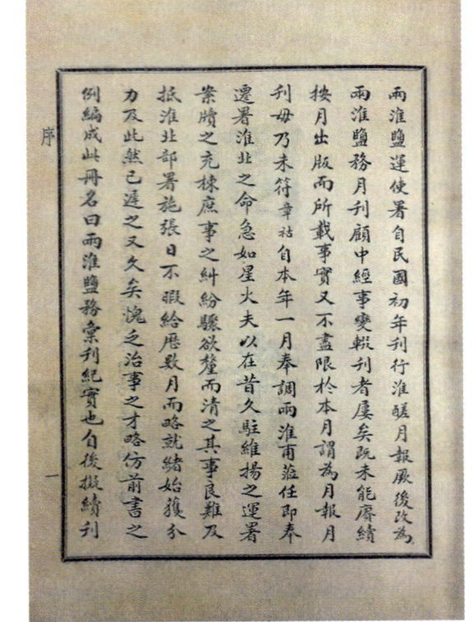

兩淮鹽運使署自民國初年刊行淮鹺月報厥後改為兩淮鹽務月刊顧中經事變輟刊者屢矣既未能賡續按月出版而所載事實又不盡限於本月謂為月報月刊毋乃未符章祜自本年一月奉調兩淮甫蒞任即奉還署淮北之命急如星火夫以在昔久駐維揚之運署案牘之充棟庶事之糾紛驟欲釐而清之其事良難及抵淮北部署甫張日不暇給歷數月而略就緒始獲分力及此然已遲之又久矣愧乏治事之才略仿前書之例編成此冊名曰兩淮鹽務彙刊紀實也自後擬續刊

序 一

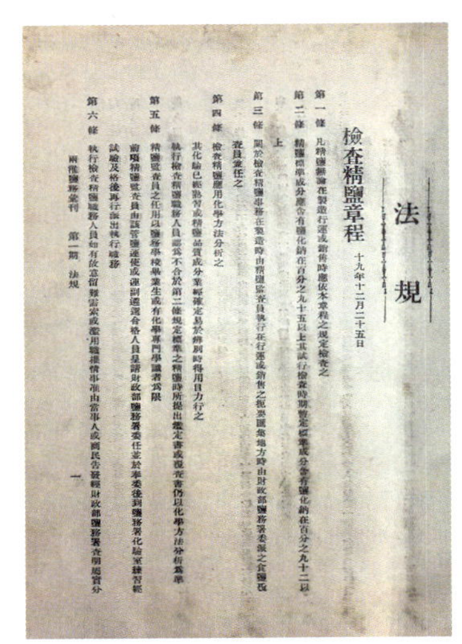

法規

檢查精鹽章程 十九年十二月二十五日

第一條 凡精鹽無論在製造行運或銷售時應依本章程之規定檢查之

第二條 精鹽標準成分應含有鹽化鈉在百分之九十五以上其試行檢查時期暫定標準成分含有鹽化鈉在百分之九十二以上

第三條 關於檢查精鹽事務在製造時由精鹽監查員執行在行運或銷售之扼要匯集地方時由財政部鹽務署委派之食鹽檢查員兼任之

第四條 檢查精鹽應用化學方法分析之

其化驗已經熟習或精鹽品質成分業經確定易於辨別時得用目力行之

執行檢查精鹽職務人員認為不合於第二條規定標準之精鹽時所提出鑑定書或複查書仍以化學方法分析為準

第五條 精鹽監查員之任用以鹽務學校畢業生或有化學專門學識者為限

前項精鹽監查員由該管鹽運使或運副遴選合格人員呈請財政部鹽務署委任並於奉委後到鹽務署化驗室練習經試驗及格後再行派出執行職務

第六條 執行檢查精鹽職務人員如有故意留難需索或濫用職權情事准由當事人或商民告發經財政部鹽務署查明屬實分

兩淮鹽務彙刊 第一期 法規 一

民国《两淮盐务汇刊》

书体例仿《淮北票盐志略》，记事起自咸丰三年（1853），记载曾国藩经略两淮改票章奏立法之要。具体内容涵盖就场征税、泰州局栈、招商督运、瓜洲设栈、循环给运、裁厘加厘、江食各岸、场灶产盐、课厘奏报、杂案等。

《淮鹾备要》。该书共10卷，由清代道光年间扬州府治江都县（今扬州市区一带）贡生李澄所撰。全书分为盐之始、始之弊，盐之行、行之地，盐之害、害之法、盐之利、利之人、盐之说、说之效等内容，叙述盐政利弊颇详。今存有道光三年（1823）刻本。

《淮鹾驳案类编》。该书共5卷，由清代同治年间两江总督署专办盐务官员陈方坦编著。全书分批文、咨文、信函、札行和说帖5类，按年排列。涉及两淮盐区食盐的生产、运输和销售，反映了晚清社会剧变下两淮盐政的变迁。

《淮鹾纪略》。该书共1卷，由清代同治三年（1864）署理两淮都转盐运使杜文澜编撰。全书分原始、纲额、科则、折价、改票、税盐、江运、产盐、场务、官制、两坝、局卡及琐记等内容，主要记载了清代江苏长江以北淮北、淮南盐区盐法的沿革和利害关系。原文为正楷稿本，后半部分还收录了《淮北票盐章程》和《瓜州总栈禀定开栈章程十条》。

《两淮鹾务考略》。该书共10卷，为清代晚期盐务著作，未署名。全书分为产盐之始、收盐之略、运盐之事、行盐之地、除盐之害、私盐之律、行盐之赋、督盐之人、论盐之说、论盐之效等内容，是了解清末两淮地区盐务状况的重要史料。

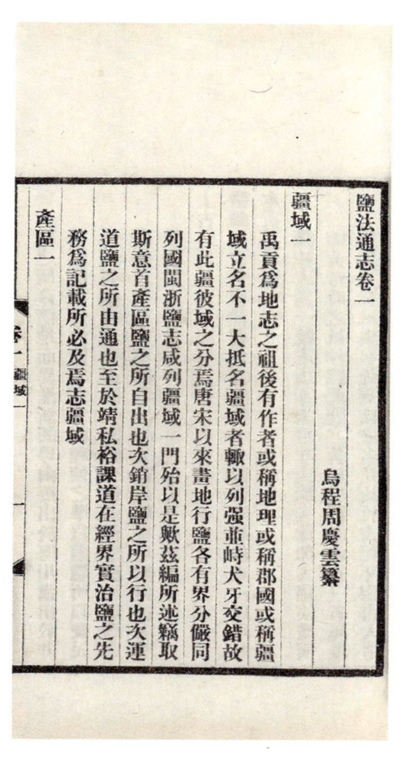

鹽法通志卷一　　烏程周慶雲纂

疆域一

禹貢爲地志之祖後有作者或稱地理或稱郡國或稱疆域立名不一大抵名疆域者輒以列强並峙犬牙交錯故有此疆彼域之分焉唐宋以來畫地行鹽各有界分儼同列國閩浙鹽志咸列疆域一門殆以是歟茲編所述竊取斯意首產區鹽之所自出也次銷岸鹽之所以行也次運道鹽之所由通也至於緝私裕課道在經界實治鹽之先務爲記載所必及焉志疆域

產區一

民国《盐法通志》

《淮鹾月报》。该报于民国三年（1914）3月创刊，为时任两淮盐运使署所编盐政月刊，主要刊载盐政方面的法令、公文、规章、报告、撰署、图表等资料。除刊载大总统批令、财政总长批令外，还刊登有给各级官员的命令、报告、纪要、计划书、调查录等之类文件。此外，还对当时盐业市场的乱象有一定的揭露。民国二十年（1931）10月，两淮盐运使署亦有《两淮盐务汇刊》创刊，时由两淮盐运使王章祜负责，出版周期不详，停刊时间和原因亦不详，内容与《淮鹾月报》相近。

《盐法通志》。该志共100卷，由近代学者、资本家周庆云编修，有民国四年（1915）“文明书局”等刊本。全书据四川、两浙、两淮、山东、长芦、河东、两广、福建、东三省等各地盐法旧志及各地方志、各省财政说明书、通典、通志、文献通考等200余种有关盐法之书，叙述自周至清的历代盐政概况。内分疆域、职官、法令、场产、引目、征榷、转运、缉私、艺文、杂记等类。法令类内有刑律、禁令、考成、处分等篇目，是研究中国盐业史的重要文献。

除以上例举之志著外，尤其在清代，亦还有道光《淮北票盐志》《两淮盐法议》，光绪《两淮案牍钞存》《淮北票盐志余》《淮北票盐续略二编》《两淮岁计志略》《裁减淮北票盐浮费全案》《铁钦差奏复两淮盐务汇编》等等盐务志著，都是今人研究两淮盐运历史的珍贵历史资料。

第二章　盐商与淮安盐业

盐商是中国历史上一个极为特殊的经营团体，以持有政府运销经营特权为资本，赚取食盐高额垄断利润。封建社会中前期，盐商随国家盐政制度不稳定而跌宕起伏，民间业盐或被严禁、或被特许、或又免税开放。明清以后，相对稳定的食盐运销特许制度，让盐产业迅速成为国家经济命脉中的重要组成部分，并造就了一大批显赫一时的豪商巨贾。他们随盐政官署聚居淮安、扬州二府，从早期的晋商、陕商，到后来占据两淮盐业大半壁江山的徽商，一时"百万盐筴辐辏于此"，并推动会馆、钱庄等行业融合发展，为淮扬之地注入了经济活力。至清代道光年间"纲盐改票"和晚清民初国运民情的剧变，两淮盐商才无奈地淡出了历史舞台。

第一节　盐商起源

作为关系到国计民生的重要战略物资，食盐在我国古代一直具有较为严格的管理体制，政府长期实行官营、官营专卖、官督商办等制度，以确保国家对食盐的绝对控制。两淮盐商的滥觞，则可追溯到汉唐时期，并经宋元以来的发展，最终形成明清盐商的兴盛局面。

汉代以前，盐业由国家官方经营。从春秋战国时期开始，淮盐便开始实行诸侯国官署统一收购、根据居民多寡配销以及官营专卖的特殊销售制度。秦汉大一统王朝建立后，曾一度放开盐业官营政策，而随之被野心勃勃的地方诸侯王所盯上。

吴王刘濞画像

刘濞（前215—前154），沛郡丰县（今徐州市丰县）人，西汉宗室、诸侯王。汉高祖刘邦之侄，代顷王刘仲之子。封国名“吴”，辖东南3郡53城，都广陵。刘濞性情极为剽悍勇猛，且有野心。是“七国之乱”的谋划者。兵败后被杀，封国废除。

吴王刘濞是汉高祖的侄儿，他就利用自己的特权，数十年间在两淮地区煮盐牟利，并以此增强自己的实力。《汉书》卷三十五中记载他“即招致天下亡命者盗铸钱，东煮海水为盐，以故无赋，国用饶足。”为了便于淮盐运出，刘濞还下令开凿了西起扬州茱萸湾，中经泰州海陵仓，东至如皋蟠溪的运盐河。这条运盐河将江淮水道与东部盐产区相互连接，让东部盐场的食盐能便捷通过运河集中到扬州，再转输至全国各地。如此，使得刘濞财富迅速积聚，并为其之后联合诸王发动“七国之乱”，提供了物质保障。此时的刘濞，实际就已经扮演了一个大盐商的角色。

西汉元狩四年（前119），由于政治、经济和对外形势的剧变，中央财政一度出现严重困局。面对这样的局面，汉武帝刘彻不得不将地方资源进行管控，以此增加中央财政收入，同时筹措征伐匈奴的军费。由此，盐利遂统于中央，实行严格的盐铁官营制度，不允许私人煮盐和私商贩卖。所谓民营盐商，此时并未形成气候。直至东汉以后，两淮地区出现了盐商的身影。东汉后期，长江以北的整个苏北地区为东海郡、广陵郡腹地，是当时重要的海盐产区。随着中央政权控制力弱化，淮安一带靠贩盐致富的盐商应运而生。如东海郡朐县（今连云港市海州区）人糜竺，史料记载他依靠郁洲岛获“田畴鱼盐之利”“货财如山，不可算计”“家资巨亿”，家中有奴仆万人，并因资助兵败后的刘备，而成为他的大舅子。

魏晋南北朝时期，淮安一带常年成为南北政权的拉锯战场。这一时期，盐业主要由官方以安抚流民为目的的开发，也有军队因食而屯兵煮盐。老百姓则自给自足，私煮私卖。这样相对宽松的盐业政策，一直延续到了隋唐时期。隋开皇三年（582），尚未统一全国的隋政权，开始允许人民自行制盐、贩盐。这一政策，在隋唐两代大体遵循，直接影响了此段时期淮安等地盐商群体的兴起。

唐代以后，虽逐步恢复盐税，但依然实行食盐民制原则，并由官收、官卖、商运、商销，还专门为业盐者专立户籍，称为“盐籍”。唐代管理下的官营盐业，多为就地专卖，商运商销。时海盐生产区域，北至渤海西岸长芦县（今沧州市境内），南到岭南两广（今广东省、广西壮族自治区部分地区）。其中，扬州海陵县（今泰州市）、楚州盐城县（今盐城市），为两淮地区（淮河南北地区）最重要的盐场。据《江苏盐业志》中记载，唐宝应元年（762），刘晏任盐铁使时，淮南、淮北盐场年煮盐60万石，产量占江淮盐总产量三分之一。仅楚州所属盐城

两淮地区早期盔形煮盐器

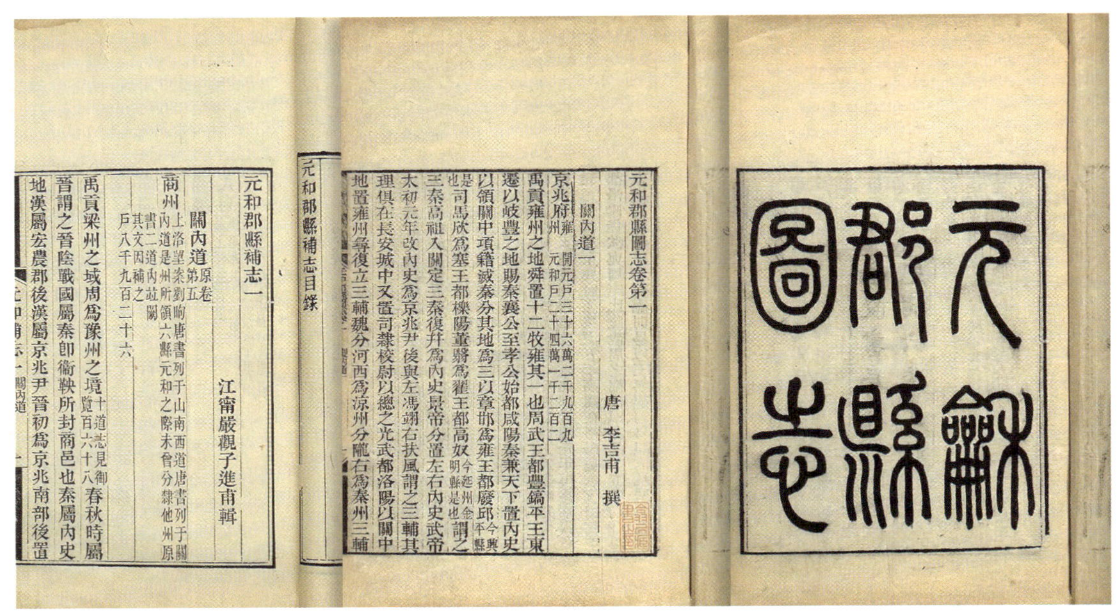

元和郡縣圖志

元和郡縣圖志卷第一

唐 李吉甫 撰

關內道一

京兆府 雍州 開元戶三十六萬二千九百九 元和戶二十四萬一千二百二

禹貢雍州之地舜置十二牧雍其一也周武王都豐鎬平王東遷以岐豐之地賜秦襄公至孝公始都咸陽秦兼天下置內史以領關中項籍滅秦分其地爲三以章邯爲雍王都廢丘今興平縣是司馬欣爲塞王都櫟陽董翳爲翟王都高奴今延州金明縣是也謂之三秦高祖入關定三秦復幷爲內史景帝分置左右內史武帝太初元年改內史爲京兆尹後與左馮翊右扶風謂之三輔其理俱在長安城中又置司隸校尉以總之光武都洛陽以關中地置雍州尋復立三輔魏分河西爲涼州分隴右爲秦州三輔

元和郡縣補志目錄

元和郡縣補志一

江甯嚴觀子進甫輯

關內道 原卷第五

商州 上洛望柰劉昫唐書列于山南西道唐書列于關內道是州所領六縣元和之際未曾分隸他州原書二道內並闕其文因補之

戶八千九百二十六

禹貢梁州之域周爲豫州之境十道志見御覽百六十八春秋時屬晉謂之晉陰戰國屬秦即衛鞅所封商邑也秦屬內史地漢屬宏農郡後漢屬京兆尹晉初爲京兆南部後置

元和補志一 關內道

唐代李吉甫《元和郡县图志》及清代严观《元和郡县补志》

县，就有“盐亭百二十三”。《元和郡县图志》就记载了唐代后期时，楚州“盐课四十五万石”，“擅利巨海，用致沃饶，公私商运充实，四远舳舻往来”。唐代食盐的运销，国家划分有明确的经营区域。淮盐行销淮河流域、黄河中下游和山东半岛。贞观十六年（642），淮盐的畅销，一度冲击了山西解州池盐在泽（今山西省晋城市）、潞（今山西省长治市）、郑（今河南省郑州市）等州池盐的销路。为了扩大淮盐外销能力，唐代于垂拱四年（688）开凿新漕渠，即从水路沟通沂州（今山东省临沂市）、密州（今山东省诸城市）、海州（今连云港市海州区）至涟水入淮。新漕渠开成后，淮盐更为兴盛。演变至今，这条新漕渠成为今流经淮安市淮阴区、涟水县等地的盐河。晚唐以后，朝廷为筹措军费，任命“理财名臣”第五琦为江淮租庸使兼诸道盐铁使，主管两淮盐业。设置司盐监院，招募流民、盐民制盐。至宝应元年（762），唐代宗李豫任命通州刺史刘晏为户部侍郎兼京兆尹，刘晏再次担任盐铁使兼办漕运。上任后，他将第五琦所创设的官销制度改为商销，进一步以盐利支持漕运和中央财政。时刘晏在淮南、北设“四场十监”，涟水海口盐场为“四场之首”，推动着楚州等地制盐工作的有序开展。在当时，政府向盐户购买盐产品后，全部储存于仓中，再就地招商。盐商则照定价，在盐场缴款之后，自由运销到任何地方。为防止盐商故意停运滞留以抬价伤民，刘晏还采用常平法以及适时官运来弥补缺盐地区盐货短缺，并牵制盐价，使官收厚利而民不知贵，盐商亦无积压资本之忧。时盐商还享有杂徭俱免的户籍，所以有许多富人愿以家产为经营资本，希望获取盐商身份。

北宋时期，食盐运销制度延续唐代政策，大体上有官卖，也有商销，但常有更迭，会影响盐商群体的兴衰。而此时以楚州、扬州为核心的淮南东道依然是全国著名的食盐高产区，在历经五代十国之后，如楚州仍能年产销食盐41.7万余石，涟水军则年产销食盐11.5万石，后来还有所增加。从北宋初年开始，两淮盐产区亦只允许官盐买卖。但随国家局面逐渐安定之后，淮北盐区开始率先号召商民运销食盐，即政府令商人运粮食到边防要塞，再根据路途远近发给商人以凭证，时称“交引”。在移交两淮盐产区后，即依照交引上标明的价钱付给商人盐品。这种运销方式被称作“折中”，使得当时淮盐市场占有量大大增加，并一度解决了北宋前期对辽用兵之军饷和后勤物资匮乏等问题，淮北盐区在当时也成

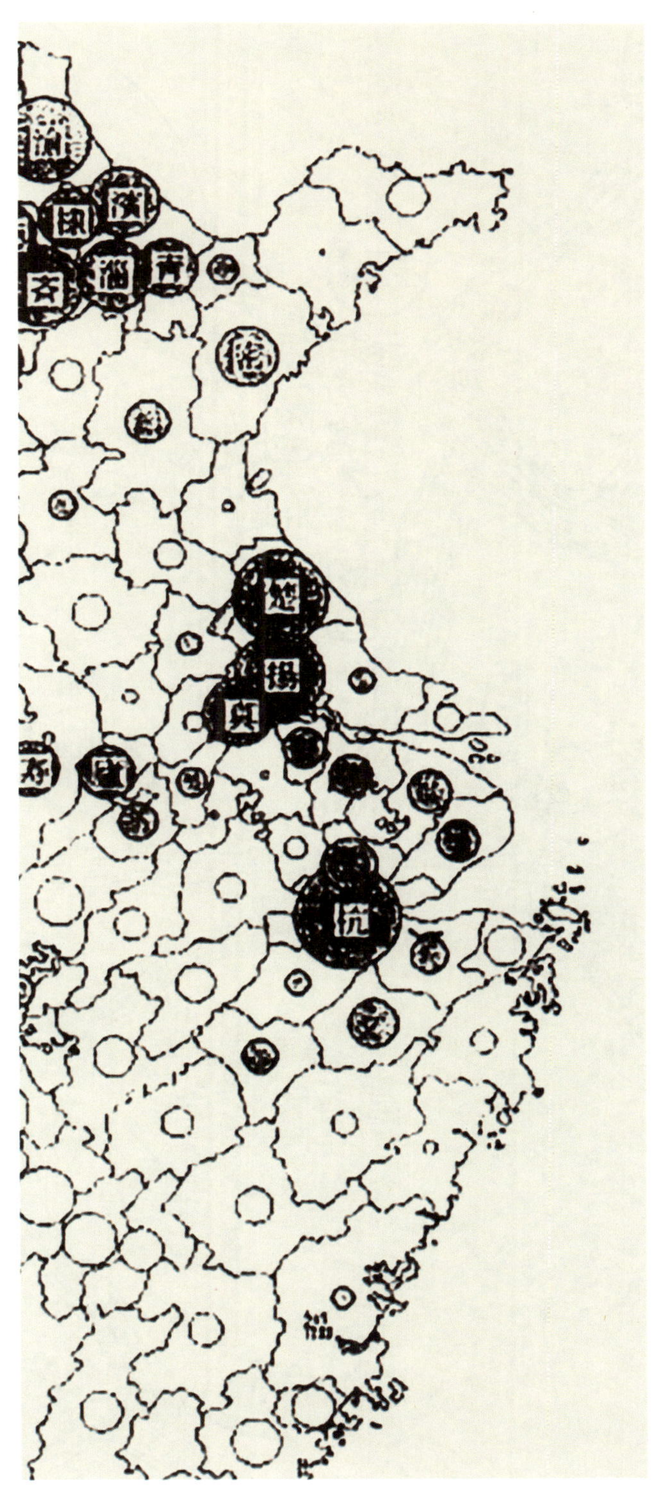

北宋熙宁年间江浙地区税收图

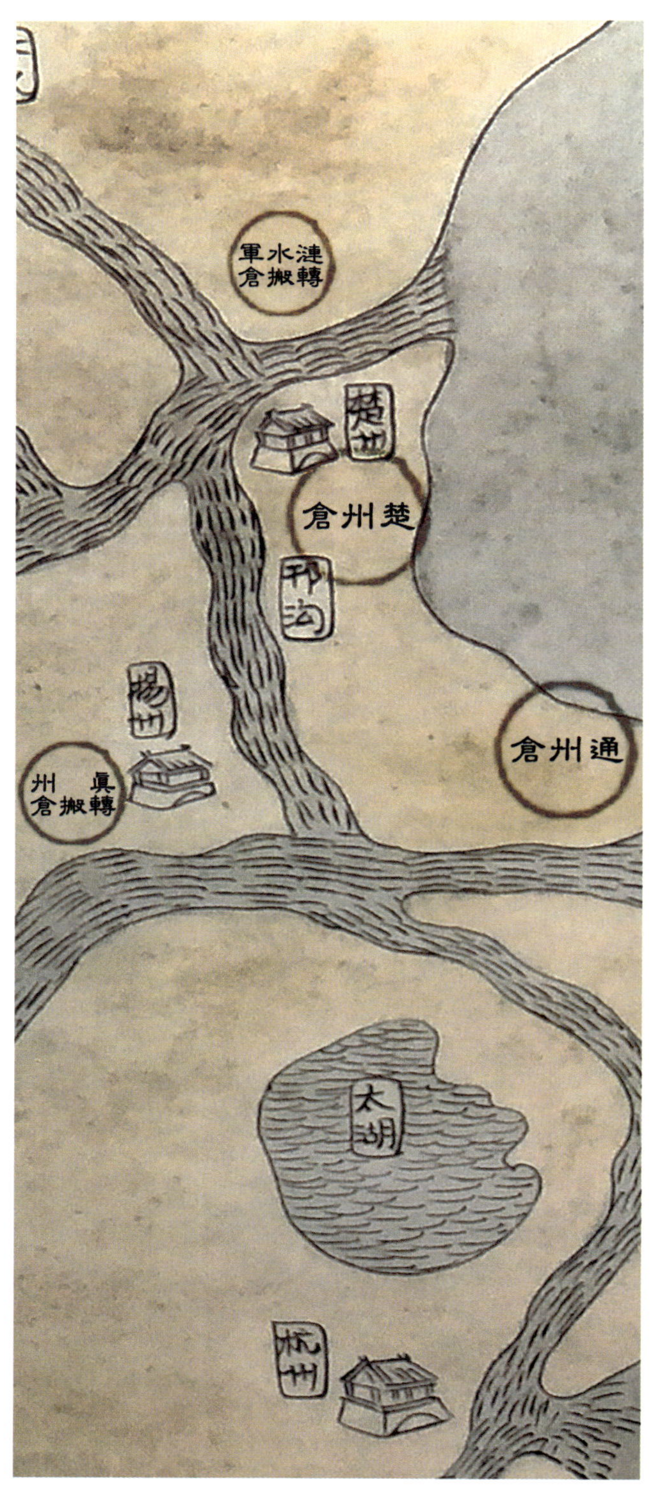

宋代两淮盐仓示意图

为商人运销食盐的首选盐场。至道二年（996），北宋中央政府下令淮南十二州盐仍由官卖，并立即叫停折中法。官卖之后，弊病显而易见，运销成本急剧升高。崇宁年间，在权臣蔡京的建议下，中央再次更变盐法。淮北盐区所在的淮南东路，除去部分食盐保证官运之外，允许商人自行去各盐场买盐，再用私船运到指定的州县贩卖或交易。既而又更变为盐钞法，凡以盐钞来淮北盐区领盐的商人，给取一半海盐，但仅算三分旧钞，七分新钞，朝廷以商人换易之数来计算州县课额。此时楚州所属各盐场的盐商们，再次迎来了机遇。

盐业运销在当时充分利用了大运河漕运的功能，各地粮食由漕船运至楚州、扬州、真州（今仪征市）转搬仓卸下，再转运至东京开封府（今河南省开封市）。之后，回空的漕船则购买、运输淮盐运回出发之地。据史料记载，淮南东道建造大型盐仓以容纳更多淮盐，其中楚州、通州（今南通市）各有一处盐仓。另有转搬仓两处：一处在真州，接受通、泰、楚等州生产的盐；一处在涟水军，接受海州和涟水军的盐。江南东、西道，荆湖南、北道每年运漕粮至淮南，卸下粮食后，换回同样价值的食盐用漕船运回原地销售。因此，两淮地区被称为“东南盐利，视天下为最厚”。而今淮安境内的楚州仓和涟水仓作为重要的淮盐集散中心，在运销上占有核心地位。为方便运销，宋廷于元符元年（1098）为避楚州至涟水间淮水风涛舟溺之险，由发运使王宗望在涟水城西15里开支家河，北通中涟河，南通楚州北关入淮河。竣工后，宋哲宗赵煦赐名“通涟河”，大大方便了各地盐商将淮北盐场食盐运销各地。

南宋以后，淮安、扬州所在的两淮地区先后成为南宋朝廷与元、金对峙的前线。尤其是楚州，不但城处边境，所辖盐场也成为两军激烈争夺的目标。元代统一中国之后，相对宽松的商业政策使得两淮盐业重新振起，元初意大利人马可·波罗旅行至淮安，在他的游记中还称赞道：“淮安州是一甚大城市，应知此城制盐甚多，供给其他四十城市之用，由是大汗之收入甚巨。”元代的盐业政策，促使淮安城再次盐商云集，并为明清两代所迎来的盐业、盐商全盛之景象，奠定了基础。

第二节　盐商组织

盐商作为持有政府运销特权的商业

意大利旅行家马可·波罗画像

根据马可·波罗描述所绘制的可能旅行路线

马可·波罗生于13世纪时的意大利威尼斯。他17岁时，便跟随自己的商人父亲和叔叔，历时整整4年时间，来到当时正处于元代的中国，与元世祖忽必烈建立了友谊，并在中国整整生活了17年。回到威尼斯后，马可·波罗在一次威尼斯和热那亚的海战中被俘，在监狱中口述了旅行经历，由鲁斯蒂谦（Rustichello da Pisa）写出《马可·波罗游记》，闻名世界。

群体，国家历来对其管理严格。对于大盐商，朝廷设总商监管盐务。而针对整个行业，国家鼓励盐商间建立相关商会组织，以此信息互通，接待救济，对接资本，从而更好地为盐业经营服务。

清代“官盐”金漆挂牌

一、总商理事

早在明代成化年间，两淮盐商中就设有客纲，即商人中的对外贸易组织。嘉靖年间，又设有客长，为客民编户头目。据明代嘉靖《惟扬志》中记载：“择殷硕者以联引各商，听盐事于司。”即选择财力充裕的盐商作为代表，负责与两淮都转盐运使司署打交道。在当时，其他商人与客纲、客纪或客长之间，并无隶属关系。“纲盐制”实施后，原有边商、内商名称，也随之退出历史舞台。

清代早期“两淮盐课”五十两银锭

作为我国重要的盐产区，两淮盐课在国家税收中占有举足轻重的地位。该银为淮盐行销地区所征盐课折银。为便于运输，时将银锭双翅向内敲打变形。“两淮盐课”税项多见明末清初十两小锭阴刻，五十两大锭较少。

清代以后，两淮盐商形成了场商和运商两大类。场商只管买卖，专门在淮安、扬州等地向煮盐灶户收购食盐，再卖给各地运销商。他们以资本取利、压价收盐等手段盘剥灶户。有的盐商还招募盐丁，自行生产食盐销售，以牟取厚利。运商则垄断食盐的对外水运销售，在以极低场价购得食盐后，运至销盐口岸以高价发卖，获利丰厚。这些盐商，据各自经营规模大小不同而又分为总商和散商。总商由两淮都转盐运使司署任命，一般由资重引多、办事干练者担任。散商则是认引办运较少的盐商，行

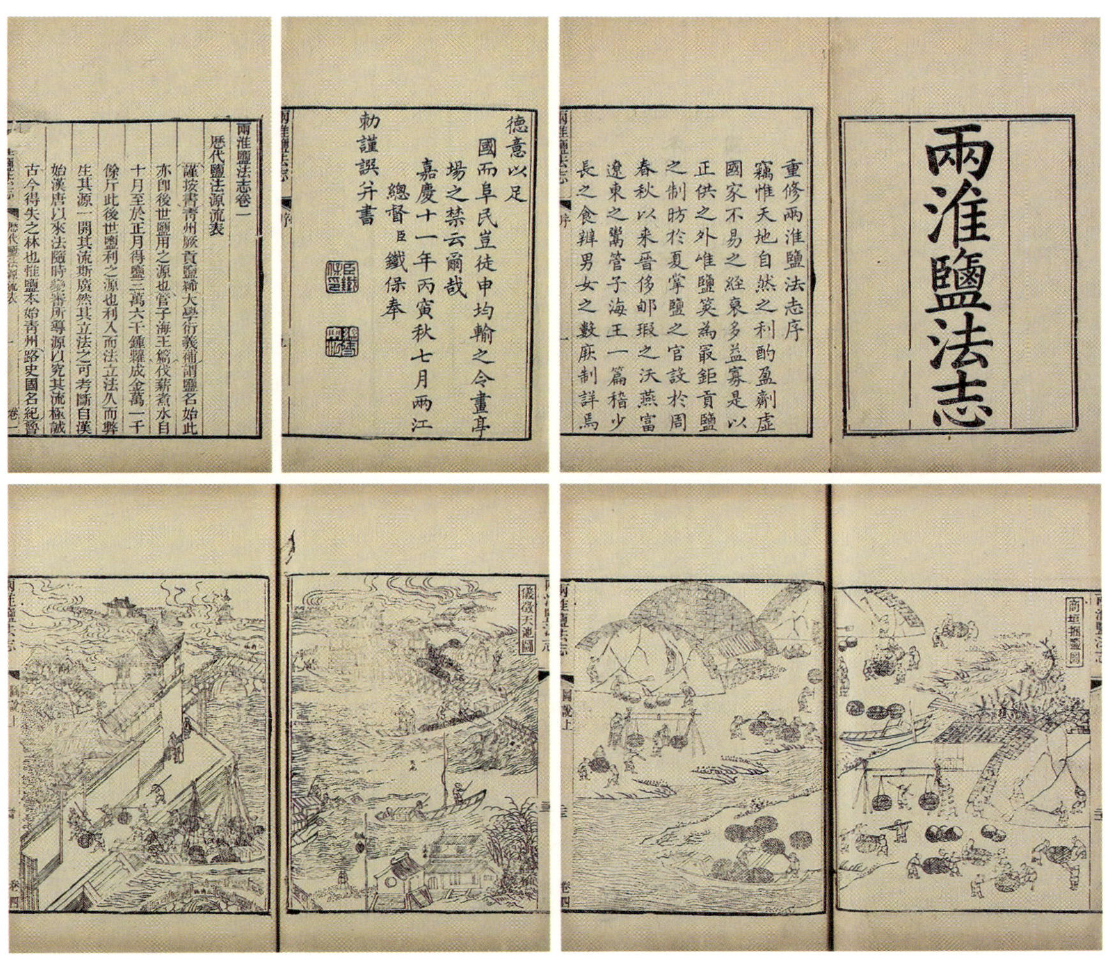

嘉庆《两淮盐法志》

该书系清代盐业史上的巨著，收罗最详。初修于明代嘉靖年间，又经康熙、雍正、乾隆、嘉庆四朝续修，已臻完备，不仅对两淮盐业及盐法记录详细，且沿途名胜风物、书院碑刻等一并辑入，是研究两淮地区盐业、文化发展的重要资料。

盐必须由总商作保之后，方可获得贩盐资格。清代嘉庆《两淮盐法志》中记载：“两淮旧例，于商人之中择其家道殷实者，点为三十总商，每年于开征之前，将一年应征钱粮数目核明，凡散商分隶三十总商名下，令三十总商承管催追，名为‘滚总’。”之后，总商又分为大总商和小总商等名目。所谓大总商，简称“大总”，每年征课办引时，以散商分隶于各总商名下，由总商督征盐课，其中还包括查禁私盐。朝廷有关盐政大计，也多与总商协商。

时两淮盐商富可敌国，总揽这些大小盐商事务与朝廷打交道的总商，自然也是权势熏天。乾隆中叶前后，在两淮盐商总商中，还出现了权力空前的所谓“首总”。从文献史

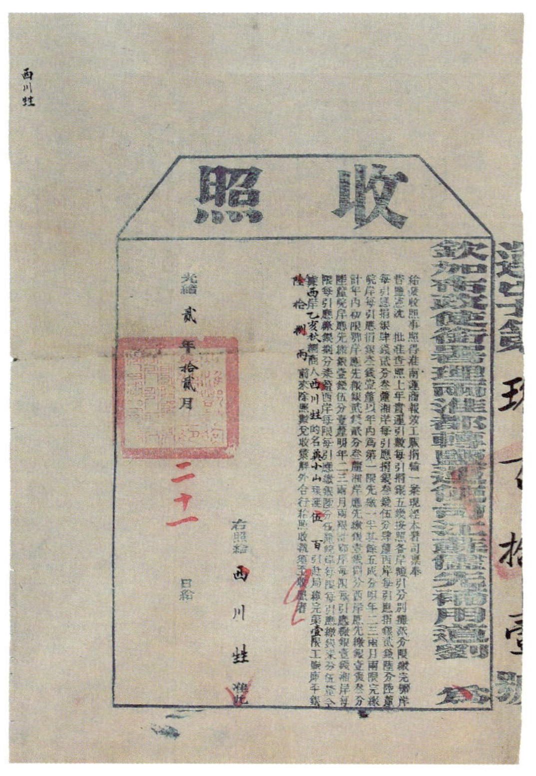
收照

清代光绪二年（1876）盐运“收照”

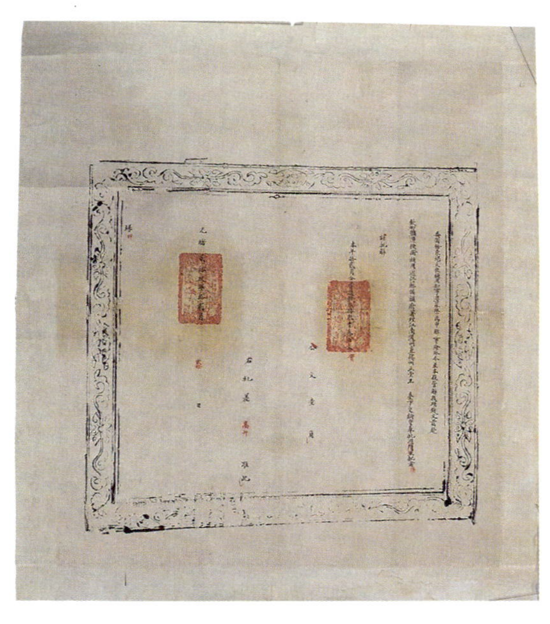

清代光绪二十九年（1903）盐运“批解”

料来看，首总均由与皇家或上层官僚保持一定关系的人来担当。康熙、乾隆二位皇帝在位时，各有6次南巡。他们在淮扬一带竭尽浮华，铺张之能事，便多由两淮地区的总商负责。相关经费，也主要来自盐务。如上贡和筹备南巡之开销，必定安排两淮盐商额外出钱。在当时，有一个特殊名目叫“办贡办公”，指的就是此类花销。总商因领衔主持该项事务，近水楼台，通常也最容易成为首总。据两淮盐业档案及其他相关文献史料记载，乾隆、嘉庆、道光三朝，两淮盐务首总主要有黄源德、江广达、洪箴远、鲍有恒、邹同裕和黄潆泰等家盐务旗号。如“江广达”盐务旗号，主人江春系著名徽商，人称“身系两淮盛衰者垂五十年”。在当时，淮安盐商亦受扬州首总掣肘，同气连枝，盛衰相连。淮北盐务总商常住于淮安，如清代著名淮北盐务总商、有“禺筴中之铮铮者”之称的程易，便居住在淮安河下，其担任淮北总商数十年，资本超千万。民国《淮安河下志》中记载他“遇有公事，先人后已，不计盈亏”。道光年间，山西盐商李毅也曾做过多年淮北盐务总商，他积极支持“纲盐改票”政策，并率先前往淮安府清河县西坝（今淮安市淮阴区王家营街道西坝社区）建栈业盐，成为晚清西坝盐商中的翘楚。

定阳会馆门楣石额

该会馆位于淮安河下竹巷街魁星楼西侧，为山西商人在淮所建会馆。

二、会馆经营

会馆在古代发挥着同乡聚会、行业往来、资金互助以及风俗祭祀等功能，是客居他乡的商人畅叙乡情与商业交流的重要场所。明清时期，淮安商贾众多，便使得淮安城内外会馆林立，形成了独特的商业文化景观。清代淮安学者李莘樵在其《梓里待征录·会馆》中就有记载："每当春月，聚饮于中，以联乡谊。或演戏，或歌吹，不异京都。近在楚人，在都天庙旁建公所，亦会馆之类。"在当时，淮安城沿大运河东堤至河下不足5里的距离，就分布着大大小小10多座会馆。如山西钱商创设的定阳会馆，福建纸商创设的福建会馆，江西木材商创设的江西会馆，句容油商创设的江宁会馆，镇江旱烟及酱园商创设的润州会馆，绍兴炭商、钱商创设的浙绍会馆，溧水及淮安药材商创设的三皇会馆和湖北商人联合创设的湖北公所等等。但这些会馆多与盐业无关，仅四明会馆由浙江宁波商人购得河下程氏盐商

江宁会馆遗存建筑

润州会馆遗存建筑

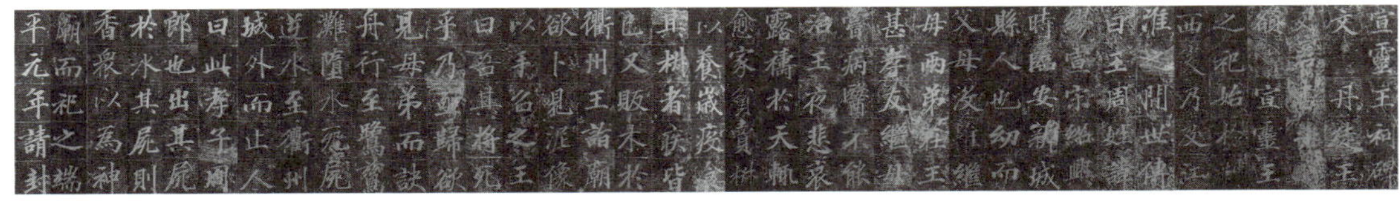

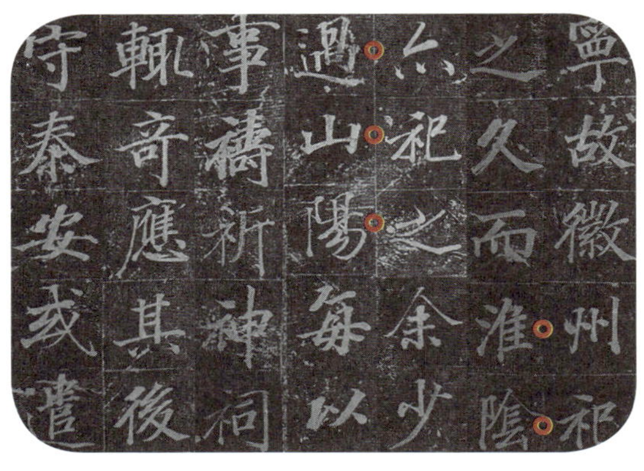

清代朱孝纯所撰淮安河下《宣灵王祠碑》

朱孝纯少时曾来淮崇祀过周宣灵王，认为“有神验”，便终身奉祀，故后来淮“倡修其祠”。

宅邸改建而成。尽管当时淮安的商人来自四面八方，但徽商地位无疑是最重要的。徽商们在淮安所建会馆以徽州古称“新安”命名，被称为“新安会馆”，其组织规模、资本实力也最大。

新安会馆位于淮安城西北河下莲花街西段、永裕亭前。南临萧湖，西接里运河，风景宜人。该处原为观音庵，自徽商大批聚居河下后，遂被集资重修、改建为徽州人祀之较久的宣灵王祠（淮安地方史籍中多称其为“灵王庙”或“周宣灵王庙”）。同时，联合在淮经商的徽州其他商人，如典当行业等，在此兴建新安会馆。该祠前后共有3进建筑，前有门厅，中为正殿，后为观音楼，设戏台1座。左右两厢之外再建有两厢，计房屋30余间。祠内立有一碑，为乾隆四十三年（1778）春三月两淮都转盐运使朱孝纯所撰《宣灵王祠碑

清代道光九年（1829）徽商于新安会馆内所设“新安义所”石额

文》，碑文由丹徒（今镇江市丹徒区）书法家王文治所书，旌德县刘御、李皋镌刻。全文由朱孝纯自述对周宣灵王之信仰，并提议在淮倡修宣灵王祠之事。祠内所有门额、楹联，亦为王文治所书。道光九年（1829），徽商在新安会馆同善堂挂牌设立“新安义所”，成为徽商回馈地方，造福淮安，发展公益事业之所。民国十八年（1929），著名教育家陶行知受家乡徽商同乡会请求，派南京晓庄师范学生李友梅、蓝九盛等3名同学来到淮安，在新安会馆内创办了淮安新安小学，并亲自担任校长。后由徽州黟县人汪达之接任校长，并在中华民族面临生死存亡的危急关头，带领14名学生，行程5万里宣传抗日救国，为中国人民的解放事业作出了卓越贡献。

新安会馆（宣灵王祠）建筑马头墙旧影

新安会馆院落旧影

两张新安会馆老照片拍摄于民国年间，此时的这座宣灵王祠，繁华已去，破败尽显。

三、钱庄开设

随着盐商经营规模的扩大，淮安金融业也紧随发展。盐商资本的注入，主

明代海盐行盐区域概览表	
盐　区	所辖范围
两　淮	江苏、安徽、湖南、湖北、江西、河南部分府县
两　浙	浙江、江苏、安徽、江西（广信府）部分府县
广　东	广州府、肇庆府、惠州府、韶州府、南雄府、潮州府、德安府
长　芦	直隶全部及河南部分府县
山　东	济南府、青州府、兖州府、东昌府、莱州府及河南、江苏、安徽部分府县
福　建	福建省及浙江省部分府县

要通过借贷、典当和银钱汇兑等实现。其中最主要的行当是钱庄，同时操纵着汇市行情。李莘樵在其《梓里待征录》中写道："嘉庆二十五年（1820）以后，河下钱铺约有三四十家。本大者三万五万，本小者亦五千不等。上自清江、板闸，以及淮城并各乡镇，每日银价，俱到河下定钱。行人鼎盛，甲于他处。良由盐务，每岁约有数百万往来，加上河工、关务、漕务生意转输，有利可图。初时银价，元丝每两八百余文。道光初年，亦不过一千一二百文。不数年，盐务改票，场下挂号。板浦每年挂号银堆积如山，约七八百万，存分司库，故银价陡贵至二千二百有零。咸丰八九年，价或落，乱后更贱，至一千四百余文。而河下钱铺，日见淡泊，他处亦不□，不知何故。"这条记载透露出以下几点信息：一是经营钱庄人数众多，不足3平方公里的河下，竟有钱庄30余家。二是营业额可观，5000两至3万两、5万两均有。三是主要经营者都是盐商，盐业上的"数百万往来"都要在这里运转。四是官署上的"河工、关务、漕务生意"也都要在这里存贷和周转。官员们为了这些公私款项，同时成为了钱庄的"保护伞"。五是经营覆盖面很广，"每日银价，俱到河下定钱。"可见由盐商带动起来的淮安金融业，俨然以河下为中心，形成了辐射淮安府全境的小气候。

四、销盐范围

为保障全国盐业供销秩序和各地盐商利益，明清时期明确了各地所产食的固定销售范围，并逐渐形成了定制。时盐商运销淮盐主要分为两类。一是纲盐；另一是食盐。纲盐主要运销远处口岸，食盐则直接运销附近一些州县。相对来说，纲盐的生意要大于食盐生意。据清代光绪《两淮盐法志》中记载，在清代道光年以前，淮安所属淮北盐场的运销路线以淮河流域为主要行销区，遍及今江苏省北部、安徽

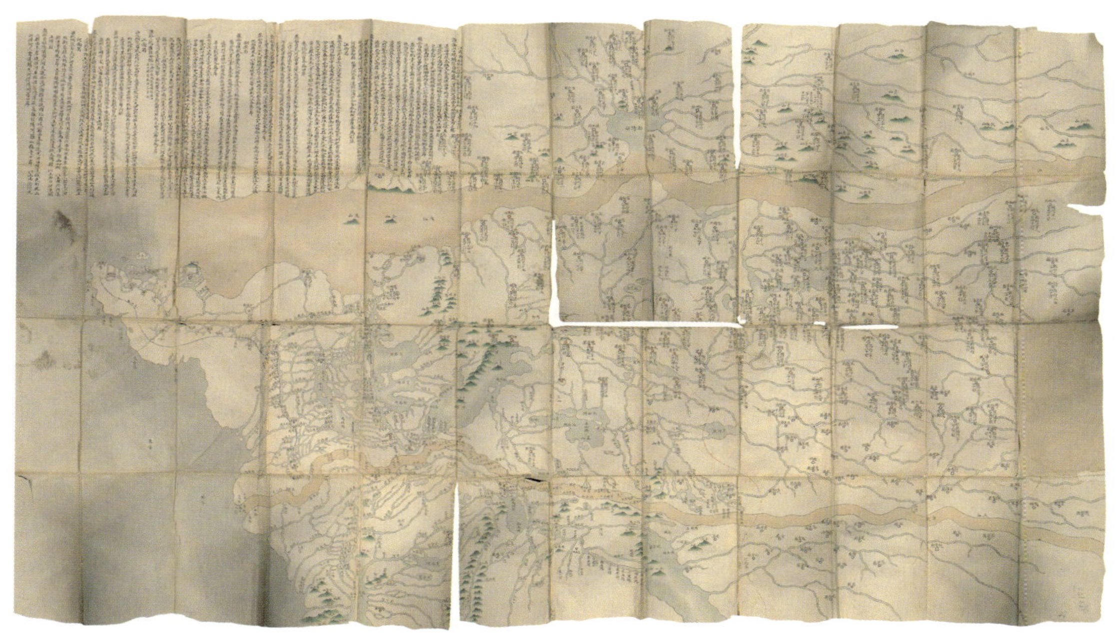

清代乾隆初期《两淮盐场及四省行盐图》

省长江以北以及河南省等大部分地区。食盐行销外地时，主要利用大运河发达的水运，并联系长江、淮河等干流、支流进行运输。嘉庆《两淮盐法志》和光绪《两淮盐法志》中，也都有详细记述。

由盐场到淮安路线。"抵永丰坝，过坝车运至黄河，渡河复车运至草湾老坝，换小船从盐河驳至淮所入垣，候称掣过。所复用小船从河驳至乌沙河换船，然后分销各地。""其食盐惟山阳一县经淮所称掣，即发县销卖；外清河、桃源、邳州、宿迁、睢宁五州县由永丰坝委员称掣，上黄河船分运；沭阳一县由板浦场员称掣，经河口、王家庄、火星庙运县；赣榆一县，由临兴场员称掣，经清江运县。"

运往安徽线路。"由淮河直往西运销泗凤颍等属口岸道路：自淮乌沙河由清江浦，出天妃闸（注：即清口惠济闸），过洪泽湖。抵盱眙县、泗州盐关、五河县。进支河，抵定远县；进涡河抵怀远、蒙城、亳州；从荆山口抵寿州凤台、霍丘、颍上、阜阳、太和诸县。""由淮河往西南运销六、霍等州县口岸道路：寿州凤台至正阳关，换小船入山河抵六安州、霍山县。从六、霍运至英山县。""由长江运销庐州府并滁州、来安、桐城口岸道路（江运八岸）：自淮安府河下西北乌沙河历运河出瓜洲口，溯江进裕溪口，至黄锥河，换船驳运抵巢县、庐江、无为州，过巢湖抵合肥县，由桃溪镇陆运抵舒城县。由大江进段腰口入乌衣镇，驳运抵滁州，由水

清代海盐行盐区域概览表	
盐 区	所辖范围
两 淮	江苏、安徽、湖南、湖北、江西、河南部分府县
两 浙	浙江、江苏、安徽、江西部分府县
两 广	广东、广西全境及福建、江西、湖南、云南、贵州部分府县
长 芦	直隶全境及河南部分府县
山 东	山东全境及河南、江苏、安徽部分府县
福 建	除汀州外，福建各府县及浙江部分府县
奉 天	奉天、吉林、黑龙江三省全境

口陆运抵来安县。由大江进三江口至纵阳，驳入孔城，陆运抵桐城县。”

运往河南线路。“由淮河运销汝光所属各州县口岸道路：正阳关换小船由南照三河尖口、张庄集三汊口入洪河，抵新蔡、上蔡、西平、遂平诸县，由小湛河经杨埠陆运抵汝宁府汝阳、确山二县，由三汊口入汝河抵正阳县，由三河尖经五里店抵信阳州，经周家店抵罗山县，又由三河尖抵固始县，由固始陆运抵商城县，经张庄集抵光州光山县，经临河店、周家店抵息县。”

第三节 盐商衰落

作为国家重要的税源创造者，两淮盐商维系着中央政府在整个东南地区的统治根基，但朝廷也时刻在盯紧这块“大肥肉”。清代乾隆以后，中央政府开始逐步加重两淮盐商的正杂课税，并以赈灾、助饷、捐输、报效等各种名义要求盐商出资捐款。加之基层官员巧立名目，不断对盐商进行勒索，便直接导致盐价上涨，私盐泛滥，纲盐滞销，财源枯竭，使得原有的盐政制度濒于崩溃边缘，也让盐商这个一直处于光环下的特殊商业群体，走到了历史的十字路口。

纲盐弊病。纲盐专卖体制原本就有腐败弊端，且不断呈现。到清代嘉庆、道光年间，这些弊端开始集中爆发。重税、摊派、勒索，导致盐价高昂，无不成为压垮盐政体制的最后一根稻草。在当时，因为各销盐区的情况不一，课税不一，盐价不一，就出现了往来于各销盐区之间的食盐倒卖情况，以此赚取差价，并直接导致私盐泛滥成灾。私盐即食盐中的“水货”，无税收，成本低，售价更是低于官盐。私盐一旦泛滥，官盐便销售不畅；官盐一旦滞销，盐商便不肯继续经营，甚至出现困乏倒闭的现象。

两淮盐商全盛时，有各类盐商数百家，至道光九年（1829）时，仅存10余家，且多为负债经营。盐商不肯运销，朝廷额定的盐引就有积压，便直接影响国家财政。如道光九年（1829），朝廷给出的引额仅销七成，次年则全额无人领销，直接致使淮北地区盐场全年亏课银200万两，相当于年应缴税银的17倍。出于无奈，两淮都转盐运使便依照原有商人名册，强迫盐商出来经营，即所谓“牵商”。原有的的纲盐法，已到了不得不改革的地步。

纲盐改票。道光十一年（1831），在两江总督陶澍的建议下，清廷批准两淮地区对旧有盐业经营方式进行改革。道光十二年（1832），陶澍率先于淮北盐场废除纲盐法，改行票盐法。道光二十九年（1849），湖北武昌塘角（今湖北省武汉市武昌区）发生大火，“烧盐船四百余号，损失钱粮银本五百余万，群商请退”。时任两江总督陆建瀛以此为契机，在淮南盐场行票盐法，延续了陶澍的纲盐改票政策。至此，两淮地区全部改行票盐法。

所谓“票盐”，即指官署在盐场附近设局课税，而商人不区分类别，只要缴税纳款，即可获得运销食盐许可。票盐制度实行后，国家对盐商身份没有了限制，贩盐区域、方式、来源等亦不再

清代道光年间两江总督陶澍画像

陶澍（1779—1839），字子霖，又字子云，号云汀、髯樵，湖南安化人。清代经世派主要代表人物、湖湘经世派第一人、道光朝重臣。其于嘉庆七年（1802）中进士，授翰林院庶吉士，后任翰林院编修。历任山西按察使、福建按察使、安徽布政使、安徽巡抚、江苏巡抚、两江总督等官职。道光十九年（1839），病逝于两江总督署内，赠太子太保衔，谥号“文毅”，入祀贤良祠。有《印心石屋诗抄》《蜀輶日记》《陶文毅公全集》等著作。

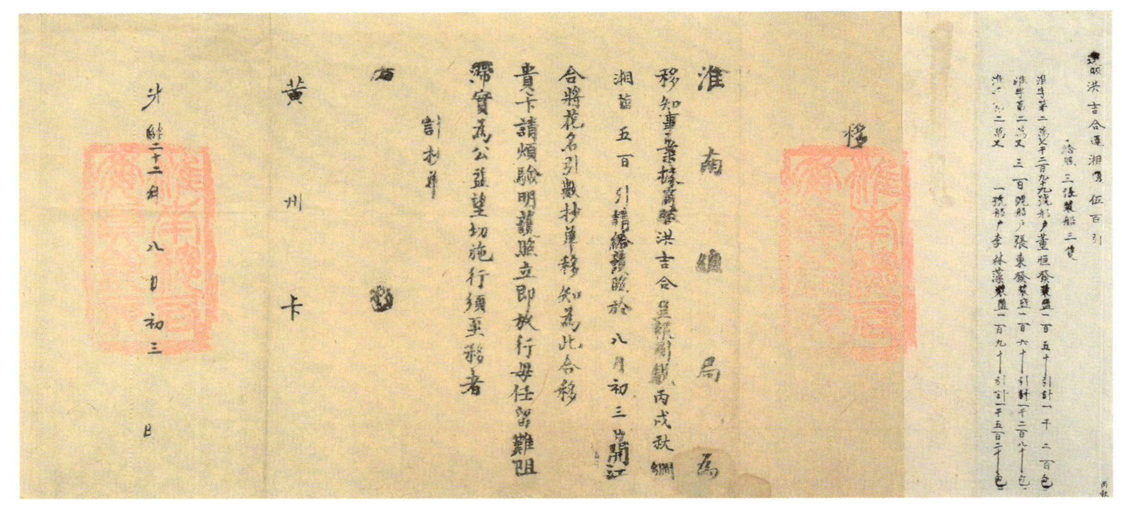

清代光绪二十二年（1896）淮南（盐务）总局移文及附贴盐引清单

固定，使得原本徽州、山陕等地大盐商的垄断特权顿失，政治上渐渐失势，经济上彻底陷入困顿。与此同时，清廷为追缴盐商多年来的积欠之税，采用了抄家没产的办法，使得不少盐商因此破产。淮安、扬州等地的大盐商们，均遭此前所未有之沉重打击。

改革影响。清代中晚期，“纲盐改票”等一系列破除盐业垄断新政的实施，给淮安、扬州等地盐商带来了灭顶之灾。曾经的“起居服食，王侯不逮”不再，取而代之的不是秋后算账、倾家荡产，就是另谋他业、四处奔波。徽州盐商洪氏曾是淮南盐务总商，其家族就在“纲盐改票”中迅速破产。程氏也一度总领淮北盐业，“纲盐改票”后，程氏家族便日趋衰落。“纲盐改票”时的淮南总商黄潆泰，在改革前七日就预先得到消息，派人四处买窝制造假象，让别人上当跟风。实际自己暗中卖掉根窝，这才避免了破产的厄运。

清代学者金安清在其《水窗春呓》中，就生动记载了“纲盐改票”对淮安、扬州等地盐商的影响：“陶文毅改两淮盐法裁根窝，一时富商大贾顿时变为贫人，而倚盐务为衣食者亦皆失业无归，谤议大作。扬人好作叶子戏，乃增牌二张，一绘桃树，得此者虽全胜亦全负，故人拈此牌无不痛诟之。一绘美女曰陶小姐，得之者虽全负亦全胜，故人拈此牌辄喜，而加以谑词，其亵已甚。文毅闻之大恚。乃具折请另简盐政，辞两江兼管，上意不允。一二年后，其谣亦遂息。然‘印心石屋’，江南名胜皆建亭摹刻，惟平山堂一所，则以木板钉护，余颇讶之，盖为游人以铁锥凿

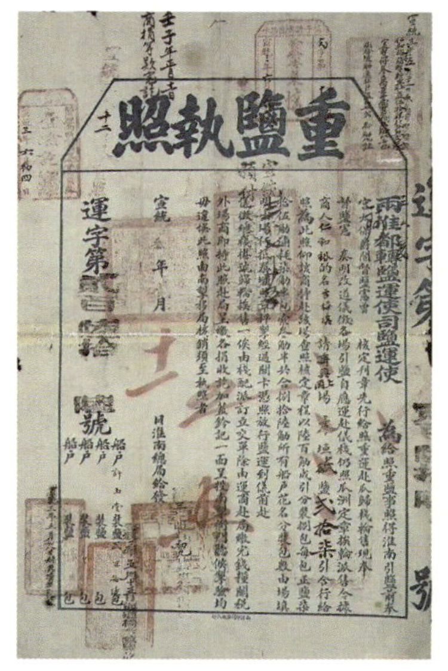
重鹽執照

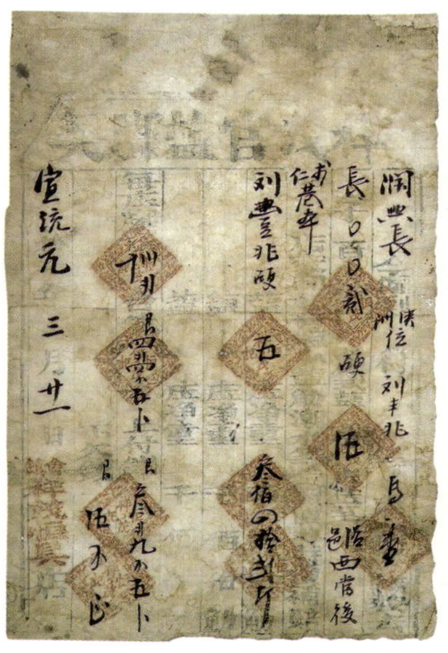

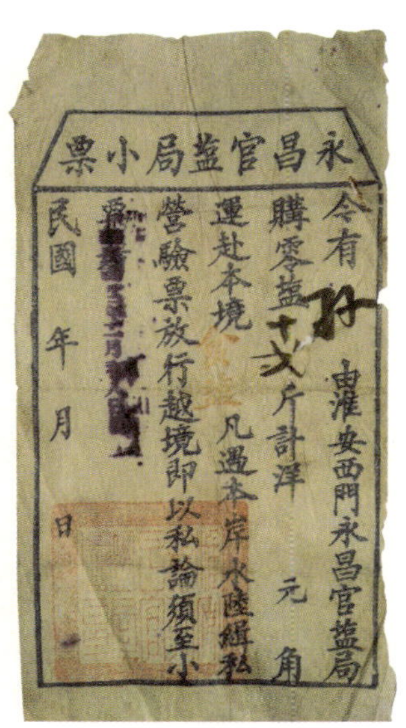
永昌官鹽局小票

令有 由淮安西門永昌官鹽局
購零鹽 斤計洋 元 角
運赴本境 凡遇本岸水陸緝私
營驗票放行越境即以私論須至小票

民國 年 月 日

清末宣统时期两淮重盐执照、官盐脚契及民国初期淮安西门永昌官盐局小票

去其名也。怨毒之于人如此，亦可惧矣!”可以看出，面对盐业改革，两淮盐商极为不满，便不惜采用各种方式对陶澍进行诋毁，甚至是人身攻击。他们在纸牌中增加了两张：一张是桃树，即陶澍的谐音；另一张是女人像，称“陶小姐”。有人说是陶澍女儿，也有人说是陶澍老婆。此牌可与任何牌配对，人称“逢人配”。起牌时摸到“桃树”牌，虽是最好的牌但也要输，故抓牌者就会大骂“桃树”不已。抓到“陶小姐”这张牌，因可与别牌配对，就容易胡牌，摸到者就高兴不已，“心肝肉儿”等浪语、谑词就会说个没完，猥亵无比，以此发泄怨恨。

当年的淮安河下，在拥有淮北盐业中心地位之时，给当地制造了无数的就业机会。除了能成就一些盐署小吏，周边许多劳动力也大量参与到食盐搬运工作中来。由于完全依附于盐商和盐业而存在，盐政改革之后，“淮人生计艰难，农惰而工拙，贫户无自疗之术。又淮北鹾务，自坏藩篱，势穷而变，附食之民，近且流为饿殍。”普通百姓的生计，随之受到剧烈影响。清代淮安学者李莘樵在《梓里待征录》中，还记载了盐栈码头搬运工生计顿失后，发生抗议游行之事：“各项工人，赖此衣食，工价日增，浮费与之日增，成本亦因之日重。淮北大使林名树保，某旗人也，迎合上宪意，密谋改道，以节使费。讵知未成而泄，工人惧失所谋，罢市一日。午后，妇女千百成群，由程公桥至河下花、茶巷，不准店铺开门。凡妇皆手执香，赴淮所，求赏饭。大使匿，众妇女至大厅，厅为柏木，众将香置其中，一时火起。又欲径入上房，大使逸去，不知失印于何时。协镇满德坤带兵弹压，两手出袖箭，众惧其勇，遂散。大使详上宪："火烧衙署，失落官印。"上宪檄府县缉捕首众。时王朝举病革垂危，与众谋，愿认此案。凡过盐提费，赡其家。当即被逮，一鞫而得。收禁后，病忽愈，饮食畅进，深悔轻诺，欲平反，不能。王朝举拟以聚众罢市、烧毁衙署、失落官印罪，应枭首；又绞一名，徒数名，余俱释。王朝举伏法后，归殓，各家酬资，一时得数百千文。道光初年，淮北盐务疲敝已极，江督陶公兼辖盐政，以淮北商疲，引滞不消，以纲改票。工人因之失所，上自老坝、三坝，淮北东、西里，数万生灵均为无业游民矣。"

盐商结局。淮安实行票盐法后，淮北盐业中心由淮安府城转移至清河县西坝。此后，淮北盐场所产之盐，不需再运至河下，而由淮北盐河直运于西坝，经由洪泽湖发运各个引岸。淮北盐引批验所大使署也同时迁往西坝，使得此地盐栈、盐局蜂拥而起，在晚清时期盛极一时。淮安历史上修建的第一条铁路，即为西坝盐商为方便食盐集散、运输至江南，于宣统二年（1910）投资建设的。在接续安东县（今淮安市涟水县）、山阳县（今淮安市淮安区）之后，盐商云集的西坝，也仅仅兴盛了数十载，便随着大运河漕运的中止、黄河回归渤海以及清末民初津浦铁路、陇海铁路的建设，而陡然走向衰落。民国二十年（1931），国民政府公布新《盐法》，规定："盐就场征税，任人民自由买卖，无论何人，不得垄断。"延续了2000多年的官方垄断食盐专卖体制，被彻底取消。由此以后，食盐改由各地盐场就近运销。淮安盐商最后的栖息地——西坝，也就此烟消云散。

第三章　淮安盐商家族与人物

盐商是盐业发展中的核心群体，也是中坚力量。他们稳中求进、持续发力，努力经营，对封建时期中国社会、经济发展起到了至关重要的作用。作为两淮盐商的重要寄居地，淮安各大盐商在保持家族营收持续增高的同时，无形中也为淮安地方带来了方方面面的发展与推动。在盐商的资助与贡献之下，淮安的文化、教育、卫生、城建等诸多方面得到了长足的发展，并为后世留下了可观的文化遗产。民国以后，淮安经济开始由传统自然经济向近代经济转型，社会经济呈现出多元化发展的趋势。封建经济逐步解体，新的经济成分不断产生和发展。即便如此，盐商给淮安带来的各项社会特征依然体现在淮安人的生活当中，直至今天，仍影响着淮安文化的前进与发展。

第一节　商帮家族

历史上的淮安，地处南北要冲，是黄河治理、漕运指挥、食盐集散、税赋征收重地。清代张鸿烈在康熙《山阳县志・序》中指出："河、漕，国之重务，治河与治漕相表里……产盐地在海州，掣盐场在山阳，淮北商人环居萃处，天下盐利淮为上。夫河、漕、关、盐非一县事，皆出于一县。"光绪《淮安府志・疆域》中记载："自府城至西北关厢，由明季迨国朝，为淮北纲赴计集之地。任鹾商者，皆徽、扬高资巨户，役使千夫商贩辐揍。夏秋之交，西南数省粮艘衔尾入境，皆泊于

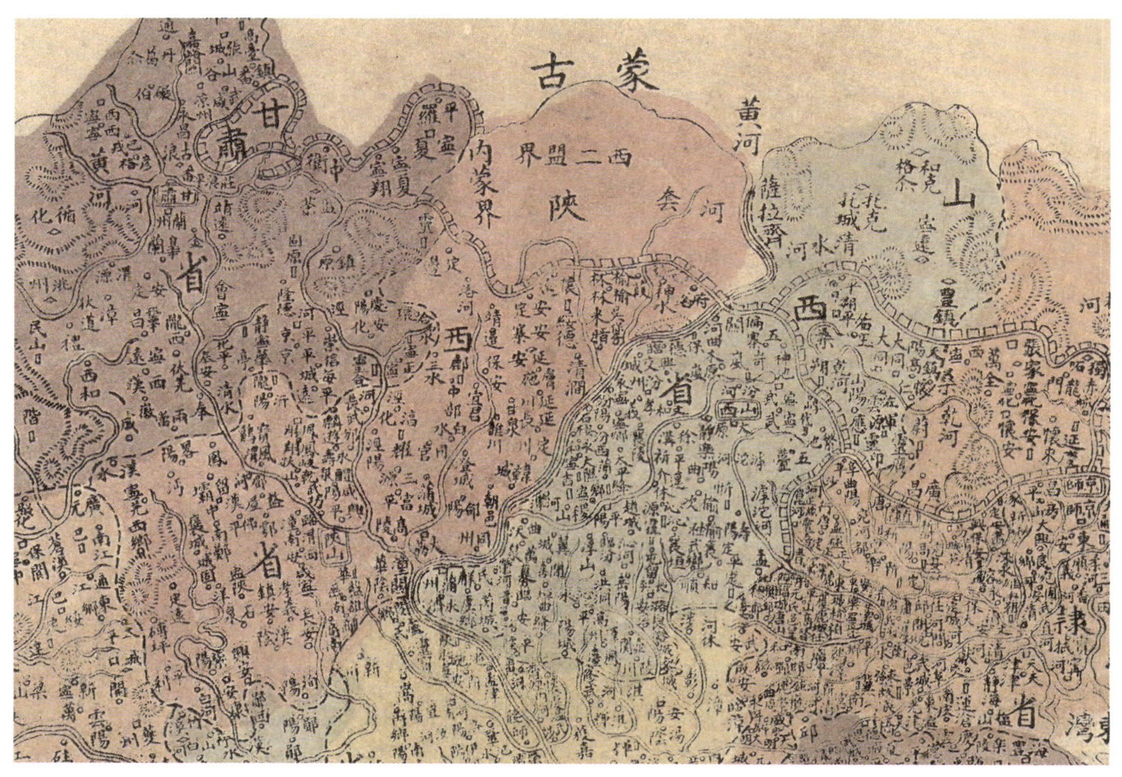

《大清廿三省舆地全图》中的山西与陕西二省

城西运河以待盘验，牵挽往来，百货山列……”明初开中法实行以后，在以淮安古末口、西湖嘴为中心的淮安新城东门内、新城西门外，先后成为盐商巨贾的聚居地，并延伸至淮安城内。明末清初，淮北盐引批验所大使署、两淮都转盐运使司淮北分司署先后移驻淮安，安东坝巡检司署也随之由安东县（今淮安市涟水县）迁至淮安城西北乌沙河畔，并更名为乌沙河巡检司署。在紧随盐业管理机构迁移之后，全国各地更多的盐商选择举家定居淮安业盐。如山陕阎、高、李、梁、王、刘、乔、杜等姓，徽州程、汪、吴、鲍、曹、朱、戴、黄、叶、胡、潘、俞、殷等姓，云南周、何等姓，以及江南其他部分姓氏。盐商及其孕育的盐商文化，繁盛一时。

一、山陕盐商

明代洪武三年（1370），开中法创设，规定商人只要将粮食运到边境粮仓，便可向政府换取贩卖食盐的专利执照——盐引，之后以盐引至指定盐场支取食盐，再至政府规定的销盐区销售食盐。如此，既节省了朝廷转运食盐的耗费，又能满足军储之用。因此，当时靠近边陲的山西、陕西等地商人，便利用地理优势，往来于北方长城边塞和两淮盐区之间，成为明代最早兴起的盐商集团，被称为“山陕商人”或“西商”。清代程钟在他的《淮雨丛谈》中记载淮安：“郡城著姓，自山西、河南、新安来业鹾者，有杜、阎、何、李、程、周若而姓……”明代首先来淮业盐的山陕商人有阎氏、高氏、王氏、杜氏、李氏等家族，他们较早为淮扬地区的经济文化发展，做出贡献。

太原阎氏。明代山西迁淮盐商中，最早应是太原阎氏家族。阎氏先祖本山西祁县人，始由阎仲宝于元初迁居太原，至第七世阎翰为迁淮第一世，业盐。阎翰曾因边防输纳粮草有功，被朝廷赠官太医院吏目，明代文学家吴承恩在其《射阳先生存稿》中，就称赞了他的经商才能：“弘、宣助国之功，荣奉拜官之令。范老孳生，终秦亚吴之绩；卜公畜牧，还成佐汉之名。”阎翰共生有4个儿子，其中长子阎国顺，官至上犹县训导；次子阎士望，官至陕西狄道县知县。阎氏盐商十分富有，“居有庐，耕有田，艺有圃”，重视文化风雅，“凡举行典礼，必购高文巨笔以重其事，如吴郡沈石田山水，文衡山草书、山阳吴射阳锦幛词，多藏于家”。到了清初，阎氏家族还出了一位大学者阎若璩。他是迁淮始祖阎翰的六世孙。他的母亲为明代嘉靖年间淮安状元丁士

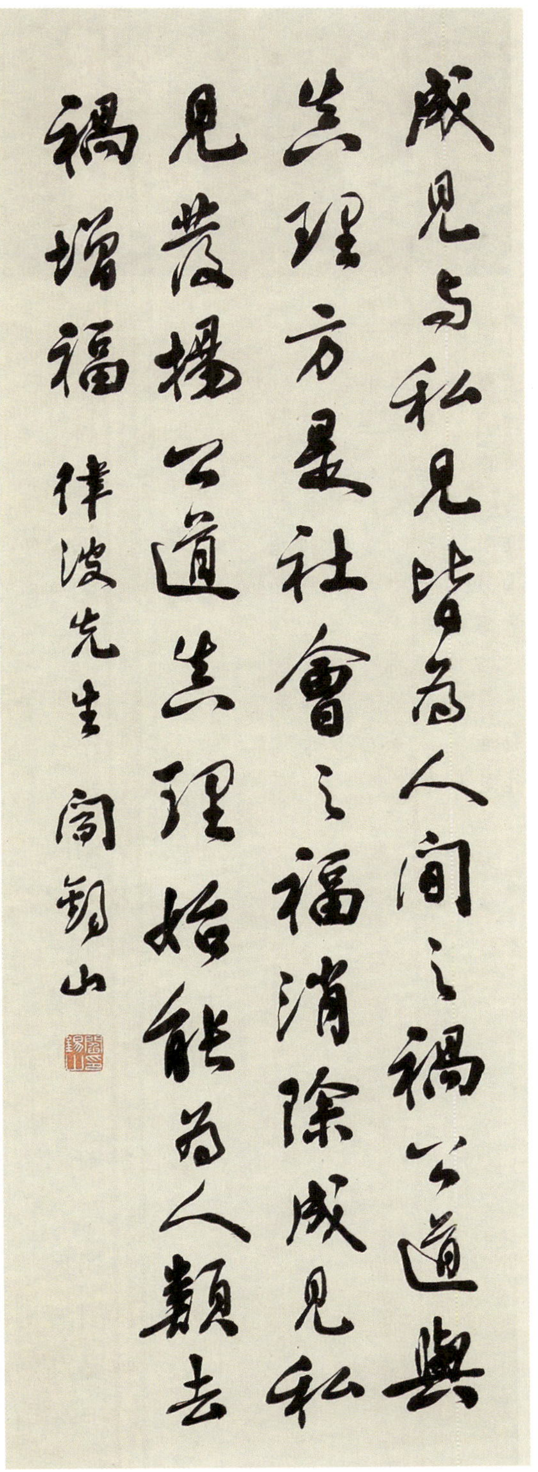

山西阎锡山行书《阎氏家训》

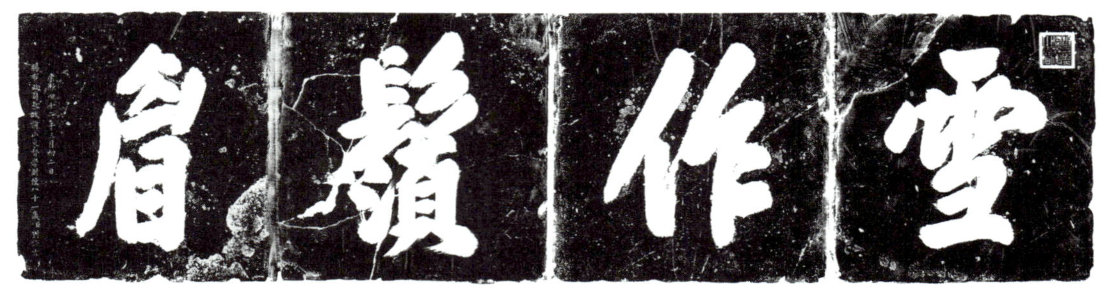

康熙御题刘氏碑拓片

康熙四十二年(1703)二月，康熙皇帝第四次南巡抵淮，退休官员、河下刘谦吉参加迎銮。时81岁的刘谦吉须眉全白，康熙皇帝感动之下，便御书“雪作须眉”四字赐之。后刘谦吉将其摹勒于石，并自号“雪作老人”。

美孙女，祖母则是正德年间探花蔡昂的曾孙女。

太原杜氏。在山西太原杜氏盐商家族中，最著名者莫过在湖嘴修建绾秀园的大盐商杜光绍家族。清代淮安学者吴进在其《山阳志遗补》中称：“杜氏园为淮阴（注：今淮安市淮安区）园亭极盛者。”明末该园曾以接待福王朱由崧等诸王避难闻名一时，杜光绍还为朱由崧提供了政治献金。他的儿子杜首昌文化修养极高，无论是诗词歌赋、琴棋书画、刊刻书籍，绝非淮安普通盐商子弟所能比拟。据不完全统计，杜氏以商籍在山阳县（今淮安市淮安区）参加科举考试的就有24人，杜首昌、杜义昌、杜荫昌、杜又昌、杜永昌等人，均是知名的儒商。

太原刘氏。太原刘氏家族与杜氏有亲，且一同在淮安业盐。清代同治《重修山阳县志》中一篇介绍刘汉中的传记中，就记载其：“曾祖业鹾来淮，占商籍。”刘氏在《淮安河下志》中被誉为“淮之巨族”，不但聚居河下，淮安城内也有大量产业。其家族曾在连续五代人中涌现出6名进士，民国《淮安河下志》中云：“明季至国朝，河下科第极盛者莫如刘氏”，朝廷还特以“五世巍科”匾额褒扬刘氏。

襄陵高氏、乔氏、李氏、梁氏。在晋中平原上的襄陵县（今山西省襄汾县），也有四氏定居淮安业盐。一是高氏，代表人物是高溱，号仰山，官至户部检校。高氏是襄陵县的大族，先后有几代人为官。来淮经商后，同样边读书、边做官、边经商，是典型的官商。二是乔氏，在《吴承恩诗文集》中，就有称颂乔氏盐商母亲的词语，称赞其“两淮揽

山西太谷《王氏支谱》《王氏家谱》

胜”“三晋流芳”。明末之时，乔氏家族在淮安还诞生了一位清官乔尧仁。时战乱频发，淮安城内百业凄凉，他便出资千金修城招民，使得百姓赖以安度，并为他立《去思碑》，祀“忠义”。清代淮安学者曹镳在其《淮山肄雅录》中还记载了明末清初商籍生员中，有乔养宏、乔梦笔、乔升圣、乔纪圣、乔文蔚等人，皆为其家族中人。三是李氏，代表人物为清初进士李时谦。其自迁居河下绳巷后，人称“绳巷李”。不过李时谦来淮后不久就弃商从儒，只存其门族内另一支系仍经营盐业本行。四是梁氏，代表人物有梁承祖、梁景鸿等。

太谷王氏。山西太谷县（今山西省晋中市太谷区）王氏家族于明代嘉靖年间来淮业盐，原先落籍于淮安府清河县（今淮安市淮阴区），祖茔、祠堂设置于武家墩。清代道光以后，纲盐改票，王氏盐商另辟蹊径，遂迁居淮安府城南门大街，转行典当业。时王氏所经营的上坂街永懋当典、龙窝巷永懋当典以及南门大街肇庆当典，规模不小。此外，河下油麻业“王寅昌”，也是王氏家族的商号。王氏转行后，也并非完全不触碰盐业。如道光年间王履谦，钦加盐运使司盐运使衔；王播，

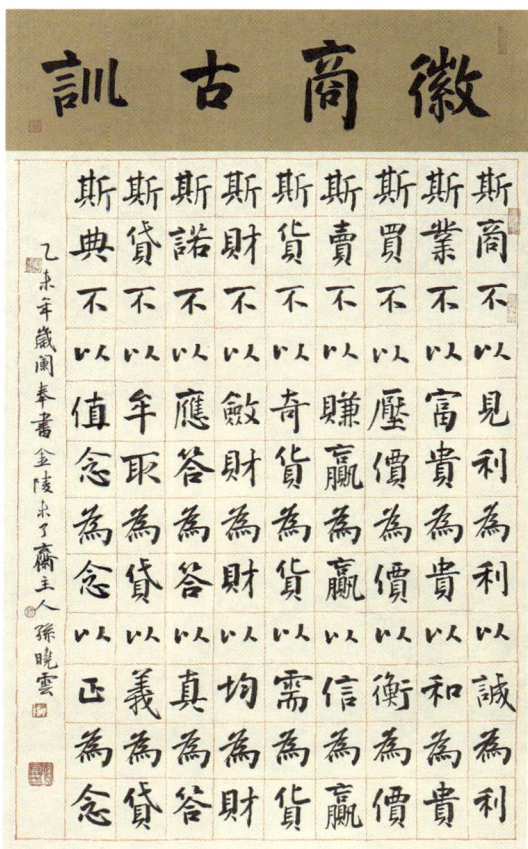

孙晓云楷书《徽商古训》

识文：斯商，不以见利为利，以诚为利；
斯业，不以富贵为贵，以和为贵；
斯买，不以压价为价，以衡为价；
斯卖，不以赚赢为赢，以信为赢；
斯货，不以奇货为货，以需为货；
斯财，不以敛财为财，以均为财；
斯诺，不以应答为答，以真为答；
斯贷，不以年取为贷，以义为贷；

议叙盐运司知事、候选同知衔；王璜，补任盐场大使、分发浙江、议叙盐运司运判等等。说明王氏家族一直都参与盐务。清末著名出版家、地理学家王锡祺便是其族人。

延安杜氏。由陕北延安迁来的杜氏家族，始迁祖名杜岐，字凤山，又字来仪。明代天启《淮安府志》中有他的小传：“杜岐字来仪，原延安勋胄。性沉默，慎言笑，轻财广施，窭人多所依活。少年志四方，因其叔世为淮之山阳商，挟重资由秦而南……”吴承恩还在《贺杜凤山迁新第障词》中称杜氏为“巨望”。

二、徽州盐商

徽商源起于皖南地区的徽州府，以盐业经营为大宗，并形成极具地域特色的商人集团。明代弘治五年（1492），值淮安人叶淇任职户部尚书，他为增加中央财政收入，将开中法改为“折色”，即商人们无须再将军需运往边镇，只要向国库缴纳银两，就可获取盐引，行销食盐。此时，靠近两淮盐区的徽州商人闻风而动，随即取代了山陕商人在淮安盐业经营上的主导地位。清代康熙《徽州府志·风俗》中云：“徽之富民尽于仪、扬、苏、松、淮安、芜湖、杭、湖诸郡，以及江西之南昌，湖广之汉口，远如北京，亦复挈其家属而去。”明清时期，徽商以“贾而好儒”著称，并推崇“贾为厚利，儒为名高”。他们懂得将财富转化为科举及仕宦上的成功，在提高自身社会地位的同时，善于利用官商身份来促进家族的产业经营。徽州盐商迁居淮安者为数众多，不但对淮安经济发展有着较大的贡献，且对文化、风俗等方面影响深远。

歙县黄氏。徽州府治歙县竦塘黄氏是明代较早迁居淮安的徽州盐商之一。其家族黄五保于明代中期“挟资治盐于淮阴（注：今淮安市淮安区）”其后代黄钧宰在《金壶浪墨》中述：“黄氏之先，为皖南著姓，聚族于黄山。当明中叶，分支迁苏州，再徙淮阴，累世读书，科名相望，七传而至荆玉公，为明季诸生。”黄钧宰是清代中后期著名戏剧家、文学家，因世居板闸镇，故号钵池山农。另有黄曰堪家族也是由明代歙县迁淮，为谭渡七川分支。

歙县程氏。歙县岑山渡程氏从明代中叶至清代，是两淮地区显赫的盐商家族之一。程氏盐商在淮安被称为“十三家”，即指程氏有13个支系在淮安从事盐业经营。但仔细排列他们的家族关系，实际只有3支，但归根结底都属于“槐塘程氏显承堂岑山渡派”一系。清代淮安学者杨庆之在其《春宵呓剩》中记载，岑山渡程氏最早迁居淮安的是万历年间官至南京户部右侍郎的程嗣功，其兄程嗣启、弟程嗣烈均为两淮盐商。

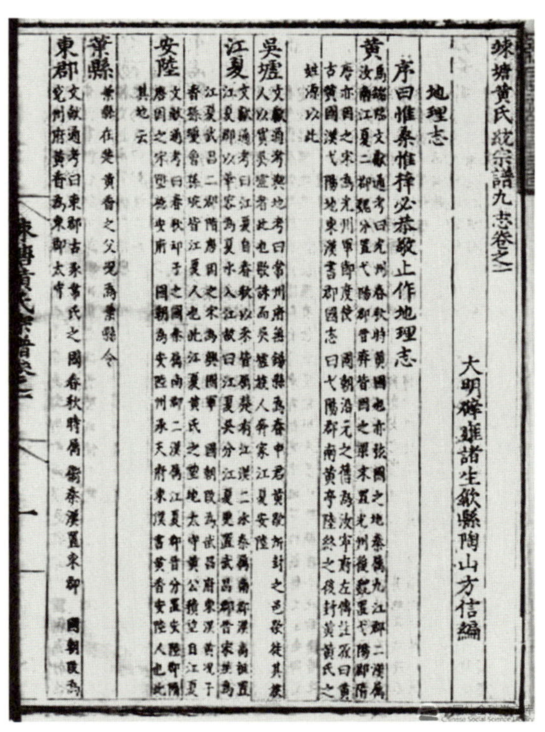

竦塘黃氏統宗譜九志卷之二

大明辟雍諸生歙縣陶山方信編

地理志

序曰惟桑惟梓必恭敬止作地理志

黃

吳墟

江夏

安陸

葉縣

東郡

明代《竦塘黄氏统宗谱》

徽州府歙县槐塘程氏显承堂十七支派	
1	上府派（包括前派、后派，大干、严镇）
2	下府派（包括新宅、永康）
3	正府派（包括永庆堂）
4	旧府槐阴堂派
5	旧府墩余堂派（包括墩睦堂、余庆堂）
6	旧府孝友堂派
7	旧府世恩堂派
8	旧府乐善堂派
9	迁大程村派（包括下长庆、下西坑）
10	迁岑山渡派（淮安程氏始祖）
11	迁凤凰派
12	迁汤口派
13	迁江村派（包括槐塱）
14	迁仁里一派
15	迁仁里二派（包括市南派）
16	迁洁湖派（包括前派、中派）
17	迁富溪派

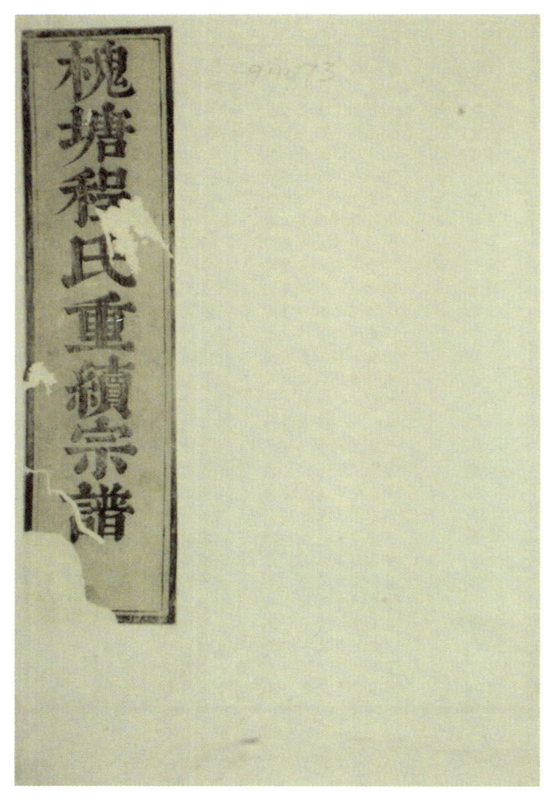

清代《槐塘程氏（显承堂）重续宗谱》

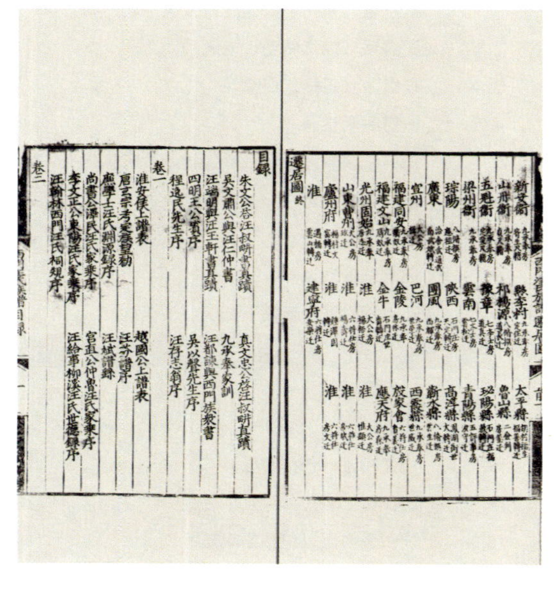

清代《休宁西门汪氏族谱》中汪氏在淮记载

杨庆之称："吾邑徽商程氏，东晋新安太守元谭之后，十四世为灵洗，十五世为文季。至明万历，名嗣功者，由徽之岑山渡始迁于淮，入安东籍。后又由安东分支扬州之甘泉、仪征，又数传，居近山阳者入山阳籍，如玉和煜、桥门步荣、袖峰钟、治平均、仰裴师晋、访渔宗源、与九席龄、竹坪熉皆是。"

岑山渡派始迁祖程诚，原本身世寒微，居于大程村。先被吴氏收养，后在其姐安排下，"赘庄上方翔斋公宅"，成了商人方氏的赘婿。因方氏无子，程诚便顺理成章继承了方氏财产，"后以庄上山水不协，迁居岑川，创业兴家"，直至87岁去世。程诚身后共育有5子，成为淮安盐商的主要是其三子程梅一支后代。程梅重孙程昂宗这支第九世程大功首先以业盐发家，在淮安产业不小。其堂弟程大典亦为盐商，主要在扬州业盐，家族在淮安也有产业。程大典长子程量入为扬州著名盐商，后代也有不少人在淮安业盐。五子程量越业盐定居淮安后，因赈济淮扬灾民、赎回被掠百姓、建立育婴慈善机构等善举，被山阳（今淮安市淮安区）人邀请入籍。程社宗是程昂宗之兄，他这支中的第十一世程必忠，先是寓居于安东县（今淮安市涟水县）文庙旁，因其乐善好施，被当地邀请加入安东籍。此后很长一段时间，程氏一直占籍安东。程必忠

汪廷珍“三世宾贤”匾额

育有3个儿子，长子程朝聘，次子程朝宣，三子程朝征，后都成为著名的大盐商。程氏中还有一些人成为文化名人，如程量越的六世孙程钟，熟悉地方掌故，有《淮雨丛谈》等著作。据民国《淮安河下志》中记载，明清时期，仅定居淮安河下的程氏家族，就涌现出6名进士、12名举人、11名贡生，还出了1名武举人。

休宁汪氏。汪氏盐商不但业盐路广，官也做得最大。清代初年，徽州府休宁县人汪之潢在皖北亳州为官，后流寓淮安，经营盐业。至其第五代时，家中培养出一名殿试榜眼，后成为道光皇帝老师、上书房总师傅的汪廷珍，官至礼部尚书，协办大学士。汪氏还有一支于乾隆时期迁来淮安业盐，代表人物汪文益为休宁拔贡，喜爱书法、绘画，搜罗古今医籍，精通传统医学。虽汪氏通儒、入仕、能医，但并不影响其家族经营盐业生意。汪氏家族业盐旗号“洪德”，曾获皇帝“恩赉粟帛”之赏赐。至清末汪魁元时，汪氏正式停盐业医，此后还出了一些名医，如汪九成、汪振瀛等。汪氏初大批聚居河下，后逐渐移居淮安城内、下关等地，如汪廷珍就曾移居淮安府学东侧。

歙县曹氏。歙县曹氏盐商于明末进入淮安，至清初时已成为淮安势力较大的盐商之一。其家族代表人物曹文埴、曹振镛父子均官至一品，权倾一时。据清代学者李苯樵《山阳河下园亭记》中记载，淮安萧湖东岸一处园林——曹家山，即曹振镛祖父曹景宸购宁夏兵备道黄宣泰之止园改成。曹氏另有曹岂麟一支，同为曹文埴族人，随曹景宸来淮。曹氏家族于淮安、扬州等地均有产业。

歙县吴氏。吴氏盐商主要来自歙县丰南（今安徽省黄山市徽州区西溪南镇），

歙县郑村镇棠樾村鲍氏祠堂

号称“门第清华”，是寄寓淮安的徽商文化大族。吴氏初居休宁县，后迁丰南，至明代嘉靖年间迁淮。史书中称其家族“凡十一世，为茂才、掇巍科、登华朊、领封圻者，多有传人”。其家族中，以金石学家吴玉搢著名。吴宁谔、吴宁谧、吴玉镕、吴玉揖、吴玉抱、吴初枚、吴次枚等三代子弟，皆以科第文章显名于世。即便如此，吴氏并未弃盐从文。另有吴孔龙一支，随叔父来淮业盐。时歙县汪景纯“行盐于淮阴（注：今淮安市淮安区）”，因“常卧病”，便将生意托吴孔龙主持经营。

歙县鲍氏。歙县棠樾鲍氏于明代迁淮，经营盐业。鲍氏多有善举，如鲍越就常行修路、建亭、凿井之事。居于扬州的两淮盐务总商鲍漱芳，曾于清代嘉庆十年（1805）洪泽湖决堤时集议公捐米6万石；淮河、黄河水灾时，捐麦4万石，使淮扬周边数十万人获救。后又为抢险护坝、疏浚河渠等，集众输银300万两。鲍氏在淮安后多居于车桥，这在清代学者潘亮彝的《车桥闻见记》中有记载。

歙县殷氏。殷氏家族最早于清初来淮，世代业盐。淮安河下估衣街上市河南岸有一处“殷家码头”，即为其族人运盐所建。道光年间盐改后，殷氏一蹶不振。殷自芳是其族人，为清末著名水利专家。

第二节　盐业翘楚

自明代弘治年间中央政府实施开中法改革以后，徽州商人以其遍布江浙的水路网络优势与资本实力，迅速融入到盐业市场。虽山陕商人凭借第一波政策红利积累已富甲天下，但在与徽商的竞争中，逐渐处于下风。据清代康熙《两淮盐法志》中收录，时淮安、扬州二府业盐之山陕、徽州商人共有428位，其中山陕籍92人，占额21%；徽州府籍337人，占额79%。由此可见至少在清初之时，徽商就已取代山陕商人成为两淮盐业的主导。其中，山陕商人以阎氏、杜氏著名，但并非因为盐业生意规模而著名。阎氏以学术闻名全国，杜氏则依靠与南明弘光帝朱由崧的关系。而在徽商之中，则多以大盐商为主，以汪、程、方、吴四姓最多，共168人。淮安则以程姓居首，汪姓次之。

王镇（1424—1495），字伯安，祖籍扬州府仪征县（今仪征市），其曾祖自明代洪武年间定居入籍淮安。王镇家族以业盐为生，其“秉承先业，治家勤俭”，所以家业丰足。他一生不求仕途，景泰年间曾“纳粟售爵”，他不为所动，而是让其弟王鉴获授淮安卫百户之官职。王镇平时除日常经营盐业生意外，唯一爱好就是鉴赏字画。成化年

康熙《两淮盐法志》中徽籍人物姓氏占比

序号	姓氏	人数	占比
1	程	53人	15.73%
2	汪	53人	15.73%
3	吴	50人	14.84%
4	方	40人	11.87%
5	江	17人	5.04%
6	黄	16人	4.75%
7	项	13人	3.86%
8	郑	11人	3.26%
9	张	10人	2.97%
10	许	9人	2.67%
11	胡	8人	2.37%
12	鲍	7人	2.08%
13	孙	7人	2.08%
14	蒋	6人	1.78%
15	马	6人	1.78%
16	闵	4人	1.19%
17	王	4人	1.19%
18	赵	4人	1.19%
19	其他15个姓氏	19人	5.64%
以上姓氏合计		337人	100%
汪、程、方、吴合计		196人	58.16%
其他姓氏合计		141人	41.84%

明代盐商王镇墓志铭

明代盐商吴孔龙画像

明末清初文人盐商杜首昌画像

间，他还因多次赈济灾民，被授予“义官”荣誉官职，但仍被他婉言拒绝。直至他去世之后，其收藏字画中的25幅精品，成为他唯一的陪葬品。其中3幅无名款，22幅为19位名家所作。这些画家在元末明初时具有一定影响，艺术与历史价值颇高。

吴孔龙（1556—1623），字见甫，号文学，歙县人，为其父吴汝升晚年所得之子。吴汝升去世后，吴孔龙便随叔父吴思云“贾淮阴（注：今淮安市淮安区），所谈盐筴，悉中利害。”此般商业本事，不久便受到官府的重视，“郡大夫熟视公（注：即吴孔龙）良久曰：‘若贸人，英风乃尔。’会天幸，业骏起。”吴孔龙为人爽快，在自己产业做大之后，还主动拿出一部分资金，支持自己的兄弟及同乡、同业经营，使之“振兴复盛”。同时，他还帮助其他盐商打点生意，经营思路颇受认可。

杜首昌（1632— ？），字湘草，山西太原人，明末清初大盐商杜光绍之子。清代学者吴玉搢在其所辑《山阳耆旧诗》杜湘草诗后，有学者吴进按曰：“杜氏在淮昔称巨富，至先生家渐落，然园林物产犹在。……风流宏长，巍然为一时闻人，结交遍天下。”清代乾隆《淮安府志》中称其：“嗜读书，不事生产，家日益落。工诗辞，善草书，风流弘长，巍然为一时闻人”。而同治《重修山阳县志》中更是说他“世以资雄里中。首昌笃嗜书史，不计生业，家为之耗。”虽说后来杜氏庞大的产业荒废在杜首昌手中，但他仍因极高的文化和书法修养，在中国书法史上留下了美名。清末学者震钧在其《国朝书人辑略》中，盛赞杜首昌“书法文词冠绝一时”。

阎若璩（1636—1704），字百诗，号潜丘，山西太原人。其为在淮山西盐商阎翰六代孙、阎修龄之子。阎氏本“太原望族，贾淮上盐筴”，但随着明代盐政制度改革及徽商崛起之后，持续低迷的盐业经营状态直接使得阎氏乃至整个山陕盐商产生了轻商重儒的观念。从阎翰来淮经营盐业起，到阎若璩共7代人，阎氏家族盐业生意持续低迷，但每一代人的文化素养却越来越高。到阎若璩时，他还成为当时著名的朴学大师，被今人誉为清代考据学发轫之初最重要的代表人物之一、中国启蒙主义思想先导。清代康熙四十二年（1703），康熙皇帝南巡至淮安西门时就曾问道：“此中有学问人乎？”内阁学士、淮安人李铠以通政使随驾，答曰：“有一个名叫阎若璩的。”江苏巡抚宋荦又补充说：“此人长于考据，最为精核。”康熙欲传旨召见，后因走得匆忙而未见成。而此时的皇四子胤禛（即后来的雍正皇帝）早闻阎若璩大名，后

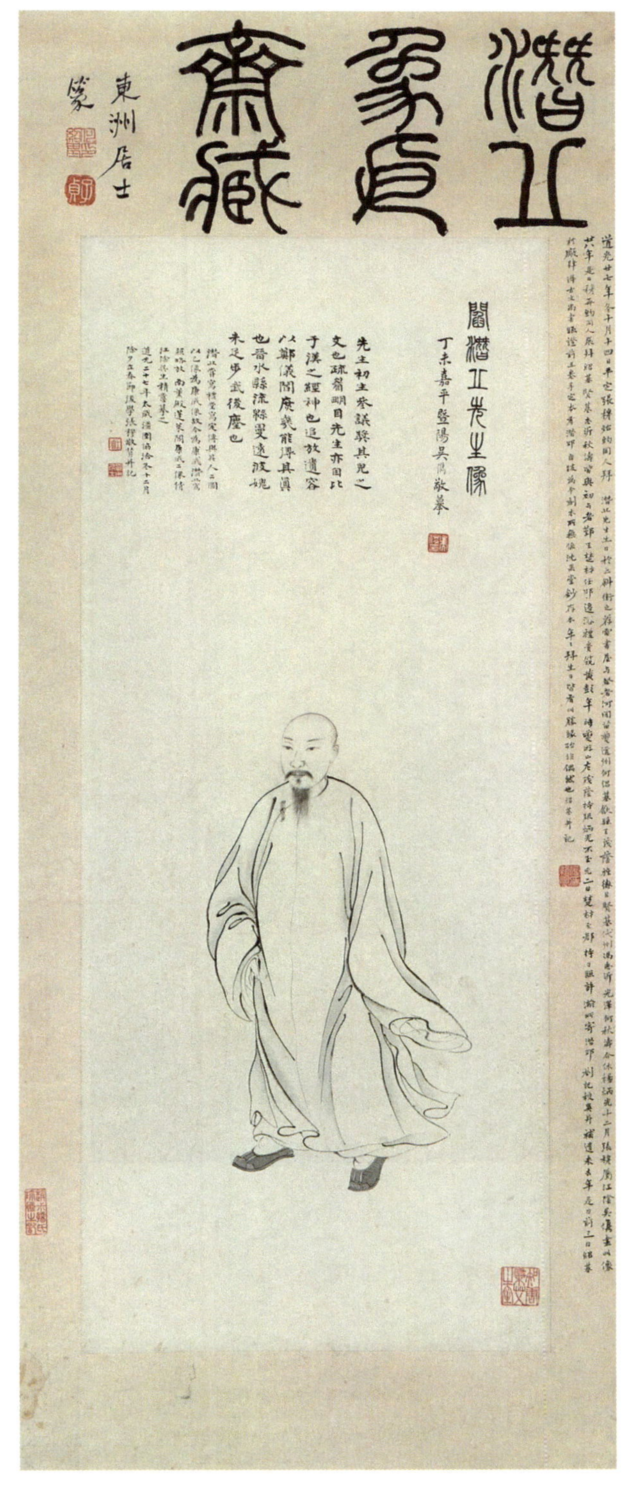

清代吴俊《阎若璩像》

清代康熙皇帝四子胤禛（雍正皇帝）画像

爱新觉罗·胤禛（1678—1735），康熙皇帝第四子，清代入关后第三位皇帝，年号雍正。胤禛于康熙三十七年（1698）封贝勒，康熙四十八年（1709）封和硕雍亲王。康熙六十一年（1722）十一月十三日康熙皇帝于畅春园病逝后继承皇位，次年改元雍正。

专门召见了他。“吾知东南读书种子仅存朱检讨（朱彝尊）、胡太学（胡渭）及先生耳”便是胤禛对他的赞词，又邀其进京。次年初，69岁的阎若璩由其长子阎咏陪同，带病进京。三月抵京，胤禛以书籍、金银为礼聘，邀其馆于王邸，相待甚厚，并将其全部著作取去，逐篇阅读。六月，阎若璩病重，胤禛命以大床做成轿子，上挂纱帐，用20个人抬到城外居住。未几，阎若璩病逝于北京郊外，其子遵嘱扶榇回淮，葬于塔儿头蛟龙沟学山墩（今淮安市淮安区施河镇大施河村）祖茔。而在京料理丧事之费用，皆由胤禛所赐，并亲作祭文、挽诗，恩礼备至。淮安人也对他十分崇敬，还在新城文昌宫内为他建“阎先生祠”，供人凭吊祭祀。到了光绪初年，淮安学者段朝端、徐嘉等人认为该祠地点过于偏僻，倡议改建在城内奎文书院（今淮安市文通中学附近），并附祀已故淮安地方学者李铠、张弨、顾諟、杨开沅、任瑗、吴玉搢等人。建成后，由路伾题“阎征君暨六先生祠”额。光绪二十二年（1896），山阳县知县卢维雍捐银70两，存于典铺，每年以息作祭祀开支。光绪二十七年（1901），河下王全熙邀集一些文人，募集经费，在河下竹巷状元里阎若璩故里另建“阎征君祠”，事未办成即病逝。后其子王朝征继续操办，终在光绪三十四年（1908）

建成。阎若璩一生著作丰富，有《古文尚书疏证》《潜丘札记》《闲学纪闻笺》《四书释地》《眷西堂诗集》等十几种数十卷，其中最著名的著作是《古文尚书疏证》8卷。

程大功（1565—1648），字明吾，歙县人，程应表独子。清代康熙《两淮盐法志》中载其："孝友忠义，能以令德汲引后人，缮宗祠、筑石堤、修渔梁坝。明季饷匮输家助边，倪文正公特疏荐任度支，辞不受。"他是徽州程氏家族中较早来两淮地区业盐的商人，其"业盐淮北，明末输资授武英殿中书，业鹾迄今五世""子孙繁衍，至百有余人……综理盐筴，世守其业"。程大功原本仅是一名读书人，后因"输资"成为武英殿中书舍人，官秩从七品，负责写诰敕、制诏、银册、铁券等工作。他曾被推举担任负责盐政助边收支的官职，但被推辞拒绝。后不知为何，他弃官从商，竟因此致富。是何原因，史料中并没有明确记载。只知其定居淮安，经营淮北盐业。但程氏所业之盐，并不仅限于淮北盐场。

程大典（1575—1652），字常叔，号慎吾，歙县人，程应赦三子、程大功堂弟。清代乾隆时期《新安岑山渡程氏支谱》中载其："孝弟乐施，谦和自处，排难解纷，乡里有彦方之颂。"明清两代交替之际，他率领5个儿子由歙

明末清初徽州盐商程大功画像

程大典家族淮安业盐脉络示意

程大典（扬州业盐）				
长　子	次　子	三　子	四　子	五　子
程量入	程量能	程爽	程量衡	程量越
程量入（扬州业盐）				
长　子	次　子	三　子	四　子	五　子
程之蕻	程之韶	程之頀	程时岳	程　特
长　子	次　子	三　子	四　子	六　子
程渭航	程文正	程渭叟	程文桂	程　峙
	（淮安、扬州业盐）		（淮安、扬州业盐）	
五　子	六　子	七　子	八　子	
程渭侯	程渭宿	程渭泷	程文阶（淮安业盐）	
程量越（淮安业盐）				
长　子	二　子	三　子	四　子	五　子
程　选	程　陵	程之秩	程之秘	程之稜
六　子	七　子	八　子	九　子	
程之秇	程之桥	（不详）	（不详）	

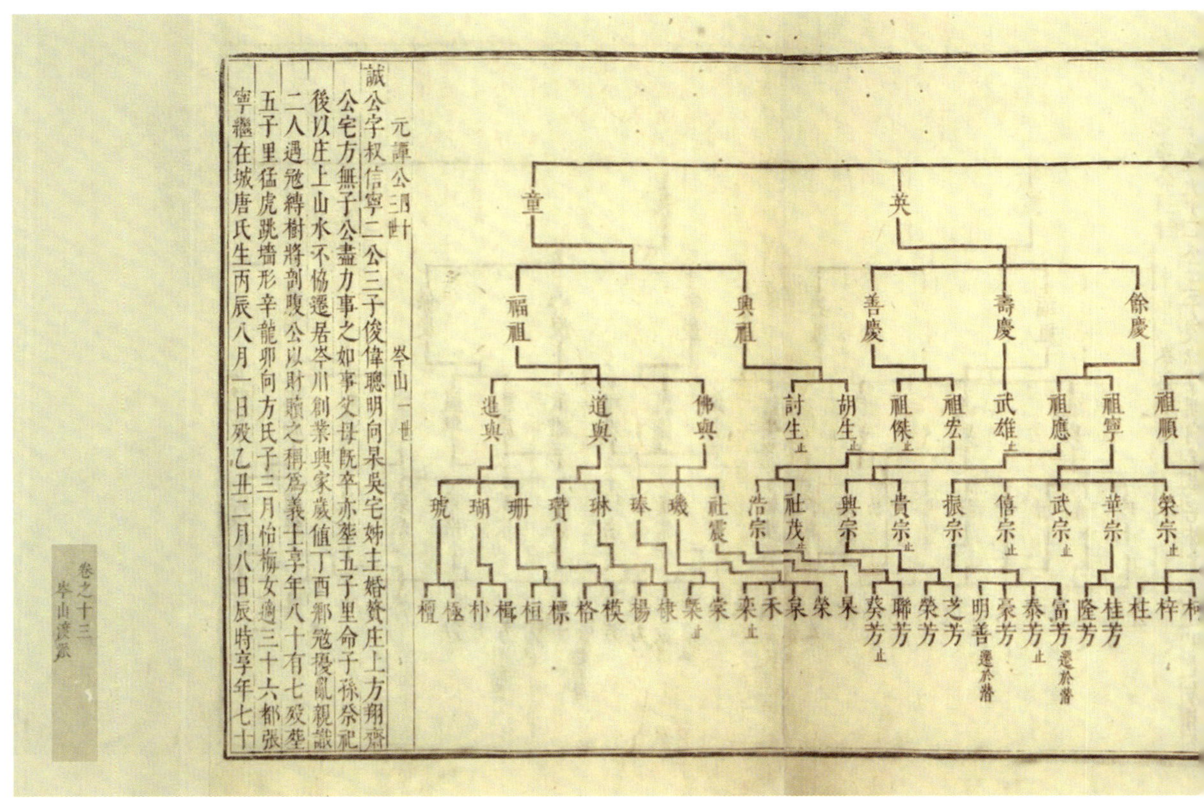

元譚公三十世　岑山一世

誠公字叔信寧二公三子俊偉聰明向杲吳宅姊主婚贅庄上方翔齋公宅方無子公盡力事之如事父母既卒亦塋五子里命子孫祭祀後以庄上山水不協遷居岑川創業興家歲值丁酉鄉寇擾亂親識二人遇寇縛樹將剖腹公以財贖之稱爲義士享年八十有七殁塋五子里猛虎跳墻形辛龍卯向方氏子三月怡梅女適三十六都張寧繼在城唐氏生丙辰八月一日殁乙丑二月八日辰時享年七十

卷之十三　岑山渡派

清初岑山渡派程氏宗谱

徽州府歙县岑山渡派程氏为淮安程氏之先祖，《槐塘程氏显承堂重续宗谱》卷十三中可见其谱序。

县来到两淮地区业盐，主要定居扬州。长子程量入、次子程量能、三子程奭、四子程量衡、五子程量越在业盐方面均有建树。其中，长子程量入后担任两淮盐务总商，在淮安、扬州两地都有产业。五子程量越也因赈济淮扬灾民、赎回被掠百姓、建立育婴慈善机构等善举，被淮安当地邀请加入山阳籍。据乾隆《新安岑山渡程氏支谱》中记载，程大典“孙、曾二百余，科甲蝉联，膺替级、登仕版者百余人”“迩年登第者相望,每科皆不绝人”。据不完全统计，仅从康熙四年（1665）到乾隆二年（1737）间，其家族就获得朝廷诰敕44道。《淮安河下志》中也记载，淮安河下程氏家族，明清两代就涌现出6名进士、12名举人、11名贡生和1名武举人。

李时谦，生卒不详，字吉爻，号苏庵，山西襄陵（今山西省襄汾县）人，顺治十八年（1661）进士。民国《淮安河下志》中记载，“西商……李氏、杜氏诸家，皆业盐于

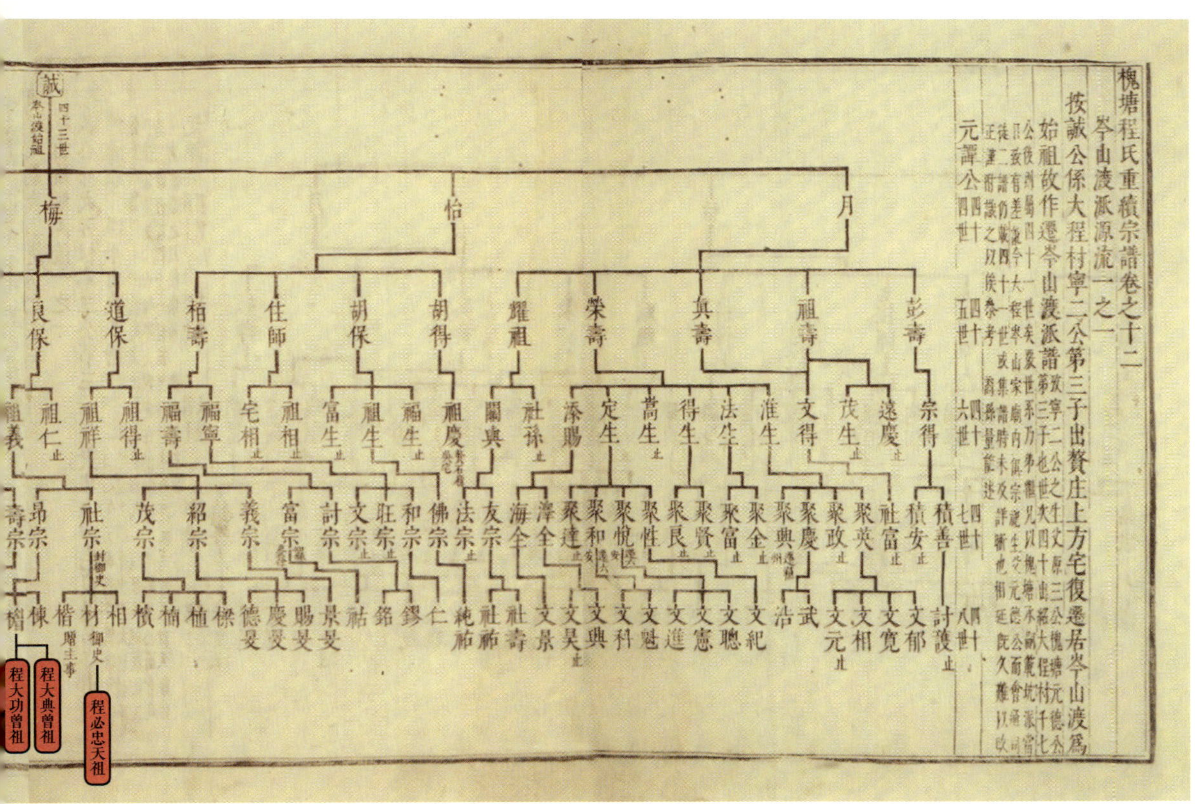

淮……”李时谦家族，是随其父迁于淮安的，同治《重修山阳县志》中载：“李时谦……父开先迁淮，遂家焉。”他的个人事迹，在他老家《襄陵县志》中有所记载，但曹镳在其《淮山肄雅录》中，仅将李氏三兄弟中的李时震列为淮安商籍，不知是否与李时谦考中进士后异地为官有关，或较早已入山阳籍而未入商籍。李时谦官至陕西粮盐道，他极力改革旧制，不限州邑，行销引盐，并止用三省印记，使行盐通行无碍。如此，让商人得以喘息。他还亲自调查盐池，选择出水盐畦，命商人筑堰堵水做成盐田。清代学者、国学大师罗振玉外公范以煦在其《淮壖小记》中，收有海宁学者陈亦禧一篇《送巡视河东盐政吉爻李公还朝序》，就记载了李时谦在盐政方面的诸多事迹。从盐商子弟到盐业官员，了解盐商的李时谦，自然能管理得得心应手。

程朝宣（1618—1690），字辑侯，歙县人，程必忠二子，程社宗后人，主要在淮安业盐。民国《淮安河下志》中载其：“父以信，故有业在安东。召朝宣代之，弗善也，去而业盐，与淮北诸商共事，不数年推为祭酒焉。”即早先程朝宣与其兄程朝聘、其弟程朝征随父程必忠在淮安府安东县经商，后程朝宣独立业盐，民国

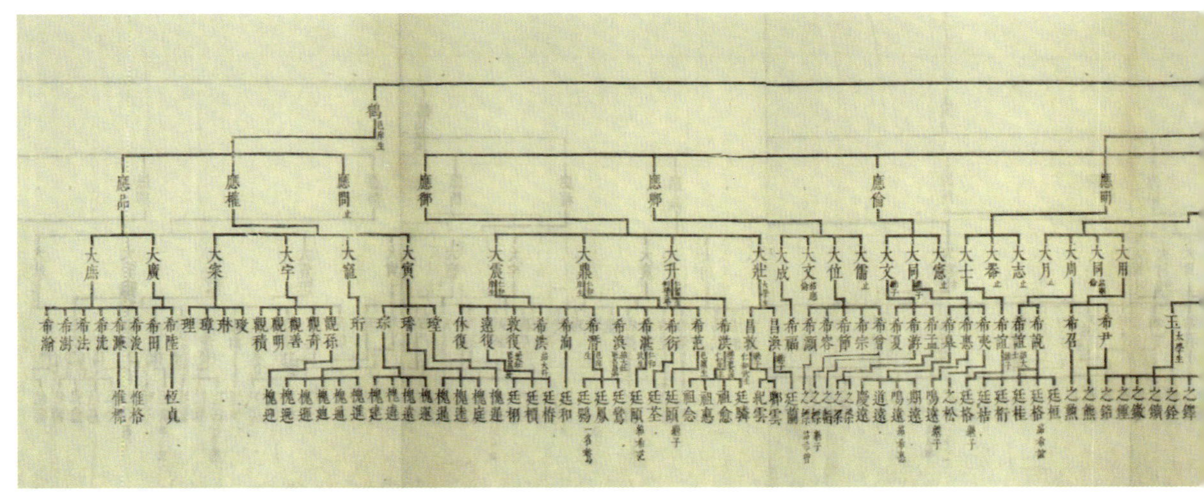

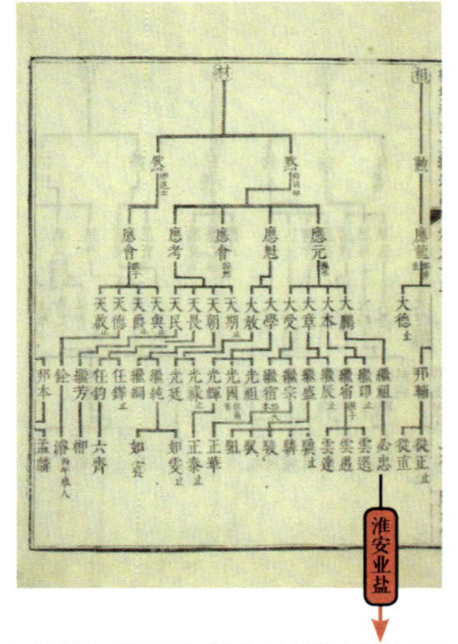

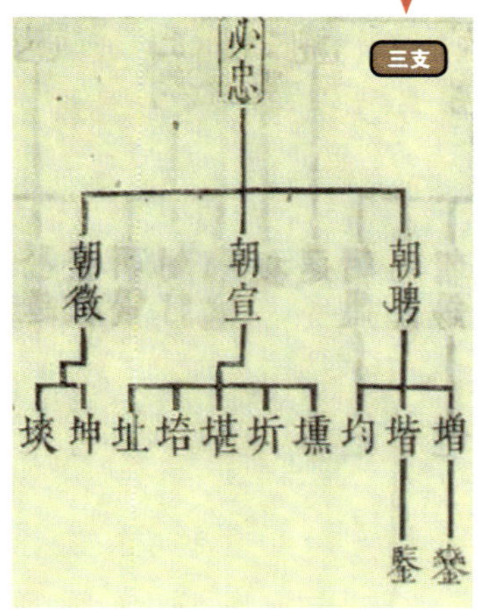

岑山渡程氏来淮业盐三支家族

《淮安河下志》中称其："少有大略，寡言笑，急人难如恐不及"。他曾与其父捐资筑修茆良口长堤，又借帑疏浚运河。康熙初年，高家堰（即洪泽湖大堤）溃堤，他又倾囊3000两白银善款，极大缓解了灾情。

程量越（1626—1687），字自远，号莲渡，歙县人，程大典五子。同治《重修山阳县志》中有其传记，称其"业鹾淮北，居山阳"。虽然其父程大典在扬州产业很大，长兄程量入又继而成为两淮盐务总商，但程大典并不想让程大功独占淮北盐场之利，便有了程量越等后人迁居淮安业盐一事，这与程大典的商业头脑、统筹布局不无关系。程量入还成功让湖南南部的衡阳、永州、宝庆三府由粤盐区改为淮盐区引地，也可见其关系、手腕与财力非同凡响。程量越虽是盐商，也曾担任淮南盐务总商20年之久，但却勤俭持家。自来淮以后，一直居住在河下竹巷街宅中。他共育有9个儿子，"孙曾蕃衍，旧宅渐不能容，分居各处，亦尚有一两房，仍居老宅"。程量越虽乐于勤俭度日，但对行善之事却十分热衷，经常对灾荒难民进行救助、兴建慈善公益场所。"三藩构乱"时，他曾捐资白银3000两，赎"温、台诸郡妇女被俘过淮者"

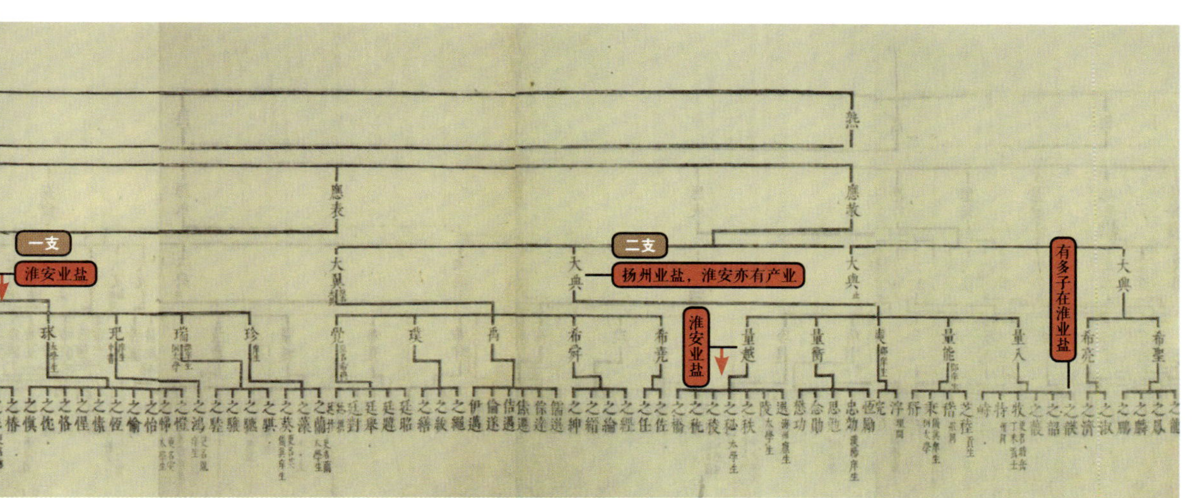

千余人。民国《淮安河下志》中称他行善“行之终身”，嘉庆《两淮盐法志》中对此也有记载。

程增（1644—1710），字维高，号蝶庄，歙县人，程必忠长子长孙，两淮盐务总商。他“总两淮鹾事二十余年，规划区处，堪为典型，商灶感颂”。康熙年间，他3次在淮接驾并安排相关事宜，因供奉宸赏不遗余力，康熙皇帝于扬州城东北茱萸湾行宫专门召见了他，并赐御书，以嘉其绩。程增还乐善好施，善输资助公，如在嘉庆《两淮盐法志》中，就专门记载了他帮助官署修浚河道之事，这在后来清代文学家方苞为其作《程增君墓志铭》中也有记载：“君讳增，字维高，徽州府歙县人……君父自歙迁淮之涟邑……移家山阳。使二弟学儒，而身懋迁，家遂饶……康熙□十□年，淮黄汜溢，数百里内民皆露处堤上。君出家财，修邗沟两岸险工十里，总督河道张公翮以闻……以布衣得近天颜者三。”

程梦星（1678—1747），字伍乔，又字午桥，号洴江，又号茗柯、香溪、杏溪，歙县人，仪征县籍。曾祖程量入、祖父程之韺亦先后担任两淮盐务总商。程梦星因具备较高的文学素养和康熙五十一年（1712）考中进士的经历，让世人往往都忽视了他大盐商的身份。他考中进士后，便被选为翰林院庶吉士，授编修一职，负责在武英殿修书。但枯燥无味的工作状态，让他迅速厌倦了这份工作。康熙五十四年（1715）其母亲汪氏去世后，程梦星便“以母丧归，不复出”，离开了仅仅踏足3年时间的仕途。而后，一方面大搞文学创作；另一方面则忙于淮安、扬州间的盐业生意经营。他在淮、扬二地各有产业，因此也常住二地。清代淮安学者王锡祺所编《山阳诗征续编》中称程梦星“居山阳”，亦为此意，是与盐业经营有关。康熙

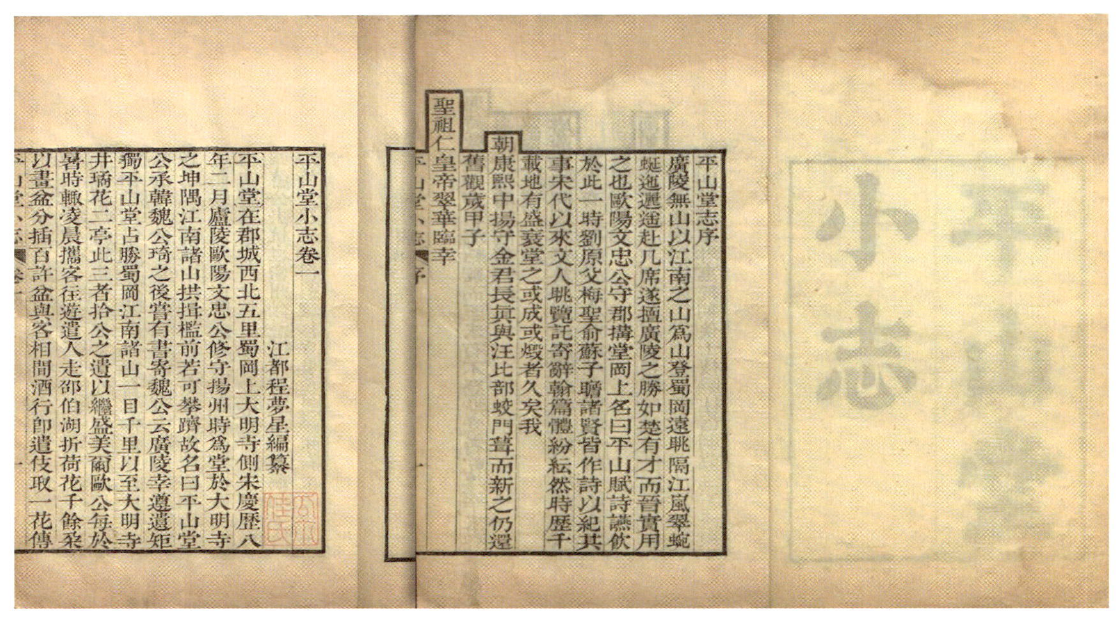
平山堂小志

平山堂志序
廣陵無山以江南之山爲山登蜀岡遠眺隔江嵐翠蜿
蜒迤邐逕赴几席遂擅廣陵之勝如楚有才而晉實用
之也歐陽文忠公守郡搆堂岡上名曰平山賦詩讌飲
於此一時劉原父梅聖俞蘇子瞻諸賢皆作詩以紀其
事宋代以來文人眺覽託寄辭翰篇體紛紜然時歷千
載地有盛衰堂之或成或燬者久矣我
朝康熙中揚守金君長真與汪比部蛟門葺而新之仍還
舊觀歲甲子
聖祖仁皇帝翠華臨幸

平山堂小志卷一
江都程夢星編纂
平山堂在郡城西北五里蜀岡上大明寺側宋慶曆八
年二月廬陵歐陽文忠公修守揚州時爲堂於大明寺
之坤隅江南諸山拱揖檻前若可攀躋故名曰平山堂
公承韓魏公琦之後嘗有書寄魏公云廣陵幸遵遺矩
獨平山堂占勝蜀岡江南諸山一目千里以至大明寺
井璚花二亭此三者拾公之遺以繼盛美爾歐公每於
暑時輙凌晨攜客往遊遣人走邵伯湖折荷花千餘朶
以畫盆分插百許盆與客相間酒行卽遣伎取一花傳

程梦星《平山堂小志》

五十五年（1716），程梦星于扬州城北瘦西湖筑筱园，成为当时扬州最大的私家园林。清代学者李斗在其《扬州画舫录》中描述：“筱园本小园，在廿四桥旁。康熙丙申，翰林程梦星告归，购为家园……于艺事无所不能，尤工书画弹琴，肆情吟咏。每园花报放，辄携诗牌酒榼，偕同社游赏。以是推为一时风雅之宗。”李斗还称：“吾乡茶肆，甲于天下，多有以此为业者。出金建造花园，或鬻故家大宅废园为之。楼台亭舍，花木竹石，杯盘匙箸，无不精美。”程梦星在此不但结交了大批文人雅士，还将官商联谊的社会文化活动提升到了极致。在塑造徽商风雅形象的同时，完成了一次次有助于生意发展的交际。不但如此，他还大量参与地方志的编纂工作，如雍正《两淮盐法志》《扬州府志》《江都县志》《平山堂小志》等，著有《今有堂诗集》《茗柯词》《李义山诗集笺注》《词调备考》等书。

程嗣立（1688—1744），字风衣，号水南，一号篁村，歙县人，后入安东籍，居淮安河下，程必忠之孙，程朝征五子（重续宗谱未及录）。因程朝征前四子均为正室嫡出，只有五子程嗣立为侧室庶出，程嗣立便与其他兄弟不太合群。他的大哥程坤、二哥程埉、三哥程埈、四哥程垲都是当时淮安红极一时的盐商，均为“土”字偏旁单字名。程嗣立最初姓名亦如此，名“程城”。但成年后，他便将自己名字改为“程嗣立”，看似标新立异，实为与其4位同父异母兄长进行区分。他一生酷爱读书，但应试20多年都未能中举。后专心业盐，积攒了大量资本。但仍不忘读书，轻财好客，常邀各地文人到其园中举行雅集。程嗣立尤其孝顺母亲，程晋芳在《水南先生墓志铭》中写道："事生母朱孺人，怡怡愉愉，年长授室，犹环侧作孺子戏以娱母。母有弗怡，先生若抱重忧；母喜笑如常，先生动定乃复初。"他所建园林孤蒲曲临近其母墓，亦有守墓之意。

清代书法家曾熙书刻之程钟（后者）墓志铭

程钟。在清代时的淮安，共有两位名叫程钟的徽州盐商。第一位程钟（1693—？），字葭应，号懈谷，为盐商程增第四子。清代淮安学者曹镳在其《信今录》中对他有详细记载，称他"性慈祥，见善勇为"。这位程钟曾捐了个知县，又乐于行善，常捐资济困，"晚岁家渐绌，而好德之志，始终不衰"。另一位程钟（1824—1897），字袖峰，号竹西，为程量越六世孙。宣统《续纂山阳县志》中称他"家奇贫"，可见其家族光辉并没有延续到他这代，也只得在淮安以开塾授读为生，但声望颇高。他曾撰写大量淮安文史文章、著作、诗文，为地方留下了许多重要的一手文史资料。

清代徽州盐商子弟、金石学家吴玉搢

吴玉搢（1698—1773），字籍五，号山夫，歙县人，山阳县籍。

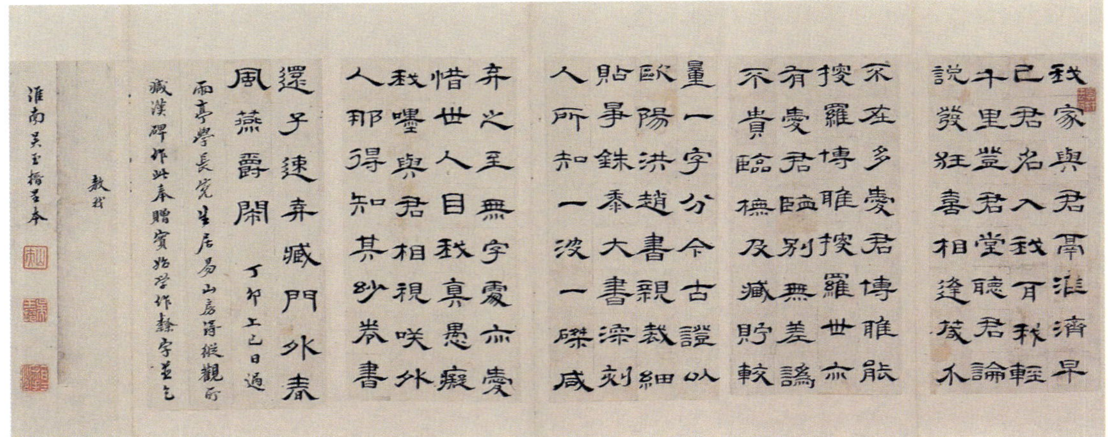

吴玉搢隶书册页

吴玉搢《金石存》

该书为金石学家吴玉搢的代表作之一。乾隆时期，四川学者李调元首次将之付梓。嘉庆时期，吴玉搢淮安同乡、礼部尚书李宗昉对其进行再校并重刊为"闻妙香室"本，实为许楗代其师李宗昉校刻，并手书上版。本书着录金石文字共148种。前五卷为篆书，曰篆存；后十二卷为隶书，曰隶存。虽书以金石为名，而篆、隶、行、楷俱当收入。

其家族于明代嘉靖年间迁来淮安业盐，但与之生意相关记载较少，地方志中也多记载其家族成员道德品质或文化素养，唯清代李莘樵在《淮安河下园亭记》中透露出一点信息："慎公先生先世，分运食盐，以金家桥为马头。"慎公即指吴玉搢叔父吴宁谔。关于金家桥在何处？李莘樵《梓里待征录》中有一则《俭德店宅相》提到了它："俭德旗名店者，吾庐副使宅边。宅自副使父□□史迁此，在竹巷西。东首柳家巷，西首侯家巷，地约七八亩大。宅像虎形……后门□大，为虎谷道；金家桥旗杆一，为虎尾。此话得之裔孙程茀庭百禄云云。"即金家桥在寓园北边河边，据说寓园北边有一后门，有船厅。由水路出门时，即由船厅上船，向东下罗柳河外出。吴宁谔的梅花书屋即在此处东边"打铜巷宅西偏"，即吴承恩故居附

清代文学家袁枚画像

袁枚是清代著名诗人、散文家、文学批评家和美食家。其于乾隆十四年（1749）辞官后隐居南京小仓山随园，广收诗弟子，尤以女弟子居多。嘉庆二年（1798）袁枚去世后，葬于南京百步坡，世人称其“随园先生”。

近，原本那里是盐商们出入的运盐码头。吴玉搢的最大成就，并非是在继承盐业经营上有所作为，而是精于考古、金石、古文字等学，在当时影响很大。其有《说文引经考》《金石存》《别雅》《六书述部叙考证》《六书引经考》《王昶金石存跋》《铸错轩稿》《桐川乐府》等著作，编有《山阳耆旧诗》，曾删定阎若璩《潜丘札记》。但大部分著作均未刊刻，手抄本散落于民间。

袁枚（1716—1798），字子才，号简斋，晚年自号仓山居士、随园主人、随园老人，钱塘（今浙江省杭州市）人。众所周知，袁枚是清代中期著名学者，殊不知他还在淮安盐商的经营中入有股份，从中获取一部分利益，算是淮安一个隐形盐商。他21岁考中进士，历任多县知县。至30岁时辞官，卜居于南京小仓山，以诗文为乐。多与总督、巡抚、达官贵人有所交集，并与淮安盐商程志铨、程晋芳、程卫芳三兄弟结下了不解之缘，且在程氏家族盐业生意中投有数目不小的股资。在乾隆二十年（1755）袁枚写给程志铨的

袁枚行书联

一封书信中，便可见其详。信中说道："接令弟鱼门书，有子金难应之语，仆闻之瞿然？仆数年来，仗昆玉之转输，为全家之生计，所以终养老亲，辞官不赴者，道此长城可恃故耳。近闻令弟鹾务渐衰，高谈性命。仆屡以儒者治生之道，切切相规，不阁其铅椠日富而囊橐日空也。仆明知其江河日下，而不忍抽提程本者。仆四十无儿，澹然将老，管晏期于没身。苟籍良友之扶持，得具此生饘粥足矣。"即其"出于全家之生计"，仰仗程氏兄弟"转输"，说明他很早就依仗程氏家族投资盐业，还有一些利润。只是这次接程晋芳来信，见其称"盐务渐衰"，而所存本金之定期提取的"子金难应"，让袁枚"瞿然"，迫切希望其兄程志铨能够通盘筹算。乾隆三十三年（1768），程志铨因"盐务大坏，忧虑成疾，一病而亡"，袁枚投资其生意的本利2000两白银，便化为乌有，而再加上在程晋芳、程卫芳兄弟生意中的本金，袁枚足足断送了5000两白银。这段时期，虽程氏三兄弟的盐业生意开始败落，但袁枚仍顾及与程晋芳的友谊，并没有对程家落井下石，甚至还"小济急用"。程晋芳去世之后，袁枚还为他办理了丧葬。不得已之下，便将手中所持程氏5000两白银借券烧毁，一了百了。

曹景宸（1707—1779），字映青，号枫亭，歙县人，世居雄村。曹氏家族于明末迁来两淮地区业盐。清初时，曹景宸父亲曹堇饴成为扬州八大盐商之一。康熙皇帝南巡至扬州，他曾两次接驾，荣光无限。曹堇饴共有2个儿子，即曹景挺与曹景宸，均继承父业经营盐业生意。长子曹景挺的生意主要在扬州，次子曹景宸则在淮安发展。

曹景宸共有3个儿子，长子曹文境继承父业业盐，次子曹文塾返回歙县老家守着家园田地，三子曹文埴则忙于苦读，一心准备进入仕途。曹文埴后于乾隆二十五年（1760）中进士，以二甲第一名传胪，官至户部尚书。他的儿子曹振镛，后世人称“曹文正公”，则比其父在仕途上走得更远，除官至吏部尚书、太傅外，还赐画像入紫光阁，列次功臣之首。程钟在《淮雨丛谈》中记载：“歙邑曹封翁映青，性恭谨，乡里称长者。业盐于淮……后季子文埴、孙振镛皆显贵。”民国《淮安河下志》中还载道：“曹家山即（曹）［黄］园故址，山有美人峰，高三丈，曹文正公祖锡侯先生购归安徽，江行遇风失去。土山今犹在，即梅花岭也。”又记述：“补萝山房，曹翁岂麟宅中之园，在许天和巷。岂麟徽人，文正公之族也。文正公祖锡侯先生来淮，主其家；文正公过淮，亦通款洽焉。翁昆季三，子姓凡十余人，皆读书于此。”可见当时，曹氏家族在淮安人口还是很多的。曹文埴还有一子曹錤居于扬州业盐，后逐渐也将盐业生意拓展至淮安，并还兼顾到自己的一些亲友，如那位有安南国王室血统的陈丙就是其中一位。

徽州盐商曹景宸之孙——曹振镛画像

文人盐商程晋芳画像

程晋芳（1718—1784），谱名志钥，后改廷璜，因梦见天开榜，榜上有“晋芳”之名，故又改名程晋芳。

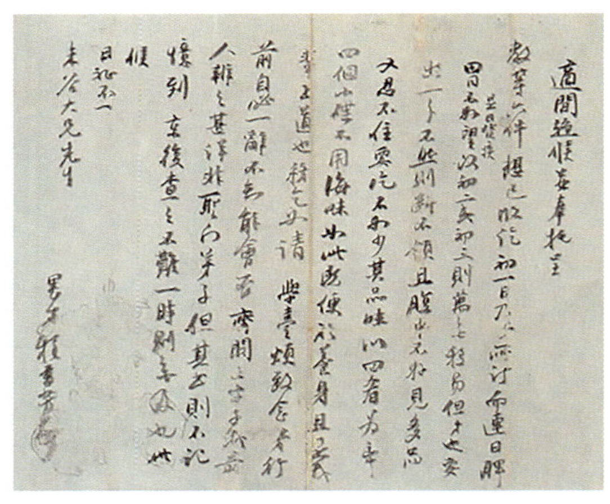

程晋芳信札

清代学者型官员毕沅画像

其字鱼门，号蕺园，歙县人，居于淮安河下干鱼巷以西，两淮盐务总商程量入玄孙。史书上记载他相貌堂堂，秀眉方颐，有点像西洋人。他有一搿胡须，时人形容他笑态之时，总爱用“掀髯而笑”一词。还有人曾拿他的胡须开玩笑，尹璞斋在程晋芳纳妾时戏贺云：“莺啭一声红袖近，长髯三尺老奴来。”不过，此须配他身材、动作，颇有文人气概：“髯飘飘然左右拂，吟论意得时，阔步摇簸，袍褶风生。”

程晋芳先商后官，是淮安盐商中“脱贾入儒”的一个重要代表人物。他长期沉溺于书案诗文，每日饱读书本，两耳不闻窗外事，以至于逐渐脱离了生产经营活动，甚至失去了商场上的应变能力。但他的文学成就与日俱增，文学交游也日趋频繁，创作高度一跃再跃。乾隆二十七年（1762）三月，乾隆皇帝南巡至淮安，程晋芳献赋，召试行在，作《江汉朝宗赋》四章，皇帝大悦，拔置第一，赐举人，授中书舍人，协办侍读事。之后，他便将家中盐业生意全部托付给管家打理，听任其假公济私，侵吞钱财也不闻不问，自己则专心忙于京师的各项书本工作。

乾隆三十六年（1771），程晋芳又中进士，之后历任方略馆纂修官、吏部郎中、文渊阁校理、翰林院编修等官职。此时的淮安盐商，大多整日忙于业

程十发《儒林外史》绘画草稿

盐经营或享受生活，程晋芳却依然“独愔愔好儒”，忙于文事，“延接宾客，宴无虚日”。但随着管家在其生意中的贪污不断加大，最终使之债台高筑，势不能支。为了躲债，程晋芳最终只得逃往西安，求助于陕西巡抚毕沅。当时正值酷暑天气，加之逼债者又让他惊惧不已，程晋芳到陕西不过一月就病死了。

程晋芳一生著述甚丰，有《勉行斋文集》《群书题跋》《礼记集释》《诸经答门》《春秋左传翼疏》《诗毛郑异同考》《蕺园诗》《蕺园近诗》《勉行堂诗集》等等。他去世之后，京师人云：“自鱼门先生死，士无走处。”他的文友有很多，其中最值得称道的有袁枚、毕沅及《儒林外史》作者吴敬梓等。

汪士堂（1725—1768），字号不祥，道光帝师汪廷珍的生父，休宁县人。其高祖汪之潢始迁淮安业盐，曾祖汪尚理则正式定居淮安，祖父汪达佺、父亲汪兆锦遂继承家业，经营盐业生意。同治《重修山阳县志》中称其家族业盐“号巨商”，但至汪士堂时，因其“性喜施与”而衰落，但似乎不太说得通。具体原因，史书中没有记载，汪廷珍传中也没有给出明确说明，只是说他的父亲汪士堂因“仁厚勤施耗其资，所析产为族人所并”。汪廷珍在《显妣程太夫人行述》中写到乾隆三十九年（1774）水灾时，家中“室庐飘没，寄人宇下”。清代淮安学者范以煦在《淮壖小记》中谈到汪廷珍家世时亦言：“公家世本业禺筴，食指百余人。至公时，家中贫

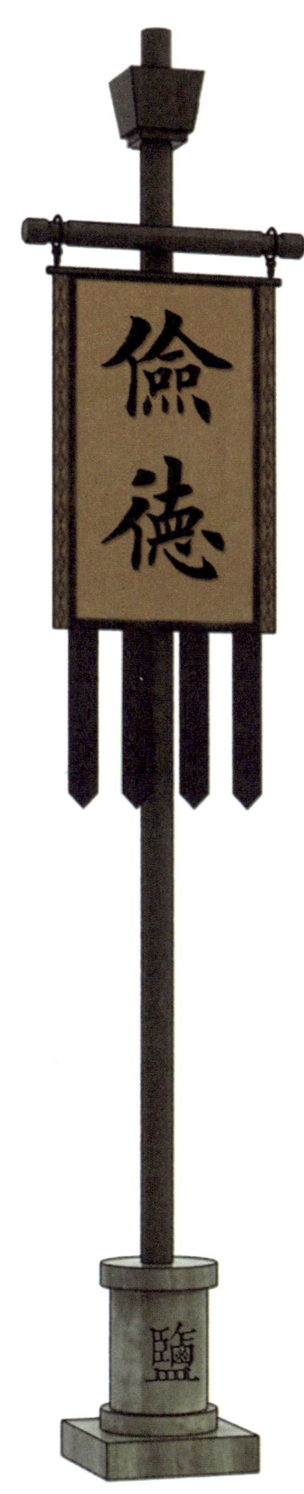

“俭德”店旗示意

乏，几不自存。”与此同时，汪氏后迁入淮安的另一支汪文益家族，则正热火朝天地开展盐业经营的生意，还得了朝廷不少的恩赐。

程易（1728—1809），字圣则，号吾庐，歙县人，程朝征三子程埈（重续宗谱未及录）之孙。程易亦官亦商，曾担任两浙都转盐运副使，回淮后又受两淮盐运使全德器重，被派往海州阅勘盐务，总领淮北盐筴。“乾隆三大家”之一的赵翼，在为程易所作《吾庐程公墓志铭》中就有详细记载：“以盐运副使，分浙江，署嘉松分司……以同知需次回籍，遂不仕。盐使者全德公，按临两淮，深重易，委以大计……总领淮北盐筴，四方宾客，献缟投纻无虚日。而易坐镇，雅俗昂昂，如野鹤之立鸡群也。”程易曾担任淮北盐务总商，其行盐旗号“俭德”，又有“俭德店”，人称“程俭德”。他曾以“程俭德”名义，领衔捐输军饷、河工、赈济（不含谷物）、备公四类名目，所捐数额惊人。如乾隆五十三年（1788），程俭德就与江广达（扬州盐商江春业盐旗号为“广达”）同捐军饷200万两；乾隆五十六年（1791），与洪箴远（扬州盐商洪征治和洪肇根等人旗号为“箴远”）同捐赈济3.4万两；乾隆五十五年（1790），与洪箴远同捐备公200万两；乾隆五十七年（1792），与洪箴远同捐军饷400万两；嘉庆四年（1799），与洪箴远同捐军饷200万两；嘉庆五年（1800），与洪箴远同捐军饷150万两；嘉庆六年（1804），与洪箴远同捐军饷200万两；嘉庆九年（1804），与黄潆泰（扬州盐商黄至筠旗号为“潆泰”，一作“应泰”）同捐河工40万两等等。

黄凝（1737—1786），原名黄宁，字幼安，号稼堂，杭州府仁和县（今属浙江省杭州市）人，先籍江夏（今属湖北省武汉市）。据清代学者金兆燕《黄稼堂太守传》与阮文藻《尊甫个园公家传》中记载，黄凝祖父黄宪怀以耕读传家，不求仕途。父亲黄壬有，为黄宪怀次子。黄凝9岁时，黄宪怀长子黄天三去世，黄宪怀便按当时“小宗继大宗”习俗，将黄凝过继给其叔父黄天三家中作继子。但继母薛氏不愿耽误小孩前程，又将其送回原家中。

成年之后，黄凝娶妻张氏，客居常州，以贩卖书籍为生。张氏去世后，黄凝逐渐穷困潦倒，便离家闯荡。他一路经扬州流浪到淮安城西北河下的湛真寺中暂住，还当了个“佣书”，为人写写画画。寺中方丈闻谷恰巧精通相面术，称黄凝是个“非平常人”，并要来生转世做他儿子。不但给他送衣送食，还将黄凝推荐给淮安的官员和盐商。而后，黄凝竟在此做起了预测市场行情的买卖，且按黄凝之计策经营，往往可获两三倍利润。于是，淮河南北商人纷至沓来，黄凝也因此获得了丰厚的报酬，赚到了第一桶金。时其立身之地淮安河下，是两淮盐商聚集地，他便学着做起了盐业买卖，产业也越做越大。之后，他往来于淮安与扬州之间，又娶瓜洲（今扬州市邗江区瓜洲镇）朱氏为妻，并为朱氏在扬州新城构筑深宅大院。据说黄凝第二个儿子、后来扬州个园主人黄至筠出生当晚，黄凝见一个老和尚带着一群人，抬着一口棺材到他卧室，恰在此时婴儿诞生。黄凝立刻醒悟，这就是当年淮安湛真寺那位方丈闻谷转世。

盐商黄凝画像

盐商黄至筠在扬州的私家园林——个园

黄至筠与蛋炒饭

徐珂《清稗类钞》中载，乾隆年间扬州盐商黄均太（即指黄至筠）生活骄奢。他吃一碗蛋炒饭，要花银约五十两。在这碗蛋炒饭中，鸡蛋产自以人参、黄芪、白术、大枣等喂食的母鸡；米要保证所有颗粒完整、泡透蛋汁且粒粒分开。外表金黄，内芯雪白。配以百鱼汤，须包含鲫鱼舌、鲤鱼白、鲢鱼脑、斑鱼肝、黄鱼膘、鲨鱼翅、鳖鱼裙、鳝鱼血、鳊鱼划水、乌鱼片等食材。

乾隆四十四年（1779年）五月二十九日，已富甲一方的黄凝"签掣直隶赵州直隶州知州缺"，捐了个正五品的官职。之后，他将家中资产交由扬州盐商江春的管家汪雪僵打理，自己则带着妻儿一同赴任。黄凝后因两次接驾有功，"委署顺德府（注：今河北省邢台市）知府"。据《黄稼堂太守传》中记载，黄凝逝于江西抚州府知府任上。他的身后，除长子黄至慧为朱夫人所生，黄至筠、黄至廉、黄至馥、黄至瑞（端）皆为庶出。黄凝去世后，朱夫人率全家返居扬州，黄家诸兄弟重新业盐，并得到汪雪僵的指导，这也为日后黄至筠成为扬州知名大盐商奠定了基础。黄至筠（1770—1838），字韵芬，又字个园，其担任两淮盐务总商长达50余年。他有一座闻名于世的私家园林——个园，位于扬州新城东关街，是在明代寿芝园基础上扩建而成。因黄至筠酷爱竹，且园中所栽之竹形似"个"字，便取袁枚"月映竹成千个字"之意，将该园命名为"个园"。嘉庆初年，黄至筠捐资数十万两白银，购买军需装备并募集运输队伍将装备送往征讨白莲教起义的前线，嘉庆皇帝因此赐他“盐运使”荣誉官衔，他的长子、次子也因捐资而被赐予“郎中”官衔。黄至筠一生娶了12个老婆，但每当遇到歌童女伶，不但话说不出来，就连素来能饮的他，连酒都喝不下去。按其父黄凝当年传说，黄至筠本就为和尚，所以“未失戒僧本性”。说来也怪，黄至筠一生业盐，无数次往来于淮扬之间，但至淮安河下时从不进湛真寺，却对寺内房屋格局了如指掌。身边的人问他为何不进湛真寺看看？黄至筠则说怕因此迷惑众人。嘉庆年间，两江总督孙玉庭还曾专门写过《湛真寺老僧投生记》，叙述此事。道光十八年（1838）七月，黄至筠于扬州去世。临死前，他告诉家人，他只是要回淮安湛真寺罢了。去世后，他的次子黄奭从北京刑部任上返回扬州奔丧，途中经过淮安，还专程到河下湛真寺找到方丈闻谷的墓塔上香设供，虔诚礼拜。

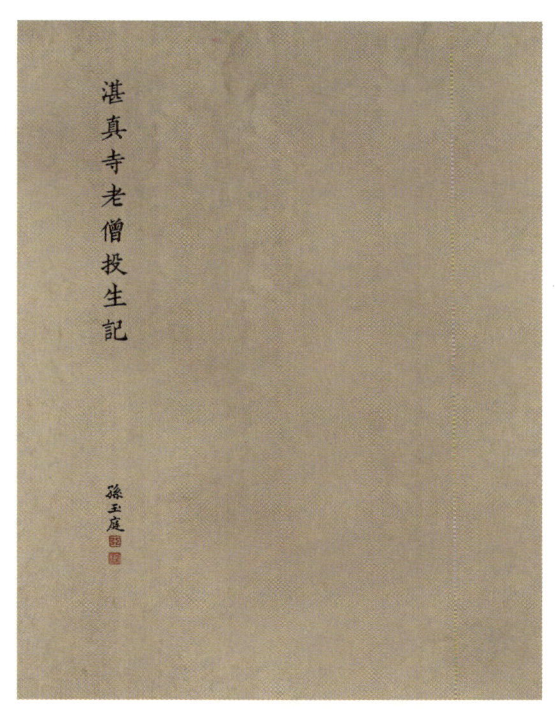

两江总督孙玉庭《湛真寺老僧投生记》

汪廷珍（1757—1827），字玉粲，号瑟庵，休宁县人，山阳县籍。乾隆五十四年（1789）己酉科殿试榜眼，历任翰林院编修、安徽学政、江西学政、武英殿总裁、浙江学政、上书房总师傅、吏部尚书（署）、都察院左都御史、礼部尚书、户部尚书（署）等官

道光帝师、礼部尚书汪廷珍画像

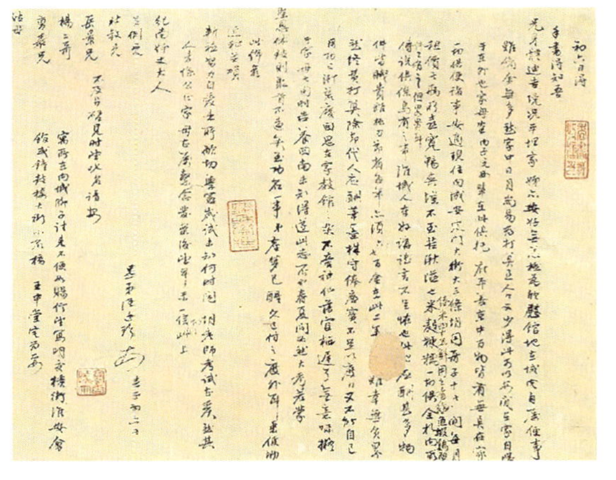

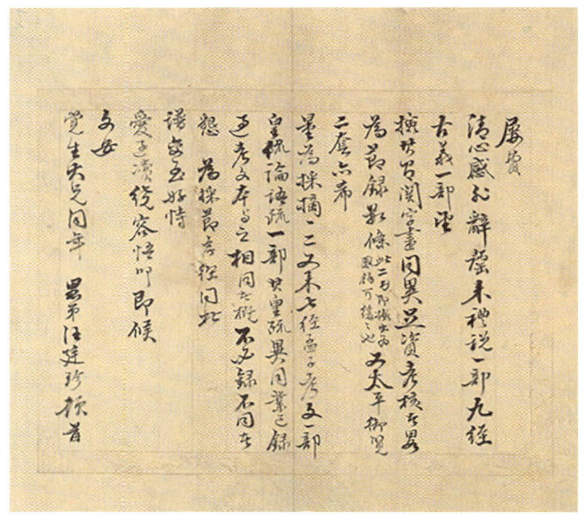

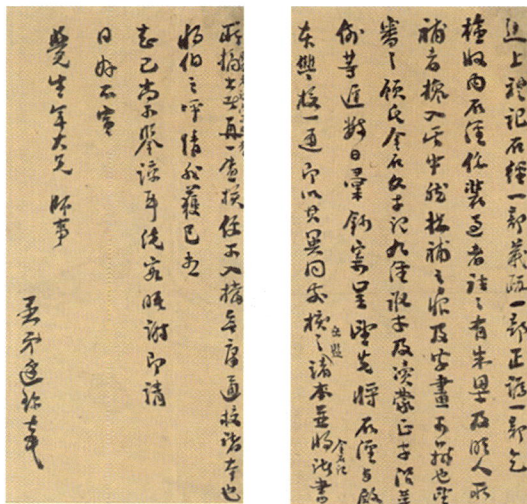

汪廷珍信札

职，太子太保、协办大学士。曾担任道光帝师，后晋赠太子太师。

汪廷珍家中本为徽州盐商，到其父时家道中落。他12岁丧父，母亲程氏贤良淑德，在家境困难的状况下，将他抚养成人。《清史稿》中记载他："少孤，母程抚之成立。家中落，岁凶，饘粥或不给，不令人知，母曰：'吾非耻贫，耻言贫，疑有求于人也。'力学，困诸生十年，始举于乡，成乾隆五十四年一甲二名进士，授编修。"从乾隆五十四年（1789）到道光七年（1827）的38年间，汪廷珍历经乾隆、嘉庆、道光三朝，所任官职先后超过56个。他经学功底深厚，在治学方法上，反对沿袭前人的陈腔滥调，主张追求真理，有新识，不跟风。强调读书人要以天下为己任，切实掌握实用之学，为义为人，不为利为己。时汪廷珍与同科状元胡长龄被称为"汪经胡史"。

汪廷珍一生谨守本分，为人谨慎刚直，不务虚名，他始终谨守母教，保持着俭朴的生活，有人把他比做汉代的寒士公孙弘，他不以为然，笑道："大丈夫不以邪曲的学术投世人之所好为可耻，而只怕服饰被人讥笑乎？"他为人严峻正派，举止有分寸，待人以礼，而又不与要人拉拉扯扯，部属敬畏。大学士阮元（与汪廷珍同科，二甲第三名）很佩服他学识，劝他著书，汪廷珍言：

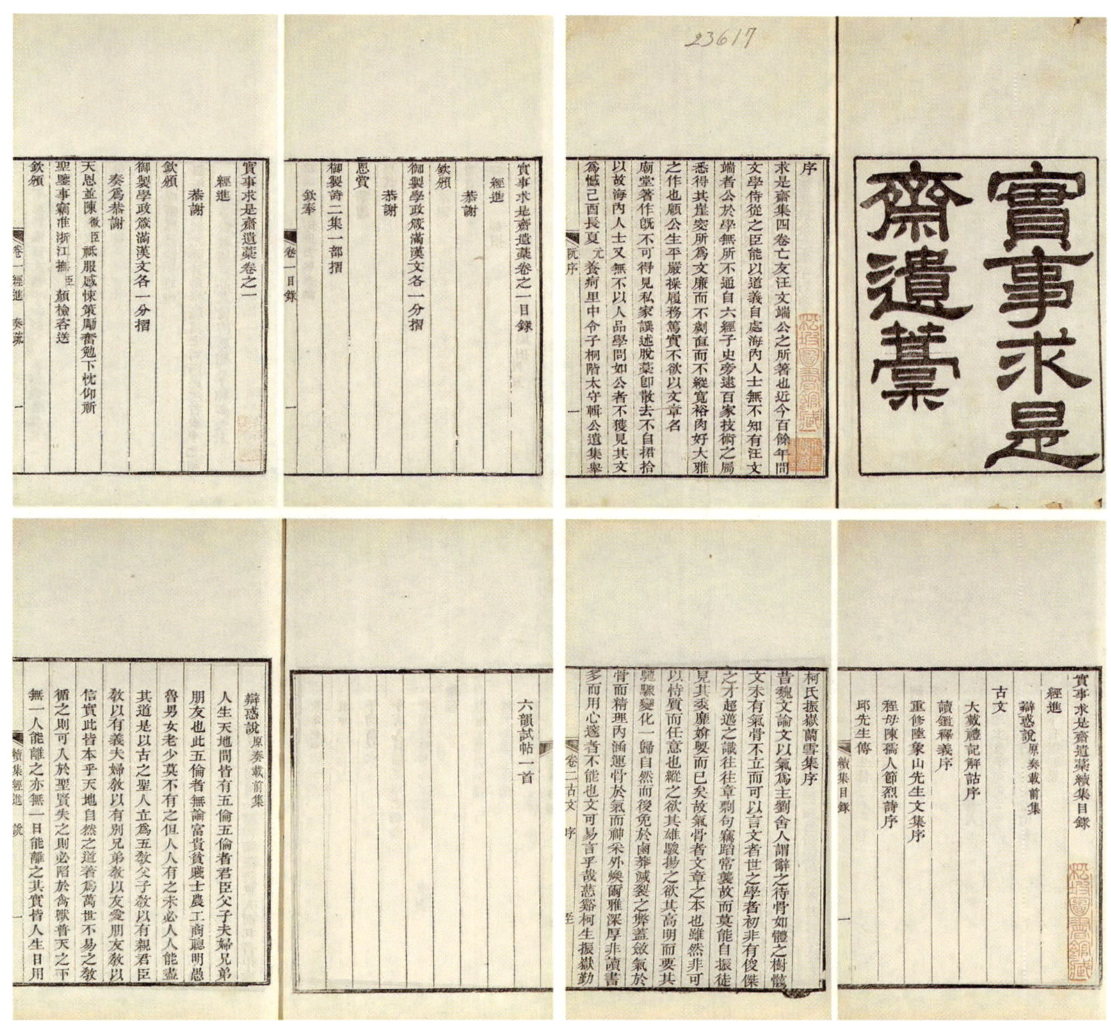

實事求是齋遺藁

序

求是齋集四卷亡友汪文端公之所著也近今百餘年間文學侍從之臣能以道義自處海內人士無不知有汪文端者公於學無所不通自六經子史旁逮百家技術之屬悉得其崖窔所爲文廉而不劌直而不縱寬裕肉好大雅之作也顧公生平嚴操履務篤實不欲以文章名廟堂著作既不可得見私家譔述脫藁卽散去不自捃拾以故海內人士又無不以人品學問如公者不獲見其文爲憾己酉長夏元養痾里中令子桐階太守輯公遺集舉

實事求是齋遺藁卷之一目錄

經進

恭謝

欽頒

御製學政箴滿漢文各一分摺

恭謝

恩賞

御製詩二集一部摺

欽奉

實事求是齋遺藁卷之一

經進

恭謝

欽頒

御製學政箴滿漢文各一分摺

奏爲恭謝

天恩並陳微臣祇服感悚策勵奮勉下忱仰祈

聖鑒事竊准浙江撫臣顏檢咨送

欽頒

實事求是齋遺藁續集目錄

經進

辯惑說原奏載前集

古文

大戴禮記解詁序

讀鉏釋義序

重修陸象山先生文集序

程母陳孺人節烈詩序

邱先生傳

柯氏振嶽蔚雪集序

昔魏文論文以氣爲主劉舍人謂辭之待骨如體之樹骸文未有氣骨不立而可以言文者世之學者初非有俊傑之才超邁之識往往章剽句竊蹈常襲故而莫能自振徒見其委靡媕嫛而已矣故氣骨者文章之本也雖然非可以恃質而任意也縱之欲其雄駿揚之欲其高明而要其馳驟變化一歸自然而後免於鹵莽滅裂之弊蓋斂氣於骨而精理內涵運骨於氣而神采外煥爾雅深厚非讀書多而用心邃者不能也文可易言乎哉慈谿柯生振嶽勤

六韻試帖一首

辯惑說原奏載前集

人生天地間皆有五倫五倫者君臣父子夫婦兄弟朋友也此五倫者無論富貴貧賤士農工商聰明愚魯男女老少莫不有之但人人有之未必人人能盡其道是以古之聖人立爲五教父子教以有親君臣教以有義夫婦教以有別兄弟教以友愛朋友教以信實此皆本乎天地自然之道著爲萬世不易之教循之則可入於聖賢失之則必陷於禽獸普天之下無一人能離之亦無一日能離之其實皆人生日用

汪廷珍《实事求是斋遗稿》

“六经之奥，昔人先我言之，便何以长语相溷？读书所以析义，要归于中有所主而已。”即六经之奥秘，古人在我之前言之，何需我再喋喋相浑，读书目的是明白事理，明白了其中的主旨即可。后人收其书刊、序跋及与人唱和诗词，编成《实事求是斋遗稿》。道光六年（1826），汪廷珍70寿辰，道光皇帝御书“耆宿承恩”匾、“福寿”字以及如意赐之。次年，汪廷珍因病乞休，道光皇帝命太医诊视并赏赐人参。当年七月，汪廷珍去世，道光皇帝御书祭文，又命大阿哥赐奠，赐银千两治丧，赠太子太师，赐谥号“文端”，入祀贤良祠。江苏当地又请立祠作为乡贤，道光皇帝随即下诏批准。

歙县棠樾牌坊群

棠樾石牌坊群坐落在今安徽省黄山市歙县郑村镇棠樾村，现存7座牌坊依次排列，分别为鲍灿孝行坊、慈孝里坊、鲍文龄妻汪氏节孝坊、乐善好施坊、鲍文渊继妻吴氏节孝坊、鲍逢昌孝子坊、鲍象贤尚书坊。其中“乐善好施坊”（右一）即为两淮盐务总商鲍漱芳救助淮安周边数十万灾民之善行而建。

鲍漱芳（约1763—1807），字席芬，一字惜分，歙县人。少年时即随父鲍志道在扬州业盐，聚资百万。其父去世后，他继任为两淮盐务总商。鲍漱芳不但经营有方，业务遍及淮扬，同时也乐于行善。他时常捐资助政，捐赈救灾，为国纾难，为民分忧。嘉庆八年（1803），川、楚、陕三省平乱，鲍漱芳捐输军饷不遗余力，被赐了个“盐运使”的荣誉官衔。而其他善举种种，数不胜数。

嘉庆十年（1805），洪泽湖水暴涨，以至车逻、五里等堤坝溃决，里下河地区大片沃土变成泽国，百姓一下变成灾民，继而又成为饥民。鲍漱芳听闻此讯，万分焦急，随即准备资金开展救助工作。他先以两淮盐务总商名义集议公捐大米赈灾，又于各受灾县设立粥厂，以维持灾民吃饭问题。他还亲自前往灾区视察，受到了灾民的拥戴。而就在当年，淮河水灾相继爆发，从淮安到扬州间又是一片汪洋。鲍漱芳继续向众商倡议追加捐赠，仍通过设立的粥厂加以赈济，并保灾民所需粮食充足。除此之外，鲍漱芳还在灾情逐步恢复后，给灾民分发种子、耕牛，以帮助他们恢复生产。由于得到鲍漱芳的全力救助，淮扬地区很快恢复了以往的平静，百姓又回归到原本生活。此外，它还为淮安高家堰的抢险护堤、“义坝”修复、沙河闸疏浚等事捐银，在两淮地区声誉极高。嘉庆二十五年（1820），朝廷下旨在鲍漱芳家乡建“乐善好施”牌坊，以旌表鲍漱芳及其家族乐善好施之美德。

殷自芳（1820—1900），字芷南，又字明经，号霜圃，晚号淮南老人。他是徽州殷氏盐商后裔，定居于淮安河下，世代经营盐业。后因“纲盐改票”之政策的实施，殷氏盐商家族迅速衰败。至殷自芳时，其家族已不再业盐，他本人后成为清代晚期我国著名的水利专家。同治五年（1866）六月，淮扬地区大水，里运河“清水潭漫决多处，洪涛巨流，横竖数百里，兴、泰城中水深数尺，而禾稼之淹伤，庐舍之漂没，其惨更不忍言”。时殷自芳与淮安名士裴荫森、丁显等人纷纷撰文，提出治淮方略，呈送河堤工局，唯殷自芳《导淮刍议》所提20余条建议被采纳，并被邀请担任清水潭堵口指挥。之后，其一直在河工局、淮扬水利局供职。他十分关心家乡的水利建设，光绪三年（1877）时建议由下关市河往东挑一“十字河”，以解决东乡农田灌溉问题，但因工程

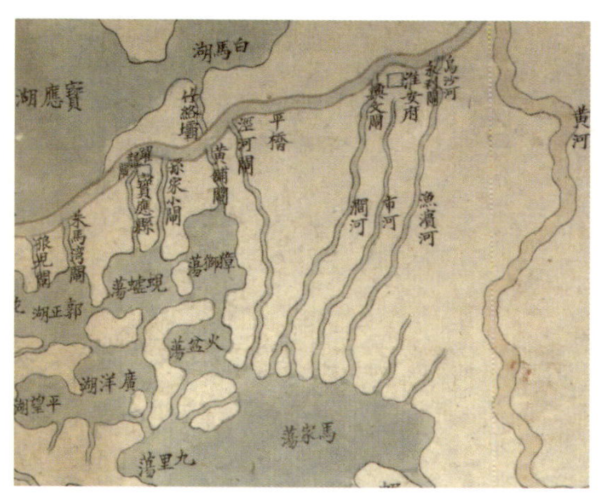

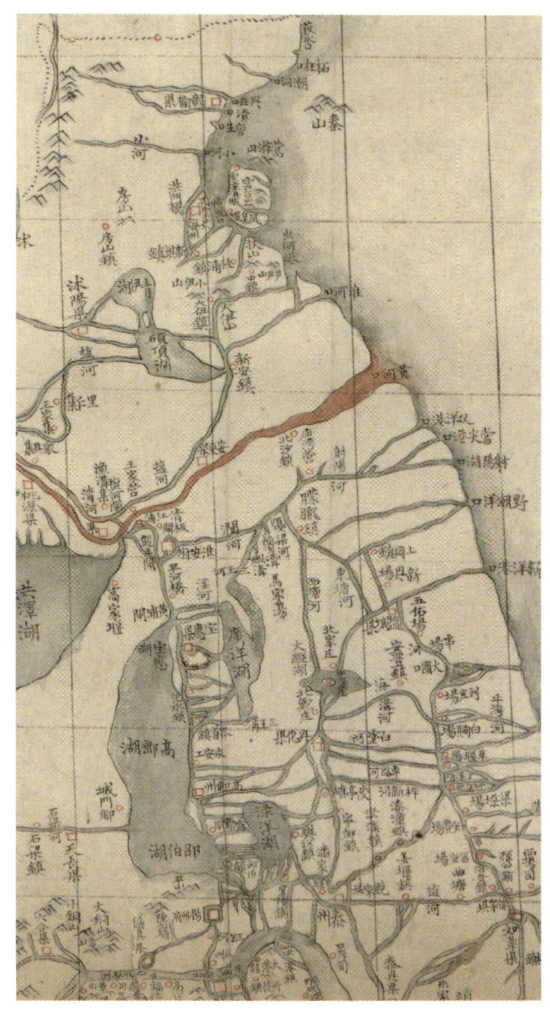

清代淮安周边河道水利图

浩大，占地较多，触犯部分地主士绅的利益，惹出“丁三骨头（注：即丁晏）告状”“黄荡三十六件半大褂去南京江督府告状”等诉讼案件。时两江总督左宗棠认为殷自芳的建议有益于农事，便愿意支持。后直至光绪八年（1882），左宗棠才下令淮扬道桂嵩庆檄委淮扬镇总兵章合才，派兵协助兴挑该河，随之河成，淮安东乡一带即免除旱涝之患，故有“黄金荡”“银蛇峰”之说。

殷自芳一生倾尽心血研究水利，在事业上颇多建树，学术上更是造诣尤深。他写下的水利论文文稿计50余篇，其中部分被清代淮安学者王锡祺刊入《小方壶斋舆地丛钞》，《山阳艺文志》中亦收录数篇。新中国成立后，其孙殷逸尘将其《筹运事略》等19篇遗稿进行整理，呈献国家水电部水利史研究室。

第四章　盐商生活与地方文化发展

盐商是淮安古代社会生活中一个极为活跃的商业群体，他们不但执掌着一个个雄厚资本财团，更兼具文人雅士双重身份。亦商亦儒的特点，让他们向来注重个人修养，也普遍具备较高的文化素质。在这样一个前提下，盐商们的休闲生活就会变得丰富多彩。或修身养性，陶冶情操；或注重格调，彰显品味；或追求风流，生活奢侈等等。物质基础在给他们带来精神享乐的同时，丰富、多样、高质的文化活动，随之促进了淮安地方文化的迅猛发展，并形成了鲜明的地域特色。

第一节　读书交友

盐商常年在外经商，眼界开阔，了解读书对人一生影响重大，遂重视家族子弟文化素质培养。有了文化素养，除了能对日常经营、业务交际有所帮助，还能提升自身的生活品味。淮安盐商子弟殷自芳曾道："方盐筴盛时，诸商声华烜赫……园亭花石之胜，斗巧炫奇，比于洛下。每当元旦、元夕、社节、花朝、端午、中元、中秋、蜡腊，街衢巷陌之间以及东湖之滨，锦绣幕天，笙歌聒耳，游赏几无虚日。而其间风雅之士，倡文社、执牛耳，招集四方知名之士，联吟谈艺，坛坫之盛，甲于大江南北。"盐商们在读书、交友间，尽力摆脱传统意义中商人身上的"铜臭味"，并在经济实力的支撑下，兴文化、搞艺术，有不少盐商人物在学术研究领域、艺术创作范畴取得成就，甚至还为淮安乃至全国的文化艺术发展作出了贡献。

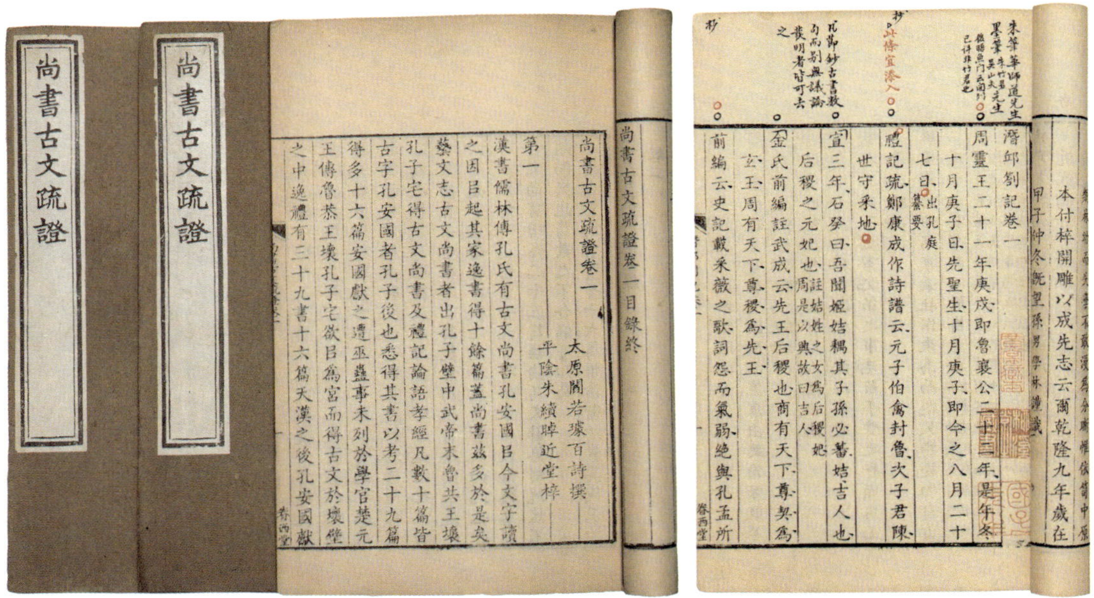

阎若璩著作

阎若璩所撰《尚书古文疏证》，证实了东晋梅赜所献《古文尚书》为伪；又撰《四书释地》，校正了前人关于古地名附会错误。其他如《潜丘札记》等著作，均对后世学者有较大影响。

自明初实行开中法以来，朝廷以盐、茶为介，召募商人输纳军粮、马匹等物资，这是两淮（淮河南北）地区盐商大量聚集的开端。阎若璩生活于明末清初，是山西盐商在淮安后代中取得学术成就最高的一位。纪昀称他“百年以来，自顾炎武以外，罕能与之抗衡者”。他的六世祖阎翰于明代正德初年由山西太原迁淮经营盐业，被吴承恩誉为“三晋名家，两淮巨望”。父亲阎修龄曾以文著名于淮上，在淮安新城东门内修眷西堂广交文友。后又于平桥建一蒲庵、饮牛草堂附庸风雅。晚年时，曾隐居白马湖，与张养重、靳应升、邱象升、陈美典等文人交往甚密，组建望社。一时间，引得全国各地名士纷纷来淮寻游，如杜于皇、傅青主、王于一、魏叔子、倪天章、万年少、阎古古等等，并留有《玉山雅集》等著作。阎若璩自幼受到良好教育，平生强调多读书，反对空谈。作为一名考据学家，他的考证方法精密、严谨，所撰著作对后世学者影响较大。康熙年间，阎若璩应荐博学鸿儒落榜后寓居京城，以“博物洽闻，精于考据经史，独为诸君所推重，过从质疑，殆无虚日”。内阁学士徐乾学特地将他请入家中，待为上宾，“每诗文成，必属裁定”，并邀请他参与修纂《大清一统志》。因此公差苏南等地时，阎若璩结交了地理学家顾祖禹、黄仪等人，并与史学家万斯同、经学家胡渭等相互讨论，以协助徐乾学完成修纂。康熙中期徐乾学去世后，阎若璩遂回到淮安，常常“访友数百里内，往来苏杭，轻舟载书册酒茗，徜徉湖山烟水之间”。虽已“名动九重”，唯独遗憾“绩学穷年，未获一遇”，一生有名无功。

明代中晚期后，徽州商人开始不断迁入淮安，以程氏家族较早，实力也较为雄厚，且文人雅士也较多，“时两淮殷富，程尤豪侈，多蓄声伎狗马”。歙县程氏在淮安城内有不少产业，但主要聚居地却在淮安城西北河下。袁枚曾将程氏家族中的程嗣立、程崟、程梦星与程晋芳四人并称为“淮南程氏四诗人”，以说明他们在业盐之外的文学成就，可见当时程氏不仅仅只有盐商身份，在文化圈中同样赫赫有名。程嗣立又被称为水南先生，工诗，善书画，好接济友朋，交往甚广。国学大师罗振玉就对他欣赏有加，常提笔书写他的诗句。时各地文人途经淮安时，“必下榻斋中，流连觞咏”，可见程嗣立在当时各地文人中的影响力甚高；程崟历史记载较少，这极有可能是因他疏于参加各类文学活动有关。他与文学家方苞关系甚好，方苞称他：“素封之家，而倜傥

山西阎氏第一代迁淮盐商阎翰画像

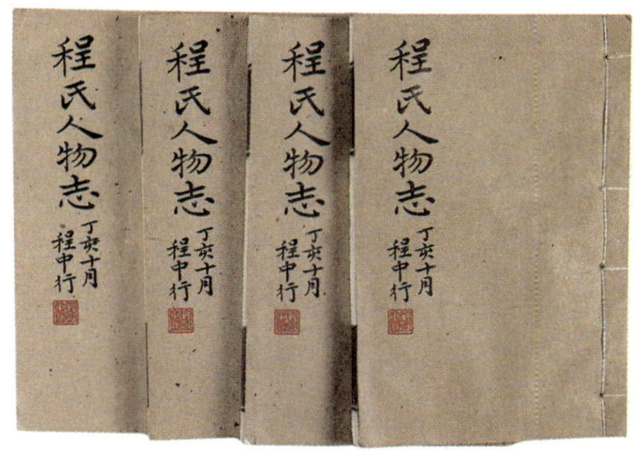

程氏人物志

该书是一部记载程氏家族人物的志书，分类完备，内容丰富。全书从舆地沿革、地理分布、历史名人、程氏宗祠等多个方面介绍程氏家族历史发展状况，并收有多幅舆图。

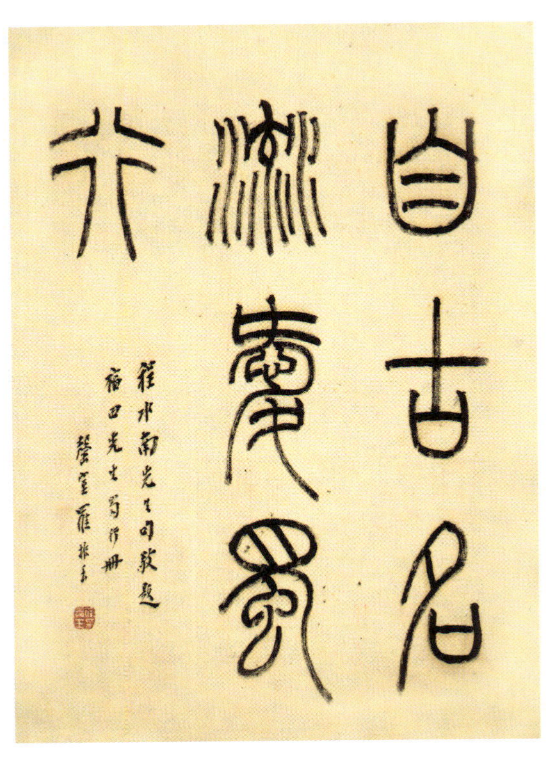

罗振玉篆题程嗣立之句

识文：自古名流爱蜀行。

题识：程水南先生句，

敬题福田先生蜀行册，罄室罗振玉。

钤印：罗振玉印

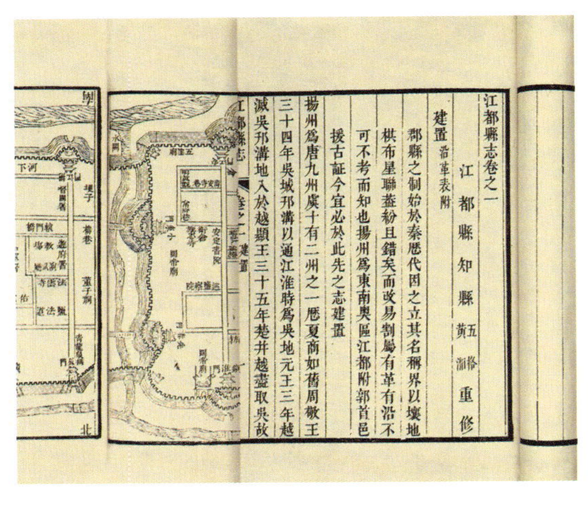

江都縣志卷之一

江都縣知縣五黄　修瀚　重修

建置沿革表附

郡縣之制始於秦歷代因之立其名稱界以壤地棋布星聯叄紛且錯矣而改易割屬有革有沿不可不考而知也揚州爲東南奥區江都附郭首邑援古証今宜必於此先之志建置

揚州爲唐九州虞十有二州之一歷夏商如舊周敬王三十四年吳城邗溝以通江淮時爲吳地元王三年越滅吳邗溝地入於越顯王三十五年楚并越盡取吳故

清代光绪《江都县志》

少俗情”，即说他富而不俗。程崟有《二峰诗稿》《编年诗集》等著作；程梦星是当时文坛中风云一时的人物，他身兼盐商、官员、文人等多种角色，《四库全书总目》中称其：“诗略近剑南一派，而间出入于玉溪生。词亦具南宋之体……”程梦星久居淮安，但在扬州也有产业。他从翰林院编修任上告归后，由淮安迁居扬州，在二十四桥旁购得一园养老，常与名流诗书游宴于其间，为一时风雅之宗；程晋芳是程梦星的堂侄，文学界鼎鼎有名。其高祖程量入自徽州府治歙县迁入扬州业盐，为清初扬州著名的盐务总商。祖父程文阶再由扬州迁居淮安，累世巨富。程晋芳则“闹市收声归阒寂，虚堂敛抱对寒清”，曾购书5万卷，召缀学之士到家共同探讨，“独愔愔好学，服行儒业，罄其资以购书，庋阁之富，至五万卷，论一时藏书者莫不首屈一指。”可见，他对书籍之爱，已远超他经营生意的心思。程晋芳一生除了读书、钻研、好施外，就是好交友。史书中称其“好交游，招致多闻博学之士，与讨论世故，商量旧学”。“遇文学人，喋然意下，敬若严师。虽出已下者，亦必推毂延誉，使其满意。”“延接宾客，宴集无虚日”“江淮耆宿，一时若无锡顾震沧、华半江，宜兴储茗坡，松江沈沃田诸君子，咸与上下其绪论。”家族内，

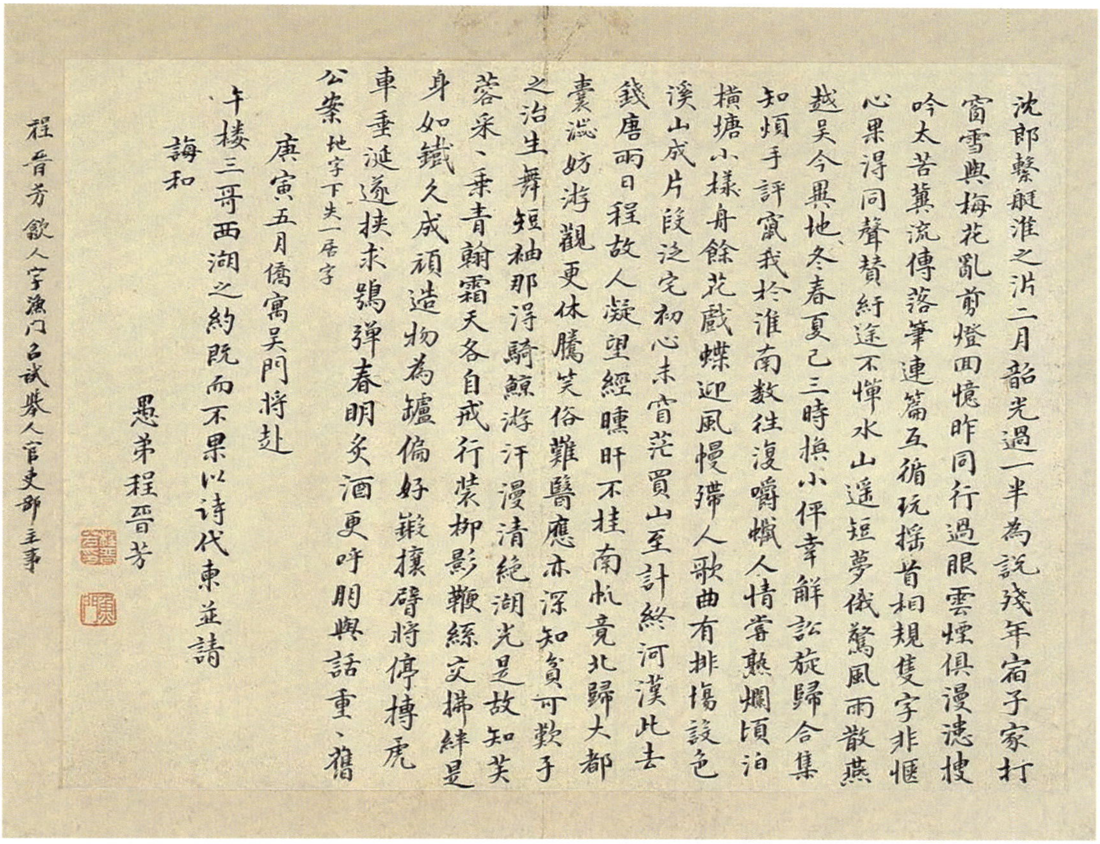

沈郎繫艇淮之涘二月韶光過一半為説殘年宿子家打
窗雪與梅花亂剪燈回憶昨同行過眼雲煙俱漫遞搜
吟太苦冀流傳落筆連篇互循玩搖首相規隻字非愜
心果淂同聲賛紓逐不憚水山遥短夢儀驚風雨散燕
越吴今異地冬春夏已三時撫小伻章解訟旋歸合集
知傾手評寘我於淮南数往復嚼㰝人情嘗熟爛頃泊
横塘小樣舟餘花戲蝶迎風慢彿人歌曲有排㩦設色
溪山成片段泛完初心未甯莊買山至計終河漢此去
錢唐兩日程故人凝望經曛盱不挂南帆竟北歸大都
囊澁妨游觀更休騰笑俗難醫應亦深知貧可歎子
之治生舞短袖那淂騎鯨游汗漫清絶湖光是故知芙
蓉采、秉青翰霜天各自戒行裝柳影鞭絲交拂絆是
身如鐵久成頑造物為鑪偏好鍛攘臂將停搏虎
車垂涎遂扶求鵠彈春明炙酒更呼朋與話重、舊
公案 地字下失一居字

庚寅五月僑寓吴門將赴
午楼三哥西湖之約既而不果以詩代柬並請
誨和

愚弟程晉芳

程晉芳歙人字漁门名試舉人官吏部主事

程晋芳信札

识文：沈郎系艇淮之……旧公案。

题识：庚寅五月，侨寓吴门，将赴午楼三哥西湖之约，既而不果，以诗代柬并请诲和。

钤印：程晋芳印

鱼门

他和程坤、程垲、程嗣立、程茂关系最密。社会间，与诗人陈古渔、商盘唱和，又与文学家袁枚、吴敬梓交谊情深。工作上，和“浓墨宰相”刘墉共事，亦成莫逆之交。晚年时，他还与学者朱筠、戴震来往。一生交游不断，著述颇丰。淮安程氏盐商除了袁枚所列出的这4人之外，还走出了许多文化名人或名著流传于世，如程增、程均、程銮、程沆、程钟、程鉴等等，皆为当时所推崇，可谓人才济济。

歙县吴氏盐商家族于明代嘉靖年间迁入淮安，被称为“门第清华”。清代以后，居于河下的吴宁谔与从兄吴宁谧“以文章名噪曲江楼”。吴宁谔之子吴玉镕“承籍家学，淹贯群书”，侄儿吴玉搢、吴玉揖、吴玉抱，从孙吴初枚、吴次枚等人，“皆以科第文章显名于世”。特别是吴玉搢，深受其父影响，“尤究心于六书，博通书籍”，终成清代著名

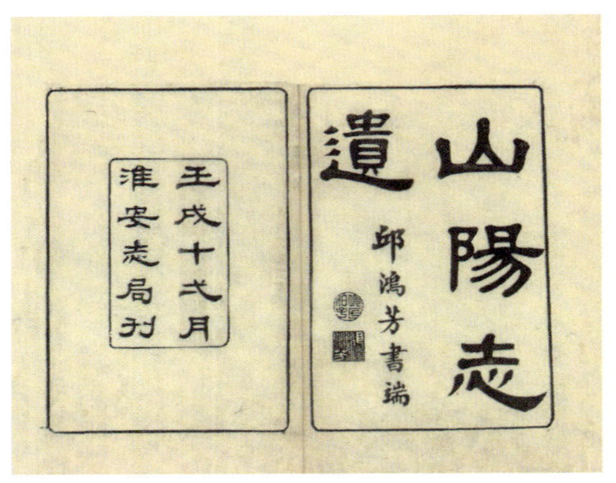

山陽志遺

邱鴻芳書端

壬戌十弍月

淮安志局刊

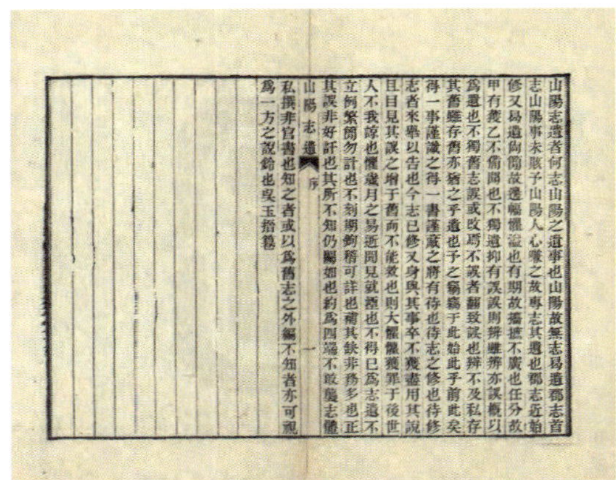

山陽志遺者何志山陽之遺事也山陽故無志郡志首
志山陽事未賅予山陽人心嫌之故專志其遺也郡志近始
修又曷遺尙爾故邊幅儘溢也有期故搜摭不廣也任分故
甲有養乙不備闕也不獨遺抑有誤誤則辨雖辨亦誤概以
爲遺也不獨舊志誤或改焉不誤者翻致誤也辨不及私存
其舊雖存舊亦猶之乎遺也予之竊竊于此始此乎前此矣
得一事謹識之得一書謹藏之將有待也待志之修也待修
志者來舉以告也今志已修又身與其事卒不獲盡用其說
且目見其誤之增于舊而不能救也則大懼懼獲罪于後世
人不我諒也懼歲月之易逝聞見就湮也不得已爲志遺不
立例繁簡勿計也不剗期夠稽可詳也補其缺非務多也正
其誤非好訐也其所不知仍闕如也約爲四端不敢褻志體

山陽志遺　序　一

私撰非官書也知之者或以爲舊志之外編不知者亦可視
爲一方之說鈴也吳玉搢穟

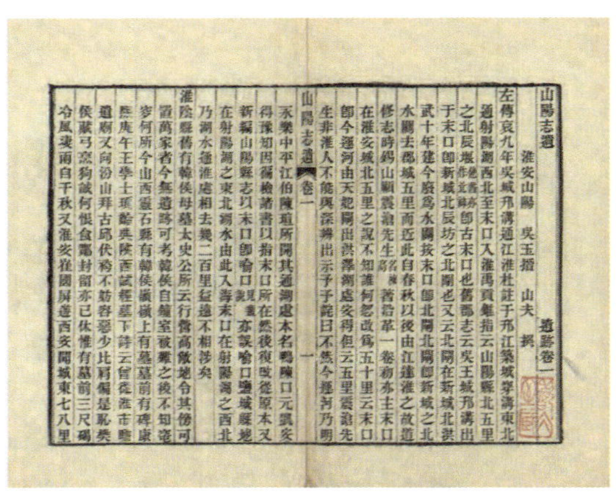

山陽志遺　　遺跡卷一

淮安山陽　吳玉搢　山夫　撰

左傳哀九年吳城邗溝通江淮杜註于邗江築城穿溝東北
通射陽湖西北至末口入淮禹貢錐指云山陽縣北五里
之北辰堰即古末口也舊郡志云吳王城邗溝出
于末口即新城北辰坊之北閘也又云北閘在新城北洪
武十年建今廢爲水關按末口即北閘北閘即新城之北
水關去郡城五里而近此自春秋以後由江達淮之故道
修志時錫山顧震滄先生著枱革一卷秎亦主末口
在淮安城北五里之說不知謙何忽改爲五十里云末口
即今運河由天妃閘出洪澤湖處安得但云五里震滄先
生非淮人不能與深辨出示子子既曰不然今撫書乃明

山陽志遺　卷一　一

永樂中平江伯陳瑄所開其通湖處本名鴨陳口元凱安
得豫知因彌檢諸書以指末口所在然後復疑從原本又
新編山陽縣志以末口即喻口亦誤喻口距城縣地
在射陽湖之東北湖水由此入海末口在射陽湖之西北
乃湖水達淮處相去幾二百里益遠不相涉矣
淮陰縣舊有韓侯母墓太史公所云行營高敞地令其傍可
置萬家者今無遺跡可考韓侯自鐘室被難之後不知瘞
葬何所今山西靈石縣有韓侯嶺嶺上有墓墓前有碑康
熙庚午王學士琰齡典陝西試經墓下詩云曾從淮市瞻
遺廟又向汾山拜古阡伏爲不妨容瘞少比肩偏是恥樊
侯藏弓烹狗誠何恨食蠶封留亦已休惟有墓前三尺碣
冷風凄雨自千秋又淮安從國屏遺西安陽城東七八里

吴玉搢《山阳志遗》

该书以“止用以补正旧书，非有所接续于其后”为宗旨，纠正并补充了当时府县志中的一些错误和遗漏。

古文字学家和考据学家。淮安学者阮钟瑗在自己的诗中推吴玉搢为“博雅”。他毕生游历大江山谷，访求奇人逸士，采获古迹，证其所学。时翁方纲、朱筠等人以金石考据称专家，听闻吴玉搢至，“皆就山夫相质证”，纷纷拿出自己的著作向他请教。秦蕙田所著之《五礼通考》，也多出自他的手订。除考据学外，吴玉搢还十分重视淮安地方文史资料的收集与整理，“得一事，谨识之，得一书，谨藏之，将有待也。”但乾隆初年纂修的《淮安府志》和《山阳县志》中却并未采纳他所提供的许多资料。于是，他本着“不独遗，抑有误。误则辨，虽辨亦误，概以为遗也。不独《旧志》误，或改焉，不误者，翻致误也”的观点，单独撰写了一部《山阳志遗》，在订正新修府县志中的一些错误同时，补充了许多遗漏。

休宁县汪氏盐商子弟在淮安还出了一位皇帝老师汪廷珍，入仕后，他曾多次担任分省学政，主持乡试。在任安徽学政时，以其思想所立《学约》五则影响安徽学界：“一曰辨涂。谓喻义喻利，人心之分尽于此。为己为人，学术之分尽于此，有志者当立辨乎毫厘千里之差。一曰端本。谓士者四民之首，天下事皆吾分内事也，自公卿至一命之吏，皆读书人为之，故贯通古今达事变，相期为有体有用之学。一曰敬业。

时文者，古文之一体，犹之碑志、传记、表疏、论序云耳。以摹拟剽窃者不足言文，乃并时文而小之，过矣。一曰裁伪。谓昌黎论文惟其是，吾论文惟其真，盖必能真而后是非可得而论也。……一曰自立。文之不能不变者时也。挽其变而归之正，或因其变而愈益神明于正，学者事也。苟非克自树立，随风气为转移，取已陈之刍狗，沾沾然仿效之，庸有冀乎哉。”即注重引导学子明确读书目的，强调读书要以天下为己任。治学方面，他主张求真辨非，因此将自己书斋命名为“实事求是斋”。后汪廷珍长期任职中央，道光皇帝称赞他“师道臣道可谓兼备”。去世之后，道光皇帝谕称其“人品端正，学问渊博”，并下诏：“礼部尚书汪廷珍蒙皇考简用上书房师傅，与朕朝夕讲论，非法不道，使朕通经义，辨邪正，受益良多。朕亲政后，畀以尚书之任，尽心厥

汪廷珍墨

该墨由清代王植制赠汪廷珍之物。面“实事求是斋”，背“晓林制墨”，俱楷书阴识填金。一侧楷书阳识“歙汪近圣造”。“实事求是斋”即为汪廷珍书斋名称。

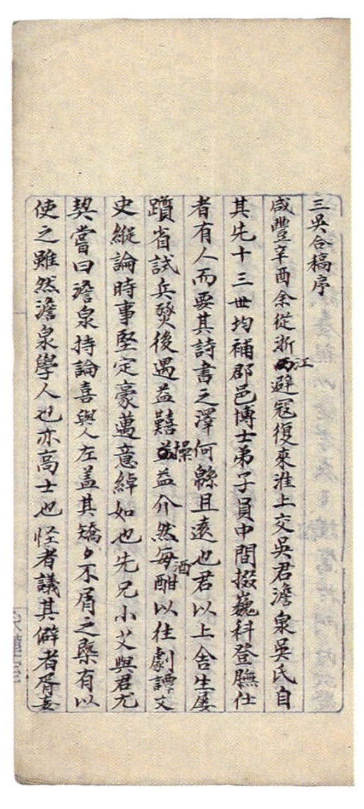

三吳合稿序

咸豐辛酉余從浙江避寇復來淮上交吳君澹泉吳氏自其先十三世均補郡邑博士弟子員中間掇巍科登膴仕者有人而要其詩書之澤何綿且遠也君以上舍生屢躓省試兵燹後遇益踣操益介然每酬酒以往劇譚文史縱論時事堅定豪邁意緒如也先兄小艾與君尤契嘗曰澹泉持論喜與人左蓋其矯矯不屑之槩有以使之雖然澹泉學人也亦高士也怪者議其僻者[illegible]

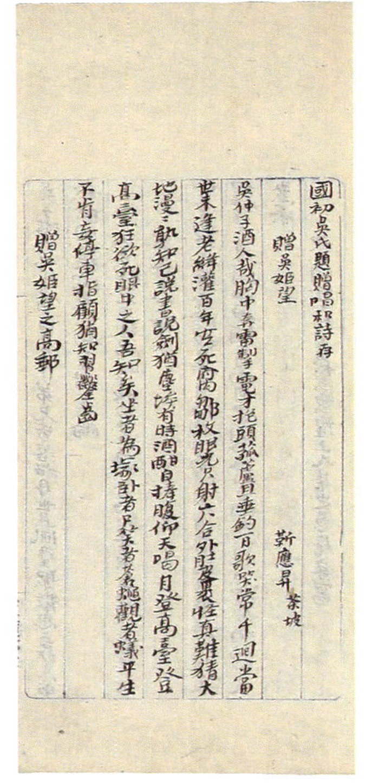

國初吳氏題贈唱和詩存

贈吳姫望　　靳應昇　茶坡

吳仲子酒人哉胸中[illegible]雷掣電才[illegible]頭[illegible]且垂釣日歌哭常千迴當世未逢老[illegible]百年[illegible]杖眼光只射六合外[illegible]真難猜大地漫漫孰知己説書説劍猶塵埃有時酒酣自拊腹仰天唱月登高臺登高臺狂欲死眼中之人吾知矣[illegible]

不肯[illegible]

贈吳姫望之高郵

黄海长《吴氏诗稿》

职，于师道、臣道可谓兼备。今值临雍，眷怀旧学，加太子太保。子汪报原，以员外郎即补用，示崇儒重道之意。”同样是徽州汪氏盐商家族，绩溪县的汪汲、汪椿爷孙俩是淮安著名的藏书家，善读。汪汲原居淮安城西北的清河县（今淮安市清江浦区），移居河下后，开始大量藏书。至其孙汪椿时，已藏有各类书卷10余万册。汪椿还是汪廷珍的学生，他还是清代著名的天文历法学家，著述很多。

两江总督黄廷桂五世孙黄海长本为汉军镶红旗人，也并非盐商，但因其曾担任两淮都转盐运使司泰州分司富安盐场大使，与盐商走动密切。黄海长随其兄黄海安来淮，居于河下打铜巷内。他平生爱书成癖，乐于交友，为人聪慧，且读书过目不忘。上百卷书三五天就能读完，诗文也写得很好。任职期间，曾捐俸兴建棠阴书院，培养后生。定居淮安后，他的藏书处因墙临淮安文士杨鼎来梧竹山房前院，便借景取名“借竹宧”，有各类藏书8万余卷。也正因他不断斥资购书，用空家产，又不寻经济来源，生活随之越来越困难，最后形成缺钱就卖书，有钱再买书的尴尬局面。不过，虽说生活也仅仅是维持，但也落得个潇洒。但凡黄海长经手之书籍，均有著录，成《借竹宧藏书题跋记》。近代淮安学者段朝端曾说，黄海长的藏书虽已不存，但有《藏书记》留存，“随手札记，得书年月，访书之缘起，及当时交游之迹，书中要旨，书外轶事，一展卷而毕具焉，盖其一生精力所草。”他还感慨道：“予谓借书还书为痴，即藏书亦一痴也。岂若君之自我得之，自我失之，撷其菁华，资为论著，以饷后人。公同好，虽散而俨若未散，且较胜于徒聚而不散者耶。”

淮安热衷于读书交友的盐商子弟不胜枚举，是盐商重儒的重要表现之一。家中“读书好营商好效好便好，创业难守成难知难不难”楹联经常见到，“有朋自远方来，不亦乐乎！”这句耳熟能详的名句，也成为盐商读书、经商的座右铭。他们在读书中领悟商道，又在交友中完善经营，还一并使得淮安刻书业兴旺发达。如出生于盐商家族的近代著名编辑出版家王锡祺，就刻印了大量文化书籍。文人作品不断被刊刻，就意味着为当地保留了大量文学创作的时代资料，这对后世文化发展影响巨大，也成为当下研究盐商文化生活与古代淮安文化发展的重要史料。

第二节 诗文雅集

雅集是古代文人雅士以吟咏诗文、议论学问而专门举行的聚会，无一例外都是以创作诗文为主，兼顾联络感情。淮安盐商子弟程元吉在《即事》诗中云：“满院秋声难落日，一庭黄叶聚诗人。”说的就是这种场景。文人雅集不但能催生大量文学作品，把酒言欢的同时，还能调节日常枯燥无味的生活，同时也减轻了生意场上的种种压力。

曲江楼雅集。曲江楼是淮安地方名士、进士张新标依绿园中的一景，建于清代顺治年间。这里曾举行过清初全国最负盛名且规模最大的诗文游宴聚会，是淮安著名文学社团——望社的主要活动地。依绿园从建成那天起，张新标爱读书，乐交际的性格，就引来了不少文

徽州盐商家中常见楹联

张新标题扇面

识文：空山新雨后，
天气晚来秋。
明月松间照，
清泉石上流。
竹喧归浣女，
莲动下渔舟。
随意春芳歇，
王孙自可留。
似又唯老表兄，
弟新标。

钤印：绎思
张新标印
鞠存

人墨客前来诗酒唱和，曲江楼也随之成为文人聚会的绝佳场所。被誉为“浙东四大史家”之一的查继佐、学者周亮工、“后雪苑六子”之一的宋荦等人就曾常住于此。诗文家阎尔梅在《白耷山人年谱》中载：“壬寅，康熙元年春，自吴门游云间太仓，七月渡江至扬州，九月至淮安，故交若阎再彭、吴姬望、张鞠存之流毕会于是。山人年六十矣。”他还有诗云：“归来万里谁相识，竹巷南头此故人。”“菜圃花楼共水阴，初晴天气嘉高吟。但将鱼蟹逢秋醉，休问山人不死心。”以劝慰当时张新标官场不顺之心情。

康熙三年（1664）中秋之夜，张新标在依绿园中举行了那次名震全国的诗文雅集。他“尝大会海内名宿于此”，汇全国百余名文人学者聚集曲江楼，开启了河下历史上第一个文化辉煌时期。这些文人在聚会中交流，在饮酒中创作，为淮安留下了大量诗文作品。吴玉搢在《山阳志遗》中记载，学者毛奇龄“避难来淮阴（注：今淮安市淮安区），改姓名为王彦，字士方，匿迹天宁寺。刘勃安先生与订交，引所知相往还，遂遍与淮安诸名宿相友善。某年八月十五中秋夜，张氏遍集寓淮之江南北诸名士，张灯水亭，设伎作诸色爨弄，而爇星盘火树于洲渚间。查继佐孝廉并辔张吏部曲江楼观百戏，酒再巡，清歌间作，丝竹幼眇。毛先生得与盛会，当场挥毫，写下洋洋洒洒的《明河篇》。诗成，争相传写”。

几十年后，盐商程用昌从张氏手中购得依绿园，成为这座园子的第二任主人。而曲江楼风雅如故，诗文屡见。他的孙子程钟在《淮雨丛谈》中说：“先高王父克庵公有别业在萧湖之滨，名依绿园。花晨月夕，尝与一时名流燕集于此，克庵公诗集中题咏及依绿园者，不下数十首。又黄山毕氏《大颠诗钞》内，有《春日同罗在郊、方涑水游程克庵依绿园》，用工部韵十首，备述园中胜概。总之，主人虽易姓，雅客仍常来。”程用昌是个风雅之人，段朝端在《淮人书目小传》中又载：“克庵业盐筴，居于淮。喜为诗，清警真朴，古体尤高。陈沧洲为选订其集。”该园后由程用昌唯一在淮安的三子程光奎继承，但因其涉科场案被判绞刑，其妻戴氏于北京四处打点求人，又拦康熙御驾嚎哭寻求代死，程光奎终获捐赎免罪。为此付出的巨大代价，可能就是将该园和粉章巷住宅卖掉的直接原因。依绿园的第三任主人是程埈，虽同为歙县程氏同族，但血缘关系相距较远。此次转让后，依绿园被程埈更名为“柳衣园”。清代学者李莘樵在《河下园亭记》中亦有记载：“依绿园，张鞠存吏部、毅文检讨乔梓别业也……后为程眷谷先生埈易名柳衣园。”程埈本非文人出生，又

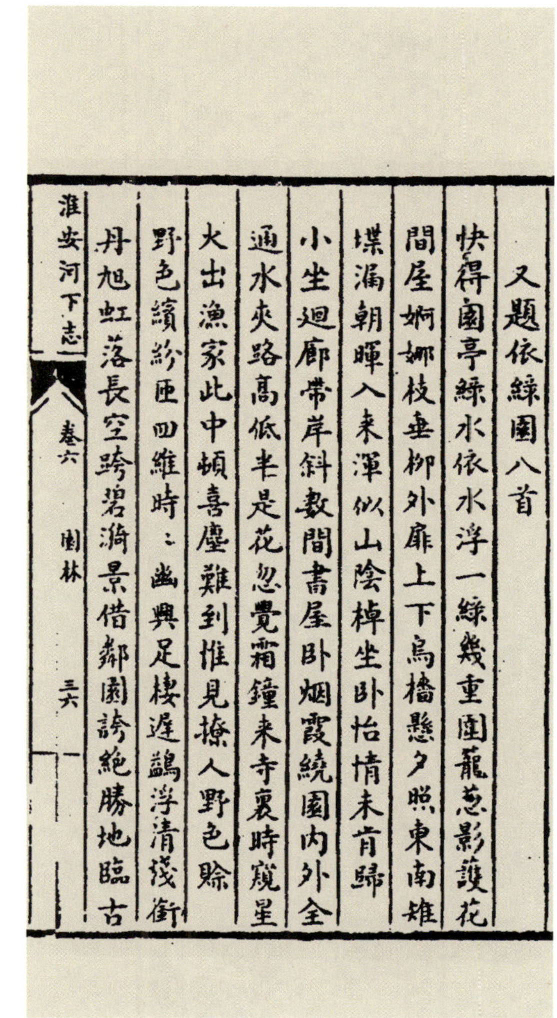

又題依綠園八首
快得園亭綠水依水浮一綠幾重園瓏葱影護花
間屋婀娜枝垂柳外扉上下烏檣懸夕照東南雉
堞漏朝暉入來渾似山陰棹坐卧怡情未肯歸
小坐迴廊帶岸斜數間書屋卧烟霞繞園内外全
通水夾路高低半是花忽覺霜鐘來寺裏時窺星
火出漁家此中頓喜塵難到惟見撩人野色賒
野色繽紛匝四維時時幽興足棲遲鷗浮清淺銜
丹旭虹落長空跨碧漪景借鄰園誇絶勝地臨古

淮安河下志 卷六 園林 三六

王觐宸《淮安河下志》中的依绿园诗

该志见有两种版本。一是《河下志》十四卷首一卷，1909年稿本，13册；二是《淮安河下志》十六卷，抄本，16册，是记述淮安河下地方情况的史志。

边寿民《芦雁图》

题识：板桥一曲水通村，岸阔沙平绿有痕。
我画雁鸿求粉本，苇间老屋日开门。
丙寅立秋后十日，毅圃学长兄先生清鉴。
绰绰老人边寿民并题。

钤印：颐公
寿民

忙于经商，便无心涉及文学创作事宜。他的弟弟程垲、程嗣立却是名副其实的大文人，也继承了曲江楼的雅集传统，经常在此大搞文人聚会。李莘樵在《山阳河下园亭记》中还记载了其中一次雅集："聚大江南北耆宿之士，会文其中。以金坛王罕皆、耘渠两先生，长洲沈归愚先生主坛席。""金坛王罕皆"即指清初儒学大家王步青；"耘渠"即为清初学者、通江县知县王汝骧，均为当时著名的文艺评论家。"沈归愚"即沈德潜，官至内阁学士、礼部尚书、太子太傅，也是乾隆时期著名的学者、词臣。此次雅集，有《曲江楼会课》刊行于世。而常出入园中参与曲江楼雅集之周振采、王家贲、刘培元、刘培风、邱谨、邱重慕、吴宁谔、边寿民、程嗣立、戴大纯等10人被广为称颂，人称"曲江十子"，常作八股文相互切磋，并刊行成《曲江楼稿》，广受各地士子追捧。

乾隆以后，该园又被几度转手。曾经兴盛的曲江楼文学活动，也随之一去不复返。

晚甘园雅集。晚甘园是盐商程茂的一处园林，位于淮安城北萧湖之滨。清代学者李斗在《扬州画舫录》中记载程茂工诗，"为文简洁雄浑，作诗意境深远。"有《吟晖楼遗文》《晚甘园诗》等著作。他曾大量刊刻名家作品，如

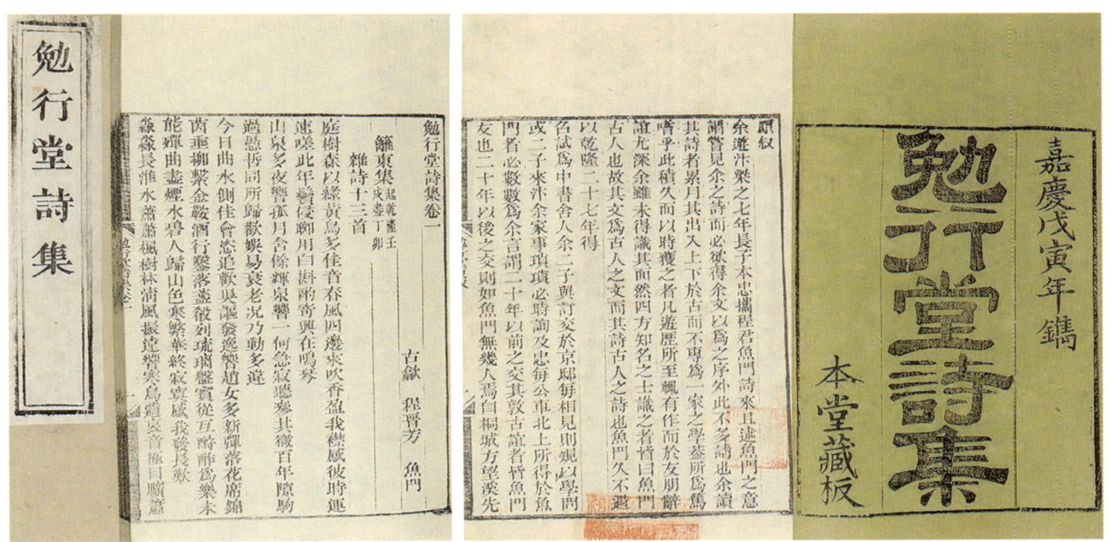

清初学者王源评订的《公羊传》《谷梁传》《公谷合刊》等。晚甘园有详细文字记载的雅集有两次，均见于程沆的诗中。其一是《仲秋鱼门、述先招集晚甘园，即席次李情田韵》诗2首，时间未知。此次雅集召集人为“鱼门”程晋芳和他的三弟“述先”程志铭；其二是《壬戌正月二十八日，吟晖叔招同人集晚甘园，分体得七古一首》，即乾隆七年（1742），召集人就是晚甘园的主人程茂。该诗以“春风不上赵嘏楼，美酒不到刘伶土”两个淮安历史上著名的遗迹开头（即河下赵嘏楼、城东刘伶墓），之后以诗句一一对应，分别提到参加此次雅集的湖南冯方南、丁澹筠，北京钟溪堂，江宁（今南京市）刘灵一，会稽（今浙江省绍兴市）杨孙符，秀水蒋德等人，与王素修、周振采、边寿民、邱浩亭、周龙官以及程茂、程晋芳等淮安10多位文人共聚，“临流长啸发高咏，鸟为歌唱松为舞”，吟诗作对，切磋文学，最后都喝得酩酊大醉。边寿民还作《买陂塘》词，以“流觞刻羽，永和风韵”之句，将此次文聚比作东晋时期的兰亭雅集。

晚甘园中文人零散来访或小型文聚常见。如乾隆二十年（1755），浙江诗人王又曾途径淮安，与程茂、程晋芳会于

程晋芳《勉行堂诗集》

出生淮安的徽州盐商子弟程晋芳，一生好儒，尤工诗文。早年家境优越，生活奢靡，中晚年渐至贫困。其青壮年时期所作诗歌后由邓廷桢联合友朋共同捐资刊刻，成《勉行堂诗集》。程晋芳诗歌“善学古人，无体不备”；诗风“戛戛独造”，自成一家；内容驳杂“而不觉其肆”。或写景咏物，或抒发性灵，或感怀亲朋，或慨叹人生。为求仕宦，他也创作一些歌功颂德的进御诗，凡生活游历皆为其创作源泉。

兰亭雅集（佚名款图）——晚甘园雅集模本

园中。河道总督陈鹏年外甥彭廷梅在此与程茂相会后，作《春日程九蕁江招游餐胜楼、晚甘园及萧圃珠湖诸胜》诗；沈德潜也有《访程蕁江于晚甘园，蕁江季父风衣、周白民、边颐公，业庸谨、砥澜亦至，日暮言别》诗；黄达有《晚甘园》《晚甘园看红叶泛舟而归》等诗。袁枚来此园后，亦作《到淮宿程氏晚甘园》等诗，其《到淮游程蕁江晚甘园作》诗云："淮水能招隐，江风送我来。故人今夕会，丛桂小山开。"等等。

乾隆二十七年（1762）程茂去世后，晚甘园随之衰落。

寓园雅集。寓园是程埈之孙程易的一处园子，他是淮安程氏盐商中的后起之秀，被称为"禺策中之铮铮者"。他曾在两浙盐务官场上任职，往来于各盐官、盐商之间，还一度做到两淮盐务总商的位置，与漕运总督铁保、江南河道总督徐端等高官交往密切。与王勋辉、王绳武、徐振甲、薛怀并称"五老"。

乾隆四十年（1775）夏，淮北监掣同知张永贵暂住于寓园。此人爱好诗文，借着这住在寓园中的机会，便联络了淮安当地一些达官贵人和文人墨客，开始了一段以诗文饮酒作乐为主题的文人消夏聚会。张永贵官阶本不高，仅为正五品官职。但因实权在手，关系圈中自然多出了一些高出他官阶许多的官员身影。正如他主办的这次寓园雅集，赏脸前来的淮安地方官员士绅，有正三品官职的淮安钞关税务监督伊龄阿、总督漕运部院军门城守营参将任承恩，正四品官职的淮安府知府郑基等等。其他参加诗会文人，还有江南河道总督吴嗣爵之子吴敬，工诗，后官至吏部尚书；淮安府学原教授史震林，此时他已辞去官职，专职在柳衣园中教授程氏盐商子弟读书；候补盐运使汪廷机，期间协助程易总管盐岸事务；绩溪县原知县毕怀图，工诗，善画梅，精书法；一代文宗阮元舅父林开，善吟咏、工书法；张永贵的幕友杨文炳，日常协助其办理盐务；画家王松，精音律，善抚琴，尤工写兰竹；河下湛真寺和尚释宗钦，工诗，善画山水，善吹洞萧。其他还有如海州分司姚思康、刘庄盐场大使凌世昌、山阳县诸生曹树菜以及储邦庆、胡旭、陈襄、李心祖、韦协梦、康思曾、于时泰、熊兆理等各地文人一同参与。此次聚会，程氏子弟有程沆、程洵、程元吉等人参加。因程易当时未在家中，他的儿子程菊生便代为应酬。

清代四大书法家之一、漕运总督铁保画像

董鄂·铁保（1752—1824），字冶亭，号梅庵，满洲正黄旗人。他是清代著名书法家，与成亲王永瑆、刘墉、翁方纲并称为“清代四大书法家”，历任漕运总督、两江总督等官职。铁保早年学馆阁体，后学颜真卿。贬谪后，居于吉林，但仍勤于临摹古法帖，并引起眼病。铁保优于文学，长于书法，词翰并美，有《惟清斋法帖》等作，收录了其大量书法作品。

此次雅集因由张永贵组织，他便领头先作七律《乙未夏五，暂憩程吾庐副使寓园》4首。之后，大家纷纷开始创作。六月十五，张永贵与程沆、程洵等人纳凉看戏后，又作七律8首，掀起了雅集的第二个高潮。张永贵为附和杜甫《陪郑广文游何将军山林》诗10首及

寓园雅集集成

此次寓园雅集的所有文学创作成果，最终集结成《寓园赠答诗钞》一书，并有《寓园唱和图》随之流传于世。

《秋兴》8首之意境，以《用工部游何将军山韵》为题，让各位文友纷纷作诗。最终，共创作诗篇200余首，并集结成《寓园赠答诗钞》。程沆为该书作序，其中写道："歌成酒后，爱听鹧鸪；吟到□□，羞惊蛱蜨。闭门觅句，有酿蕊成蜜之功；分道扬镳，悉探骊得珠之巧。澄云澹雨，则碧玉徐歌；绿酒青镫，则小红低唱。佳句偶书，团扇标致，欲上屏风。倩龙眠补西园之图，待裴迪和辋川之咏。一时玳簪珠履，竞吐风华，绿水红莲，争舒丽藻。临石壁以抒景，非无康乐之诗；对枯树以兴怀，亦有兰成之赋。莫不□严韉靮蹑，高唱于侎文；竞建鼓旌，接余波于希范。爰乃汇彼珪璋，珍同琬琰，错综付梓，次第成编。"画家王松则绘《寓园唱和图》附于书前，让今人可以得见当时寓园之文风盛景。

荻庄修禊。荻庄是盐商程鉴的一处产业，初名"白华溪曲"，在其子程沆扩园置景后，改名为"荻庄"。这里山水萦绕，厅榭精美，花木繁茂。大书法家，漕运总督铁保、王梦龄等文人题词比比皆是。乾隆皇帝第六次南巡时，荻庄曾选作行宫打造，名声大噪。后因乾隆皇帝从安全角度考虑，选择驻跸于平桥大营，荻庄行宫就此作罢。

荻庄曾于嘉庆七年（1802）举行过一次独特的雅集，但召集者却是寓园的主人程易。此次雅集仅有5人参加，但非常著名，被称为“五老会”。除程易75岁高龄外，官至翰林院检讨的安徽含山人王勋辉，时年93岁；官至翰林院待诏的山西临汾人王绳武，时年87岁；官至清河县知县，江南河道总督徐端父亲、浙江德清人徐振甲，时年74岁；以及边寿民外甥薛怀，工画，时年85岁。漕运总督铁保还专门为此雅集书刻“五老燕集处”石碑，并请书法家王澍篆额，嵌于荻庄“虚游”之壁。之后，引得盐商聚集的河下一地老年文人纷纷效仿。盐商程光奎之孙程韶凤（嗣孙）就曾组织过一次类似聚会，他与王一新、张晋之、潘琴侪、李莘樵4人一同，被称为“后五老”，聚会也被称为“后五老会”。清末之时，山阳县丞、北京大兴人解世纯退休后定居河下，善画、好客，家中座上客常满，与龚淦青、许宜斋、李云庚等文人多有交往。晚年又与程钟、窦菉亭、吉云峰、刘梅江交好，并连同自己，绘《五老图》，挂于家

佚名《五老图》

该图为我国古代画家喜闻乐见的一种绘画题材，人物通常仙风道骨，意境高远，方显画家之大气儒雅。

朱纻《牧牛图》

中，以此附庸风雅。

荻庄在乾嘉时期名气很大，常有文人在此模仿兰亭修禊胜事，参与过的文人多作图文记载其事。如程元吉于嘉庆二十五年（1820）修葺荻庄，自己就绘有《梦游荻庄图》；河下画家黄粲亦绘有《荻庄后图》。画家盛大士在《蕴素阁诗续集》中，就记载了荻庄的一次修禊胜事，即道光二年（1822）三月十五日，邱广业、黄以炳二人，同约朱纻、卢涌、潘德舆等画家、学者补禊于荻庄绘声阁。事后，盛大士夜陪朱纻乘舟而归，途中得诗二首，记录了当时荻庄修禊之事："禊事过十日，尚余半月春。宾朋一樽酒，俯仰百年身。老树园亭古，石泉风味新。别饶闲旷意，鱼鸟亦亲人。""绕屋云岚气，幽栖爱地偏。草根青过雨，柳眼绿烟烟。流水足觞咏，禽声亦管弦。晚承南郭叟，归泛钓鱼船。"邱广业作有《荻庄补禊和盛子履韵》："无心寻曲水，有约践残春。地僻宜高会，天闲寄此身。客逢青眼少，交缔白头新。今日幽情叙，尊前得几人。""醉面迎风笑，东来柳受偏。相看无芥蒂，过此即云烟。待补诗中画，重聆海上弦。斜阳人散后，倚槛望归船。"他还自注道："盛子履纪之以诗，少霞嘱和，并嘱南郭翁绘之。"即不但要有人作诗作文，还要将场景绘出记录。黄钧宰在《金壶浪墨》之《荻庄补禊》一文中，对此次活动还有一些独特的补充："尝以三月十三日，偕太仓盛子履广文、同邑朱亦侨、卢蓉湖及潘四农先生，补禊于城北之荻庄。时隔岸柳衣园，有群少携妓喧饮，管弦嘈杂。而公等行吟水次，前喁后于，一咏一觞，雅俗迥别，见者以为神仙中人。”这篇文章从侧面反映了当时淮安盐商子弟风雅生活之外艳俗生活的一面，也是盐商奢靡生活的一个真实记录。

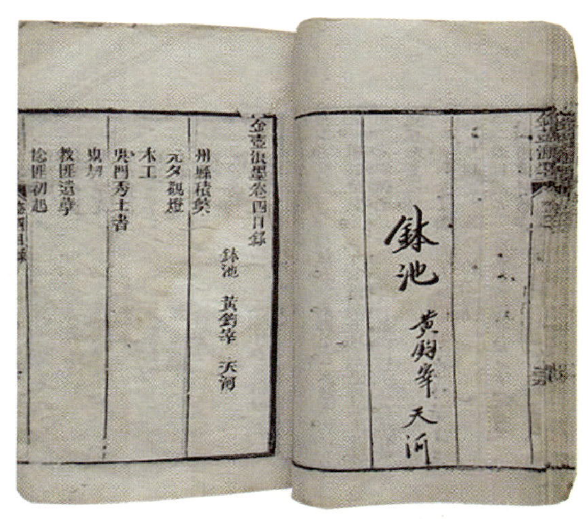

黄钧宰《金壶浪墨》

第三节　寄情书画

书画创作是盐商文化生活中一个重要组成部分，他们在具备一定文化素质的同时，通常在书画创作方面也有一定的功底。有的是为生活消遣而写字画画的，更有善书、善画者，在画坛取得了一定成就。如杜首昌、程嗣立、黄粲、程銮、程钟以及王锡智、王鸿翔父子等等，都是盐商家族中著名的书画家。

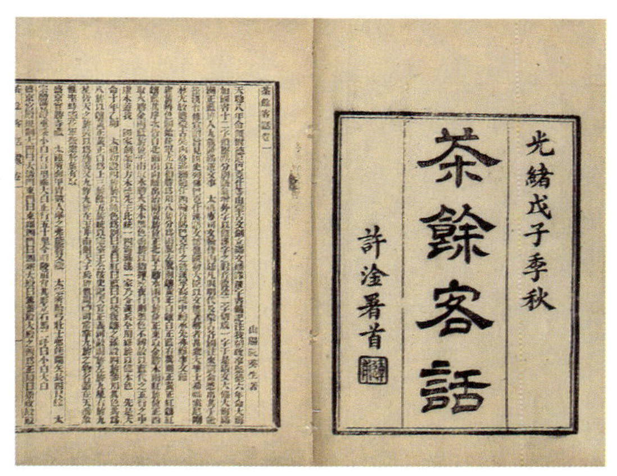

阮葵生《茶余客话》

清代学者阮葵生《茶余客话》中说：“杜湘草工书法诗词，家于西湖嘴，辟绾秀园，水石花木之胜，甲于一郡。”这杜湘草即指明末清初山西盐商杜光绍之子杜首昌，善行书及草书，是当时淮安盐商中红极一时的文人才子。清代淮安田园诗人、学者吴进曾从其舅舅家中见到杜首昌手写古文两大册，爱不释手，便“乞求得之”。回家后，更是废寝忘食，反复阅之。他在《书杜湘草手书古文卷后》中写道：“此湘草杜先生字也，书法之工，久称江右。是卷选辑评点亦佳，尔善读之，岂徒重杜先生书法已哉。”杜首昌还钟情写意画，

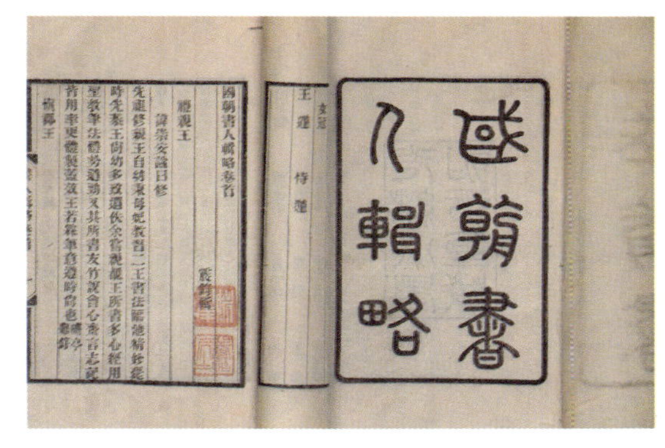

震钧《国朝书人辑略》

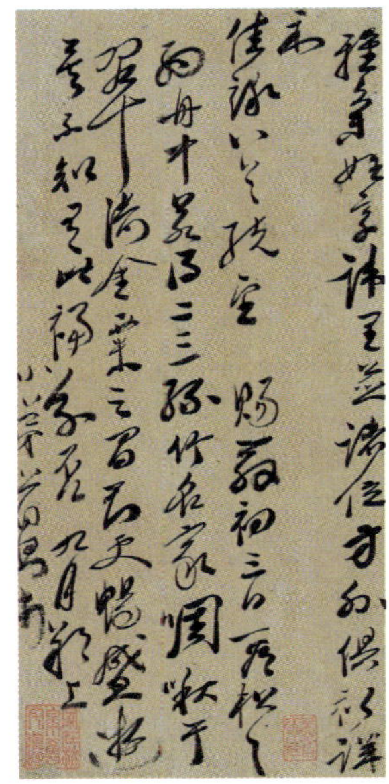

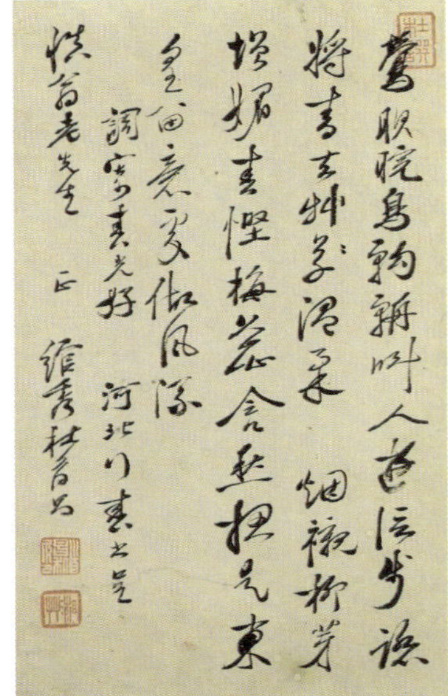

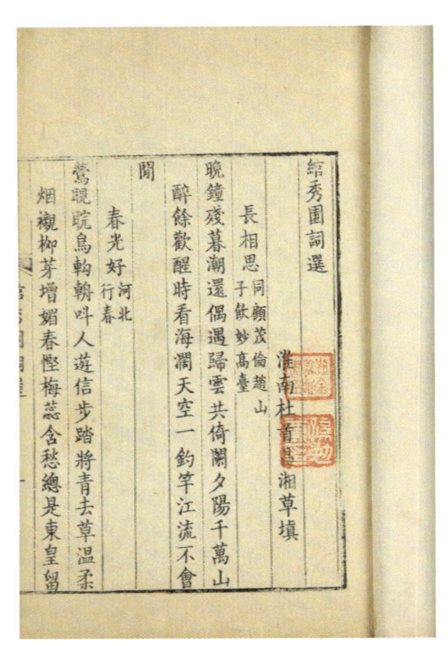

縮秀園詞選

淮南杜首昌湘草填

長相思 同顧茂倫趙山子飲妙高臺

晚鐘殘暮潮還偶遇歸雲共倚闌夕陽千萬山

醉餘歡醒時看海濶天空一釣竿江流不會

閒

春光好 河北行春

鶯睍睆鳥軥輈呌人遊信步踏將青去草温柔

烟襯柳芽增媚春慳梅蕊含愁總是東皇留

杜首昌书法及诗词集

杜首昌是明末清初著名书法家，在当时以善草、能诗闻名，是淮安晋商后代中的文化佼佼者。

今藏于故宫博物院的清人画作《娱目赏心》册页中，有他草书题跋一篇，书法狂放不拘、飞扬飘逸，颇有行云流水之势。

程嗣立较杜首昌要晚，“善书能山水”是他的文化符号。他“工行草书，善元四家画，征歌、切脉、勾股、遁甲，无不精到”。程嗣立曾在明末清初画家王时敏的《仿黄鹤山樵笔意图》中题过一个跋，后人在欣赏他书法棱角分明、结体遒劲的同时，还读到他一则关于热爱书画，但君子不夺人所爱的优雅故事。《仿黄鹤山樵笔意》原是王时敏家藏，长期存于其八子王掞家中。王掞官至文渊阁大学士，因在康熙六十年（1721）请旨重立太子胤礽，卷入“九王夺嫡案”，被罢去官职。随后，他父亲所绘的《仿黄鹤山樵笔意图》便从家中流出，被当时一位金石书画收藏家杨绳祖购得，并奉为珍宝，先后邀请好友、书法家王澍，藏书家汪士鋐，王世琛等观赏并题跋。数年之后，杨绳祖前往山西为官，此画不知为何流散到淮安市面，并被他的好友程嗣立偶然看到并购得。程嗣立遂于画中题跋：“己酉十二月六日，偶行城东市上，忽见此轴，乃吾友晴霞物也。时晴霞远宦山右，不知此轴何以流落人间，因急购归藏之，不欲使吾友失

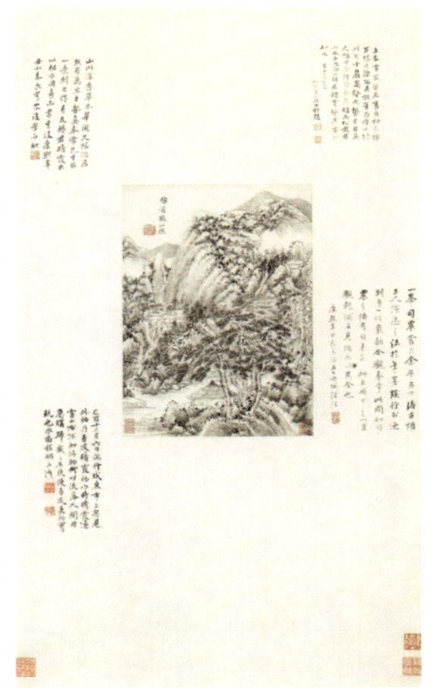

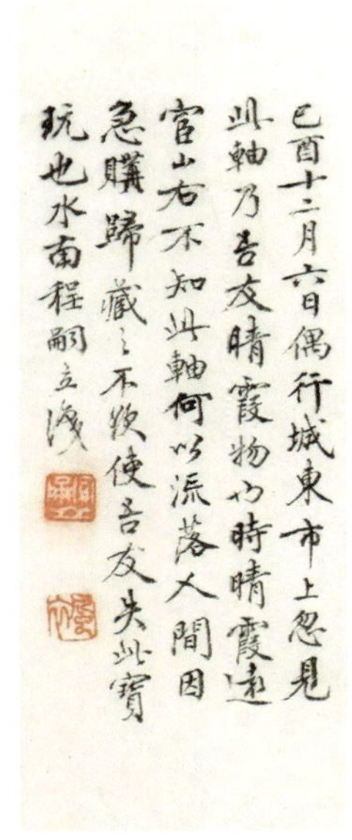

王时敏画作及题跋

本件作品收录于《中国绘画总合图录·续编》第一卷。王时敏本名王赞虞，苏州太仓人，大学士王锡爵之孙，翰林编修王衡之子。明末清初著名画家，与王鉴、王翚、王原祁并称“四王”。入清后，外加恽寿平、吴历，合称“清六家”。

此宝玩也。”字里行间，可见当时杨绳祖视此画为珍宝，而程嗣立也择机将该画物归原主。晚年之后，他“戴黄冠，挥玉麈，弃一切如嚏唾。惟生平翰墨缘，芟除未尽，或吟小诗，或据案作山水，以破岑寂”。时向他求书求画者众多，但他对求书画者有个要求，即“人或求其书，则以画应；求画则以书应；求书画诗，则与庄坐讲《毛诗》《庄子》数则。其率意未可拘若是。”或许，这就是文人雅士的一种作风吧。

黄粲是清代著名书画家，他的山水画作在中国美术史上评价甚高，并被载入《中国绘画史》一书。黄氏原籍休宁县，世代在淮业盐。但黄粲对盐业并没有太大兴趣，只钟情于诗词绘画，并将这项爱好当成自己毕生的“主业”。因为崇拜苏轼，便引其“家住江南黄叶村”诗句给自己取字叶村，人称黄叶村，又自署叶邦。同治《重修山阳县志》中记载他：“性简淡寡营，工山水，有名于时。”民国《淮安河下志》中则记载黄粲热爱书画可能是受到了家庭的影响，“兄景韩（杰）、弟灼亭（炯）俱善画，先生画尤精。”又称其“少从吴子野先生游，又深得程蔼人太史家所藏名人画，深思力学，遂成名手。周止庵师称其聪慧过人，作画

黄粲《苍山涓流图》及《山水图》

赠之”。直至“自禺策变后，家业荡然，资田为养，益肆力于丹青，晚年逾臻妙境”。黄粲的山水画作多以写意水墨为主，浅绛山水为辅。峰峦雄厚，气势劲强，笔法灵活，人屋皆质，意境深远，韵味幽足，时人将他比作继石涛之后又一位山水大家。黄粲作品风格可分为三个时期，即青年时代的摹古风韵，中年以后的突破创新，老年之后的成熟苍劲。清代学者鲁一同在黄粲《退一步轩诗存》序言中回忆道：“余初至袁浦，见壁上所画淡墨山水，风神冶秀。因慕黄君叶村之为人，而未识也。后二年见之于郡城。为人高雅简淡，不苟为颦笑，间出所作水墨画示余，生气远出所题诗句，大都为不经意之作，而词旨深婉，与世迥深。”黄粲画作存世丰富，如《深山隐銮居图》《秋山参禅图》《桃花源文意图》《山中坐禅图》《苍松古崖图》《苍山涓流图》《溪亭清景图》《幽山苍幽图》《茅亭论道图》等等，都是他的精品之作。今江苏省内大部分博物馆，都有其作品收藏。除绘画之外，他还精于鉴赏，有《读画随笔》《叶村画论》等画论著作。

由于盐商生活富足，就对生活方式、情感表达以及审美特点有了更高层次的追求。他们强调个性发挥，注重雅兴抒发，不拘束、不拘泥。他们在淮安修建大量优雅园林的同时，也为自己创造了一个个陶冶情操的乐土，一并成就了他们交流书画、切磋技艺的理想之地。所以，盐商所交之友，不少也是能书善画之人。如边寿民虽非盐商，但却是盐商所组织雅集中"曲江十子"一员。不但活动于淮安，还长期来往于扬州之间，是淮安画坛中的佼佼者，更是"扬州八怪"画派中的核心成员。他善画花鸟、蔬果和山水，尤以画芦雁驰名江淮，有"边芦雁"之称；程銮既是盐商，还当过三品道台，更是两淮盐务总商。虽说公务繁忙，但仍好学工诗，兼善画梅，"时与吕犹龙、高其佩画称三绝"；程世烺，尤擅人物花鸟，段朝端在《半人琐记》中载其："家园芍药，开金带围，云卿自为之图，当时题咏甚夥，至今藏于家。"他的曾孙程云鹤，同样善作山水；程锁，工画精书，喜为诗，拈韵立就；程韶风，工山水。他的儿子即程钟，《半人琐记》中称其"亦能泼墨写米家山水。尝辑古今画家而寿

边寿民"博古四条屏"画作

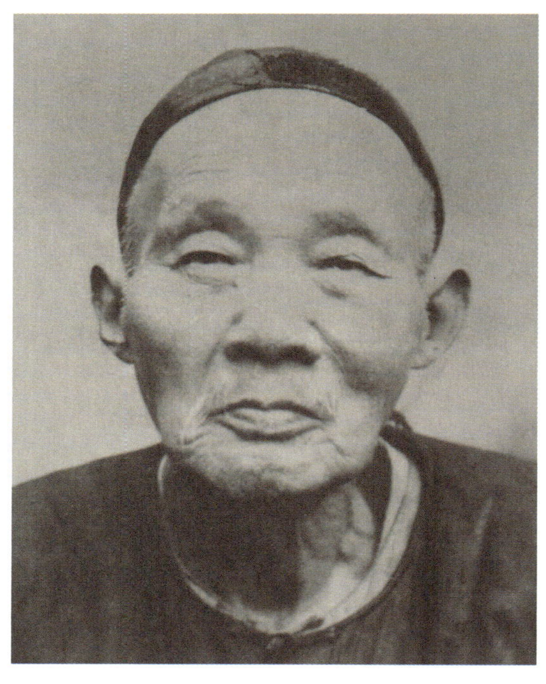

清末民初淮安学者段朝端像

部分清代淮安书画史籍

由上至下分别为：罗振镛《画录识余》、罗振镛《画语》、盛大士《溪山卧游录》（在淮完成）、段朝端《三洲画史》。今藏于淮安市淮安区图书馆。

者，为《烟云供养录》以娱亲意”；王锡智为王锡祺堂兄，段朝端在《三洲画史》中称他：“精绘事，花卉师十三峰草堂，捉刀恒乱其真。自题小诗，丰韵幽峭。”其子王澎，兼工山水。清代淮安学者王锡祺在《山阳诗征续编》中记载，王锡智、王澎父子虽在书画方面小有成就，但双双早逝。王锡智妻子许氏悲痛不已，便将家中这两代人所藏字画付之一炬，以释内心之苦；王鸿翔曾在光绪年间担任过翰林院编修，先祖由丹徒（今镇江市丹徒区）来淮业盐，其宅即原程氏寓园。辛亥革命以后，王鸿翔闭门隐居，以书画自娱。他的书法风格与苏轼相近，善画梅及设色花卉。晚年时，竟以书画维持生计。次子王亮宸“颇得乃父之家传，年十四即能书画。遇古今名迹，辄喜观摩，闭目凝思，摹其笔意”。如临摹陈洪绶、金农、江石如画本，神韵若现。后经淮安姚又巢、杨玉农两位画家指点，画名大噪，求画者“无虚日”，“能顷刻竟成巨幅，又能作擘窠大字，人多称为神技”。惜19岁时就因病去世，其兄王觐宸将其作品影印后成《蝯石山房书画册》，并由郑孝胥题写书名。

在清代淮安学者丁晏所著《柘塘脞录》中，还记载了淮安程氏盐商家中的两位女性画家。二人本为扬州姐妹，双双嫁入淮安程氏后成为妯娌。其姐郑

盐商画家程韶凤所绘扇面

蕙，“字茗仙，扬州儒宦女。工书画，善诗词。适涟水程氏，世居山阳。程本徽籍鹾商，折阅中落，郑卖画自给。后归母家。癸丑（注：1853）二月，广陵城破，陷围城中。自作日记，述艰危困瘁之状。六月末，自刭不死，又自尽遇救，乃绝粒而死，年四十二。其诗稿付姨子巴毓卿，余访之未能得也”。其妹郑苓，“程佩绅妻，与茗仙女史为姊妹行。工花卉，与茗仙亦相伯仲云”。这程佩绅即程捷，是程埈的裔孙。郑苓还善诗作，其孙女程莲芬继承其学，著有《旧红蚕馆诗存》等诗著。

清末民初画家姚又巢画像

姚又巢（1841—1922），名琛，浙江 杭州人，寄籍淮安。幼承家学，日事丹青，后从杭州名画家赵之琛。为人“持躬谨厚，处世和平”。画作用笔潇洒，傅色清雅，人称“画山水有萧疏淡雅之趣，花卉近恽寿平”。

第四节 聚古敛藏

受社会风气影响，盐商也同样具有文人嗜古之风，热衷古董字画收藏。明末徽商吴其贞道：“昔我徽之盛，莫如

无款《霜林白虎图》（王镇墓出土25幅字画之一）

殷善《钟馗图》（王镇墓出土25幅字画之二）

休、歙二县。而雅俗之分，在于古玩之有无，故不惜重值争而收入。时四方货玩者，闻风奔至；行商于外者，搜寻而归：因此时得甚多。其风开于汪司马兄弟，行于溪南吴氏丛睦坊，汪氏继之。余乡商山吴氏、休邑朱氏、居安黄氏、榆林程氏，以得皆为海内名器。”正如明末淮安盐商王镇，是今淮安人耳熟能详的大收藏家，在当时也很出名。他酷爱字画，倾其一生收藏。因“家益丰盛”，便一生不求仕途，唯“古今图画墨迹，最为心所钟爱，终日披览玩赏”，常常忘记吃饭。王镇对字画“尤善识其真伪”。每遇佳作，往往“不计价值”，必要求得。晚年“心愈好静”，终日浏览所藏字画，“好色之娱目，美味之悦口。”王镇去世后，他生前所藏25幅精选字画遂作陪葬，而身边再无其他重要物品。今墓葬被发掘后，出土的这25幅字画，均为国家一级文物，全国罕见。

杜九如是明代万历年间淮安盐商，一生独好古董收藏，“以钓奇为名高”。如董其昌家藏汉代玉章、刘海日家藏商代金鼎，都被出手阔绰的他囊获。他曾为购

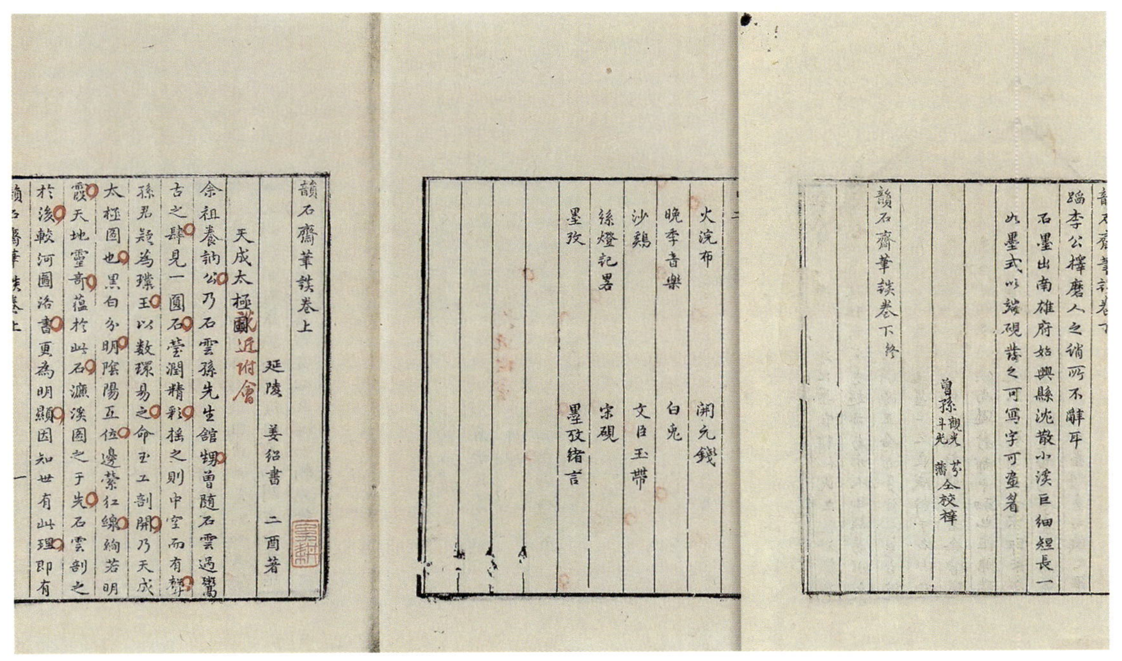

姜绍书《韵石斋笔谈》

得奇玩，给介绍人开出重金："得未曾有，如见帝青天宝，强纳千金，以二百金酬居间者。"这件轶事，被明末清初藏书家姜绍书写成《定窑鼎记》，收录在《韵石斋笔谈》一书中。时杜九如听闻常州大收藏家唐君俞家中藏有宋代定窑白色瓷鼎，"慕唐氏定炉形于寤寐"，便四处托人介绍，得以前往唐君俞家中饱览这件珍品尊荣。事实上，唐君俞并不想将自己的宝物示之于众，即便当时杜九如已稳坐自己家中。于是，他拿出好友周丹泉在景德镇为其仿制的赝品瓷鼎，漫不经心地交到了杜九如手中，"出赝鼎戏之"，任由他欣赏。谁料这杜九如仅仅是盐商有钱，专注于猎奇，只是"叶公之好"，而非收藏专业人士。在缺乏基本古董鉴定知识的情形下，杜九如紧抓瓷鼎不放，硬要唐君俞将其转让。唐君俞先是不理不睬，但在杜九如软磨硬泡之下，无奈只得将这件仿制品卖出。唐君俞为人忠厚，并非奸商，也从未做过欺诈之事，只是被杜九如纠缠得没有办法，才硬将这件假瓷卖出。事后未有几日，唐君俞便又托介绍人找到杜九如家中，将该事原委一一道来，并表示要退回钱财，拿回仿品。谁料这杜九如竟然不信，直接就将介绍人回绝。不得已之下，唐君俞只得带着真品前来淮安，当着杜九如的面给他做对比。见到真品，杜九如又如获至宝，当即要买下。唐君俞此时就比较被动，为保声誉，无奈又将真品卖出。如

此一来，唐君俞一真一仿两件定窑白色瓷鼎，都成为杜九如的收藏。数年之后，杜九如去世，他的藏品随之传给了他的儿子杜生之。但他对收藏并无兴趣，专业知识就更无从谈起。当时杜家附近有一个古董商人王廷吾，知道杜生之家藏此鼎，便设计与其交友，以骗其物。那段时期，王廷吾整日带着杜生之吃喝嫖赌，逛花街柳巷。时间长了，杜生之就会拿出他父亲的珍藏来一同挥霍。如此，杜九如曾经的藏品就一件又一件地流入王廷吾手中。而得手后的那件宋代定窑白色瓷鼎，王廷吾假称价值万金，欲售徐六岳，但因其厌恶王廷吾性恶，便拒绝买入，王廷吾只好转售他人。

程晋芳是盐商中爱读书、爱学习的典范，他喜爱藏书在淮安远近闻名。他也十分热衷古董收藏，且还精于鉴赏，在当时淮安文化圈中积累了一定的名气。他

曾在乾隆十六年（1751）作《洛神图》《李伯时画郭汾阳免胄图》《父庚觚》《太白罇》《诸葛甑》等几首诗，以抒发自己对这几幅精品画作的赞叹之情。《洛神图》取曹植《洛神赋》词意而作，历代绘制此图者众多，如东晋顾恺之、元代卫九鼎等等，以顾恺之《洛神赋图》最为著名。清代宫廷画师丁观鹏还曾绘《摹顾恺之洛神图卷》，成为摹古创新的最佳范例。程晋芳所见之画作，应为文征明作品，其诗云：“衡山作画如作书，细心密缕游于虚。神光离合乍入手，后有作者安能如。”《李伯时画郭汾阳免胄图》即指《郭子仪单骑见回纥图》，又称《免胄图》，为宋代画家李公麟作

《洛神赋图卷》

该《洛神赋图卷》为故宫博物院所藏，不书《洛神赋》文，无名款。从画法、绢、色等方面研究，当为宋人摹本，但画风仍存六朝遗韵，其原本传为顾恺之所作。

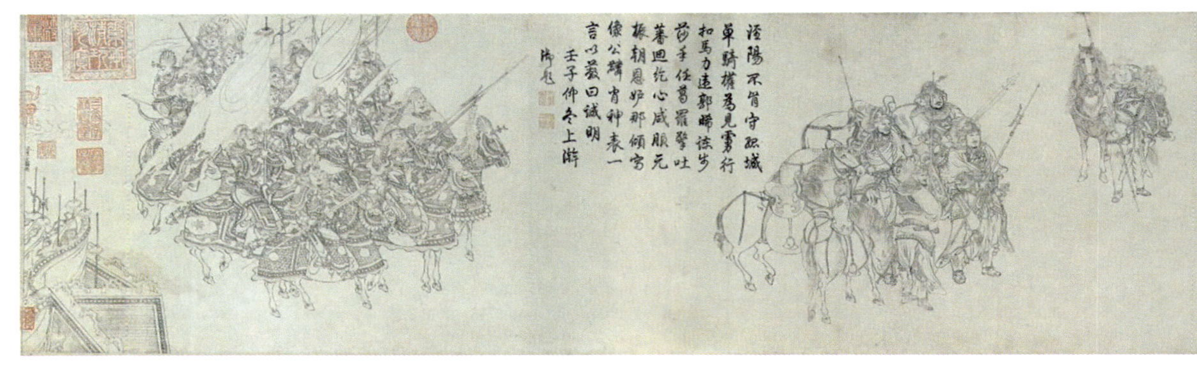

李公麟《免胄图》

《免胄图》是北宋李公麟所绘纸本墨笔白描画，现藏台北故宫博物院。该图描写唐代名将郭子仪泾阳免胄（不穿甲胄），只身单骑与回纥可汗相见的场面。为了和回纥团结，郭子仪单身便服，沉着大方，回纥可汗及其将领们，则心悦诚服地与郭子仪匐伏相见，表现出郭子仪的胆识与诚恳。画中人物、盔甲样式，均为当时规制，形象生动，结构精密，画马亦腾跃如生。此画为中国历史故事画，其绘画艺术技巧精湛。

品。程晋芳诗云："龙眠妙手工追摹，霜风棱棱杀气粗……白描妙手能得真，令公气宇霏阳春。"除了懂鉴赏字画之外，他还有不少文玩精品。如他收藏的父庚觚，为商代青铜酒器，因上铸"父庚"二字铭文，得名"父庚觚"。程晋芳亦有诗云："商人敬鬼恶不祥，制器立象殊精良。雷纹震叠百物惧，饕餮森列群邪藏。尊彝罍甒觯爵觞，因时备用各有常。觚戒德孤寓深意，如置监史立两旁。数千百载韬古光，何人掘取归缣囊。"又云："父庚之铭义何取？篆法直逼诵与仓。十干作名厌旨彰，亦如祖丙父乙难追详。"程晋芳还收藏有一件太白罇，据说是唐代大诗人李白用过的酒器。他对此不以为然，认为"其说杳眇难深稽"，并说能得到"柴窑片瓦"就"敌拱璧"，更不用说是唐代之瓷了。可见，程晋芳对古董还是有一定收藏专业知识基础的。他还收藏过一件铜鼓"诸葛甑"，据说是诸葛亮"七擒七纵"时的东西。上有"土花晕彩" "其腹稍宽附双耳"，能侧挂马鞍上，有盘旋数层的蜗篆纹，"中深外小特精便"。乾隆十七年（1752），程晋芳又作《释贯休所画散髮维摩像》《太平鼓歌和商司马宝意》《题元人所画双鹭图寄商司马宝意》《董贤玉印歌》《宋徽宗画龙翔池鸂鶒图》等诗。乾隆二十一年（1756），继作《古镜歌为吴秋渔赋》《王莽货布歌》《光尧玉盌歌》《铁如意歌为臧南园作》等诗，均是他赏玩古董之后的有感而发。

盐商财力丰厚，喜好收藏属正常的文人雅兴。他们钟情于图书、字画、古董，究其心理，或本性爱好，或附庸风雅，或卖弄富阔，总之雅俗兼有。盐商的藏品之精、数量之大、价格之高、品相之佳，在当时社会中绝对处于一线水准。尤其徽商收藏，他们的藏品愿意对文化人开放，乐于相互之间交流。在保存大批文物的同时，也推动了诗词歌赋艺术的发展，一并促进了文化的传播，为传统文化的发展做出了贡献。

第五节　赏剧听书

纵观盐商日常，赏剧和听书是他们日常休闲生活中一个重要且不可或缺的组成部分。无论是家养内班赏剧，还是茶馆品茗听书，只要是盐商乐于聚集的休闲场景，边饮茶、边交流、边娱乐的同时，或许他们已经掌握了大量的商业信息。有时一场戏、一场书下来，甚至就已谈成了一笔莫大的生意。与官员交流也同样如此，协调事务、联络感情都需要在此氛围下完成。也正因为有了盐商富豪、驻节高官这两个社会顶层群体的长期推动，淮安地方曲艺得到了空前的发展与升华，并成为我国曲艺宝库中一个光彩夺目的艺术瑰宝，至今仍广受淮安本地及周边城市百姓追捧或延伸发展。

淮安地区一直就有优秀的戏曲文化传统，这与其历史上政治、经济、文化中心的地位密不可分。明清前期，淮安的士大夫们都能清唱昆曲，且乐此不疲，并将此变成一种风雅。而后随着淮安地方戏曲——淮剧的日趋兴盛，两种戏曲同时成为盐商休闲生活中的重要组成部分。淮剧旧称“老淮调”，虽正式定名于20世纪50年代后，但发展历史可追溯至唐宋以前的淮安方言剧唱，在江浙一带有着较高的影响力。南宋巾帼英雄梁红玉在与韩世忠相识前，就是军中一名善唱淮调的艺妓，她也

"听戏图"挂屏

该挂屏制作于为清代中期，以兰白漆加彩为地，牙质为材。图中灵石云立，人物众动，神态各异，层次分明，绘工精细。

因此深受韩世忠喜爱。淮剧演、唱系统逐步成型，主要是在明代以后，且规模越来越大，层次越来越高，剧目也越来越多。《大明一统志》中记载淮安："演剧纵饮，抵暮而归，侈悖极矣。缘牙侩之徒，争涂耳目，浸淫成风。"阮葵生还在他的笔记《茶余客话》中，记载了淮安演剧的一件事。康熙二十四年（1685），清廷诏令驻苏督抚、河漕诸臣开会讨论车逻十字河是否可开事宜。会议于淮安府学尊经阁前举行，到任官员有两江总督董纳、漕运总督慕天颜、江南河道总督靳辅、江苏巡抚田雯等人。淮安会务方于会前安排演剧《鸣凤记》，两个伶人正唱至"烈烈轰轰做一场"时，董纳拍案大笑，并自唱"烈烈轰轰做一场"之句，以此公开提出反对意见。于是，十字河之议便被搁置。清代学者许志进在《谨斋诗稿》中，也曾记载了康熙五十年（1711）淮安上演明代孙钟龄《醉乡记》之事。而对于淮安盐商来说，他们对戏曲的追求，相比官员有过之而无不及。盐商们纷纷将四方名角聘入自家内班，“演戏一出，赠以千金”。如乾隆时两淮八大盐商之一的汪石公，其妇人“家蓄优伶，尝演剧自遣”“而人亦以乐得太太赏赐，争趋之”。再如两淮盐务总商程銮“嗜音律，顾曲之精，为吴中老乐工所不及”。淮剧不但受昆曲影响，更与徽剧有着很深的历史渊源，这都与徽州盐商的享乐生活息息相关。

四藩王避难淮安观剧。明代崇祯十七年（1644）三月，由北方南逃的潞王朱常淓、福王朱由崧、周王朱恭枵、崇王朱慈爚，率船80余艘在淮安相会。虽非一处而来，但却同日抵淮。漕运总督路振飞以及淮安镇总兵刘泽清、徐州镇总兵高杰等人均于淮安迎接。四王抵淮后，出于安全考虑，先是寓居淮安西湖船中。三月十一日，虚岁65的周王朱恭枵客死船内，潞王朱常淓、福王朱由崧、崇王朱慈爚3人遂于十八日上岸，择居至西湖边盐商杜光绍宅内绾秀园中。此后，三王开始了享受美景、品茶听曲、衣食无忧的安逸生活。杜光绍之子杜首昌在《春从天上来》词中云：“李杜诗歌，柳秦词曲，满堂金石同声。”后在南京诸臣议立新帝催促之下，三王结束了绾秀园灯红酒绿的生活，于四月二十四日纷纷南下。被拥立的朱由崧还带走了杜光绍琴棋书画样样精通的女儿杜虹影，并因此获得杜氏政

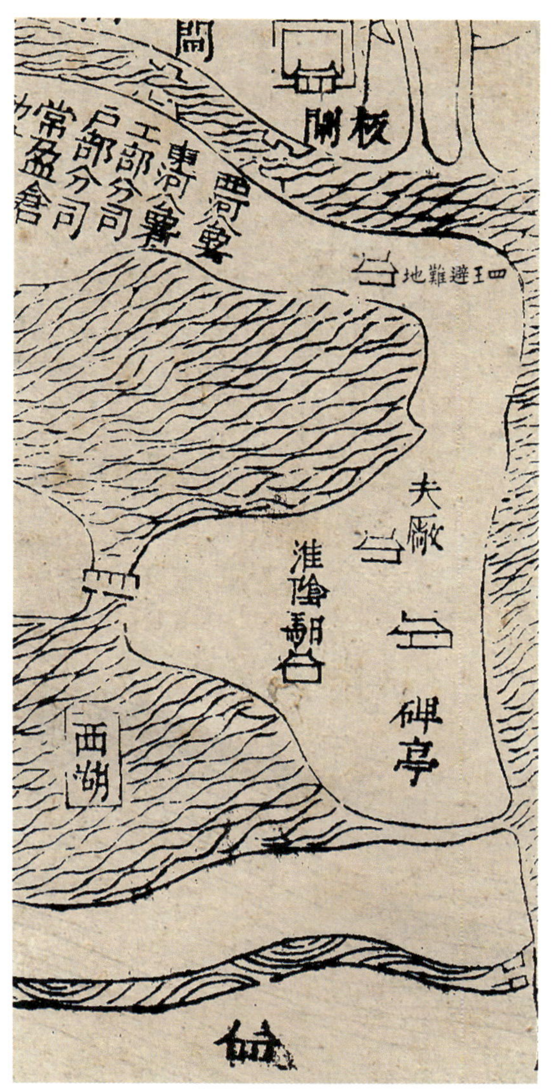

明末四藩王淮安避难地图示

淮安西湖嘴是明末四位藩王南下避难地，位于淮安城西北隅西湖嘴，即今河下湖嘴大街南侧。南京朝廷议立福王朱由崧继统后，漕运总督路振飞、庐凤总督马士英以及“江北四镇”黄得功、高杰、刘良佐、刘泽清4位总兵等人，随即由淮安护送朱由崧前往南京登基。因此，淮安西湖嘴又被称为“南明王朝肇始地”。

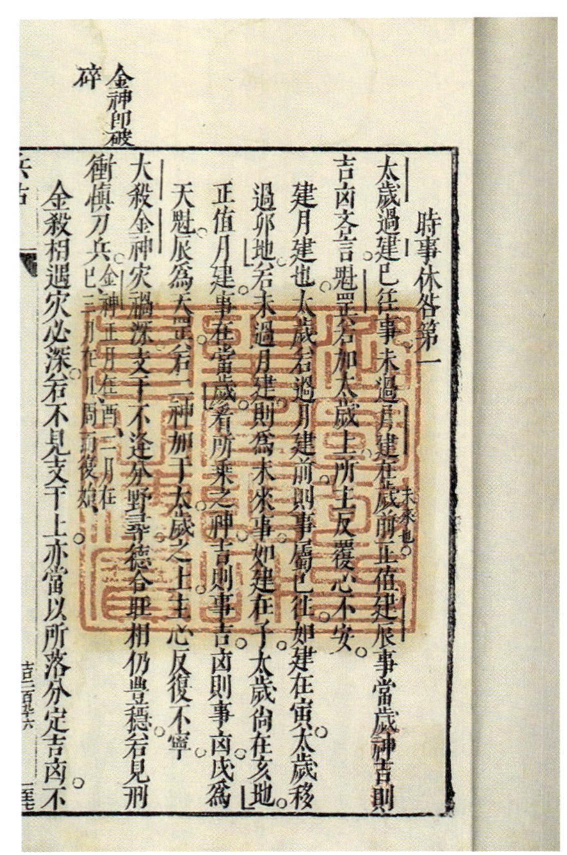

時事休咎第一

太歲過建已往事未過月建在歲前正值建辰事當歲神吉則吉凶吝言魁罡若加太歲上所主反覆心不安

建月建也太歲若過月建前則事屬已往如建在寅太歲移過卯地若未過月建則爲未來事如建在子太歲尚在亥地正值月建事在當歲看所乘之神吉則事吉凶則事凶戌爲天魁辰爲天罡若二神加于太歲之上主心反復不寧

太殺金神灾禍深支干不逢分野尋德合亚相仍豊穩若見刑衝愼刀兵

金神正月在酉二月在巳三月在丑周而復始

金殺相遇灾必深若不見支干上亦當以所落分定吉凶不

金神即破碎

朱常淓《六壬兵占》

该书为潞王朱常淓离淮寓居杭州后刻印，全书分《兵占》《毕法》《分野》《课经集》4种。此时虽已国破，但书仍用白绵纸精印。书首钤印朱色阳文“潞国敬一主人中和父世传宝”，再加浅蓝色书衣，黄绫书签，乃不失明代内府印书风格，可视作南明内府刻本。

治献金。五月十五日，福王朱由崧在南京皇宫武英殿登基，宣布次年改元弘光；潞王朱常淓乘船从淮安经无锡去杭州暂避；崇王朱慈爚离淮后，先是寓居钱塘（今杭州市），后辗转至台州，降清后被杀。

康熙皇帝御驾观剧。康熙和乾隆这两代皇帝热衷南巡，来回大多选择驻跸淮安。他们在淮安听曲观剧轶事甚多，都被一一记录了下来。清代学者钱泳曾在《履园丛话》中说：“梨园演戏，高宗南巡时为最盛，而两淮盐务中尤为绝出。”如在《圣驾五幸江南恭录》中，就详细记载了康熙皇帝第五次南巡临淮多次听戏之事，当时盛景可见一斑。康熙四十四年（1705）三月初九，康熙皇帝第五次南巡的御船队浩浩荡荡驶入淮安，漕运总督桑格从城西北板闸镇运河边开始，营造出一个超长、超大规模的迎驾壮景。漕标官兵身

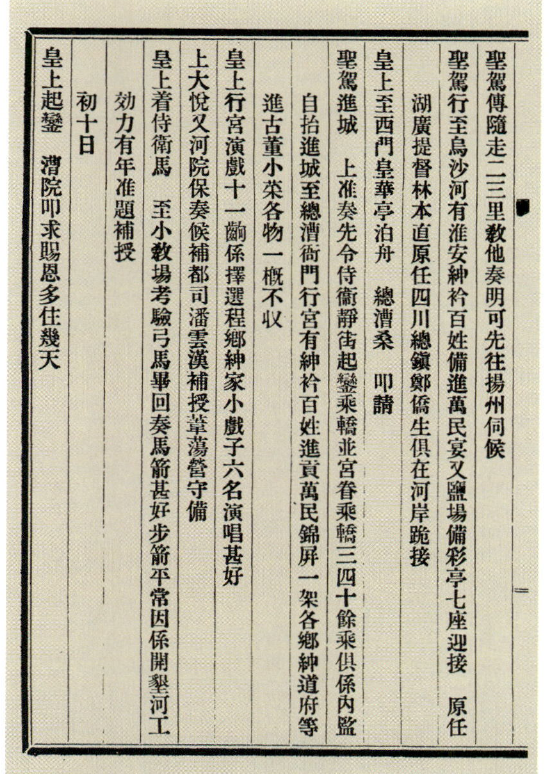

聖駕傳隨走二三里敎他奏明可先往揚州伺候
聖駕行至烏沙河有淮安紳衿百姓備進萬民宴又鹽場備彩亭七座迎接　原任
湖廣提督林本直原任四川總鎮鄭僑生俱在河岸跪接
皇上至西門皇華亭泊舟　總漕桑　叩請
聖駕進城　上准奏先令侍衛靜街起鑾乘轎并宮眷乘轎三四十餘乘俱係內監
自抬進城至總漕衙門行宮有紳衿百姓進貢萬民錦屏一架各鄉紳道府等
進古董小菜各物一概不收
皇上行宮演戲十一齣係擇選程鄉紳家小戲子六名演唱甚好
上大悅又河院保奏候補都司潘雲漢補授葦蕩營守備
皇上着侍衛馬　至小教場考驗弓馬畢回奏馬箭甚好步箭平常因係開墾河工
効力有年准題補授
初十日
皇上起鑾　漕院叩求賜恩多住幾天

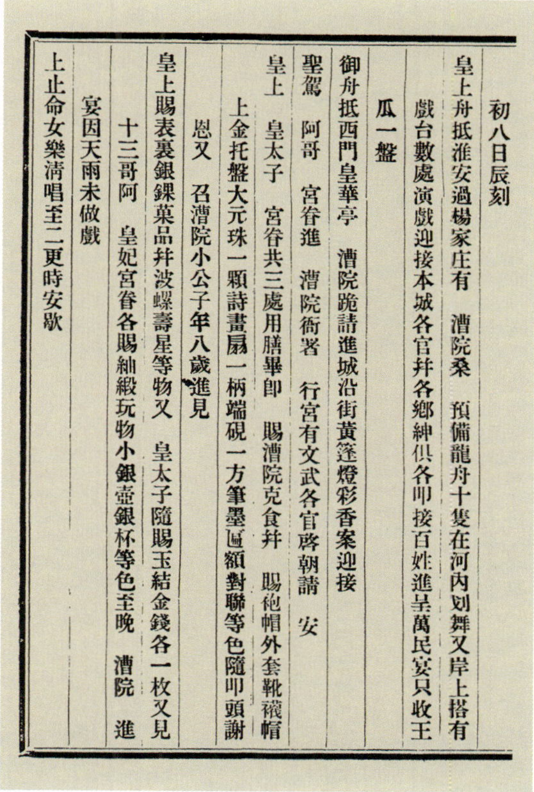

初八日辰刻
皇上舟抵淮安過楊家庄有　漕院桑　預備龍舟十隻在河內划舞又岸上搭有
戲台數處演戲迎接本城各官并各鄉紳俱各叩接百姓進呈萬民宴只收王
瓜一盤
御舟抵西門皇華亭　漕院跪請進城沿街黃篷燈彩香案迎接
聖駕　阿哥　宮眷進　漕院衙署　行宮有文武各官跽朝請　安
皇上　皇太子　宮眷共三處用膳畢即　賜漕院克食并　賜袍帽外套靴襪帽
上金托盤大元珠一顆詩畫扇一柄端硯一方筆墨匾額對聯等色隨叩頭謝
恩又　召漕院小公子年八歲進見
皇上賜表裏銀錁菓品并波螺壽星等物又　皇太子隨賜玉結金錢各一枚又見
十三哥阿　皇妃宮眷各賜紬緞玩物小銀壺銀杯等色至晚　漕院　進
宴因天雨未做戲
上止命女樂清唱至二更時安歇

《圣驾五幸江南恭录》中关于康熙皇帝三月初九、四月初八两次驻跸淮安城听戏记载

着盔甲列队，地方官员匍匐在地；盐商士绅则在乌沙河处“备万民宴，又盐场彩亭七座迎驾”。江苏巡抚宋荦在《西陂类稿》之《康熙乙酉扈从恭纪七首》诗下注云康熙抵淮时：“百姓列大鼎焚香迎驾，数里不绝。”当晚，康熙皇帝驻跸淮安城中心的漕运总督署行宫，漕运总督桑格举行了盛大的招待。《圣驾五幸江南恭录》中载：“皇上行宫演戏十一出，系择选程乡绅家小戏子六名，演唱甚好。”一个月后的四月初八，康熙皇帝结束南巡返京，自扬州再抵淮安时，御船队将要抵城，刚进杨家庄地界，漕运总督桑格派出的10只龙舟便开始伴船划舞。此时的运河岸边，搭建了多处戏台，别开生面用演戏方式迎接康熙皇帝再次驻跸淮安。当天，淮安城内依然是张灯结彩，漕运总督署行宫内文武百官早已在此等候。当晚，“漕院进宴，因天雨未做戏，上止命女乐清唱，至二更时安歇。”而“进宴演戏其切事宜，皆系商总程维高料理”，程维高即指两淮盐务总商程增，他的儿子程崟亦是一位擅长写曲的编剧者。

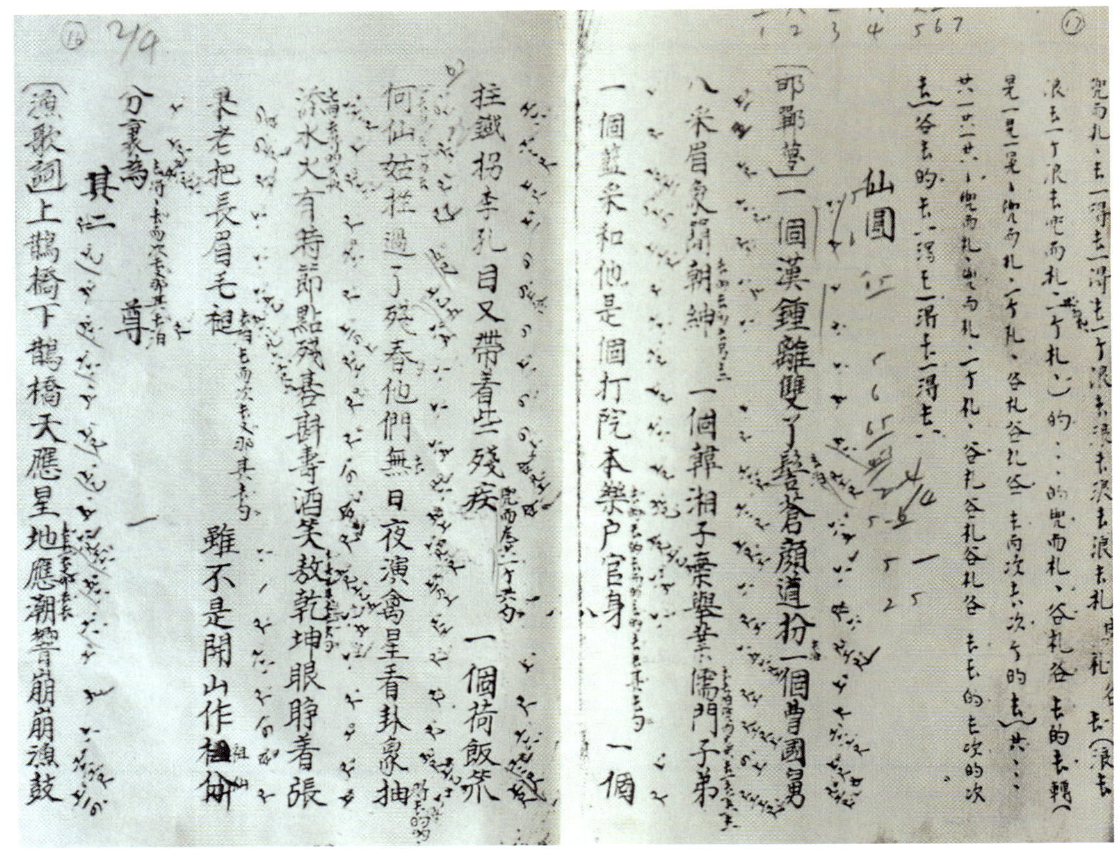

曲谱手抄本

该谱为清代道光时期淮安“十番锣鼓”曲谱手抄本。

菰蒲曲观剧。菰蒲曲是盐商程嗣立在淮安伏龙洞的一处园林，乾隆八年（1743）正月，这里上演了一出《双簪记》，吴玉搢、吴玉镕兄弟等人前来观剧。程嗣立在他的《水南老人诗注》中载：“癸亥正月，霡后招集园中看演《双簪记》。晚晴月出，张灯树杪，丝竹竞奏，雪月交映，最为胜集。”吴玉搢在《和稻孙弟过菰蒲曲吊水南老人》诗中注曰：“癸亥正月雪后，招集园中，看所演《双簪记》。晚晴月出，张灯树杪，丝竹竞奏，雪月交映，最为胜集。”程嗣立这个人喜声色，蓄有家乐，便常在家中演戏，也常邀请一些好友一同观赏。邱谨是吴承恩表外孙邱度的族亲，曾写过一首诗《风衣招听十番》，同样记录了他在菰蒲曲内听曲美事，诗云：“法鼓初敲众乐宣，满堂丝管沸华筵。夜深一曲听如梦，酒绿灯红似往年。”“十番”即指十番锣鼓，是创于内宫而盛于江浙的传统吹打乐种，又被称为“武昆”。演奏时，众乐齐鸣，管弦声、锣鼓声、号筒声、夹板声等，与歌喉声一并形成了声势浩大的戏曲交响乐章，场面华丽而又震撼。

李宅观剧。李宅即指浙江秀水盐商李情田的宅邸，在河下先后有3处地方。先是借居程氏房产，后迁居河下中街，再迁西街定居。李情田家中也养着一个内班，是一个少年戏班。他于乾隆十九年（1754）在此宴请诗人商盘，其曾官至云南府知府，与程晋芳同为好友。商盘特别喜爱听戏，精于音律，且善谈笑。程晋芳《双鬟度曲歌同商司马宝意作》一诗中，还称赞这些戏子虽年纪不大，但技艺却很出色，诗云：“明妆姣服双双出，画得长眉年十一。高歌缓舞非所难，别调还能协初律。”

寓园观剧。在乾隆四十年（1775）张永贵反客为主的那次寓园雅集中，除了吟诗作对、交流文学之外，寓园戏台还专门安排了戏曲观赏环节，这在当时参与的文人诗词中都有记载。如沈大炳作七律《寓园观剧》，表达了他观剧后的感慨与感想，诗云：“樵峰阁下忽旗亭，揽秀池台絮化萍。天道尚宜盈复缺，人生难得醉初醒。三更射圃澄潭梦，一曲铜琶铁板听。莫唱龙标新乐府，玉关杨柳怨飘零。”诗中“揽秀”，即指寓园戏台。乾隆五十年

仇英（款）《观剧图》

该图收录于《中国美术家人名辞典》一书。

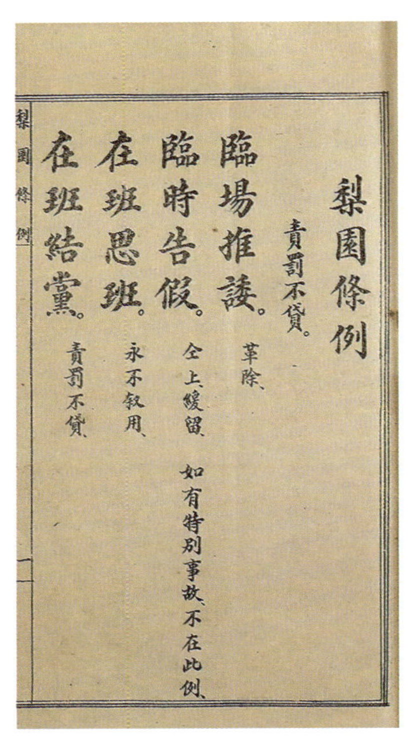
梨園條例

責罰不貸。

梨園條例

臨場推諉。革除、

臨時告假。仝上、煖留、如有特別事故、不在此例、

在班思班。永不叙用、

在班結黨。責罰不貸

四條。是要必須學他。後四條。是千萬不可學他。今特詳細列出。望爾諸生等。均各自遵守。現在門人甚多。講演一時不能普及。特此粘懸。以為後戒。

旧时戏班准则——《梨园条例》

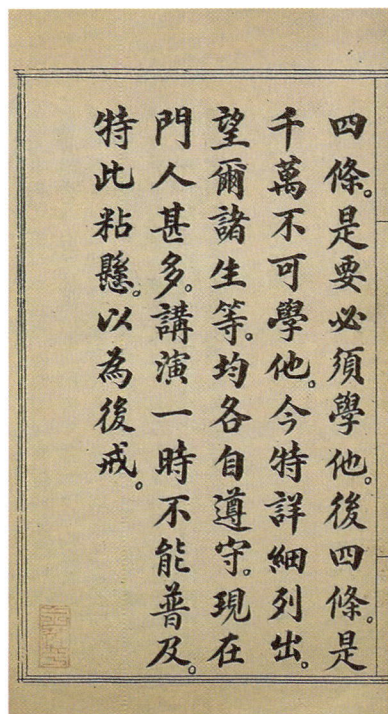

（1785），与袁枚、蒋士铨同誉“乾隆三大家”之一的武进诗人赵翼来淮寻访其翰林院同僚程沆家时，误入程易园中，因此与程易成为好友。第二年，已退养在家、颐养天年的程易再次接待了来访的赵翼。在美酒大餐盛情款待的同时，程易专门为他安排了一场大戏《游仙》。后赵翼在《程司马吾庐招饮观剧赋谢》诗中写道：“淮水秋风暂泊船，敢劳置酒枉名笺。翻因误入桃源洞，又荷相招菊部筵。玉树一行新按队，霓裳三叠小游仙。殷勤最是留髡意，别后犹应梦寐悬。”全诗回顾了赵翼和程易邂逅的经历，并描写了再次与程易相见时，程易热情接待，以家养内班演戏招待自己的整个过程。程氏所养戏班，戏子多是一些少年，打扮起来粉妆玉琢，白净可爱，表演起来也灵活多变，栩栩如生。剧目多以儿女情怀、人生多变为主，兼顾一些神仙、神话故事的内容。赵翼还在《题程吾庐小照》一诗中云：“丝竹中年兴不孤，教成歌舞足清娱。可应添写梨园队，补作花间擫笛图。”此诗被收入《瓯北集》后，赵翼还在诗后自注：“家有梨园小部，最擅名。”

汪氏创剧。汪柱是清代乾隆年间重要的戏曲家，为古徽州“第一伟人”汪华后人。王宽在汪柱《梦里缘》补序中云：“汪本徽州望族，始祖在唐以保障六州之功进封越国公，裔孙迁淮，世为望族。”汪柱是清代乾隆时期文人创作戏曲的重要代表，体裁涉及传奇、杂剧和散曲等等，惜学界对他研究甚微。他所著两种传奇《梦里缘》与《诗扇记》，被合为《砥石斋二种曲》。《梦里缘》是汪柱的第一部传奇，全篇共32出，以杜甫诗句“穿花蛱蝶深深见，照水蜻蜓款款飞”为红线，分为佳

孙温《听戏图》

偶天成、小人破坏、平定蕃乱、团圆证梦四大部分。他不仅大胆借鉴《牡丹亭》中的“梦”的外壳，还善于将误会、巧合等情节合理设置，并将爱情、凶杀、战争等元素糅合其中，让故事跌宕起伏，扣人心弦。《诗扇记》则以《人中画》为蓝本，将庞英和尹荇烟的爱情故事勾勒出传奇色彩。另有杂剧《楚正则采兰纫佩》《陶渊明玩菊倾樽》《江采苹爱梅锡号》《苏子瞻画竹传神》《破牢愁》《林和靖梦里妻梅鹤子》，被合为《砥石斋韵品杂出》。汪柱作品，善于制造紧凑情节和紧张矛盾，无论是杂剧还是散曲，他都无外乎借他人酒杯，浇自己块垒。在抒发现实生活中的种种不平时，暴露社会黑暗，同时体现出他乐于延续明初杂居“征实尚史”的审美观念。

程氏创剧。程崟是两淮盐务总商程增三子，优越的家庭条件让他不但能常在家中看戏，还能与内班戏子们同台演唱。他热爱戏曲，又能诗能文，便经常自创剧目，或自唱，或同唱，或欣赏。虽不比关汉卿、汤显祖、王实甫、李渔这些戏曲大家，但也创作了一批经典剧目。程晋芳在《家南陂兄招观所谱拂水剧漫赋二首》诗中云：“秣陵春事唱都残，谱就繁声字字酸。羯鼓待传天宝录，琵琶刚续玉京弹。荒枰败劫图谋少，逸老元勋位置难。累我书窗烧烛坐，英雄小传夜深看。”“绛云舒卷傍高楼，枚卜荒唐昔梦休。歧路王孙空饮泣，南朝天子自无愁。文章革命

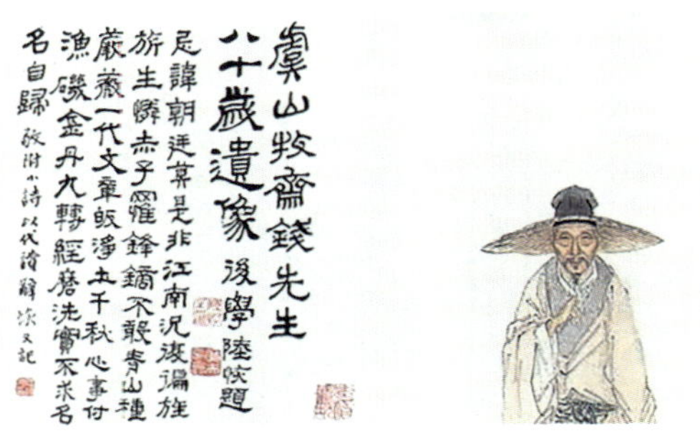
沈心海《钱谦益小像》

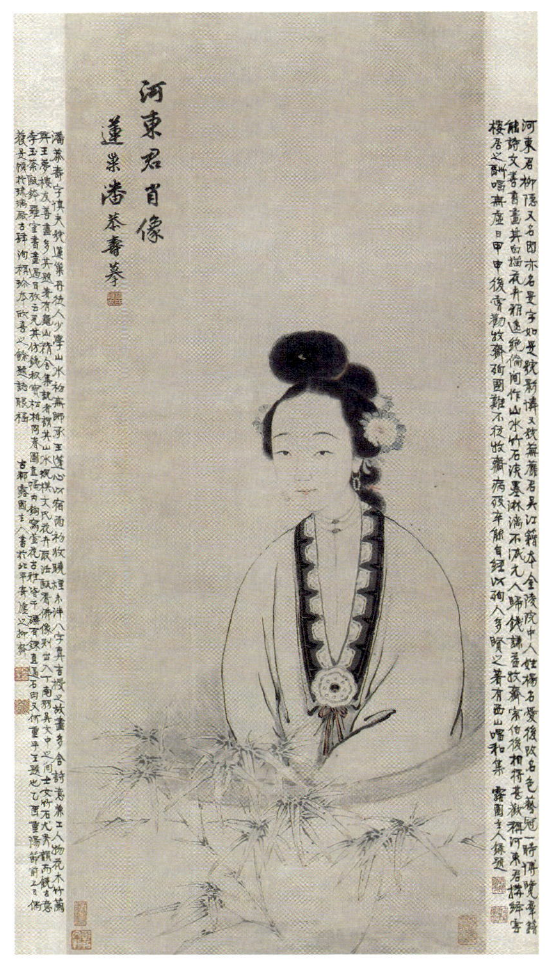
潘公寿《柳如是小像》

传江总，褒贬私言继魏收。多少沧桑遗事在，井将楚调入吴讴。”就是程晋芳提到程崟编写“拂水剧”的事情。诗名中“拂水”即指常熟一处地名，被誉为“江左三大家”之钱谦益便居住于此。此剧由钱谦益和金陵名妓柳如是爱情故事改编，内容与《桃花扇》相当，是当时程崟编写的名剧之一。

王氏研剧。山西盐商后代王锡祺是淮安著名的编辑出版家，他的家中也曾养过戏班。他曾在自己的诗作《四伶曲》前序中云：“家蓄梨园半部，去秋先兄梦九先生下世，皆辞去。青衫白首，话旧凄然。回顾当时，抑何盛也。”《四伶曲》为七绝4首，共讲4人，分别是徐增贵、徐源霖、李云泉、沈兰生4位戏曲演员，诗云：“大江东去浪尽淘，铁板铜琶一曲高。惆怅黑头人往后，更无解奏郁轮袍。”“西风一櫂秣陵秋，当日何戡共远游。重与当筵话往事，栖霞山色使人愁。”“檀板金尊艺绝伦，歌喉传出剧清新。莫将南浦伤离别，满座何人尽怆神。”“灼灼花枝照绮筵，锦氍毹上小游仙。红楼一夜潇潇雨，獭谱春灯燕子笺。”前序中所提“先兄梦九”即指王锡祺堂兄王锡纯，他一生酷爱戏剧艺术，是我国清末时期著名的戏剧家。同治九年（1870），由王锡纯编辑、曲师李秀云校正的《遏云阁曲谱》出版，收有昆曲《琵琶记》《长生殿》《临川四梦》《幽闺记》《水浒记》《西厢记》及时剧《思凡》《下山》等87出折子戏曲谱。念白唱腔记载详细，工尺记谱较为完备，节奏节拍更加准确。他在谱中专门注明"豁腔""擞腔"等符号，帮助演唱者明确四声腔格和唱腔修饰的具体位置。《遏云阁曲谱》是历史口传"梨园故本"的汇编与校正本，也是戏班演唱和时俗流行曲谱系统的第一部刊本，至今仍受昆曲演员与爱好者推崇。王锡祺自幼听家中内班演戏，又深受其兄影响，对戏曲理论与演唱有着深刻理解，也特别喜欢唱曲。他曾在《赠老伶金禄寿》一诗中云："梨园新白发，相对涕纵横。"表现了他生活中失去戏曲娱乐后的悲伤之情。诗中提到的金禄寿，即其家中伶工。当然，在当时的淮安盐商家中，也并不是每一家都会养着一个内班。如汪已山虽"好宾客，座上常满，广结名流"，家中却无内班。每遇活动则以重资从苏州请班来演。清末民初学者徐珂在《清稗类钞》之《典商汪已山之侈》一文中载："此数十日中，每午后，辄布氍毹于广厦之中，疏帘清簟，茶瓜四列，座皆不速之客，歌声绕梁，笙簧迭奏，真有神仙之境。"

公益演剧。在日常生活享乐之外，淮安盐商们也会不定期举行一些公益性质的戏剧演出活动。有的与信仰有关，

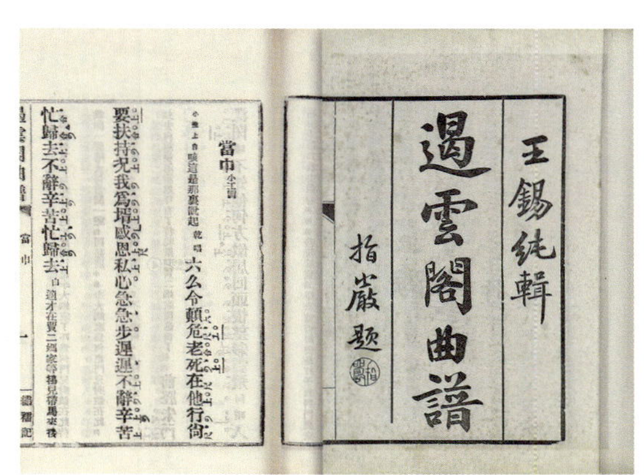

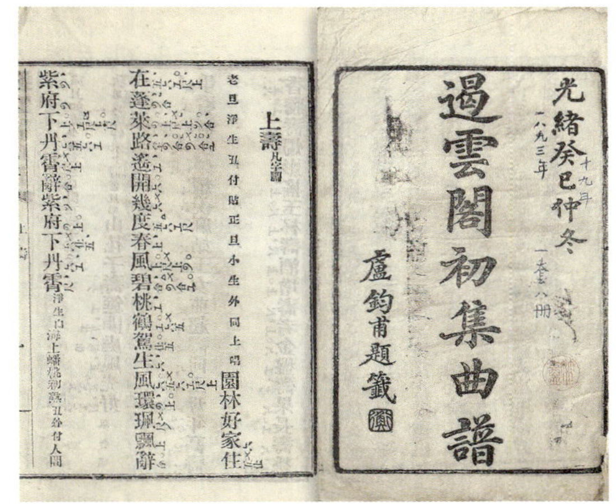

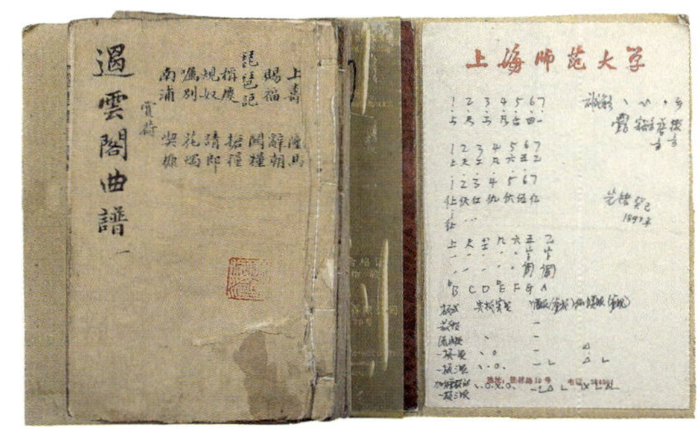

王锡纯所辑各版《遏云阁曲谱》

该书是我国历史上第一部昆曲戏宫谱，因广受推崇，故现存版本较多。如著易堂版、著易堂仿聚珍版、癖斯斋校订版、中华书局版等等。

淮安室外淮剧旧影

该照片拍摄于清末民初，为室外情景淮剧《淮安赴任》选段中的场景。

有的则是关联风俗。如祭祀周宣灵王的庙会演剧、祭祀祠山大帝庙会演剧、祭祀文武二帝演剧等等。莲花街中的宣灵王祠本为观音庵，徽商将其改建成祠后，作为徽州商人在淮安的商会使用，即新安会馆，两淮都转盐运使朱孝纯还曾为此专门撰文立碑于庙内。周宣灵王本为江南地区的地方神，徽州祀之较久。每年九月十三是周宣灵王忌日，在淮徽州盐商们都会在此举行祠祭。宣统《续纂山阳县志》中记载当时河下祭祀周宣灵王时："演剧报赛无虚日"，很是热闹。无独有偶，河下中街上的江宁会馆中也同样祭祀着江南地区常祭的祠山大帝，这也与江南商人流动带来的风俗有关。盐商们骨子里对戏曲文化的追求或遗风，使得当时淮安戏曲表演行业兴盛发展。即便是举行一些慈善募捐活动，多以演戏形式举行，有时甚至达到夜以继日。所以说，淮安地方戏曲的发展，离不开盐商追求享乐生活的推动。民国以后，淮安戏院

淮安室外淮剧旧影

该照片拍摄于清末民初，为室外情景淮剧《房顶比武》选段中的场景。

广设，但多为服务人民所建。这段时期，淮安城内的盐商子弟中，还走出了一位戏曲研究大家，他就是我国著名曲艺理论家、戏曲小说学家、古典文学家、民间文学家叶德均。他一生从事戏曲文化研究，且成果颇丰，有《淮安歌谣集》《曲品考》《宋元明讲唱文学》《读曲小纪》《清代曲家小纪》等著作。

听书品茗。淮书是淮安民间曲艺的一种类型，与苏州评弹、扬州评话同样，是一种说书艺术，流行于清代中晚期至民国年间。旧时淮扬一带曾流传这样一句话："贤者好读书，不好读书而好听书。"《新中华报》曾有一位颇有影响的主编李警众，他在《破涕录》中道："盲翁负鼓，信口开河，名曰说淮书。其言荒诞不经，实有令人闻而失笑者。"正如淮安盐商子弟王锡祺，除了钟爱看戏之外，就是喜欢听淮书。他在听了《丝绦党》后说："其造言本诸《封神》，其驭义袭夫《水浒》。”又说：“最好闲来消闷气，大家听唱鼓儿词”。这鼓词，说的就是淮书。盐商们过去听书或在茶馆，或戏台，或在家中，依心情而定。竹巷街状元楼旁原本有一座戏台，是河下人气最旺的戏台。平时演演昆曲、淮剧，一旦空闲下来就会有说书人在此说淮书，最著名的段子就是《沈状元毁家抗倭》，为人称颂。至清末民国时期，淮安城内仍有不少好的书场，如三山书场、陆访书场等等。品一杯茗茶，听一段淮书，同样是淮安盐商的精致生活，一并促进了淮安地方文化的多元、持续发展。

第五章　盐商与淮安教育发展

淮安盐商主要来自山陕、徽州。作为雄踞商界数百年的西商、徽商，他们之所以能成为全国商帮翘楚，是与他们“贾而好儒”的本质特点分不开的。淮安盐商在群体思想、行为方面，都可以看出他们受儒家思想影响至深、至远，从而体现出儒家好学重教的风范。不少盐商致富后，他们有的弃贾业儒，有的弃贾就仕，或身兼商、儒、仕，而且很多商人本身就是鸿儒、诗人、收藏家、画家、书法家和戏曲家。而他们在致富后，大多数人能够重视文化教育，捐资兴学，藏书刻书，培养子弟读书学习、科举入仕为宦，跳出商贾之家“富而不贵”的窠臼，成为“既富且贵”的簪缨之族，谋求政治、社会地位的提高，使自己的家族达到“凤凰涅槃”，促进地方文化教育的发展和繁荣，培育一代代杰出人才。

第一节　贾而好儒

两淮盐商中的崇儒之风，由来已久。无论是早期来淮的西商（即指山陕商人），还是后期来淮的徽商，他们的灵魂深处始终有一种“崇儒情结”。他们认为“士不得已而贾，寄耳。若齷齪务封殖，即一钱吝不肯出，真贾竖矣”。他们做着商人，却看不起商人这种职业，认为万般皆下品，惟有读书高。而商海里的成功，并不能完全填充他们在仕途上的失落。山西商人杨继美的先祖在明初做过官。杨继美少年时代极爱读书，经史子集无不涉猎，后中途辍学，一直引为恨事，杨继美成

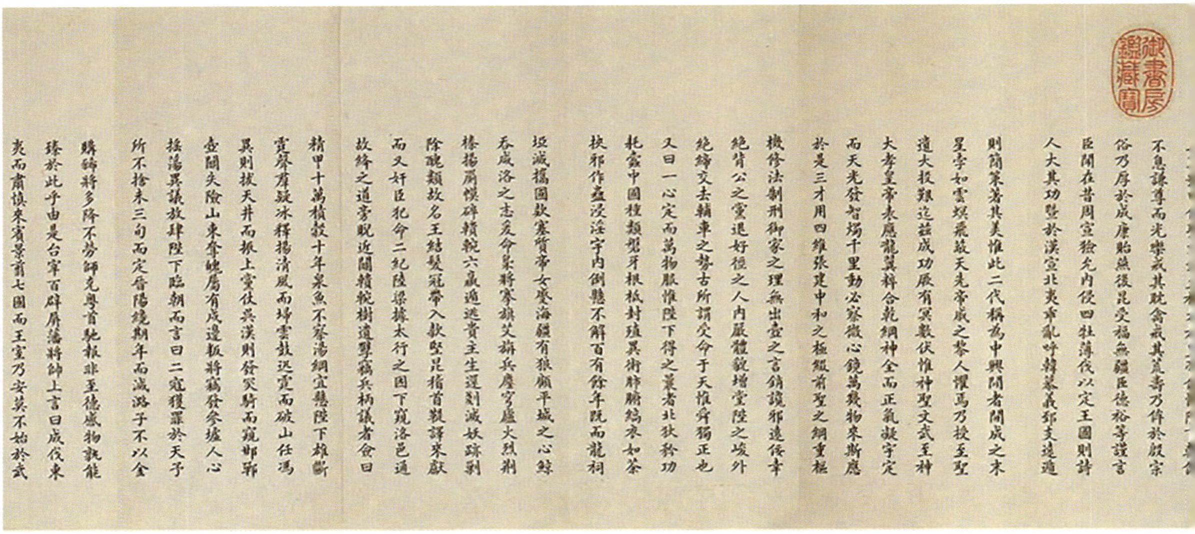

翰林院例文

该图为清代翰林院馆阁体书写例文，是每一名入职翰林院新官员的工作初始教材。盐商子弟中考中进士入仕途者，大多学识渊博，故从翰林院起步者居多。

年后到两淮地区经营盐业，不久便成为两淮盐商中的豪富。他身在商界，却喜欢与士人交往。因为他学识不寻常，两淮盐商都推举他为“祭酒”。这种生涯在商人中已属上等，但他显然并不满意自己的境况。万历七年（1579），杨继美之子杨恂中举，捷报传至淮上，杨继美掀髯大笑，说：“夫我乃不以儒显，儿子以儒显矣，尚何事贾！”杨继美当即结束盐场事务，打点行囊，北上还乡，与乡亲老友终日以诗酒为欢。徽歙商人也有崇儒之风。《歙事闲潭·歙风俗礼教考》中说：“商居四民之末，徽俗殊不然。歙之业鹾于淮南北者，多缙绅巨族。其以急公议叙入仕者固多，而读书登第、入词垣跻膴仕者，更未易卜数。且名贤才士，往往出于其间，则固商而兼士矣。”来到淮安的盐商们普遍“贾而好儒、好学不怠”，主要表现在以下几个方面：

一、弃贾归儒

在儒家思想的深刻影响下，特别是受“治国平天下”“学而优则仕”思想的浓厚浸染，士贵商贱的传统观念在盐商中可谓根深蒂固，他们把业儒视为人生的最佳选择。汪道昆曾说徽人中“业诗书礼乐修正业者什二三，大半以贾代耕”，足见在徽州人的内心深处，服贾只是眼前的权宜之

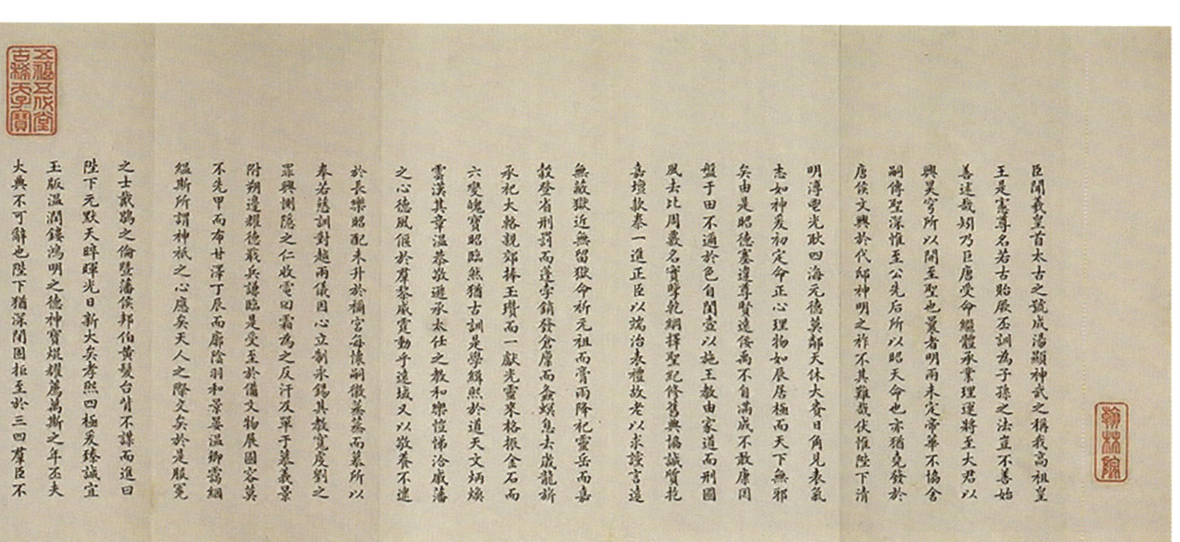

臣聞羲皇首太古之號成湯顯神武之稱我高祖皇
王是憲尊名若古貽厥丕訓為子孫之法豈不善始
善述哉朔乃臣庶受命繼體承業理運將至大君以
興昊穹所以開至聖也景者明而未定帝華不協含
嗣傳聖深惟至公先后所以昭天命也亦猶克發於
唐侯文興於代邸神明之祚不其難哉伏惟陛下清
明溥電光耿四海元德莫鄰天休大賚日角見表氣
志如神炁初定命正心理物如辰居極而天下無邪
矣由是昭德塞違尊賢遠佞而不自滿成不敢康罔
盤于田不通於色自閨壼以施王教由家道而刑國
風去比周叢名實咿乾綱擇聖紀修舊典協誠質托
嘉壇款泰一進正臣以端治表禮敬老以求讜言遠
無蔽獄近無留獄命祈元祖而膏雨降祀靈岳而嘉
穀登省刑罰而蓬孛銷發倉廩而螽螟息去歲龍祈
承祀大輅親郊捧玉瓚而一獻光靈來格振金石而
六變魄寶昭臨然猶古訓是學緝熙於道天文炳煥
雲漢其章溫恭敬遜承太任之教和樂愷悌洽威藩
之心德風偃於府黍威實動乎遠域又以敬養不逮
於長樂昭配未升於禰宮每懷嗣徽慕蒸而慕所以
奉若慈訓對越兩儀因心立制永錫其教寬度劉之
罪興惻隱之仁收雷回霜為之反汗及單于慕義景
附朔邊雅德戢兵謙臨是受至於備文物展國容莫
不先甲而布甘澤丁辰而廓陰羽和景晏溫御霧翻
緼斯所謂神祇之心感矣天人之際交矣於是服冕
之士歎鸚之倫豎藩侯邦伯黄髮台背不謀而進曰
陛下元默天畔曄光日新大矣孝熙四極炁臻誠宜
王版溫潤鏤鴻明之德神寶焜燿薦萬斯之年丕夫
大典不可辭也陛下猶深閉固拒至於三四羣臣不

计，业儒才是终生正业。无论山陕商人，还是徽州商人，他们走上经商的道路，并非出于幼时的志愿。有的是因家遭变故，无以谋生；有的是科场屡屡失利，仕途遥遥无望；有的是因家庭缺少劳力，代父从事劳作……由于这些盐商弃儒入贾均是迫不得已，一旦有合适的机会、有适当的条件，特别是经商致富后，他们便不忘初衷，重新走上科举之路。吴玉搢家族就是如此。吴进在《吴氏支谱》序中说，吴玉搢先世安徽歙县人，明代嘉靖年间经营盐业来淮，“以金家桥为马头”；到了清代，吴家已不再经营盐业，成为书香人家。来自徽州歙县岑山渡程氏家族的盐商程晋芳更是如此，而且可以说，程晋芳是弃贾归儒的最佳典型。他虽然人在商场，心中却不忘学习，罄其资购书5万多卷，

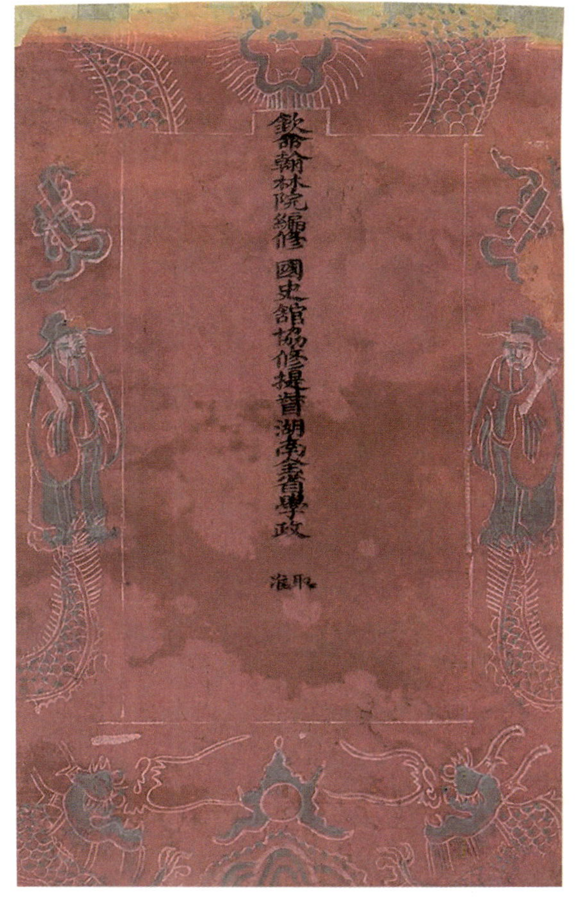

清代翰林院捷报

清代四品官员夏装官帽

清代四品文官补服冬装画像

经常邀请有学问的人讨论求教，即使耽误了经商上的事情也在所不惜。由于他的孜孜以求，终于在40多岁时考中了进士，改吏部文选主事，不久还荣任翰林院编修，参加修纂《四库全书》。当时的大文人袁枚曾赠诗赞曰：“束发愔愔便苦吟，白头才许入词林。平生绝学都探遍，第一诗功海样深。”但像程晋芳这样走科举之路而白头入仕的商人毕竟有限，更多的盐商发家致富后想重操儒业，却因举业荒废多年，早已失去了读书的大好时机。于是，他们就把这种夙愿寄托于子弟、儿孙身上。因此，延师课子、督子向学就在淮安盐商中成为普遍现象，不仅财力雄厚的大商人这样，就是一般的中小商人也把培养子弟读书、求取功名视为头等大事，这也在客观上促进了盐商家乡和淮安教育的发达。

二、由贾入仕

在儒家思想观念的影响下，淮安许多盐商业儒做官的欲望非常强烈，不少人用经商的财富捐资，谋得一官半职。在他们看来，当官的毕竟要比经商的政治地位、社会地位高，这也是为何众多盐商发财之后，仍不惜花费重金捐官的原因。盐商程云龙聘请史震林做他的家族老师，并对他说：“吾不愿子孙徒有富贵，习为骄侈，愿读书好善，亲贤远佞，弗委先泽于草莽，旷耆德之林，匿

清代顶戴花翎

顽童之数，为君子鄙则幸矣。”在盐商们的心目中，用钱买官的行为也与儒家的道德并不矛盾，并且经商致富后能谋得一官半职才算是人生真正的成功。明代中叶以后，朝廷规定上纳军马粮草的生员和非生员，都可以入国子监为监生。当时的晋商、徽商等商帮纳资入监者人数众多，通过这一途径谋得官职者也不少。到了清代，纳资入仕的渠道更为宽泛，有暂行事例和现行事例。暂行事例，就是为了赈荒、河工、军需筹集经费而暂时实施的捐纳办法，规定文职京官自郎中以下各官、外官自道员以下各官、武职自参将以下各官，都可以按价授职；现行事例则是经常性的捐纳办法，规定凡纳资者都可以求得贡监、衔封、加级、记录等待遇。此外，凡以“乐善好施”“急公好义”等名义捐资的，也都可以授予官职爵衔，这些条件都为淮安盐商纳资入仕大开了方便之门。如著名的盐商、歙县人江春就是典型的事例。江春出身盐商世家，自幼接受良好的教育，文学曾拜王步青和筱园主人程梦星为师，诗学曾拜皖怪怀宁睡儿夏衡瞻为师。22岁那年参加乡试考举人，名落孙山。于是他弃文从商，经营盐业。由于他广交官府王侯，熟悉盐法，精通商务运筹，练达多能，在担任两淮盐务总商的40年中，充分发挥了自己的谋略与才华，多次集众捐款，先后蒙乾隆赏赐“内务府奉宸苑卿”“布政使”等衔。乾隆三十八年（1773），因小金川战争获胜，江春等人自愿捐银400万两。八月诰授江春为光禄大夫，正一品，并赏赐顶戴花翎，为当时盐商仅有的一例。

清代一品文官补服

三、亦贾亦儒

淮安盐商“贾而好儒”还有一种比较普遍的现象，即亦贾亦儒。他们虽然身在商海，却钟情儒学，儒道经商，结交官员。明末山西太原盐商杜首昌颇豪富，能诗能书，善行、草书，风流宏长，巍然为一时闻人。家于西湖嘴，辟绾秀园，水石花木之胜，甲于一郡，南北名士过淮，必造访绾秀园，致使名士满座，樽酒不空。高士奇说，杜首昌“足迹半天下，访名山川，不以尘埃自累。盖孟浩然、张志和一流人也……衣冠古朴，举止疏放，如繁花缛秀中孤松挺出”。许多盐商在经商之余、旅途之中、商道之夜，孜孜不倦地读书、著述，甚至藏书、刻书。因此，儒家的价值观念深深影响着他们的经商理念和经营之道。许多商人亦贾亦儒并不仅仅是出于对儒学的兴趣爱好，最主要的还是为了他们的商道久长。许多盐商一边做生意一边做官，做生意时想做官，生意做大结交官，结交官后教子孙当官。盐商们注重对子孙的教育，培养出来的大批官宦，在某种程度上成了盐商们在朝廷中的代言人和保护伞。他们对“凡有关乡闾桑梓，无不图谋筹画（划），务或万全”，在施政和议

陶澍行书“红叶近淮村社”横幅

事中竭力保护盐商利益，充当盐商的政治代言人。这些仕宦子弟的保护和关照，自然使盐商的商业贸易活动比其他商人顺利多了。曹文埴是乾隆年间进士，累官至户部尚书、太子太保，他的父亲、长兄、儿子曹錤都是盐商，儿子曹振镛考中进士，官至户部尚书、吏部尚书，升体仁阁大学士、军机大臣。为了维护商人的利益，他们呼吁地方政府维护商民，甚至多次上疏皇帝，揭露贪官污吏对商人的盘剥。曹家是大盐商，在淮安、扬州都有业务，两江总督陶澍整理两淮盐政，改行票法，首先要触及他家的利益。又因为他父子是朝廷重臣，不敢轻举妄动，就写了一封信试探曹振镛一下。没想到曹振镛迫于当时形势，竟极表赞同。还说：“你们不用考虑我家，天下岂有饿死的宰相之家？”因而纲盐改票得以实行。

四、注重修养

盐商从小生活在重儒尚学的的土地上以及崇文重教的家庭氛围中，他们读的是“朱子之书”，恪守的是“朱子之礼”，长大后外出经商，会馆中也是“崇祀朱子”，而不是供奉“财神爷”。所以，受传统儒学特别是理学的影响，盐商非常注重个人修养。在道德品质上，盐商们在人格上体现出了“仁”的基本特征。绝大多数盐商，在经商活动中讲求以仁爱之心及人。清代歙县丰南吴氏盐商一再告诫子孙，“我祖宗七世温饱，唯食此心田之报。今遣汝十二字：存好心、行好事、说好话、亲好人”，认为“人生学与年俱进，我觉厚之一字，一生学不尽亦做不尽也”。程鉴为人忠实沉毅，仁心悱恻，内行醇备，时时以恤人为念，尤不乐有施惠名，人誉之，深自讳匿。在程鉴的影响下，其子程沆宅心仁厚，广施德意，闻人道疾苦之甚者，至推箸不能下咽，泪涔涔下，其至性可知矣。像这样“仁心为质”“以善治生”的，在徽州商人中为数不少。汪廷珍父亲去世较早，但其母程太夫人教育汪廷珍做人与做官要“忠厚节俭，学吃亏，存廉耻”之训，读书守分，取友端，临财廉，正色立朝，不棘不阿。后汪廷珍虽居高官之位，却始终注重个人修养，人品、学行受到朝野上下一致好评。在个人行为上，盐商做到重德尊儒，坚持和为贵、礼为先，广交良缘，奉行“温良恭俭让”，认为谦以交友、和以生财、勤以补拙、俭以兴业，强调“五谊并重”，即族谊、戚谊、世谊、乡谊、友谊并重，不能厚此薄彼。在生活情趣上，盐商特别崇文、重教、孝亲、讲礼，也就是重读书、讲孝道、识礼节、扬文风。盐商家庭非常重视奉亲至孝。此外，很多盐商爱好广泛，琴棋书画，文风浓郁，崇尚以文会友；他们在交际中注意公众形象，注重公关策略，所谓“正衣冠，迎送宾客，尊而有礼”，就是其重礼讲仪的写照。

五、兴学助教

盐商在步入商海之前，大多数人往往受到过比较正规的、系统的传统文化教育。他们之所以弃儒入贾，要么是家道中落，要么是科场失利，要么是继承父业。入贾只是他们获得经济利益的手段，最终目的是要用经商所得财富让子孙业儒入仕。正如明代学者王世贞在谈到商人时所说，商人们家乡往往交通不便、环境恶劣，“土狭民众，耕不能给食，故多转贾四方。而其俗亦不讳贾。贾中有执礼行谊者，然多隐约不著，而至其后人始，往往修诗书之业以谋不

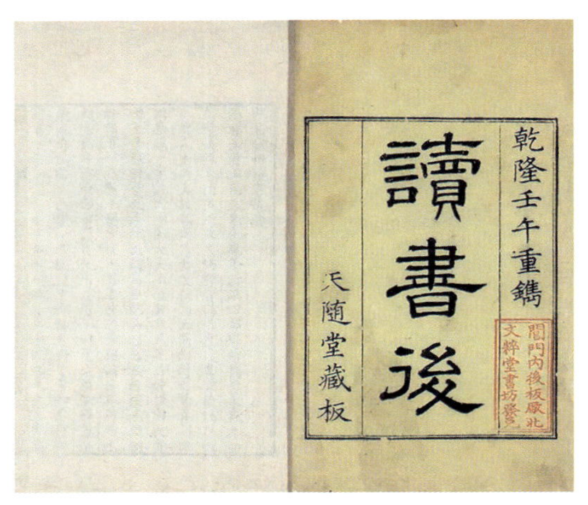

乾隆壬午重鐫

讀書後

天随堂藏板

閶門内後板廠北文粹堂書坊發

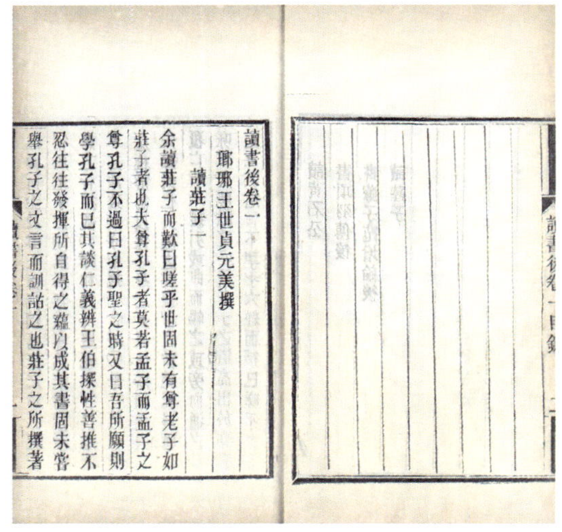

讀書後卷一

瑯琊王世貞元美撰

讀莊子一

余讀莊子而歎曰嗟乎世固未有尊老子如莊子者也夫尊孔子者莫若孟子而孟子之尊孔子不過曰孔子聖之時又曰吾所願則學孔子而已其談仁義辨王伯擇性善推不忍往往發揮所自得之藴以成其書固未嘗舉孔子之文言而訓詁之也莊子之所撰著

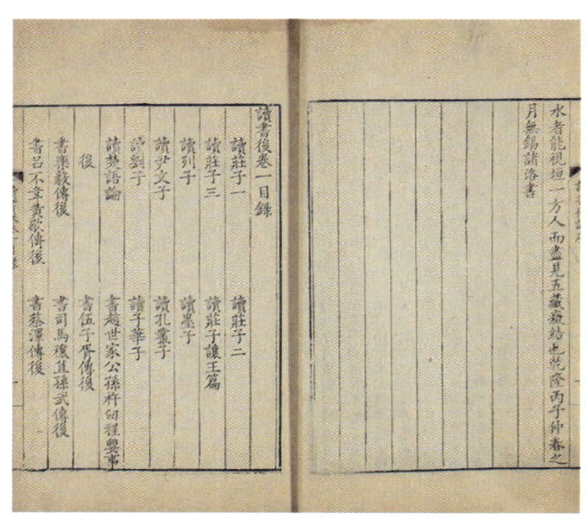

水者能視垣一方人而盡見五藏癥結也乾隆丙子仲春之月無錫諸洛書

讀書後卷一目錄

讀莊子一　讀莊子二

讀莊子三　讀莊子讓王篇

讀列子　讀墨子

讀尹文子　讀孔叢子

讀劉子　讀子華子

讀[illegible]語論　書趙世家公孫杵臼程嬰事後

書伍子胥傳後

書樂毅傳後　書司馬穰苴孫武傳後

書呂不韋黄歇傳後　書蔡澤傳後

王世贞《读书后》

朽”。因此，盐商发财致富背后往往是对家乡、寓居之地教育事业的资助不遗余力，对兴学助教十分热心。淮安城东南丽正书院的前身为淮阴书院，兴办者为漕运总督。淮阴书院建成后，盐商和乡绅程长泰等踊跃襄助，岁捐数百金，以佐束脩和膏火，书院得以正式运转。奎文书院的主办者是淮安知府，盐商们在经费上同样给以资助，光绪《两淮盐法志》说：“奎文书院，在淮安府城西北隅，光绪七年（1881），运使洪汝奎详筹议书院经费，暂在淮北商捐工赈余款内提银五千两，发商每月一分生息，按季解交淮安府支用。”这两所书院当时聘请的掌教皆先达有宿望者，如顾栋高、阮学浩、任大椿、赵翼等，培养出了一批青史上留下姓名的人物，著名的有丁晏、汪廷珍、缪荃孙等。盐商们还热衷于广设义学，为宗族和乡里的贫困

漕运总督署

该署位于淮安城中心位置，初设于明代景泰二年（1451），为明清时期全国漕运中枢机构。漕运总督除漕运主职以外，兼职多变，常涉但不限于巡抚、军务、河道、盐务等。

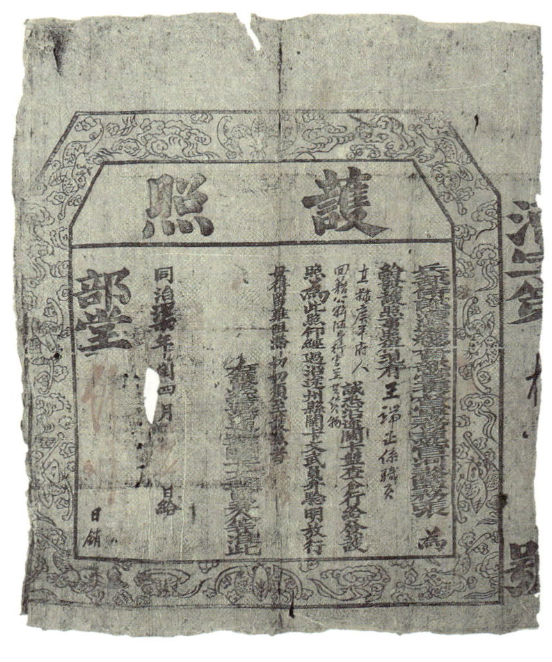
護照

部堂

同治 年 四月 日給

漕运总督兼管盐务时所发护照

子弟提供接受教育的机会，将其“膏泽”从一家推及一族一乡。河下养蒙书院、桂香义塾都是盐商出资兴建的，使得河下“讽诵之声”不绝。

第二节　商籍寓读

盐商是商人中的一种，从唐到清经历了上千年，盐商与其他商人一样遭受歧视，社会地位低下。盐商要改变自己的地位，只有让子弟跻身于统治阶级之列才行。因而两淮商人一直在为子弟争取学额，以便让远离故土的子弟们就近学习、参加科举考试。

明清时代盐商的籍贯，涉及到户口制度、科举制度和籍贯方面的问题。开始时并不怎么重要，对于他们的经营活动似乎并无大碍。时间长了，便直接影响他们的子弟上学读书。读书人的前途就是依靠科举。科举就是从童生、诸生、举人、进士，一步一步跨过去，逐步进入仕途。而考进府县级的儒学，成为一名生员，是进入这一程序的第一步。一个地方的儒学每次录取的生员是有固定限额的，只能录取当地的读书人，外籍人员是不得染指的。在那个时代，许多父母在外地当官或经商的，随行的子女要想参加考试成为生员，就得不远千里，千难万险地返回原籍参加考试。这要花费大笔的银钱，受到很大的艰辛劳累。一次考不上还要多次往返，是很麻烦的。盐商的子女也遇到这样的问题。而且他们在寓居地时间长了，如果返回故里，反而会因为言语不通，面貌不识，产生许多尴尬。他们如果不想回原籍参加考试，就得加入居住地的户籍，再以本地人的身份参加考试。但是，外地人想加入当地籍贯，是很不容易的，在寓居时间长短、有无田

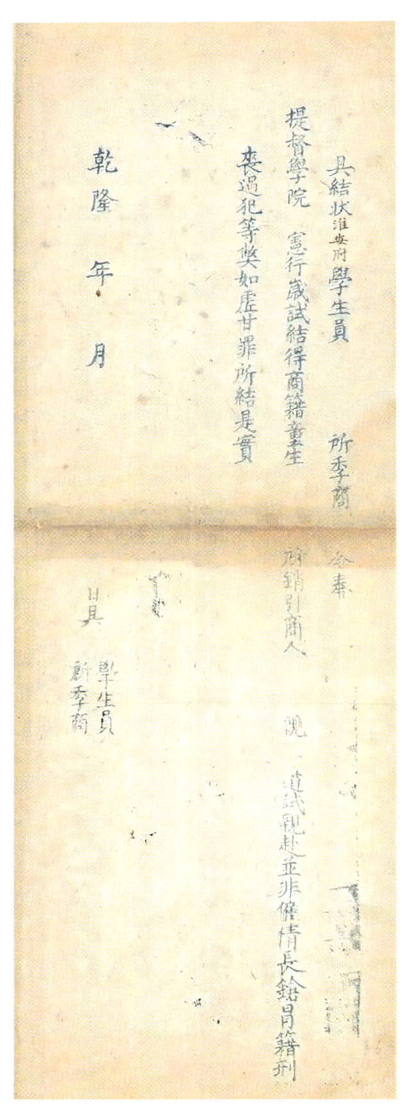
具結狀淮安府學生員　所季商　今奉
提督學院　憲行歲試結得商籍童生　府籍引商人　觀　道試親赴並非僱倩長鎗冒籍刑
喪過犯等弊如虛甘罪所結是實
乾隆　年　月　日具　學生員　所季商

清代淮安府商籍学生科考具结状

中国古代科举制度明确规定，商人及其子弟不得参加科举考试。但明清以后，随着商品经济的发展，为确保盐税收入，朝廷特批盐商子弟以商籍参加科考（填写具结状）。因明清时期江苏、安徽同为一省（明代为南直隶，清代为江南省），故商籍主要为山陕商人子弟读书应试之用。

清代《山阳县学学额》碑拓

产庐墓方面都有规定，而且还要得到当地人的同意。如程朝宣能够加入安东籍，就是因为他花了大把的银子，治好当地水灾，成为当地人的恩人，才得以入籍，就是一个很好的例子。

据地方志记载，当时淮安府、山阳县的学额有限。清代顺治初，淮安府学廪膳生员40名，增广生员40名，附学生员60名。顺治十五年（1658）额，附学生员20名。康熙二十八年（1689），改定25名，武学生员20名。清初山阳县廪膳生员20名，增广生员20名。附学生员，顺治初40名，顺治十五年（1658）减为15名，康熙二十八年（1689）改定20名，雍正元年（1723）增定25名，武学生员15名。而明代以来，淮安、大河二卫暨山西、安徽各商军民，都要占籍山阳（今淮安市淮安区），应试山阳县学者日增，而学额则不增加。所以本地人都极力抵制外地人参加本地科举考试。

本地人的传统思想观念，也是排斥盐商的重要原因。盐商所经营的是商业，在地方士绅的传统思想里，商人是士、农、工、商四民之末，是让人瞧不起的，所以往往不被本地人所接受。特别是参加本地科举，更加困难。试想一个本地儒生，生活较盐商落差很大，心里本来就不平衡。加上自己往往多次参考不得考取，而盐商多财善贾，常常用银子捐个功名就能出去当官。现在又来挤兑他们有限的名额，便理所当然地进行强烈地抵制。同治《重修山阳县志》中载：王赫，字笃祐，号裛蕖。康熙五十年（1711）诸生，10次参加乡试都未考中。博学多通，门生弟子有数百人。尝言曰：学问坏于良知，人品坏于世务，文字坏于顺时取誉。有盐商某谋占

明代山阳县学《教官箴》碑拓

该碑原立于山阳县学（今上坂街东侧），为明代钦差提督学校监察御史彭某所撰，为古代校规之一。

明代《山阳学宫重修祭器碑记》拓片

籍入试，自郡守以下皆右之，赫力持不可。有人给他送礼，被拒绝；威胁他，他抵制得更加坚决。

再如，汪廷珍家迁淮从事盐商活动，是从其高祖开始的，直到他这一代尚未入山阳籍，因此无法参加当地的科举考试。当时他家已经败落，已不经营盐业，生活穷困，只能走读书做官的道路。但是无资金回原籍去通关节应试，而且原籍也生疏了，无从说起。当时山阳举人吕兆龙、陈师濂两位先生慧眼识人，出来为他说话："家乡有此人才，今后必有大的发达，他一定会替淮安增光的。"他们极力推荐汪廷珍参加山阳考试。因为吕、陈两位先生才名威望较高，为一时人伦领袖，他们的话大家肯听，汪廷珍这才得以入籍应考，后来发达了，成为协办大学士。

明代正德、嘉靖年间，朝廷曾给予其他流寓人员可以在异地寄籍暂居或附籍的权利。山西河东盐场也允许办学，为外地盐商的子弟解决科举学习之地和提供生员名额。在这种情况下，两淮盐商也向朝廷提出，要求允许在寓居地参加考试和读书。盐商每年为朝廷挣得大笔的银子，贡献是很大的，朝廷自然要另眼相看。万历年间，官府答复不必单独办学，但他们可以以"商籍"或"灶籍"的名义，附入当地的儒学读书，并分配给有一定的录取名额。这是朝廷对

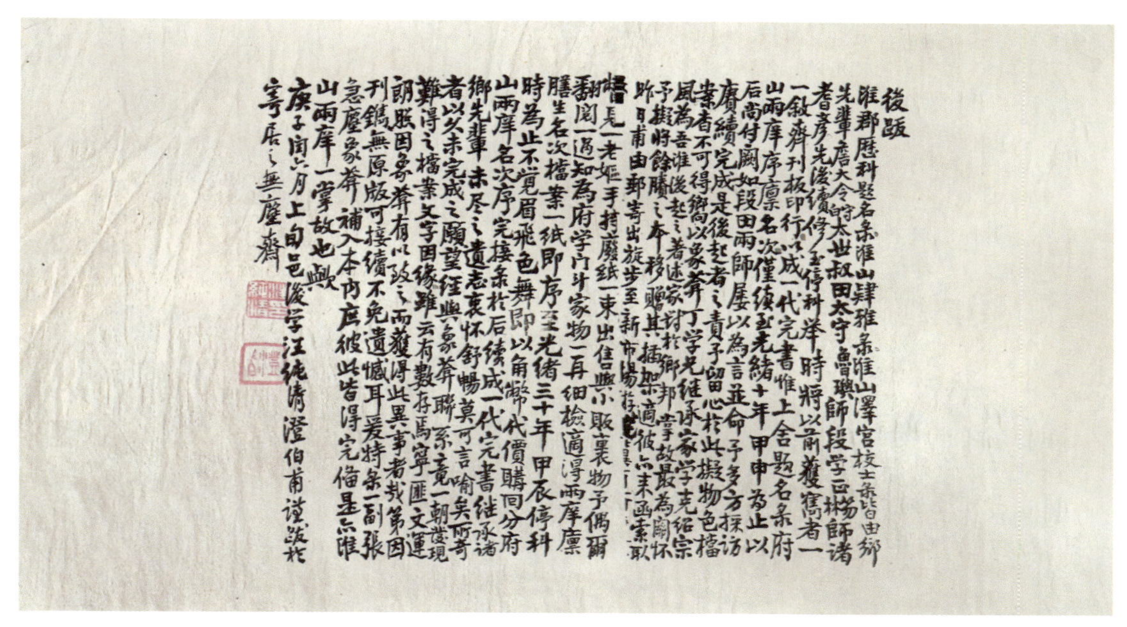
後跋
淮郡歷科題名錄淮山肆雅錄淮山澤宮校士錄皆由鄉
先輩詹大令太守世叔田太守魯璵師段学臣林煬師諸
者彥先後續修至停科舉時將以前獲寫者一
一敘齊刊板印行以成一代完書惟上舍題名錄府
山兩庠序廪名次僅續至光緒十年甲申為止以
后尚付闕如段田兩師屢以為言並命予多方採訪
賡續完成是後起者之責予留心於此擬物色檔
案者不可得嚮以象奔丁学兄繼承家学克紹宗
風為吾淮後起之著述家詩於鄉邦掌故最為關懷
予擬將餘賸之本移贈其插架適彼亦未函索取
昨日甫由郵寄出旋步至新市場[illegible]
攤見一老嫗手持廢紙一束出售與小販裹物予偶爾
翻閱一過知為府学门斗家物一再細檢適得兩庠廪
膳生名次檔案一紙即序至光緒三十年甲辰停科
時為止不覺眉飛色舞即以角幣代價購回分府
山兩庠名次序完接錄於后續成一代完書繼承諸
鄉先輩未盡之遺志衷懷舒暢莫可言喻矣所奇
者以久未完成之願望經與象奔聯系竟一朝發現
難得之檔案文字因緣離云有數存焉寧匪文運
朗照因象奔有以致之而獲得此異事者哉第因
刊鐫無原版可接續不免遺憾耳爰特錄一副張
急屬象奔補入本內庶彼此皆得完備是亦淮
山兩庠一掌故也歟
庚子閏六月上旬邑後学汪純清澄伯甫謹跋於
寄居之無塵齋

民国曹镳《淮山肄雅录》后跋（徽州汪氏盐商后裔汪纯清作）

盐商的一种回报，同时也反映了盐商社会地位有了很大的提高。

《盐法通志》卷九十九《杂记三·两淮灶籍学额》中记载，明代万历间，定商灶籍，扬州府学每次考试时，在正常录取名额之外，可以录取淮南商籍14名，灶籍6名，共20名。淮北盐商的商籍学生，未见有完整资料。但《淮山肄雅录》中有相关记载。只有商籍，并无灶籍。名单如下：

天启元年（1621），4人：梁承祖、王率性、杜瑞枝、杜宗尧。

天启二年（1622），5人：王梦悦、许必扬、乔养宏、亢之琦、高绳祖。

天启四年（1624），5人：杜荫昌、王率新、亢以新、阎鼎璧、许必先。

天启六年（1626），5人：杜征、阎兆元、王麟祥、梁若玺、杜应芳。

天启七年（1627），5人：杜象恒、杜湑、许永祐、许永祚、杜象璧。

崇祯二年（1629），6人：杜景星、杜象震、阎允元、高绎祖、宋第高、程敏学。

崇祯四年（1631），6人：刘琨、张鼎、王凤祥、许永祯、杜隽桂、高章祖。

崇祯五年（1632），5人：崔日表、朱民宸、杜瀚、杜象静、杜采。

崇祯六年（1633），2人：阎巍竖、安天锡。

崇祯八年（1635），4人：许永裕、阎修龄、张明远、亢之琣。

崇祯九年（1636），4人：许惟运、王士伟、许惟岳、乔梦笔。

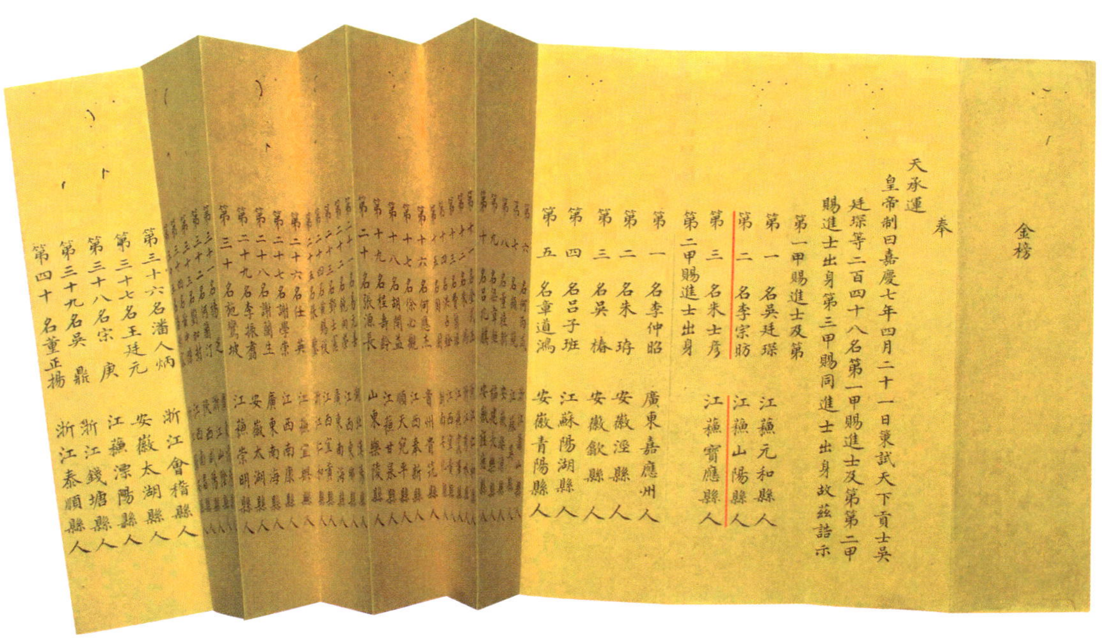
金榜

奉

天承運

皇帝制曰嘉慶七年四月二十一日策試天下貢士吳廷琛等二百四十八名第一甲賜進士及第第二甲賜進士出身第三甲賜同進士出身故茲詔示

第一甲賜進士及第

第一名吳廷琛 江蘇元和縣人

第二名李宗昉 江蘇山陽縣人

第三名朱士彥 江蘇寶應縣人

第二甲賜進士出身

第一名李仲昭 廣東嘉應州人

第二名朱珔 安徽涇縣人

第三名吳椿 安徽歙縣人

第四名呂子班 江蘇陽湖縣人

第五名章道鴻 安徽青陽縣人

第三十七名王廷元 安徽太湖縣人

第三十八名宗庚 江蘇溧陽縣人

第三十九名吳鼎 浙江錢塘縣人

第四十名董正揚 浙江泰順縣人

清代嘉庆七年（1802）壬戌科会试金榜（榜眼即为汪廷珍学生李宗昉）

崇祯十一年（1638），4人：杜象平、杜象成、亢大成、杜良栋。

崇祯十二年（1639），5人：刘汉中、杜嗣皋、乔允圣、王率诵、严庄。

崇祯十三年（1640），4人：杜永昌、杜象艮、阎鼎新、杜象豫。

崇祯十五年（1642），4人：安介、阎起元、阎赞元、乔纪圣。

崇祯十六年（1643），4人：杜从忠、王率中、杜义昌、梁士璠。

顺治二年（1645），5人：杜日华、安愈、梁纪、阎洄、阎鼎衡。

顺治三年（1646），5人：阎若琛、王灏、许惟风、阎若玙、张云翥。

顺治五年（1648），类考寄籍16人：董名立、季秋实、周一脉、冯培、冯介生、陈启知、刘之远、高翔、王星、姜企皋、卢沚、周逢吉、薛珩、杨宗孔、郭巽、张经豆。

顺治五年（1648），岁考14人：骆捷、王率章、杜象易、吴会、罗兆捷、董名正、陆三才、徐球、程文炳、赵国运、许逢可、程模、许惟翰、乔毓圣。

顺治八年（1651），类考4人：阎若璩、李时震、裴缙、刘镳。

顺治八年（1651），岁考5人：刘洛中、乔文蔚、王澍、许惟岱、梁应元。

顺治十一年（1654），3人：李时升、阎上定、杜又昌。

顺治十二年（1655），3人：杜开元、刘澐中、阎若琯。

又，张穆《阎潜丘先生年谱》载：阎修龄，淮安府学生，明末贡生。

这里所说的商籍，仅是定向针对盐商所设的，其他行业的商人不享受这种待遇，也就不包括他们在内。而且，这些商籍只是西商，即山西、陕西来的盐商，并不包括徽商及其他地方来的商人。这可能是因为徽商大量涌入的时间略晚一些。更主要的是，明代与清初徽州当时与两淮地区同属一省，即南直隶或江南省，家乡较近，不必另立商籍。

商籍仅是解决考取生员和继续读书学习的一种措施，对于参加乡试和会试，仍需以原籍身份参加。这从盐商子弟考中举人的名单中，可见一斑。万历以来的阎国魁、阎士望、阎国桢、杜逢时、阎会春、高士望、乔尧仁，顺治年间的李铠、阎若琛、阎洞等人，都注明是“山西籍”或“山西中式”。然而对于徽商来说，因为同属江南省，不存在这个问题。

清代淮安学者杨庆之在《春宵呓剩》中记载了这一情况：“一曰商籍。淮北纲盐都会之所，又南北通衢，茶马骈集，招之使来，以领官帖。自新安至者，朱、鲍、汪、程；山西则高、阎、李、乔；云南则何、周；其余杜、梁、王、亢、许、崔不知何省。在山阳考试而自为商籍，许其拨回，故有入山阳学者而归本省中式者，亦有不归本

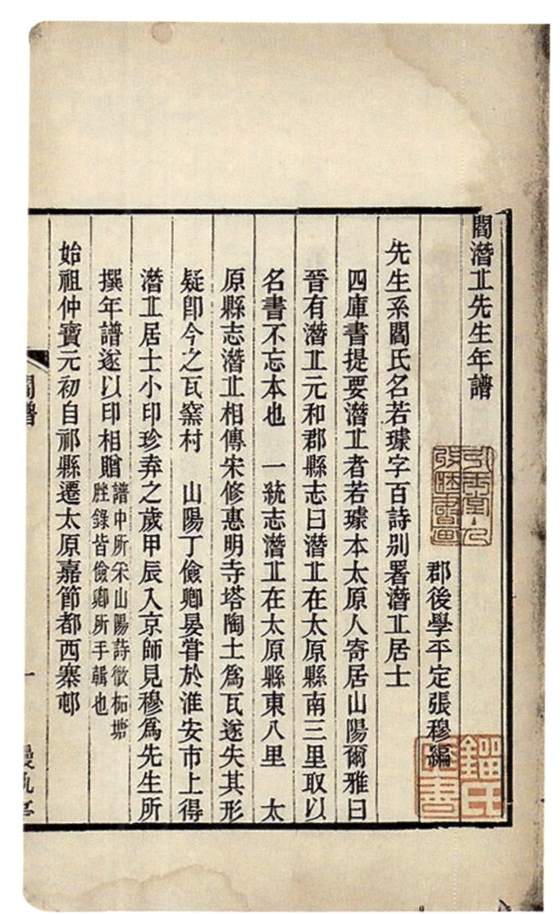

閻潛丘先生年譜

郡後學平定張穆編

先生系閻氏名若璩字百詩別署潛丘居士

四庫書提要潛丘者若璩本太原人寄居山陽爾雅曰晉有潛丘元和郡縣志曰潛丘在太原縣南三里取以名書不忘本也　一統志潛丘在太原縣東八里　太原縣志潛丘相傳宋修惠明寺塔陶土爲瓦遂失其形疑即今之瓦窯村　山陽丁儉卿晏嘗於淮安市上得潛丘居士小印珍弆之歲甲辰入京師見穆爲先生所撰年譜遂以印相贈譜中所采山陽詩徵柘塘脞錄皆儉卿所手輯也

始祖仲實元初自祁縣遷太原嘉節都西寨邨

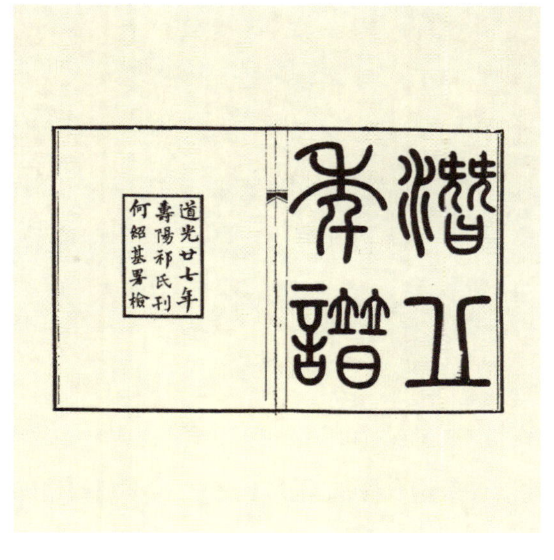

潛丘年譜

道光廿七年壽陽祁氏刊

何紹基署檢

张穆《阎潜丘先生年谱》

<table>
<tr><th colspan="6">淮安盐商家族进士情况概览表</th></tr>
<tr><th>朝　代</th><th>姓　名</th><th colspan="2">科次</th><th>原　籍</th><th>产业地</th></tr>
<tr><td>明　代</td><td>阎世科</td><td>万历三十三年（1604）</td><td>甲辰科</td><td rowspan="3">太原县</td><td rowspan="6">淮　安</td></tr>
<tr><td rowspan="21">清　代</td><td>阎若璩</td><td>顺治十五年（1658）</td><td>戊戌科</td></tr>
<tr><td>阎　洞</td><td rowspan="4">顺治十八年（1661）</td><td rowspan="4">辛丑科</td></tr>
<tr><td>李时谦</td><td rowspan="2">襄陵县</td></tr>
<tr><td>李时晋</td></tr>
<tr><td>程　涞</td><td rowspan="2">歙　县</td></tr>
<tr><td>程文正</td><td>康熙三十年（1691）</td><td>辛未科</td><td>扬　州　淮　安</td></tr>
<tr><td>阎　咏</td><td>康熙四十八年（1709）</td><td>己丑科</td><td>太原县</td><td>淮　安</td></tr>
<tr><td>程梦星</td><td>康熙五十一年（1712）</td><td>壬辰科</td><td rowspan="2">歙　县</td><td>淮　安　扬　州</td></tr>
<tr><td>程　崟</td><td>康熙五十二年（1713）</td><td>癸巳恩科</td><td rowspan="5">淮　安</td></tr>
<tr><td>刘信嘉</td><td>康熙五十四年（1715）</td><td>乙未科</td><td>太原县</td></tr>
<tr><td>吴　凖</td><td>乾隆四年（1739）</td><td>己未科</td><td rowspan="7">歙　县</td></tr>
<tr><td>黄交泰</td><td>乾隆七年（1742）</td><td>壬戌科</td></tr>
<tr><td>吴玉镕</td><td>乾隆十九年（1754）</td><td>甲戌科</td></tr>
<tr><td>曹文埴</td><td>乾隆二十五年（1760）</td><td>庚辰科</td><td>淮　安　扬　州</td></tr>
<tr><td>程　沆</td><td>乾隆二十八年（1763）</td><td>癸未科</td><td rowspan="2">淮　安</td></tr>
<tr><td>程晋芳</td><td>乾隆三十六年（1771）</td><td>辛卯恩科</td></tr>
<tr><td>曹振镛</td><td>乾隆四十六年（1781）</td><td>辛丑科</td><td>淮　安　扬　州</td></tr>
<tr><td>汪廷珍</td><td>乾隆五十四年（1789）</td><td>己酉科</td><td>休宁县</td><td rowspan="4">淮　安</td></tr>
<tr><td>程骏业</td><td>嘉庆元年（1796）</td><td>钦　赐</td><td rowspan="2">歙　县</td></tr>
<tr><td>程元吉</td><td>嘉庆十年（1805）</td><td>乙丑科</td></tr>
<tr><td>王鸿翔</td><td>光绪二十九年（1903）</td><td>癸卯补行
辛丑壬寅
恩正并科</td><td>丹徒县</td></tr>
</table>

省而中式江南者。”

到了顺治后期，再没有商籍生员的记载，大约此时前后淮北不再为盐商设商籍了。其原因可能是因为淮安水灾多发，百姓逃亡，户口缺额，官署将聚居淮安河下附近的盐商大都编入山阳户籍，商籍不再使用。

淮北盐商子弟入学方便，且有雄厚资产作保障，衣食无忧，学业有成，使盐商的后人分成两部分：一部分继承祖业，经营盐业，追逐更大的利润；另一部分进入仕途，成为政府官员，为他们盐业活动交接官府提供方便和保证。

汪廷珍学生李宗昉“榜眼及第”挂匾

在所见资料中，涉及盐商经营情况的很少，而涉及科举得意和有学问专长的事记载的较为详细。仅淮安河下一地，明清两代科举考中进士67名中，盐商子弟就占了20多人，这其中还不包括一些既在扬州搞经营、有产业，又在淮安搞经营、有产业的盐商子弟。通常所说的河下科举考试成绩“十二翰林三鼎甲”，就是说弹丸之地的河下，在科举史上有12位翰林，进士前三名状元、榜眼、探花都有。在12位翰林中，盐商子弟占一半：程沆、汪廷珍、程晋芳、程骏业、程元吉、王鸿翔，鼎甲中有1人：高中榜眼的汪廷珍。这说明盐商子弟在读书方面，与经商同样颇有成果。

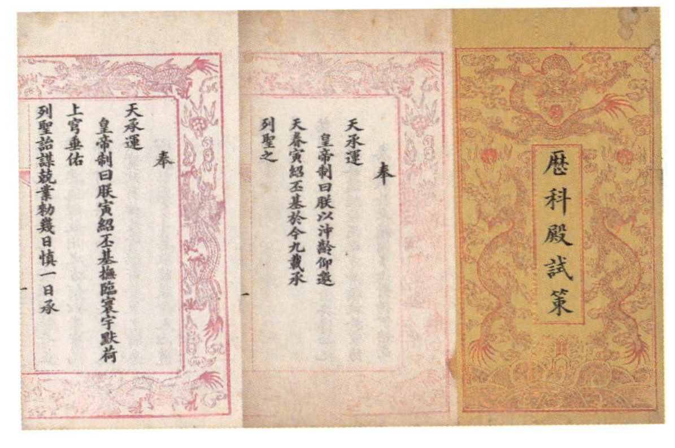

清代光绪《历科殿试策》

第三节　科举入仕

在儒家思想的影响下，盐商们将自己未实现的理想，寄托在了下一代身上，十分重视宗族内子弟的学业。他们在发财致富后的头等大

阎若璩祖父阎世科画像

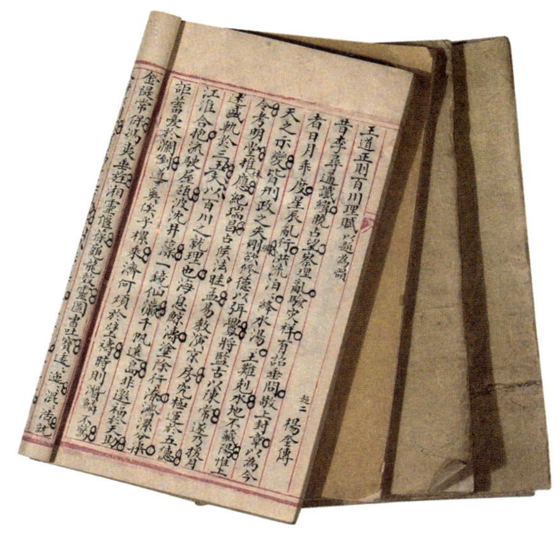

清代山西科举资料手抄本

事，就是延师课子、设置家塾，成功者也往往从财产中拨一部分钱财来奖励族中读书求学之人，促进家庭（家族）子弟读书向学风气的形成，促进地方教育事业的发展。盐商子弟在淮安读书学习，后回原籍考中举人，再中进士即可进入仕途。他们当中许多人成了政府官员，并有所作为。

一、山西太原阎氏

阎世科，任宁前兵备道参议。阎世科（1570—1642），字伯登，号蟠楚，又号龙门，阎若璩祖父。明代万历年间进士，“授湖州府推官，旧有疑谳，久拖未决，世科尽心鞠讯，得囚冤状，遂出之，一邑惊异。除萧山令，萧山故盗薮，世科下车，严为搜治，宿害顿绝。升户部主事，累官宁前兵备道参议，致仕归。”去世后，葬于淮安施河蛟龙沟，明末著名学者、南明隆武时期首辅黄道周为其撰墓志铭并书丹，碑今藏于淮安市楚州博物馆。

阎若琛，任嘉兴府知府。阎若琛，生卒不详，字紫琳，阎若璩从弟。清代顺治三年（1646）以商籍入淮安府学为诸生，顺治十一年（1654）中举人，顺治十五年（1658）中进士，授任兵部主事。康熙二十八年（1689），任浙江嘉兴府知府。据《嘉兴府志》中记载，其“居官严谨，门无私谒。治郡四载，百废俱兴”。

阎洞，任安溪县知县。阎洞，生卒不详，字鹤龛、锦涛，阎若璩从兄，顺治二年（1645）以商籍入淮安府学，顺治十七年（1660）中举人，次年成进士。康熙十年（1671），任安溪县知县。时当地风俗多习武闹事，赋税也多收不上来。“洞至，推诚榜谕，浃于民隐，未浃旬，积逋悉完。革去一切不合理的弊政，供者不劳，近者不扰，讼庭如僧舍，风俗为之一新。”《福建通志》中有其传。

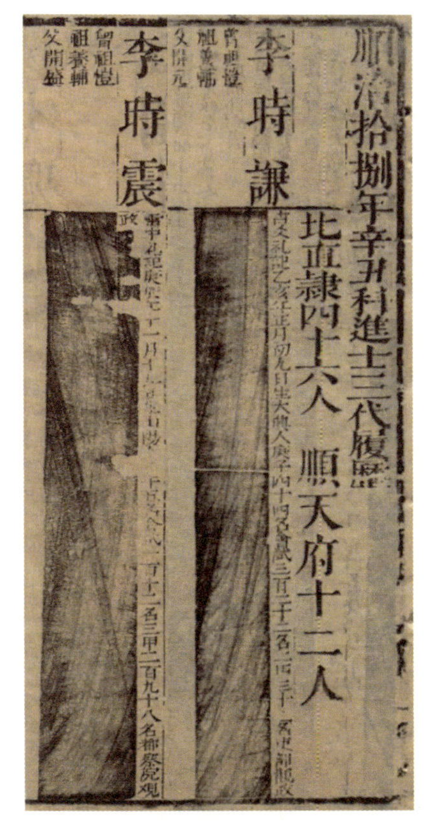

清初《进士三代履历便览》

二、山西襄陵李氏

李时谦，任陕西粮盐道。李时谦，生卒不详，字吉爻，号苏庵。顺治十八年（1661）中进士，“授潞安府推官，以裁缺改知乐陵县事，擢河南道御史，密疏请停甲子年秋决并量减民间一应死罪，上可其奏，所存活无算；又疏言河工事宜，皆奉俞允；巡视河东盐政，奏除加征、割没诸税。”其端方廉毅，台中推为正人，在康熙时期有“真御史”之目。当时的宰相陈廷敬、尚书王士祯，“皆以师礼尊之”。“以言事忤辅臣辞官回家，杜门不与外事。后因昆山徐公推荐，被特旨起用，再入台垣，升任陕西粮盐道。”他改革旧制，行销引盐，止用三省印记，不限州邑，盐得通行无碍，而商人得以喘息。还亲自调查盐池，选择出水的盐畦，命商人筑堰堵水做成盐田。不久逝于任上，督抚大员及许多同僚都来吊唁。因他操守孤介，不名一钱，甚至住所蓬蒿满庭，无钱置办棺木，众人挥涕筹钱，为之办理丧事。其子李师沆，为候补县官。其孙李为梗，字乔森，为候补训导。

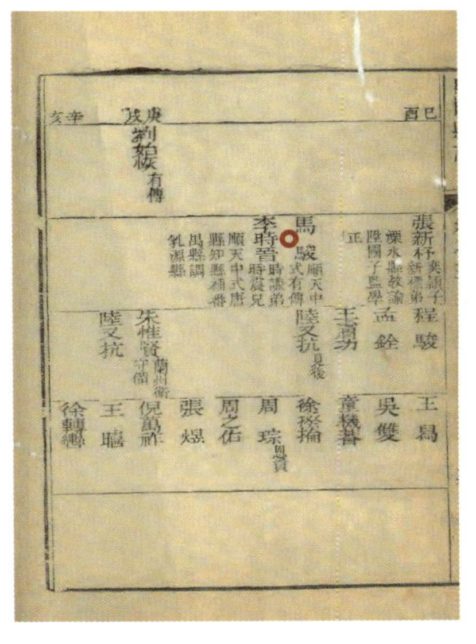

清代乾隆《山阳县志》

李时晋，任知县。李时晋，生卒不详，字庸

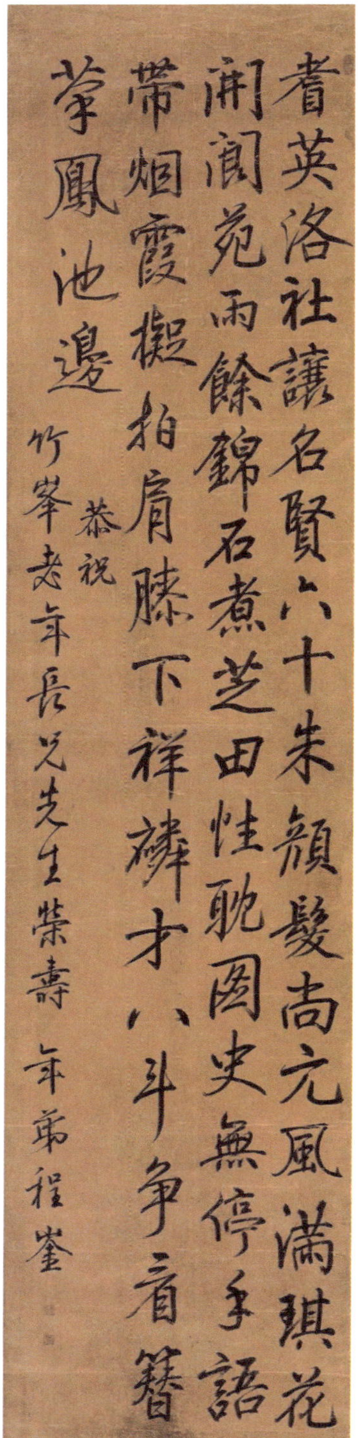

程崟行书七言诗

侯，号恕庵，李时谦之弟。顺治八年（1651）诸生，康熙八年（1669）北榜（指明代顺天府乡试录取的榜帖）举人。历任河北唐县、广东番禺、广东乳源三县知县。

李时震，任中书舍人。李时震（1636—1702），字雷中，号恂庵，李时谦的同祖弟。李时震与李时谦同中顺治十八年（1661）进士，任中书舍人，乞终养归。著《去来吟》。其子李师焘，附监生，考授州同知。

三、徽州歙县程氏

程崟，任武选司郎中。程崟（1687—1767），字夔州，或作夔周，一字南陂，号二峰，程增三子，方苞学生。“生而倜傥，少俗情”。康熙五十二年（1713）中进士，充武英殿纂修官，历任兵部职方司主事、武选司员外部、郎中。雍正皇帝整顿吏治，创立会考府，命程崟参与其事。不久，即以母亲年高为由告归。其实当时他正年富力强，主要是对当官没兴趣，且家财丰厚，何必官场劳神。回家后30余年不出，有《二峰文稿》《唐宋八家读本》等著作。

程銮，任金衢严道。程崟的伯兄程鎏，即程銮（1666—1727），字坡士，号渔山，安东县（今淮安市涟水县）廪贡生，效力西陲，以军功获工部虞衡司主事之职，诰授光禄大夫。历任浙江粮储道，布政司参议，改分守金衢严道，摄布政使。每以公事经淮顺道探亲，“夹道聚谈，人皆以是为美谈。”丁父忧归后，服阕以母老不再为官，家居朴质如老诸生。

程鏊，任刑部陕西清吏司郎中。程鏊（1689—1759？），字秋水、艺农，程堦次子。乾隆二年（1737），任刑部陕西清吏司郎中，或为捐官。程鏊喜爱作诗，于乾隆十八年（1753）刻印了《秋水诗钞》，而让他没想到的是，这本诗集给他带来了很大

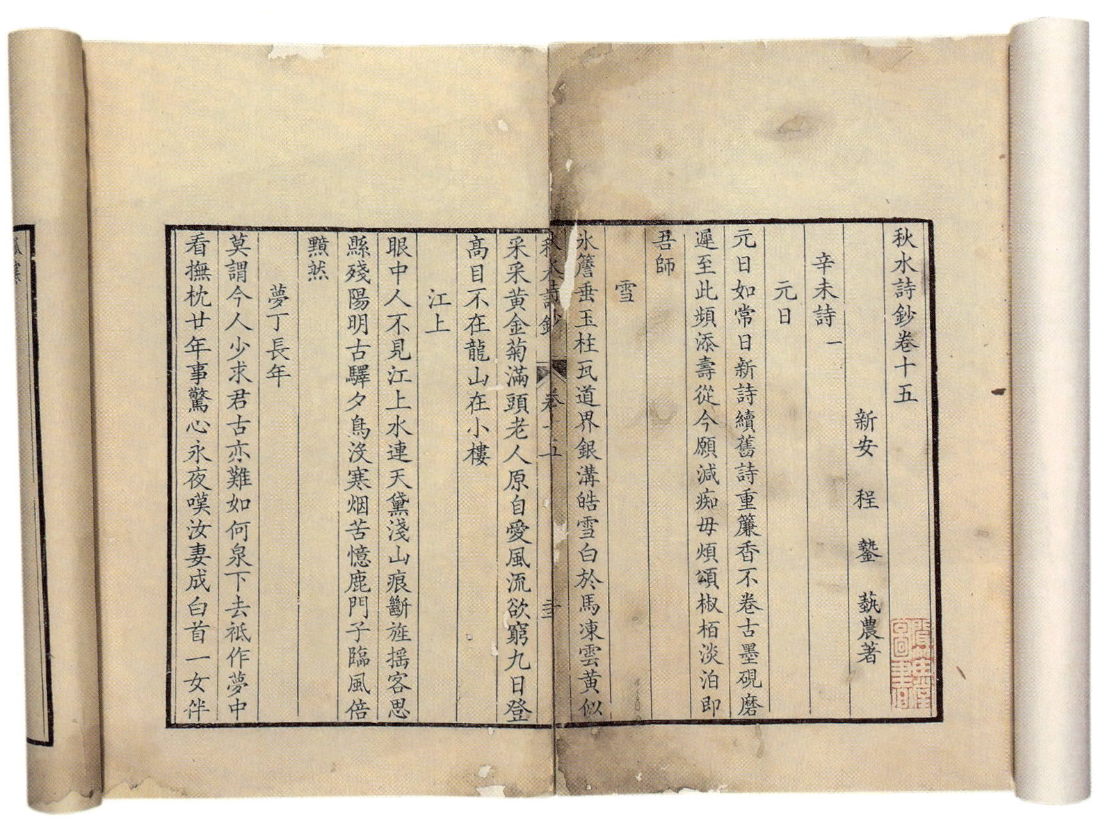

秋水詩鈔卷十五

新安 程鑾 蓺農著

辛未詩一

元日

元日如常日新詩續舊詩重簾香不卷古墨硯磨遲至此頻添壽從今願減痴毋煩頌椒栢淡泊即吾師

雪

氷簷垂玉柱瓦道界銀溝皓雪白於馬凍雲黃似

采采黃金菊滿頭老人原自愛風流欲窮九日登高目不在龍山在小樓

江上

眼中人不見江上水連天黛淺山痕斷旌搖客思懸殘陽明古驛夕鳥沒寒烟苦憶鹿門子臨風倍黯然

夢丁長年

莫謂今人少求君古亦難如何泉下去祇作夢中看撫枕廿年事驚心永夜嘆汝妻成白首一女伴

程鑾《秋水诗钞》

该书共有二个版本，一为康熙原本，一为乾隆刊本。乾隆刊本所收及版式与康熙原本不同。此为康熙初刻初印本。

的灾难，无端吃了一场官司。乾隆二十年（1755）九月上旬的一天，官差突然查抄其家，并将他的《秋水诗钞》印本和刻板一起抄走。与此同时，程鑾也被羁押至山阳县署待审。时内阁学士胡中藻在朝中门户帮派严重，长期互相攻击，对皇权构成重大威胁，乾隆深痛恶之。胡中藻是其中坚人物，乾隆便以文字狱将其夺官，以悖逆罪诛死。此事一出，淮安府知府、江南河道总督富勒赫、漕运总督瑚宝以及江苏巡抚庄有恭便立即着手审查程鑾《秋水诗钞》一案，并还向乾隆皇帝报告。再看程鑾诗作，乾隆皇帝坚信这是讹诈，并明确指出其中并无讥讪悖逆之语。后来得知，这是一次蓄谋已久的栽赃事件。一个名叫赵永德的人，借“胡中藻案”对程鑾进行敲诈。经过一番折腾，虽程鑾得恩旨被释放，但家道也由此衰败下来。

程沆，任翰林院庶吉士。程沆，生卒不详，字瀣亭，号

御制四库文阁诗墨

乾隆四十七年（1782），《四库全书》第一部书成，后又抄成七套，专门建造了南北7座藏书阁收贮，分别为：清宫文渊阁、承德文津阁、圆明园内文源阁、沈阳文溯阁、扬州文汇阁及镇江文宗阁，统称四库文阁。此套御制墨所饰为北四阁，墨模十分精细，纹饰镌刻立体挺拔，是乾隆御制墨中的代表之作，由汪近圣“鉴古斋”承贡。

晴岚、琴南，程鉴三子。工文章，由举人任内阁中书，军机处行走，方略馆纂修。后考中进士，授翰林院庶吉士。

程元吉，任翰林院编修。程元吉，生卒不详，字文中，号蔼人，程鉴曾孙，程沆侄孙。乾隆五十三年（1788）中举人，任内阁中书。嘉庆十年（1805）中进士，官翰林院编修，充实录馆协修官。程元吉为人清修长厚，轻财好施。“性至孝，以父世椿病，弃官归，及门，而父已殁，哀毁逾礼。自恨未得亲视含殓，遂终身不再出仕。”

程晋芳，任翰林院编修。程晋芳（1718—1784）虽长期为歙县籍，但与淮人无异。他为淮安学者、同为歙县盐商后裔吴进所作之《一咏轩诗草序》开头即云：“余生长于淮之山阳。”又说：“余未服官前，居淮45年。”且自称为“同里弟”。乾隆二十七年（1762）三月，乾隆南巡过淮，程晋芳献赋后赐举人，又授中书舍人，协办侍读事，后充方略馆纂修。乾隆三十六年（1771），他考中进士，任吏部验封司，后兼文选司主事。乾隆三十八年（1773）《四库全书》馆开，经诸大臣荐举，入馆分任编校工作。《四库全书》初稿完成后，乾隆皇帝特改授程晋芳为翰林院编修。他“延接宾客，宴集无虚日”“江淮耆宿，一时若无锡顾震沧、华半江，宜兴储茗坡，松江沈沃田诸君子，咸与上下其绪论。”程晋芳好交友，他死后，京师人云：“自鱼门先生死，士无走处。”

四、山西太原刘氏

刘信嘉，任岑溪知县。刘信嘉，生卒不详，字孚众，康熙五十四年（1715）进士。其父刘汉中（1621—1701）为东流县训导，初为诸生。刘信嘉家本是山西太原振武卫人，因来淮经营盐业而定居于淮安，到刘汉中时已经衰落。他奋力学习，仗义好施。“临清倪之煌、萧山毛奇龄、桃源田太纶避难淮上，皆与刘汉中相友善。外家杜氏无嗣，岁时必往祭奠其墓，告诫子孙不要忘了妻父；王某卒，养其幼子女，又为立墓于祖茔侧，岁时并祀之。临清倪天章卒于马陵，经纪其丧；倪无后，春秋必携壶榼往奠，其好义如此。”刘信嘉少时多病，爱好读书，他便模仿朱子西山读书分年法，“画以岁月，务强记，手录几数百卷。”进士及第后，他被授任为广西岑溪县知县。任知县时，他“禁革旧弊，民以不困；岁饥之时，

李嘉福《朱彝尊及毛奇龄小像》

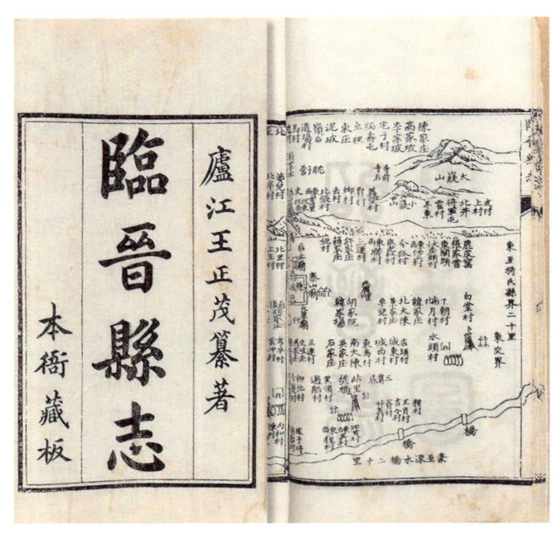

清代光绪《临晋县志》中的临晋县界图

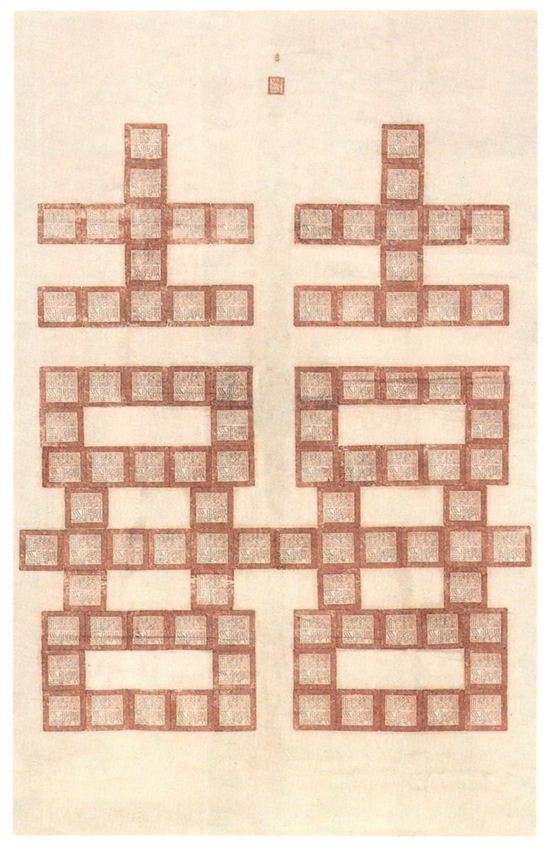

清代“虞乡县印”所印“囍”字

来不及请示汇报，尽发仓粟以贷民，全活无算；有劫盗杀人未获，武弁使他盗自诬服，信嘉察其枉，问状得实，免死者三十四人；充同考官，号称‘得士’。乞休归，分俸赡族。年七十六卒，同邑绅士皆往祭之，以为可继李阁学公凯也。”后岑溪县百姓将其与海宁县周春、金坛于烜列入“岑溪三贤祠”，春秋祀之。

刘培元，任咸安宫教习。刘培元，生卒不详，字万资，为刘汉中侄孙，拔贡生。其品行端正，学问根底厚实，文名为一时之冠。因伯父刘信嘉的推荐，被授为山西虞乡县知县。在当时，已并入临晋县400年之久的虞乡县得以在清代雍正年间复置，时临晋县知县一心想要改调虞乡县知县，在其奉命勘定二县县界时，先按旧界勘定，见刘培元突然到任虞乡县知县后，临晋县知县见改调无望，便一怒之下篡改图籍，将原本属于虞乡县的涑水左右土地改隶临晋县。如此操作之后，虞乡县民众即便渡河还要缴纳税款，便有大批百姓前往县署向刘培元呼吁。而武弁皂隶却以聚众胁官向上申报，所谓肇事者被全部逮捕下狱，且将重惩。刘培元得知后，当即表示不能诬陷百姓，又竭力向上陈说，得以让入狱者释放。后刘培元“定界址，立城郭，起学校，置官署库”，使得事态平息。他还曾辨明一个冤案，使5位无辜者活命。后因得罪恶吏被罢。雍正皇帝知道他是贤才，还特地召见了他，之后改任咸安宫教习，大学士鄂尔泰、张廷玉很器重他，以博学鸿词相荐。因刘培元有病归乡，后即病逝。

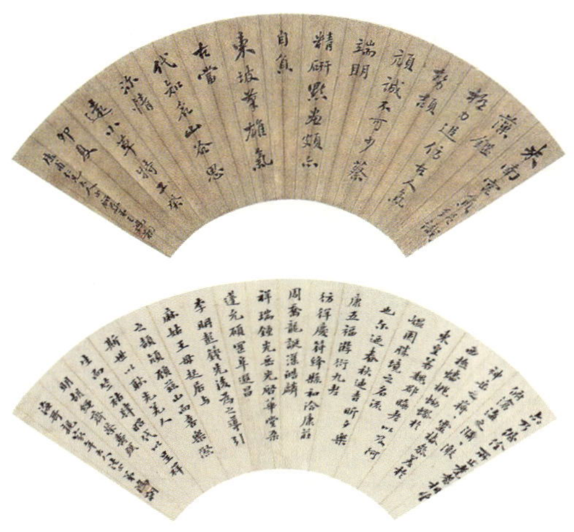

王鸿翔所书扇面

五、徽州休宁汪氏

汪廷珍，任礼部尚书、协办大学士。据载，汪廷珍（1757—1827）祖父和父亲都仁厚好施，不但将自己所分得的那部分家产折腾光了，还受同族人欺侮，于是生活就穷困下来了。汪廷珍在很小的时候，他的父亲就去世了。他在其母程氏照料下，发愤读书。他为人沉着，极有度量，深得当时前辈的赏识。李宗昉父亲李庆曾还将自己的女儿嫁给他。进入仕途后，即授为编修，擢侍讲，迁祭酒，积官都察院左都御史。汪廷珍以文章品谊高天下，“海内推为正人。门生故吏遍朝野”，但一辈子不搞拉拉扯扯，没有特别密切和特别疏远的关系，门无杂宾。后官至道光皇帝上书房总师傅、礼部尚书、协办大学士，死后赠太子太师，谥“文端”。

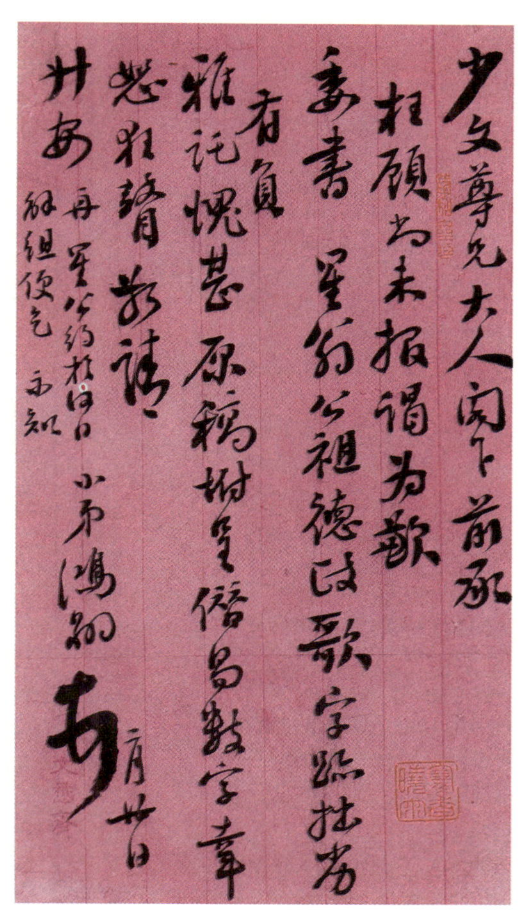

王鸿翔信札

六、江苏丹徒王氏

王鸿翔，任翰林院庶吉士。王鸿翔（1869—？），字燕孙，又字惕生，号研荪，又号澹庵。幼年在淮安河下从学者徐嘉读书，与淮安另外两个翰林周钧、徐钟恂为同一师门。其于光绪八年（1882）入学，为镇江府丹徒县（今镇江市丹徒区）附监生。他的父亲还为他捐了盐提举、

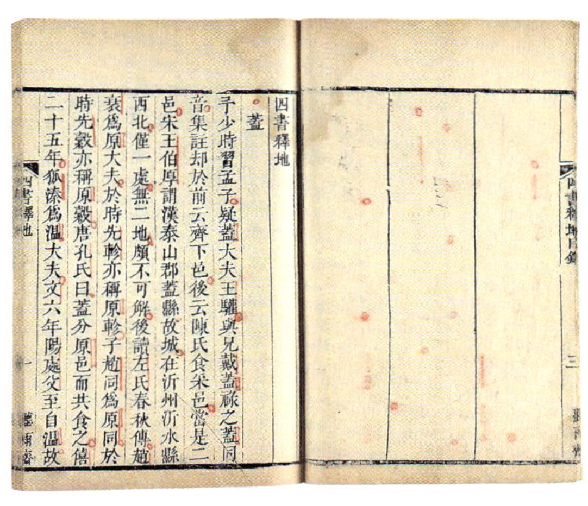

四書釋地

蓋

予少時習孟子疑蓋大夫王驩與兄戴蓋祿之蓋同音集註却於前云齊下邑後云陳氏食采邑當是二邑宋王伯厚謂漢泰山郡蓋縣故城在沂州沂水縣西北僅一處無二地頗不可解後讀左氏春秋傳趙衰爲原大夫於時先軫亦稱原軫子趙同爲原同於時先穀亦稱原穀唐孔氏曰蓋分原邑而共食之僖二十五年狐溱爲溫大夫文六年陽處父至自溫故

阎若璩《四书释地》

孟子生卒年月考

太原閻徵君若璩著

孟子生卒年月考

按孔子生卒出處年月具見史記孔子世家而孟子獨略於是說者紛紜余嘗以七篇為主參以史記等書然後歷歷可考蓋生為鄒人晚始游梁繼仕齊為卿久之歸鄒又如宋以樂正子故至魯終之滕道不行歸而作書七篇卒當在赧王之世卒後書為門人所敘定故諸侯王皆加謚焉

又按史記孟子列傳孟軻鄒人也鄒為今山東兖州府鄒縣張

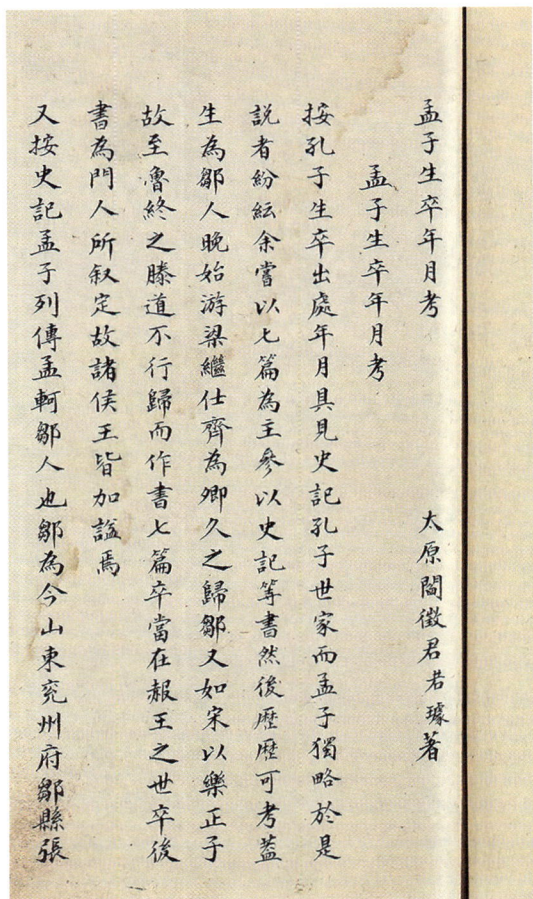

阎若璩《孟子生卒年月考》

会典馆汉誊录官及议叙分省补用通判等头衔。乡试中，因患神经瞀乱症而中途离场，后又参考多次均未考中，至光绪二十八年（1902）才考中举人。此年距其入学整整20年。次年，连捷成进士，距其中举仅8个月，便有了“二十年秀才，八个月举人”之说。王鸿翔殿试考中二甲20名，钦点翰林院庶吉士。因此，淮安地方人士多称他为“王翰林”或“王太史”。

第四节　潜心撰著

中了进士能做官，不等于就有学问，或就有多大贡献。那些功名不太高，甚至未能登上仕途的淮安盐商及其子弟中，却有许多饱学之士。他们既没有因经商而发家，又没有因入仕而扬名，然而却潜心撰著，在学术方面颇有建树，甚至出现了大师级的人物。他们超越了他们所在的那个时代，对当时乃至后世产生重大影响。

一、乾嘉学派开创者阎若璩

阎若璩家族既是盐商之家、又是书香世家，家学渊源，自幼就置身于良好的读书环境之中，受到家庭的文化熏陶。作为淮安府的商籍学生，阎若璩除了在顺治十八年（1661）回原籍太原县学随补廪膳生外，什么功名也没有，但却是阎氏家族中真正的大儒。

清代学者江藩在其《汉学师承记》

中记载，阎若璩出生后，祖父很喜欢他，常把他抱坐在膝上，抚摸着他的头。曾说：“妆貌文，其为一代儒者以光吾宗乎？”这句话虽然是无意中讲的，但阎若璩后来不但成为阎家的光荣，也可以说成了两淮盐商的光荣。关于阎若璩的学术地位，近代学者傅斯年在其《与顾颉刚论古史书》中也说道：“我们可以说道，颉刚以前，史学考订学中真正全是科学家精神的，只是阎若璩、崔述几个人。”梁启超在《中国近三百年学术史》第六节中专门对阎若璩作了专论，并说“三百年来公认他是第一流学者”。关于阎若璩的生平与家庭，梁启超这样写道：“阎百诗，名若璩，别号潜丘居士，山西太原人，寄籍江苏之山阳，生明崇祯九年，卒清康熙四十三年（1704），年六十九。他的父亲名修龄，号牛叟，本淮南盐商，但很风雅，也可算一位名士或一位遗老。百诗人格之峻整，远不如亭林，生平行谊，除学者日常生活外，无特别可记。康熙十七年（1678），他应博学鸿儒科，下第，很发牢骚。其后徐健庵（乾学）在洞庭山开局修《大清一统志》，聘他参与其事。他六十八岁的时候，清圣祖南巡，有人荐他，召见，赶不上，他很懊丧。时清世宗方在潜邸，颇收罗名士，把他请入京，他垂老冒病而往，不久便卒于京寓。其行历可记者仅如此。所著书曰《古文尚书疏证》八卷、《毛朱诗说》一卷、《四书释地》六卷、《潜丘札记》六卷、《孟子生卒年月考》一卷、《困学纪闻注》十二卷。”

梁启超说，“百诗仅有这点点成绩，为

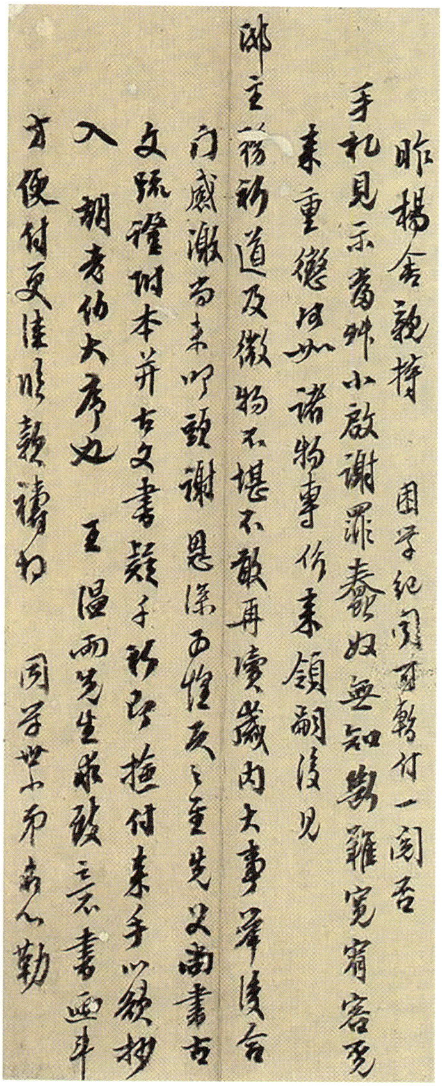

阎咏谈及其父阎若璩之信札

阎咏书札极为罕见。本通作于康熙十五年（1706），阎咏在信中谈及皇四子胤禛、其父阎若璩及学者胡渭等人，内容涉其父著作《尚书古文疏证》，阎咏自己著作《古文书疑》，及胤禛为阎若璩所作《世宗宪皇帝挽章》，并提及阎若璩下葬之事。“胡老伯”即指胡渭，与阎若璩为同时代经学巨擘，学术过从极密。

近代学者梁启超像

什么三百年来公认他是第一流学者呢？他的价值，全在一部《古文尚书疏证》。”《尚书》在汉代，本有今古文之争。伏生所传的叫做“今文尚书”，孔安国所传的叫做“古文尚书”。但孔安国所传的已好久不见于世，魏晋之间都没有人见过。到东晋时，忽然有梅赜其人者，拿出一部《古文尚书》来，篇数却比今文多得多。到初唐，陆德明据以作《经典释文》，孔颖达据以作《五经正义》。自此以后，治《尚书》者，都用梅赜本，千余年中，几无人疑。直到阎若璩写出了他的《古文尚书疏证》，用大量确凿证据证明了《古文尚书》中大多数篇章都是东晋人的赝作。

梁启超接着说：“请问，区区二十篇书的真伪，虽辨明有何关系，值得如此张皇推许吗？答道，是大不然。这二十几篇书和别的书不同，二千余年来公认为神圣不可侵犯之宝典，上自皇帝经筵进讲，下至蒙馆课读，没有一天不背诵他。忽焉真赃实证，发现出全部是假造，你想，思想界该受如何的震动呢？……中国人向来对于几部经书，完全在盲目信仰的状态之下。自《古文尚书疏证》出来，才知道这几件‘传家宝’里头，也有些靠不住，非研究研究不可。研究之路一开，便相引于无穷。自此以后，今文和古文的相对研究，六经和诸子的相对研究，乃至中国经典和外国经典的相对研究，经典和‘野人之语’的相对研究，都一层一层地开拓出来了。所以百诗的《古文尚书疏证》，不能不认为近三百年学术解放之第一功臣。”

閻徵君若璩

王山長先生畫卷詩扇何日有將
有人歸故山欲付之耳
行期何日須確在三日前來說聲好
作黑松莊札子并
訂不既
弟閻若璩頓首
楓翁先生

阎若璩信札碑拓

阎若璩虽无功名，却是由两淮盐商家族中走出的伟大学者。皇四子胤禛（即后来的雍正皇帝）闻知阎若璩大名，便邀他进京，馆于王邸，“呼先生而不名”“执手赐坐，日索观所著书，每进一篇，未尝不称善”。阎若璩病逝之后，胤禛不但为其出了丧事费用，还作挽诗及祭文，称他“读书等身，一字无假；积轴盈箱，日程月课；孔思周情，皆大言深”。

作为我国清初一位著名的朴学大师，阎若璩一生勤奋治学、著书，他毕生研究经学、古地理学，治学严谨，善于思考。他常说“读书不寻源头，虽得之殊可危”“事必求其根柢，言必求其依据”。这种学风，对乾嘉学派的形成影响很大。阎若璩研究学问的方式，我们今天仍在借鉴使用。他的批判精神，严谨态度，以及对详细资料的占有，对细节缜密的考证和实事求是的学风，是我们的宝贵的文化遗产，永远值得我们继承和发扬。

二、古文献学者吴玉搢

吴玉搢（1698—1773），字藉五，号山夫，晚号顿研、钝根。其“天生清癯雅韵，康熙末诸生，补廪生，乾隆十年（1745）岁贡生”。先世歙县人，明代嘉靖年间经营盐业来淮。到了清代，吴家多数已不再经营盐业，而是成为书香人家。他

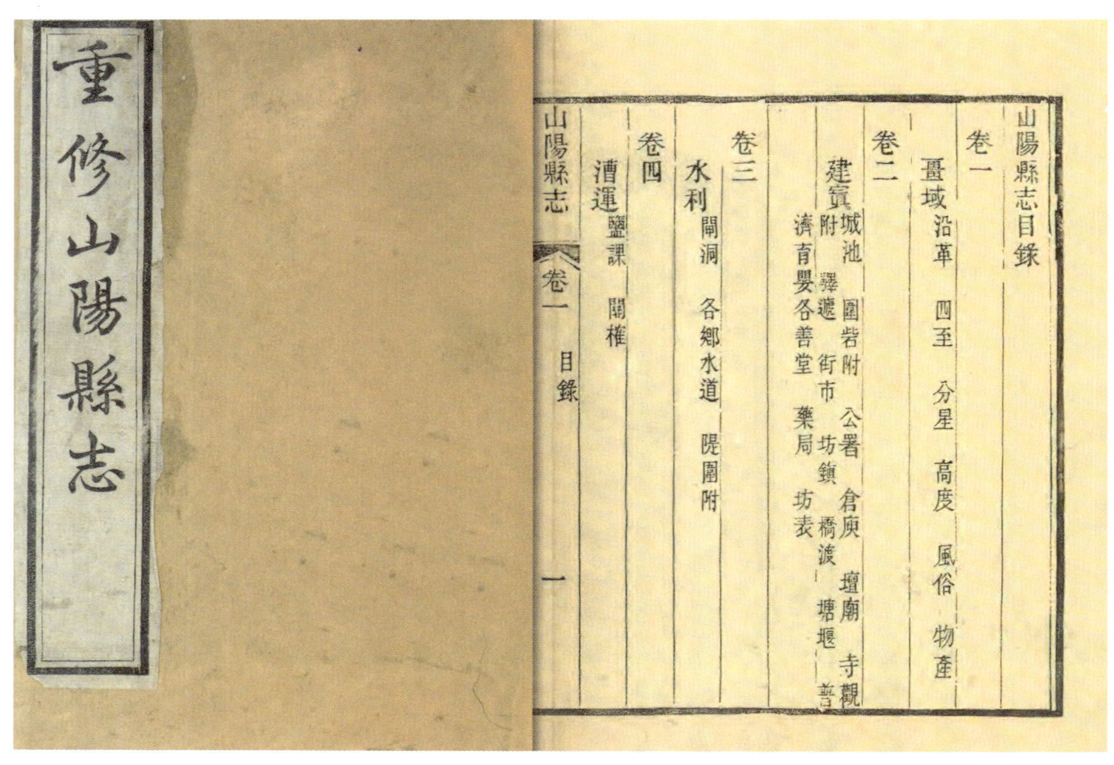

清代同治《重修山阳县志》

该志较详细地记载和反映了清代同治年间淮安府治山阳县的历史，对研究山阳县地理、建置、民事、人物、艺文、交通、水利、教育等具有参考和利用价值。

的祖父吴会，字东枢，贡生，“绩学植行，里人奉为大师”，死后学者尊为“真士先生”。其父吴宁谧，字静公，康熙二十三年（1684）举人，官至广德州学正。时广德州“州志多讹舛”，吴宁谧“摘数十事，详加考证”。广德“俗奉祀山神，言多荒诞”，乃校删去《祠山志》中不经之事，“以正其误”。据《广德州志》记载，他在广德期间重视教育、倡行礼仪，重修复初书院、崇圣祠等，为广德文化教育作出了积极的贡献。吴宁谧好礼、经、乐府，谙训诂学，善书法，求者无虚日。一日，“方执笔作字，未竟而疾作，卒于署，时年六十八。”有《铸错轩稿》《桐川乐府》等著作。

吴玉搢深受其父影响，才使他后来成为一位著名的古文字训诂和考据学家。同治《重修山阳县志·人物》说吴玉搢：“幼承家学，从小就爱好辨识古字，少长究心六书，于是博通群籍，旁及金石彝器。”“合同异之迹，析流传之变，形声既明，训诂斯定，因以考证经传，指摘讹谬，勒而为书。”他著作很多，但不仅钻研书本，还重视实地考察。“尝南浮大江，访求奇人逸士，与涉历山谷，采获古迹，证其所学。穷冬匹马走塞上，登居庸关，所至就戍卒野人，叩以山川陀塞，时徘徊丛莽落日中，至竟日不食，人多怪之。”到了北京，翁方纲、朱筠等以考据金石闻名者，纷纷“争出所著以相质”。“世有奇文残字，博物家所不能辨者，皆踵门求教。”扬州马曰琯，富而有嗜古癖，他将经史彝鼎碑刻中的怪字，辑录在一起。有人来了就拿出来问人，人多瞠目不能答；一些有专长的人也只能认出一二。吴玉搢见后，“一诂其音义，详其出处，或一字散见诸书，为剖析其音义同异。马曰琯惊曰：吴先生神人也！”清代学者韩梦周在《吴山夫先生传》中说：“先生八九岁即喜辨识古字，积数十年久且专，遂成一家学。”

清代天文地理学家吴玉楫画像

三、天文地理学家吴玉楫

吴玉楫，生卒不详，号非木，山阳县学诸生。吴玉搢之弟，乾嘉年间天文地理学家。吴玉楫幼年生活在淮安，“嗜学好古，尤精天官家言”，大概因科第、仕途颇不得意，成年后便客居海州（今连云港市）课徒谋生。乾隆年间，淮安地方重修《山阳县志》，有关淮安地理位置等问题

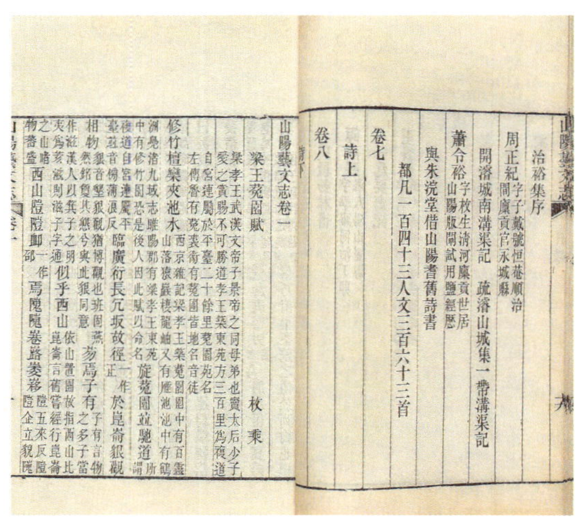

治裕集序
周正紀 字子戴號恒菴順治間廩貢官永城縣
開濬城南溝渠記　疏濬山城集一帶溝渠記
蕭令裕 字枚生清河廩貢世居山陽版閘試用鹽經歷
與朱浣堂借山陽書舊詩書
都凡一百四十三人文三百六十三首
卷七
詩上
卷八
詩下

山陽藝文志卷一
梁王菟園賦　枚乘

丁晏《山阳艺文志》

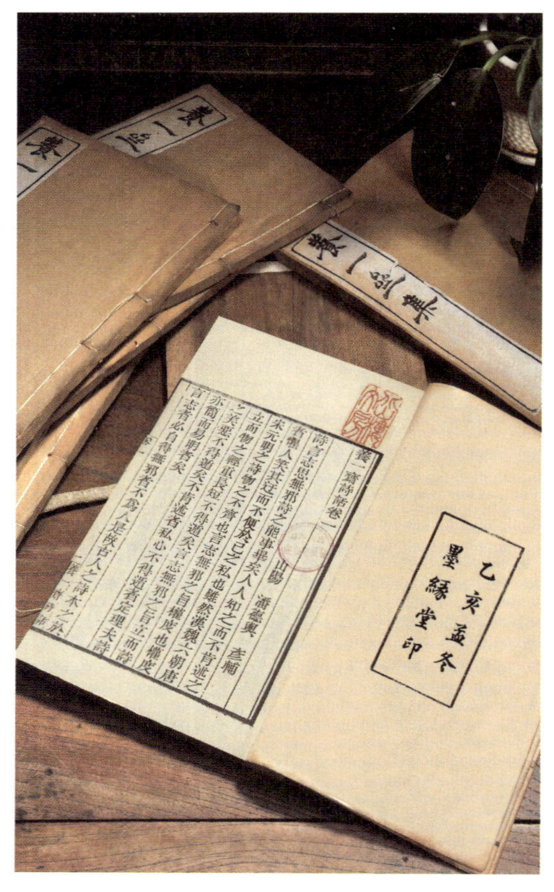

潘德舆《养一斋诗话》

曾请教于他，吴玉楫“书数百言”，给以详尽的答复。同治《重修山阳县志》中所载淮安“疆域”即源据于他的著述。吴玉楫所著之《非木遗书》，亦记录了他一生研究天文、地理的成果，且图文并茂。清代淮安学者丁晏在看到其著作时，大为赞赏，“开卷视之，不啻立身于浑仪之侧，仰视而俯察也。”丁晏无限感慨道：“君于推步甚精，今时人无知者，近有《信今录》，搜集山阳文献不列君名，更数十年后，无有能举君姓字者矣。”惜《非木遗书》今已失传，《清史稿·畴人传》中也只见其名而无内容记叙。但其《里差说》《淮安分野考》幸载于《山阳艺文志》，《吴非木传》载于丁晏《颐志斋文集》。此外，吴玉楫还有《淮安里差考》《太阳出没里数通轨》等著作。所谓“里差”，即指地球经纬度。他准确地测得北京纬度为北纬39度55分，淮安纬度为北纬33度30分。这个结果，与当今科学测定结果几乎一致。

四、田园诗人吴进

吴进（1714—1793），字揖堂，号飏村。家贫好学，幼时依父兄识字，12岁开始读书，16岁得师授《论语》《孟子》，时艺（即八股文）、试帖诗等。其为乾隆时期诸生，乡试未中后，便以教授生徒谋生，在板浦客授一生。生平不慕荣利，甘于清贫，向往自然。性无所好，唯独喜爱作诗。族叔祖吴玉搢称其诗“高寒古淡，得陶韦三昧”。著有《一咏轩诗集》《山阳耆旧诗续辑》。其中，《一咏轩诗集》中大部分诗歌是吟咏田园风光和农村生活的诗作。道光初期，淮安学者潘德舆在他的《养一斋诗话·说诗牙慧》中道：“吾乡国朝诗人自张虞山先生之后，予独推吴揖堂先生。揖堂诗止二卷，又不长于七律七古，然其五言诗，真朴有余味不易到也……先生安贫守义，笃伦爱物，清厚之气流于纸墨之外，与明季吴野人、潘雨村几可并肩。”乾隆年间，吴进曾见到吴承恩所著《射阳先生存稿》残本，录得其中若干篇，辑为《射阳文存》传世。其子吴准，字蔗田，号次莱，乾隆四年（1739）进士，授刑部主事，补提牢厅。其“居官廉谨，缘事落职。旋捐复，告归，杜门不复出，当事者罕识其面。亦善诗。”

五、天文历法学家汪椿

汪椿（1760—1825），字春园，晚号式斋，休宁县人，清河县籍，居淮安河下，清代乾嘉时期天文历法学家。汪椿热衷博览群书，且好学强记，尤精天文历法，对历代历算法的精疏正误了然于胸。他认为，古推步之术，以郑康成研究最为精密，北周甄鸾“不知康成之确，乃自为步算，其术甚疏；孔疏疑经文错乱，推算益舛；陈澔纠孔疏之失而

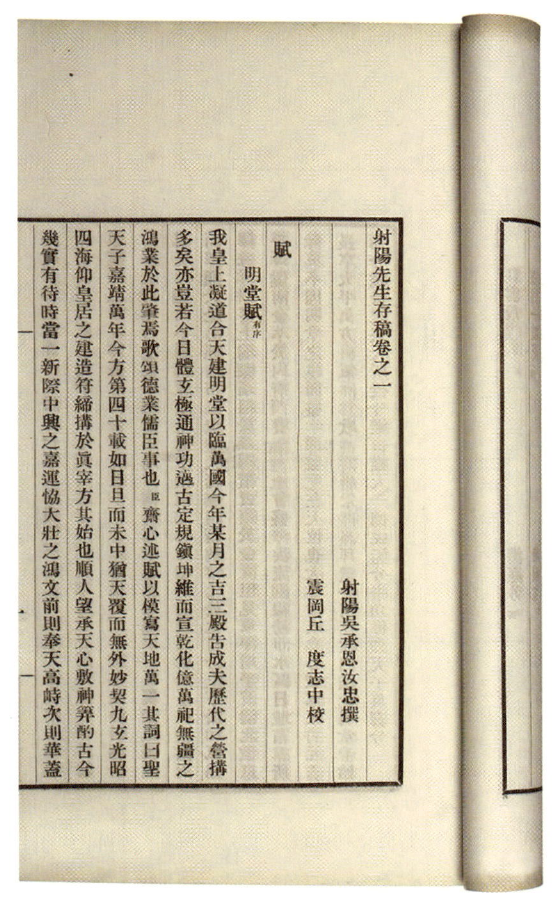
射陽先生存稿卷之一
射陽吳承恩汝忠撰
震岡丘　度志中校
賦
明堂賦有序
我皇上凝道合天建明堂以臨萬國今年某月之吉三殿告成夫歷代之營搆多矣亦豈若今日體玄極通神功邁古定規鎭坤維而宣乾化億萬祀無疆之鴻業於此肇焉歌頌德業儒臣事也臣齋心述賦以模寫天地萬一其詞曰聖天子嘉靖萬年今方第四十載如日旦而未中猶天覆而無外妙契九玄光昭四海仰皇居之建造荐締搆於眞宰方其始也順人望承天心敷神彝酌古今幾實有待時當一新際中興之嘉運協大壯之鴻文前則奉天高峙次則華蓋

吴承恩《射阳先生存稿》

该书为明代文学家、《西游记》作者吴承恩所著。其刊载之诗歌内容比较广泛，除抒写情怀，吟咏山川景物外，还有部分反映社会生活的作品。《射阳先生存稿》有明代万历十七年（1589）刻四卷本，流传不广，世所罕见。后有《射阳先生存稿续集》一卷，亦失传。民国十年（1921），淮安关监督冒广生刻《楚州丛书》，其中所载《射阳先生文存》仅辑16篇古文，为残本。直至民国十八年（1929）万历原刻《射阳先生存稿》四卷在故宫博物院图书馆发现，才于民国十九年（1930）照此本排印了铅印本。由于当时校对不精，出现不少脱文和讹误。解放前，该书原本被转移至台湾。

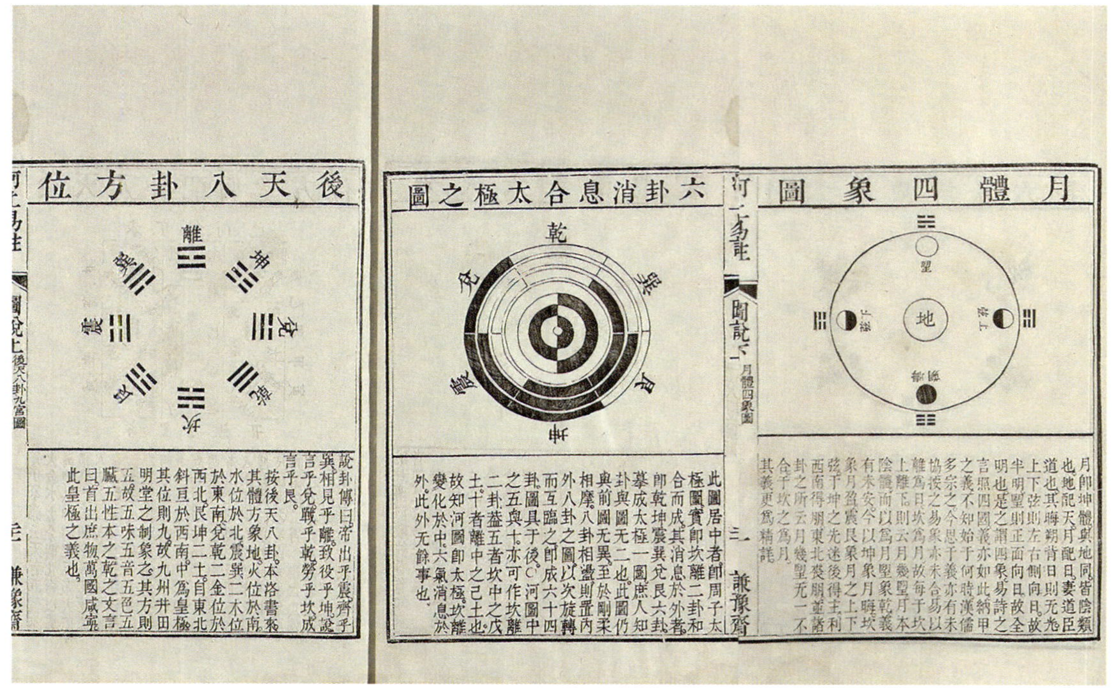

黎世序《河上易注》

该书为江南河道总督黎世序集天文、地理及五行学术于一体的易学注本，内容集内府《御纂周易折中》《御纂周易述义》之精华，为易学集大成之作。

算之，数步下忽有奇零，殆全未通晓者”。其著作《王制里亩二数考》即阐发郑康之说，又根据太仓钱氏太岁超辰之说，著《推太岁法》《推岁星法》《推太阴法》，“共数万言，阐述服虔、龙度、天门之说。”他认为战国、汉初皆用“跳辰”，宋洪迈也知此法，元熊朋来则未能尽晓；古法，“太岁星俱有超辰，不尽依六十甲子之次，钱氏之说，信而有证”。

汪廷珍对历法也颇有研究，在读了汪椿的著作后，十分佩服。中年以后，汪椿潜心于“太一壬遁”的研究，“键户二十余年，著《周秦三式疏证》数十卷”。当时，江南河道总督黎世序笃好此学，对汪椿非常敬重，优礼有加。嘉庆二十五年（1820），黄河大涨，汪椿夜观天象，认为水发于河南，结果应验。道光四年（1824）黎世序去世后，汪椿痛失知音，认为世无知音，遂“尽毁所著”。全书共44篇，被烧得仅剩序和目录。其著述，“多稿藏于家，世所行者十一而已”，其中亦有《日知录补注》数十卷。

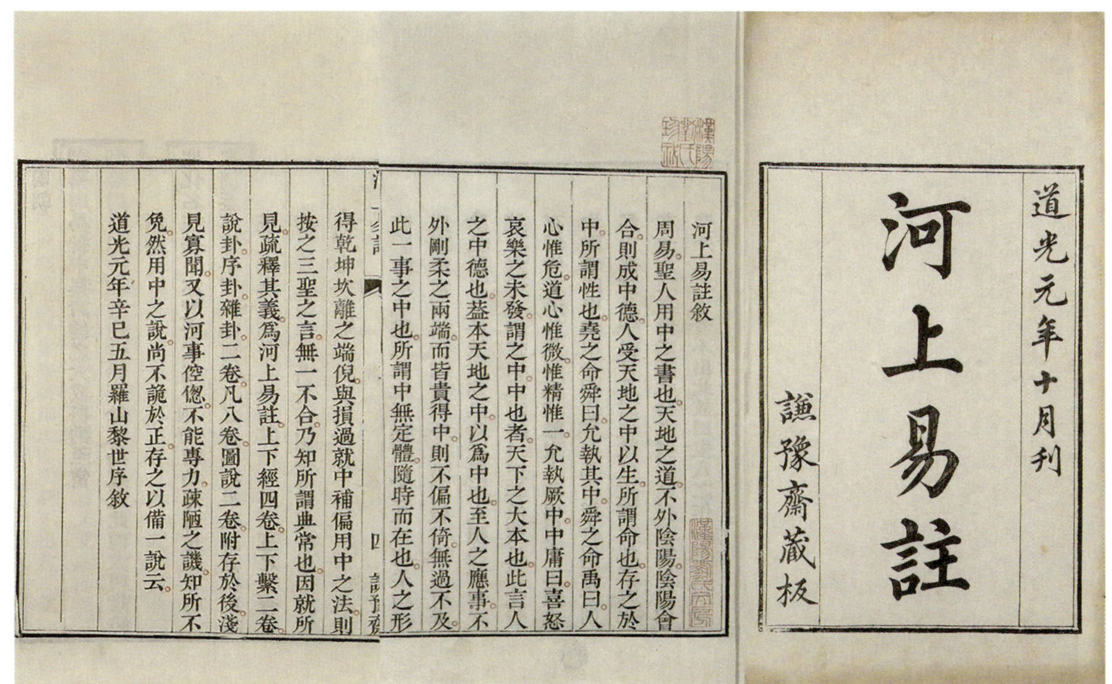
道光元年十月刊
河上易註
謙豫齋藏板

河上易註敘
周易聖人用中之書也天地之道不外陰陽陰陽會
合則成中德人受天地之中以生所謂命也存之於
中所謂性也堯之命舜曰允執其中舜之命禹曰人
心惟危道心惟微惟精惟一允執厥中中庸曰喜怒
哀樂之未發謂之中中也者天下之大本也此言人
之中德也葢本天地之中以爲中也至人之應事不
外剛柔之兩端而皆貴得中則不偏不倚無過不及
此一事之中也所謂中無定體隨時而在也人之形
得乾坤坎離之端倪與損過就中補偏用中之法則
按之三聖之言無一不合乃知所謂典常也因就所
見疏釋其義爲河上易註上下經四卷上下繫二卷
說卦序卦雜卦二卷凡八卷圖說二卷附存於後淺
見寡聞又以河事倥偬不能專力疏陋之譏知所不
免然用中之說尚不詭於正存之以備一說云
道光元年辛巳五月羅山黎世序敘

六、戏剧家文学家黄钧宰

黄钧宰（1826—1895），原名黄振均，字钧衡，别号天河生、钵池山农，清代中晚期戏剧家、文学家。他出生在淮安一个“累世读书，科名相望”的书香家庭，世居板闸镇。黄氏是明代迁居淮安的徽州盐商家族之一，其曾祖黄泰交“性淡交游、有特识”，一生抱定“立身以清白为先”的信条，于乾隆七年（1742）考中进士，但取得功名后却“不仕家居”。在家乡建“倚月楼”，研读经史，著有《四先论》。祖父黄廷栋、伯父黄以炳均为举人出身，但黄以炳于嘉庆二十二年（1817）大挑为知县，其母训诫“汝性亢直不能事，长官遂改金匮训导”。后弃官事亲，朝廷曾旌表其为“孝子”。黄钧宰之父黄以煛为道光年间恩贡，“笃行孝友，绩学，工诗词，书法得欧虞之神”，“力切用之学，凡民生利病，河漕兵农、边防水利之属，靡不究心”。他还热心地方文献，“择近代掌故及宋元以诸大事参互考证，别为数编”，著有《听秋阁稿》。惜“中年早逝，赍志未伸，里人莫不叹惜”。黄钧宰青少年时代即饱尝世态炎凉，对科举不感兴趣。他曾写道：“予性好词赋而不乐制艺（即八股文），制艺代人立言，不能发抒性灵，一也；下笔则仁义道德，开口则修齐治平，胸中实无此广大精微之学，言之可惭，二也；对偶束缚绳墨，拘牵四体，为之不适，三也。”“诗词曲，乘兴而作，称情而言”，才能表达自己的思

清代戏曲家黄钧宰画像

想。由于黄钧宰如此玩世不恭，虽“博学能文”，但知识分子除走“科举”之路外而别无它途，其命运必然是“偃蹇不偶”。他自嘲“贫贱逼人，科名误我，鸡肋虽无味，得不俯首甘之乎！”道光二十九年（1849），黄钧宰被选为拔贡，得奉贤县训导之职。在任多年后，为提拔后学，尽心尽力。后又游幕于江西、安徽、南京等地，广泛接触社会，为他以后的文学创作积累了诸多素材。黄钧宰“中年丧偶，益侘傺不自聊”，于光绪五年（1879）郁郁而终。

黄钧宰的戏曲著作主要有《比玉楼传奇》4种，篇目为《十二红》《管城春》《梦呼么》《鸳鸯印》。其写作《十二红》目的，在于揭露“南河积弊”，对官员之奢靡，官场之腐败，“以示针砭”，希望“黄金尽付宣防用，千里长堤铁铸成”。然而作者的愿望，在黑暗的封建社会是不可能实现的。但在当时，敢于把矛头直接指向声威显赫的江南河道总督，敢于以现实生活为题材抨击时弊，是应予肯定的。《金壶七墨》是黄钧宰的笔记小说，包括《浪墨》8卷、《遁墨》4卷、《逸墨》2卷、《醉墨》1卷、《戏墨》1卷、《泪墨》2卷以及未刻之《丛墨》。《七墨》记录了黄钧宰自道光十四年（1834）至同治十二年（1873）40年间的“耳目闻见，可惊可愕之

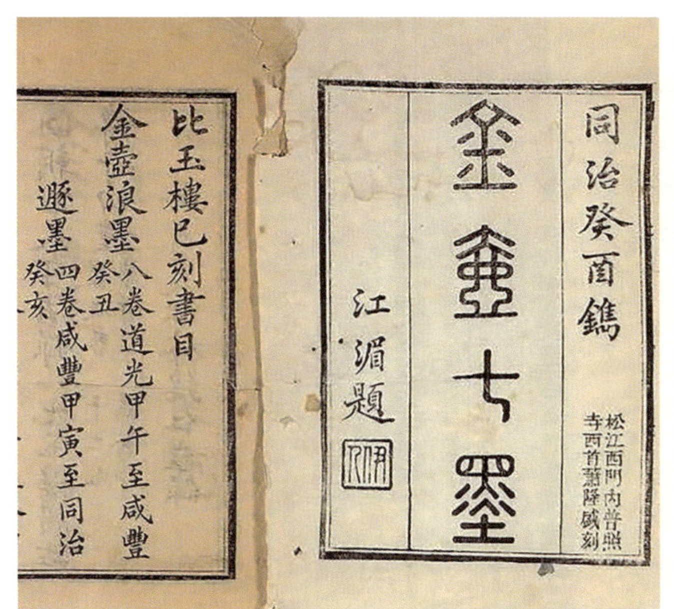
比玉樓已刻書目
金壺浪墨 八卷 道光甲午至咸豐癸丑
遯墨 四卷 咸豐甲寅至同治癸亥

同治癸酉鐫
金壺七墨
江湄題
松江西門內普照寺西首葛隆盛刻

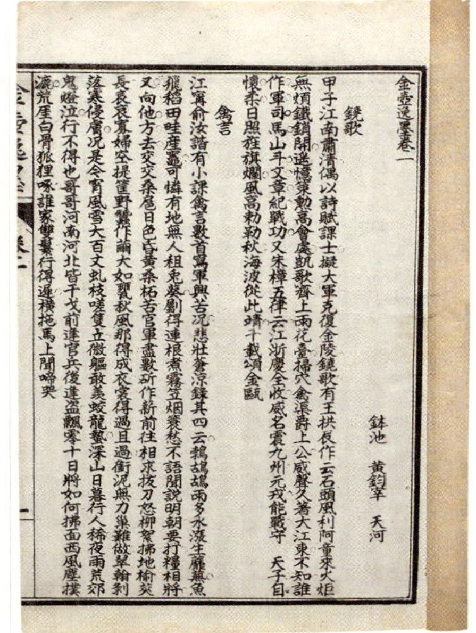
金壺逸墨卷一
鉢池 黃鈞宰 天河
鐃歌
甲子江南肅清偶以詩賦課士擬大軍克復金陵鐃歌有王拱辰作云石頭風利阿童來大炬無煩鐵鎖開遥憶策勳高會處凱歌齊上雨花臺掃穴禽渠爵上公威聲久著大江東不知誰作軍司馬山斗文章紀戰功又宋樟五律云江浙慶全收威名震九州元戎能戰守 天子自懷柔日照旌旗爛風高勅勒秋海波從此靖千載頌金甌
禽言
江寧俞汝諧有小課禽言數首寫軍興苦況悲壯蒼涼錄其四云鵓鴣鵓鴣雨多水漲生靡無魚飛稻田畦産鼃可憐有地無人耜兎葵劚得連根煮霧笠烟蓑愁不語聞說明朝要打糧相將又向他方去交交桑扈日色昏黃桑柘苦官軍盡數斫作薪前往相求拔刀怒柳絮拂地榆莢長哀哀寡婦空提筐野蠶作繭大如甕秋風那得成衣裳得過且過衝泥無力巢難做翠翰剝落寒侵膚況是今宵風雪大百丈虬枝嗟隻立微軀敢羡蛟龍蟄深山日暮行人稀夜雨荒郊鬼燈泣行不得也哥哥河南河北皆干戈前逢官兵後逢盜飄零十日將如何拂面西風塵撲漉荒屋白骨狐狸啄誰家雙襞行得遥横拖馬上聞啼哭

黄钧宰《金壶七墨》《金壶逸墨》

事”，写出了他生平“悲欢离合之遭”，以此表达自己对人生的认识，对社会黑暗的谴责。在写法上，灵活多变，各节之间独立成篇，短小精悍，可读性强。而不论哪篇，都能给人留下极为深刻的印象和思考。《金壶七墨》是不可多得的笔记小说，具有很强的现实性和文学性。

七、戏剧家王锡纯

王锡纯（1837—1878），字熙台，号梦九，编辑出版家王锡祺堂兄。其自幼酷爱戏剧艺术，为清末著名戏剧家。其家族既经营盐业，又经营肇庆当典。在当时，王氏家宅楼阁连片，除有澄观园、九狮园等，亭台池馆，花木竹石等景致外，还专门建有一座戏台，台口前为池塘，观剧者在池之彼岸。家中更是养着一个戏班，遇喜庆即演剧，他也经常在家听剧。王锡纯所辑录的《遏云阁曲谱》为昆曲工尺谱，据王锡纯自序，他“性好传奇，喜其悲欢离合，曲绘人情，胜于阅历，而惜其无善本焉”，认为虽有《纳书楹曲谱》和《缀白裘》，但《纳书楹曲谱》为清宫谱，适宜清唱，不适合舞台搬演；《缀白裘》虽有宾白，却无工尺。两书“相沿至今，梨园演习之戏又多不合”。后命其家中曲师“于《纳书楹》《缀白裘》中，细加校正，变清宫为戏宫，删繁白为简白，旁注工尺，外加板眼”，于同治九年（1870）辑成《遏云阁曲谱》。该谱共收录18种传奇折子戏87出，由其堂弟王锡祺小方壶斋

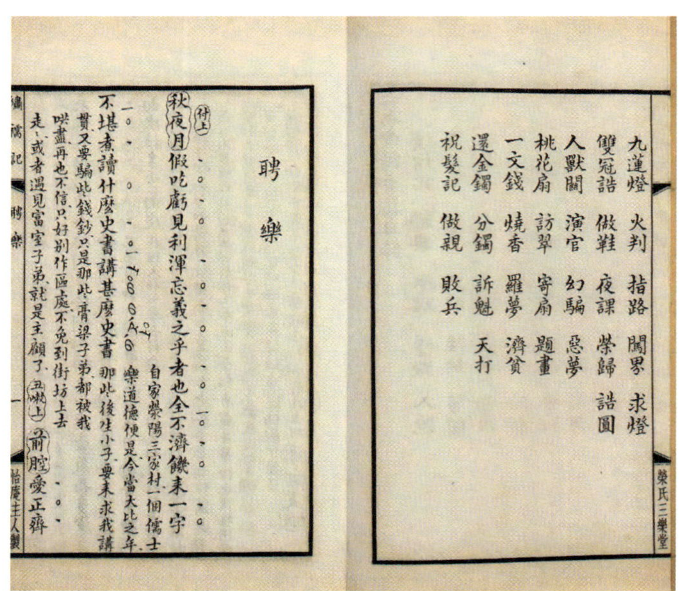

繡襦記 聘樂

聘樂

秋夜月 假吃虧見利渾忘義之乎者也全不濟饑寒一字不堪者讀什麼史書講甚麼史書 自家滎陽三家村一個儒士 樂道德便是今當大比之年 那些後生小子要來求我講貫又要騙些錢鈔只是那些膏粱子弟都被我哄盡再也不信只好別作區處不免到街坊上去走走或者遇見富室子弟就是主顧了

怡庵主人製

九蓮燈 火判 指路 闖界 求燈
雙冠誥 做鞋 夜課 榮歸 誥圓
人獸關 演官 幻騙 惡夢
桃花扇 訪翠 寄扇 題畫
一文錢 燒香 羅夢 濟貧
還金鐲 分鐲 訴魁 天打
祝髮記 做親 敗兵

榮氏三樂堂

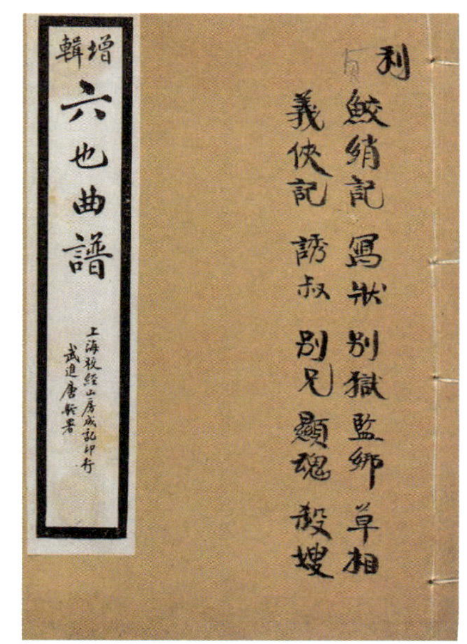

怡庵主人《六也曲谱》

此昆曲谱包括明清杂剧、传奇30余折，注有工尺谱，民国十一年（1922）由上海朝记书庄第一次印行。

铅排出版，在当时颇有影响。后陆续再版，分为2函12册。作为最早的昆曲戏宫谱，《遏云阁曲谱》刊印的意义不仅在于首次提出了“变清宫为戏宫”，即贴近舞台演出的主旨，更在于确定了一种由古典向现代转型的、新的工尺谱体例和范式。自此以后，近现代昆曲工尺谱发展蔚为大观，继而出现了后来的《昆曲粹存》《六也曲谱》等一大批重要的戏宫谱，在工尺谱发展史上掀开了崭新的一页。

八、编辑出版家王锡祺

王锡祺（1855—1913），字子蘐，一字寿萱，别号瘦髯，山西太谷人，清河县籍，世居山阳。同治十一年（1872）考中秀才，捐刑部候补郎中。其“工辞章，屡以诗赋冠其曹，为时所重，享名久远”。兴化学者李详在其诗《追悼王寿萱锡祺》中云：“连楹广榭债家眼，严道铜山罢铸钱。穷丐先灵求一死，魂归故里定何年。乙科岂复关周礼，丙舍惟应傍酒泉。谁使平生抱铅椠，误将束发到华颠。”诗中对热心梓人之书的王锡祺多加褒扬。王锡祺曾作诗文集《小方壶斋丛稿》，但未付梓。清代学者吴涑在其《王瘦冉别传》中，称王锡祺“所著诗文凡若干卷”。王锡

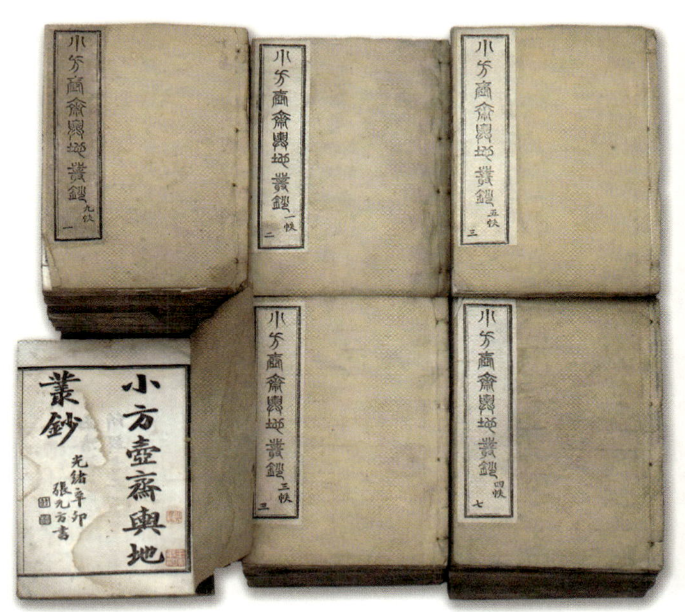

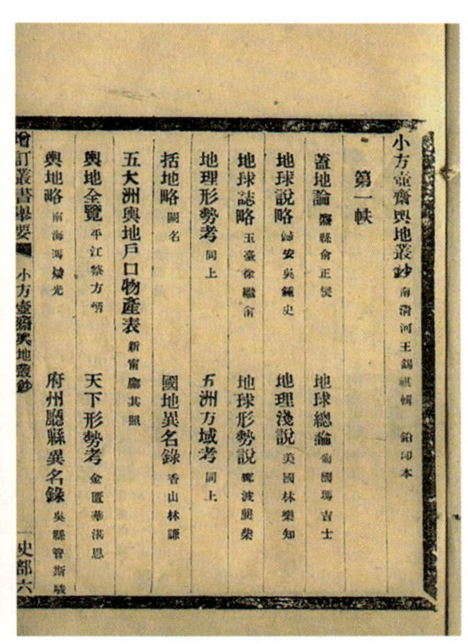

小方壺齋輿地叢鈔 南清河王錫祺輯 鉛印本

第一帙

蓋地論 黟縣俞正燮　地球總論 葡國瑪吉士

地球說略 歸安吳鐘史　地理淺說 美國林樂知

地球誌略 五臺徐繼畬　地球形勢說 甯波龔柴

地理形勢考 同上　五洲方域考 同上

括地略 闕名　國地異名錄 香山林謙

五大洲輿地戶口物產表 新甯廖其照

輿地全覽 平江蔡方炳　天下形勢考 金匱華湛恩

輿地略 南海馮焌光　府州廳縣異名錄 吳縣管斯駿

增訂叢書舉要 小方壺齋輿地叢鈔 史部六

王锡祺著作

王锡祺所著书作多以其书斋“小方壶斋”命名。如《小方壶斋舆地丛钞》即为其所著关于地理的资料汇编，是研究清代地理学史的重要资料。

祺还喜度曲，尤沉迷于书，尝藏书数万卷。后在沈家驹、龚寿秋、丁宝铨、王锡祁等亲友的帮助下，历经15个寒暑，收集舆地游览书稿数千种，于光绪十七年（1891）编印出版《小方壶斋舆地丛钞》一书；3年后，辑成《补编》；越3年，又辑成《再补编》，均由上海著易堂铅印。王锡祺在光绪二年（1876）自序中曰：“余不学，长益无所成就，然闻人谈游事则色然，喜阅诸家纪录，与夫行程日记，即忻然而神往，窃维局促圃一隅，深可渐恧。因上溯国初，下逮近代，凡涉舆地，备极搜罗，得如千种，厘为十二帙，约数百万言，续有所获，仍逐次增入。”后因产业倾覆，家人星散，藏书也随之散失。学者瞿冕良在《中国古籍版刻辞典》“小方壶斋”中释曰：“清光绪间江苏清河人王锡祺的室名。锡祺长于舆地之学，有稿本《中外游记汇编》130种130卷，《小方壶斋丛稿》8种18卷，《小方壶斋丛书》10帙259种259卷，《山阳续诗征》15卷。编辑印行过《小方壶斋丛抄》六帙53种53卷，《小方壶斋舆地丛抄》十二帙1199种1203卷、补编十二帙55种55卷、再补编12帙178种180卷，《小方壶斋丛书》四集36种71卷。抄本有阮芝生《春秋传说

江南贡院旧影

江南贡院位于今南京城内，为清代江南省（明代为南直隶）所辖各府、州、县（即指今江苏省、安徽省及上海市）士子科举乡试的考场，可同时容纳2万余名考生在此考试。仅在清代，这里就举行了112次乡试。由此中举后又在京城会试中高中状元者共计58人，占全国112个状元总数的51.78%。其中，今属江苏省者49人、属安徽省者9人。

从长》12卷。”

第五节　科场弊案

历史上，不乏少数盐商子弟急于从科举中走出，文章又不怎么好，只得依靠打通关节或靠临场作弊来改变自己的命运。其中与淮安盐商有关的科考案件，有案可稽的就有两次，且有两任山阳县知县被处死。涉案盐商轻则身败名裂、斯文扫地，重则身首异处、祸及子孙。

顺治十四年（1657）江南丁酉科乡试科场案。在此案案发之前，顺天府（北闱）丁酉科乡试放榜后，吏科给事中任克溥向朝廷揭发此次考试中有人行贿、受贿舞弊。后经朝廷查实后，一干涉案人等被逮治，主考官李振邺等7人正法，家产抄没。而就在此后不久，又有工科给事中阴应节向朝廷揭发在江南（南闱）丁酉科乡试中，主考官方猷等人舞弊，请求严惩。湖广道监察御史上官铉又奏江南同考官龚勋出考场后，被考生羞辱一事，请复试丁酉科举人，以核真伪。此事引起了顺治皇帝的重视，加之反复的科场舞弊案发，让顺

江南贡院明远楼今貌

江南贡院今为中国科举博物馆，地处夫子庙秦淮风光带核心区。已开放部分场馆包括博物馆地下3层及地上明远楼、至公堂、号舍、碑刻及南苑的魁光阁等，含11个展厅。其为中国唯一一家地下“国家一级博物馆”。

治皇帝极为愤怒，随即下令彻查。又经查实，江南乡试主考官方猷以联宗为由，违规取少詹事方拱乾之子方章钺为举人一事证据确凿无疑，顺治皇帝随即将主考官方猷、副考官钱开宗以及18名同考官全部革职，并令刑部派遣差役将涉案官员以及中试举人方章钺等押京严审。后方猷、钱开宗被正法，家产籍没入官。其余18名同考官中，除淮安府推官卢铸鼎已死之外，其余包括山阳县知县李祥光在内17人一并判处绞刑。方章钺等8人各责40板，家产籍没入官，父母、兄弟、妻子流徙宁古塔。审理此案的刑部尚书、侍郎等也因“谳狱疏忽”，分别受到了处分。据近代清史学家孟心史考证，“丁酉狱蔓延几及全国，以顺天、江南两省为巨，次则河南，又次则山东、山西，共五闱”。

时戏曲大家尤侗《钧天乐》剧大演，主考大人受贿以后，让纨绔子弟贾斯文、程不识和魏无知考中状元、榜眼、探花，而真正的才子却名落孙山。不知剧中“程不识”是否与淮安盐商程氏中人有关，而时人大多认为该剧所影射即为江南丁酉科乡试科场舞弊案。而李祥光死后，随即被淮安人

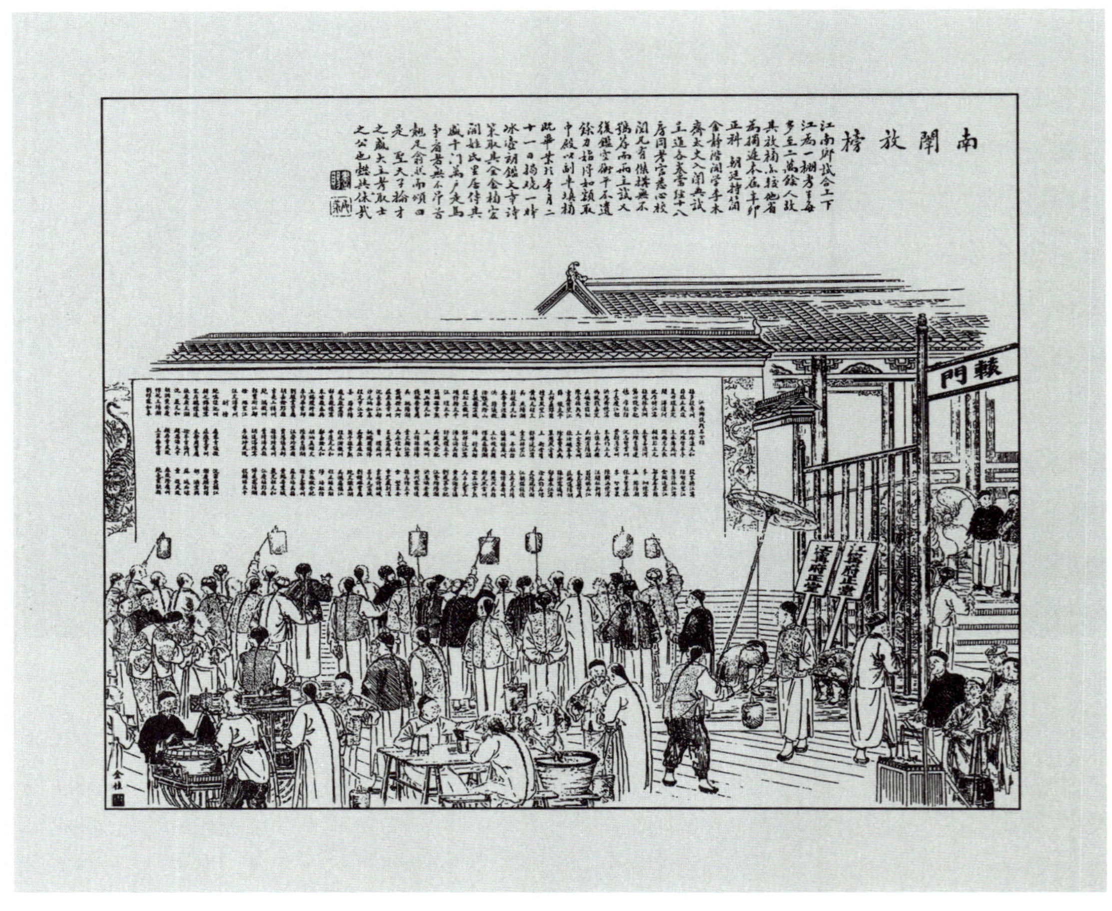

金桂《南闱放榜图》

在明清时期科举考试中，称顺天乡试为北闱，江南乡试即为南闱。该图形象记录了清代江南乡试后放榜场景，是当时莘莘学子勤学苦读，期待走上仕途、改变命运状态的生动写照。时录取榜文除张贴在考场外墙上之外，往往还要刊印登科录。

奉为山阳县城隍，仍叫他在阴间当山阳县的父母官。所立的碑文有云："谓之山阳之城隍庙也可，即谓之山阳李公祠亦可。"并感慨地说："呜呼！生为良吏，没为决明，固其宜也。"这庙、碑肯定是得到他好处之人所建，这当中或许透露出一点玄机。

康熙五十年（1711）江南辛卯科乡试科场案。该案一时震动朝野，事由两淮盐商子弟行贿所引发。这年江南乡试，淮安盐商程用昌与扬州盐商吴宗杰，分别委托同为江南乡试同考官的山阳县知县方名、句容县知县王曰俞以重金打通关节，让自己儿子程光奎及吴泌在考试中以"其实有"三字预作试卷标记作弊，最终得以过关中举。九月发榜后，中举者除苏州13人外，其余多为淮安、扬州二地盐商子弟。其中，文理不通的盐商子弟程光奎、吴泌皆名列其中，于是舆论大哗。苏州生员千余人集会玄妙观，推廪生丁尔戬为首，将财神像抬入府学。愤怒的考生还在贡院大门上贴出一副对联：“左丘明两眼无珠，赵子龙一身是胆。”又有人作打油诗：“能行五者是门生，贿赂功名在此行。但愿宦囊夸博厚，不须贡院诵高明。登山有竹书贪迹，观海无波洗恶名。一榜难为言皂白，圣门学者尽遭坑。”即此科考题中有“能行五者”四字，语出《论语·阳货》，指恭敬、宽厚、诚实、勤敏、慈惠。这里却是另指金子、银子、珠子、绸缎、古玩，以此讽刺此次乡试主考官左必蕃和副考官赵晋。清代学者萧奭在其《永宪录》中记载，“是科中式者两淮则盐商八人，苏州则铜商、当商八人，又为其徒代笔得‘其实有’三字关节，亦获隽者三人。遂有‘八旗三剪绺，七典一铜商’之谣。”

此案揭露后，牵扯出众多身居要职的高官。先是江苏巡抚张伯行于康熙五十一年（1712）二月，上疏弹劾两江总督噶礼得银50万两，徇私贿卖徇庇。称噶礼在有人揭发此案后，不肯审明，并请求朝廷将其解任，以便严审；之后，主考官左必蕃立即上疏自我检讨，并同时请求朝廷派员彻查此案；紧接着，江宁织造曹寅、苏州织造（兼管）

江南贡院考棚旧影

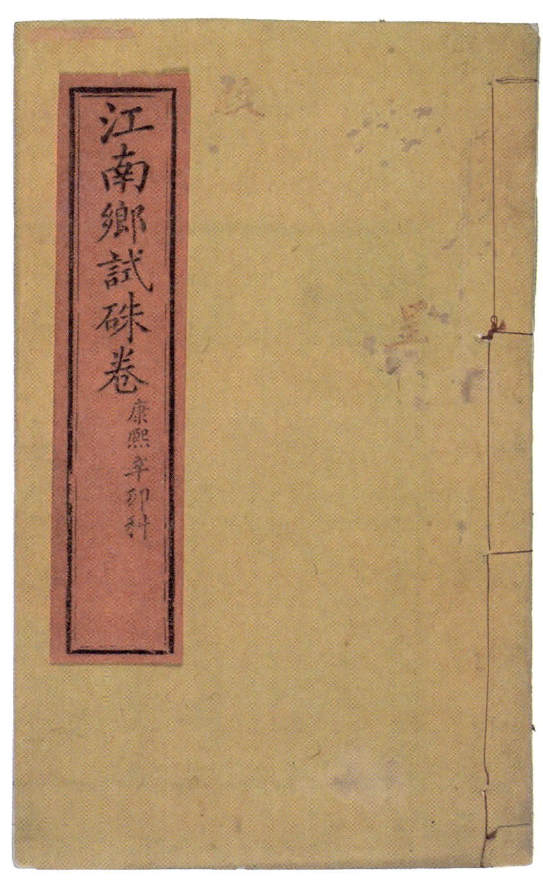

清代康熙辛卯科《江南乡试朱卷》

明清两代，为防考官徇私舞弊，乡试及会试场内，应试人的原卷（即墨卷）须弥封糊名，由誊录人用朱笔誊写一遍，送交考官批阅，称为朱卷。该卷不书姓名，只编号码，使阅卷者不能辨认笔迹。发榜后，朱卷发还考生，中式者往往刻以送人。据《清会典事例·礼部·解卷》中记载："顺治二年（1645）定。乡试填榜拆号之日，将朱墨卷并黏。朱卷大书姓名，墨卷大书名数。"

李煦也上密折详细报告民愤难平之情。随即，康熙皇帝下旨，派户部尚书张鹏翮为钦差大臣，会同两江总督噶礼、江苏巡抚张伯行、安徽巡抚梁世勋在扬州审理此案。庭审开始后，张鹏翮听说这两名举人素不能文，便对两人进行了简单的考测。结果，程光奎所写《百家姓》中，"赵、钱、孙、李"4个字中就错了3个，唯一写对的"钱"字也是七扭八歪。吴泌则连两句《三字经》都背不下来。于是，张鹏翮对此案进行严审。程光奎、吴泌随即招认，两人各自出黄金15锭，每锭20两，共300两。但程光奎只承认与山阳县知县方名素有关系，来往密切，并无肮脏交易。山阳县知县方名则称见过程光奎的文章，而程光奎在考场中抄录旧作呈上，方名一看就知是程光奎的考卷，因而将其取中。方名还称自己有外债800两白银，发榜后他便让程光奎替他还了这笔债。后经再审，程光奎所供300两黄金之说又成子虚乌有，即在高压态势下，被逼胡乱招认出来的。吴泌则真有其事，他供认了以黄金100两、白银2000两之数额，托人找到了副考官赵晋在泾县任知县的亲戚陈天立，再转托同考官王曰俞进行舞弊。据说案发之后，陈天立还被迫自杀免罪。另传，淮安府知府姚陶曾为程光奎考试找过赵晋，因而能够榜上有名。但此案始终并未涉陶曾本人，真伪不知。

在此案审理过程中，两江总督噶礼与江苏巡抚张伯行亦发生分歧。张伯行弹劾噶礼贿卖举人，包庇罪犯；噶礼也弹劾张伯行挟嫌诬陷。康熙皇帝遂将二人解任，并令张鹏翮会同漕运总督赫寿一同审理。但张鹏翮袒护噶礼，康熙皇帝则另派户部尚书穆和伦、工部尚书张廷枢前往再审，并请吏部议复，但均不利于张伯行。但康熙皇帝认为张伯行为官清廉，操守为天下第一，结果极有可能“是非颠倒”，便又令九卿、詹事、科道等据实再议。之后，以两人都是封疆大吏，“互相参讦，殊玷大臣之职”为由，将两江总督噶礼革职，江苏巡抚张伯行则以革职留任处理。

此案在历经一年多的多人、多轮审理后，最终审明江南辛卯科乡试副主考赵晋与同考官方名、王曰俞私受贿赂，取中程光奎、吴泌之事实，赵晋、王曰俞、方名被处斩立决；程光奎、吴泌等均处绞监候；主考官左必蕃则以失察罪被革职。程光奎、吴泌等，被当即押往刑部大牢关押，待秋后处决。

此案结束之后，程光奎之妻戴氏竟赶往京城（今北京市）皇宫门前，乞求以身代替夫受罚。前锋营鞭下如雨，而她抵死不退。如此一片赤诚，终得康熙皇帝允许，以捐赎免罪，才得保全程光奎一条性命。但此事背后，戴氏有没有

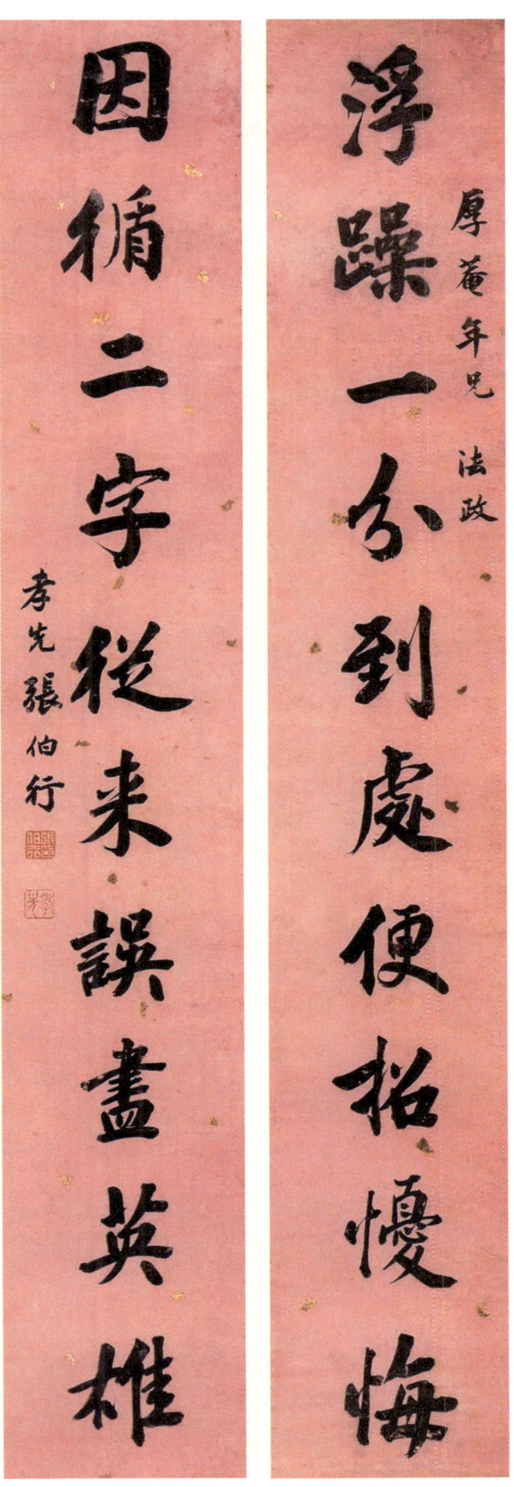

张伯行行书十言联

经人指点，或暗中贿赂官员出此计策配合，不得而知。但知程家当时迅速将在淮安的依绿园卖掉，应与当时此案需要大笔花钱有关。程光奎的宅院原在淮安河下粉章巷右侧，民国《山阳河下园亭记》中记载其宅内“有楠木楼，上下十楹，天阴则香气四溢”。程光奎家道中落后，此宅便归李姓所有，后再易主，再归其他盐商。不久，官署便以其未交赋税为由，将房产籍没。

程光奎逃过这一劫后，便不想再进仕途，便开始专心致志地做起了他的生意。康熙六十年（1721），程光奎生下次子程允元。这程允元后来还与刘秀石之间发生了恪守封建礼教，令天子动容的“白首完婚”故事。两人完婚之时，均已近花甲，而身后无子，便将其族弟程景乔二子程韶凤过继为嗣子。程韶凤即为后来淮安河下伴竹居主人，与王一新、张晋之、潘琴侪、李莘樵一同被称为“后五老”，是当时淮安鼎鼎有名的文人、画家。

第六章　盐商与山阳医派

盐商作为一个极富群体，他们对奢华生活的追求，离不开对自己个人健康状况的掌握。于是，在盐商赋能、经济催化的大环境下，淮安卫健事业进入了一段高速发展时期。一时间，围绕着盐运公署、盐商社区所在的河北镇以及河下区域，大批名医云集。时被称为“纲盐集顿”之地的河北镇，在近2公里长的大街上，医家林立，形成了淮安著名的“中医一条街”。南侧河下，更是名医集结，医著频出。无形中，催生了江苏境内一支重要中医流派——山阳医派的诞生。据不完全统计，山阳医派在历史上有名医500余人，刊印医学著作百余部。盐商中也不乏有善医懂药者，更有之后代专职行医，造福一方。如徽州著名盐商汪氏，同为淮安知名中医家族之一。

第一节　盐商医事

盐商在平时生活中注重养身，乐于求医问诊，是一个普遍现象。无病时，他们从日常饮食中循序进补；体虚后，则以各类高档补品逐步调理。一旦被诊出疾病，无论大小，他们都会不惜一切代价去求医问药，唯恐医生不精，药物不贵。也正如此，使得当时淮安的中医药行业生意兴隆。一些技艺不精的医生，药材不好的药铺，被迅速淘汰。整个淮安医疗体系，在高层次需求中逐渐得到优化、升华，并形成与常州孟河、苏州吴门齐名的山阳医派。时民间还有一种说法：“淮安代出名

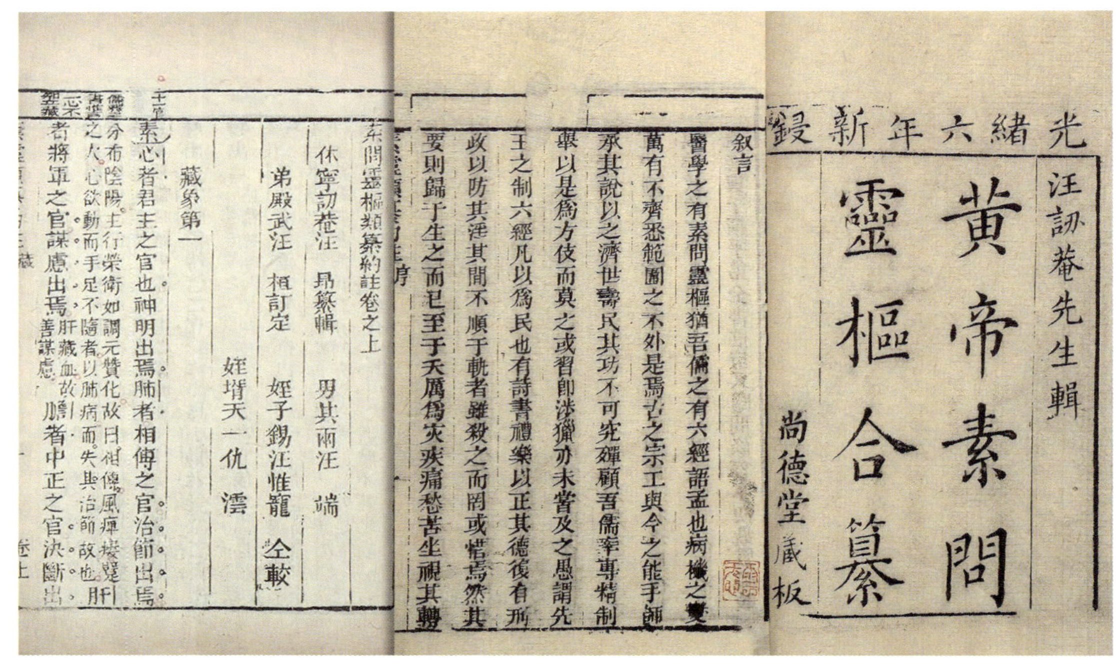

光緒六年新鐫

汪訒菴先生輯

黃帝素問
靈樞合纂

尚德堂藏板

叙言

醫學之有素問靈樞猶吾儒之有六經語孟也病機之變
萬有不齊悉範圍之不外是焉古之宗工與今之能手師
承其說以之濟世壽民其功不可究殫顧吾儒幸專精制
舉以是爲方伎而莫之或習即涉獵亦未嘗及之愚謂先
王之制六經凡以爲民也有詩書禮樂以正其德復有刑
政以防其淫其間不順于軌者雖殺之而罔或惜焉然其
要則歸于生之而已至于夭厲爲灾疾痛愁苦坐視其轉

素問靈樞類纂約註卷之上

休寧訒菴汪　昂纂輯　男其兩汪　端

弟殿武汪　桓訂定　姪子錫汪惟寵　仝較

姪壻天一仇　澐

藏象第一

素問　心者君主之官也神明出焉肺者相傅之官治節出焉

者將軍之官謀慮出焉

膽者中正之官決斷出

汪昂《黄帝素问灵枢合纂》

医，名闻大江南北者有之，徐、鲁素仰‘淮医’，来淮就诊者络绎于途。民间传说所谓‘天医星，落于淮安’。”

一、徽医入淮

早在各地盐商进入两淮地区业盐之前，淮安就以漕运指挥中心的政治、经济、文化地位，形成了深厚的医疗历史与医药文化。西汉时期，著名辞赋家枚乘重视人的“心理”作用，写了一篇大赋《七发》，讲述了心理治疗的故事，有别于神学与宗教信仰。而心理疗法直到19世纪，才作为一种医疗技艺被西方医学所运用。宋代泗州（今淮安市盱眙县一带）医学家杨介曾在楚州（今淮安市淮安区）担任管理犯人的官职，他曾编绘了我国最早的人体解剖图谱——《存真图》。在该图之《心气图》中，详细绘出了心脏与肺、脾、肝、肾等脏器的血管联系，是我国古代生理学史上的重要发现。李时珍还在他的《本草纲目》中记述了杨介以都梁丸治“病风头痛”，以生姜汁解“半夏毒”之病例。宋代小儿医王鉴，他所制黑神丸，专治小儿急慢惊风，在当时颇为出名。明代驻扎在淮安新城的大河卫医王拳，除擅长治疗疮疡病，还专门编著了一部医书《大河外科》流传数代。到了清代，河下人吴瑭游学京师，后在《四库全书》馆中边工作边研讨温病，边在京城业医时，著写了《温病条辨》一书，并自制了诸多治疗温病的方剂，如他发明的安宫牛黄丸，被誉为“温病三宝”之首，至今仍广受追捧。

明清时期，在来淮业盐的各地盐商中，有许多人都能掌握一定的医术，但以徽州人为精。徽医入淮，主要源自徽州盐商的到来。徽州传统医学被称为“新安医派”，是中国传统医学中的重要组成部分，发祥地为徽州府治歙县。据不完全统计，自北宋以来，徽州府所辖歙、黟、休宁、祁门、绩溪、婺源六县，涌现出名医788人，撰写医著673部。其中歙县一地，就有名医322人，撰写医著296部。尤其在明清时期，更是繁荣昌盛。有许多医家，或自身、或家族兼顾着盐商背景，如黄、汪、曹、杨、叶、殷等氏。将徽医带入淮安，并与淮安传统医学进行融合发展、发扬光大的，是休宁县的汪氏盐商家族。从清代初期开始，汪氏陆续进入淮安业盐。第一支于清初进入淮安，代表人物汪之潢由官至商，盐业生意做得很大。第二支则于乾隆时期进入淮安，代表人物汪文益正是徽医入淮的重要人物。

汪文益（1708—1788），字舜臣，又字谦庵，休宁县拔贡。他的医学传承，主要来自他的叔叔汪昂。汪昂（1615—1698），字讱庵，徽州府休宁县西门人，明末诸生。30岁时，因“清兵入关，进入中原”，毅然放弃举业，潜心学习医学。在前后40余年中，博览诸子经书及各家医籍，接受医学新的知识。读《素问》时，他仿效元代医家滑寿将《素问》分成12类抄而读的方法，将《灵枢》《素问》二书分为9

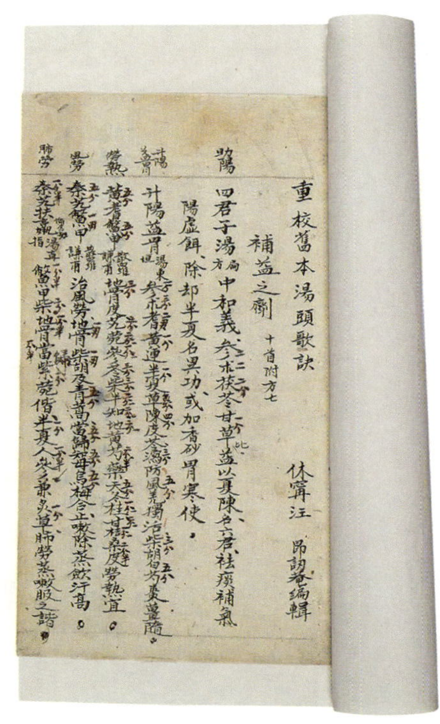
重校舊本湯頭歌訣
休寧汪 昂訒菴編輯
補益之劑 十首附方七
四君子湯中和義，參朮茯苓甘草比，益以夏陳名六君，祛痰補氣陽虛餌，除却半夏名異功，或加香砂胃寒使。

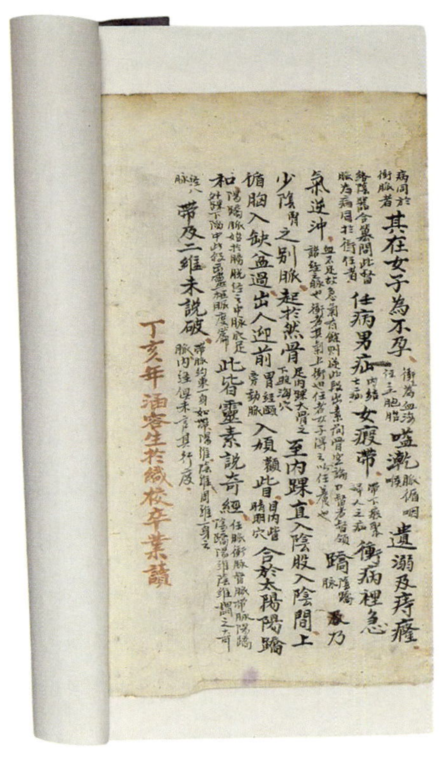
其在女子為不孕
任病男疝女瘕帶
衝病裡急氣逆沖
帶及二維未說破
此皆靈素說奇經
丁亥年涵容生於緘校卒業讀

汪昂《重校旧本汤头歌诀》

徽州汪氏盐商迁淮支系相关家谱

类，读后写成《灵素类纂约注》，以达条目语简义明的目的。后以研究明代李时珍《本草纲目》、缪希雍《神农本草经疏》为主，取其中适用中药474种，编成《本草备要》；又仿明代吴昆《医方考》收采医方，详尽注释，分门别类，编成《医方集解》；又编《汤头歌诀》。后世医家评论此3本书简明扼要，颇切实用，流传很广。特别是他在《本草备要》中说“脑为元神之府”“灵机记忆在脑”等，是传统医学开始接受西方现代医学知识“以彼之长，补我不足”的较早记载与良好开端，成为“中、西医学汇通论”的先躯者之一。汪文益曾“从族叔汪昂游，其学大进”。来淮业盐后，繁忙的盐务让他没有时间专职进行诊疗活动，只是在日常闲暇之时，为一些贫苦人群治病施药。他常常自制丸散膏丹，赠送给贫穷的病人服用。所谓行医，更多是出于善心。

汪文益的医术主要由其次子汪怀斌所继承。长子汪怀智因忙于经营盐务，38岁时就英年早世，仅留有一子汪富宁。汪富宁出生时，其父汪怀智已经去世。他从14岁起，就跟随自己的叔父汪怀斌学医。不过他成年之后，同样忙于家族盐务，平时很少行医。道光年间“纲盐改票”后，两淮“鹾务”失利，各盐商家族先后呈现出衰败态势。与此同时，汪氏也同样面临产业转型问题。时汪富宁长子汪德元以教书为生，不再从事其他经营类行业；次子汪魁元先与榜眼李宗昉同时受业于同族榜眼汪廷珍门下习儒，后因家境贫困转以学医谋生。汪魁元业医始以中医外科为主，诊室位于河下二帝阁南侧宅中，名“道宁堂”，由李宗昉书写。院中原有古槐、枣树、山石、竹林格局未变。由于他精于医务，不久就闻名于淮安，时人称其“深情如印桃潭水，妙手能生橘井春”。行医之余，汪魁元还热心公益事业。他在编纂《汪氏族谱》时，书写了一篇志感诗，中云：“衰老难将祖德酬，颍川世系溯源流。支延淮水绵三代，派衍平阳垂六州。惜字炉成聊继志，放生池筑绍其裘。伦常无忝贻谋燕，更步龙骧谱牒修。”

汪魁元其后4个儿子中，医术被三子汪振瀛继承。他先被淮城三仙楼药局聘用3年，后被西坝公立同善堂官药局聘用。虽然每日诊病者众多，但从不草率敷衍，活人之心时时不忘于怀。晚年编著《莱香书屋诗誊》《医案印存》等，惜未付梓。

二、盐商病事

行医者最值得为人称颂的就是心存善心，医术高明。学验俱丰、医术渐进者，不仅能名传遐迩，更容易获得官员商贾的青睐，并因此获得巨大经济回报。尤其像盐商这样十分爱惜自己身体的大商贾，他们愿意自己的周围有名医相伴，但也会千里迢迢邀请名医上门坐诊，以求安心。

徽商千里求医治“肠红”。乾隆年间，淮安盐商程埈患上了“肠红”症。一次，他在大便中出血过多晕倒，不省人事。家人遂请医生治疗，急用人参1两、附子5钱煎汤灌服，方才苏醒。于是，每日用人参5钱、附子3钱，杂以他药煎服。而人参、附子偶然

清代道宁堂制药墨

该墨为朱砂墨。正面有朱文边框，中为阴文填金“八宝五胆药墨”，下同为阴文填金“道宁堂制”。

清代吴江名医徐大椿画像

徐大椿（1693—1771），原名大业，字灵胎，号洄溪，江苏吴江人（今苏州市吴江区）。其性通敏，喜豪辩。自《周易》《道德》《阴符》家言，以及天文、地理、音律、技击等无不通晓，尤精于医。初以诸生贡太学，后弃去，往来吴淞、震泽，以医为业。他的医学著书颇多，如《医学源流论》《兰台轨范》《伤寒类方》《慎疾刍言》等等，后人还为其整理了《洄溪医案》及《乐府传声》等书，尤以《徐氏医学全书六种》流传甚广，影响较大。

不用，病人手足则冷如冰块，说话也无气力。医生见此情况，守方不变。人参、附子久服之后，病体不但未愈，又增不眠。因此，程埈开始四处寻求名医治疗。他首先想到了吴江（今苏州市吴江区）名医徐大椿，并派船将其接到自己宅中诊治。徐大椿见程埈后，先是问询了程埈患病治疗的一些情况。程埈称性命全依赖人参、附子维持，已有10多天不能睡眠。徐大椿当即诊其六脉，极洪大而时伏，望面色红而有油光，看舌质红不润泽。诊视后，徐大椿称此病可医，但药方不必过目。程埈当即认可，并请其下方。在徐大椿的药单上，开白茅根4两，又加上几味清凉平淡的药物。程氏家人见其不用人参、附子等药，感到吃惊。以为病已不治，仅以数味普通药材搪塞。而时程埈五弟程嗣立明理见道，让家人相信先生不会以药搪塞。程埈服药后，1剂即能睡眠，2剂则手足转温，3剂后起坐不眩晕。真是医逢圣手，药到病除。

程埈病情逐渐康复，徐大椿也准备返回吴江。淮安当地医生当即拜会了徐大椿，请其讲解治病用药的道理。徐大椿毫不保守，称其："血脱扶阳，乃一时急救之法。脱血乃亡阴也，阳气既复，即当补阴，而更益其阳，则阴血愈亏，更有亢阳之病。其四肢冷者，《内经》所谓热深厥亦深也。不得卧者，

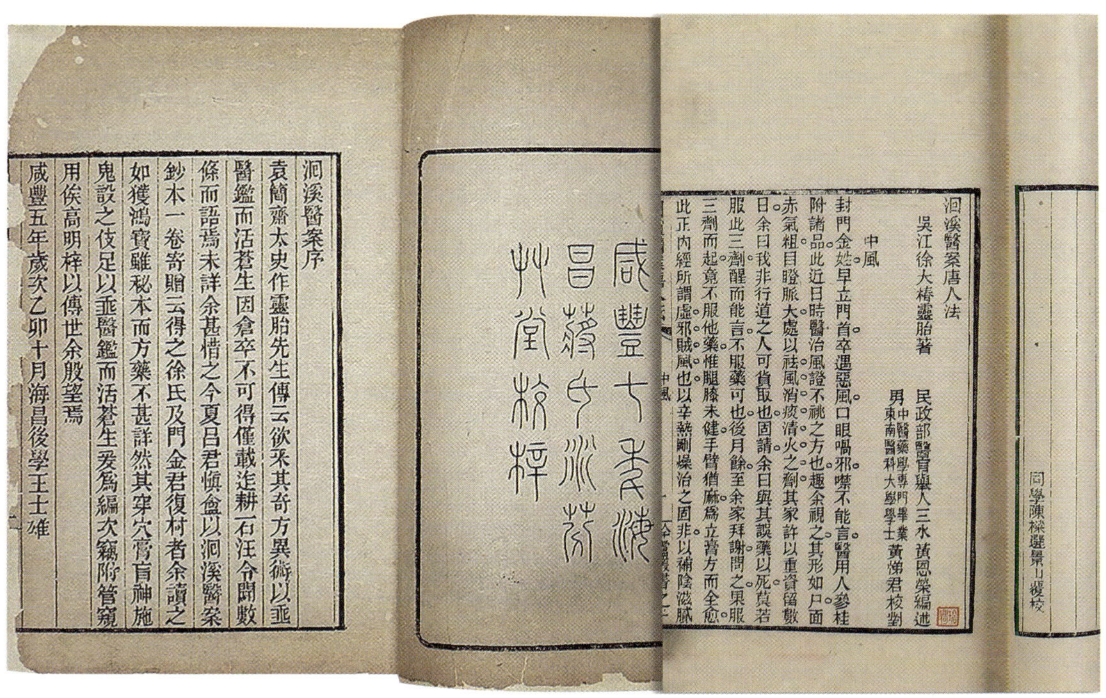
洄溪醫案序

袁簡齋太史作靈胎先生傳云欲采其奇方異術以垂醫鑑而活蒼生因倉卒不可得僅載迮耕石汪令聞數條而語焉未詳余甚惜之今夏吕君慎盦以洄溪醫案鈔本一卷寄贈云得之徐氏及門金君復村者余讀之如獲鴻寶雖秘本而方藥不甚詳然其穿穴膏肓神施鬼設之伎足以垂醫鑑而活蒼生爰爲編次竊附管窺用俟高明梓以傳世余殷望焉

咸豐五年歲次乙卯十月海昌後學王士雄

洄溪醫案唐人法

吳江徐大椿靈胎著

民政部醫官舉人三水黃恩榮編述

男 中醫藥學專門畢業 東南醫科大學學士 黃悌君校對

中風

封門金姓早立門首卒遇惡風口眼喎邪噤不能言醫用人參桂附諸品此近日時醫治風證不祧之方也趣余視之其形如尸面赤氣粗目瞪脈大處以祛風消痰清火之劑其家許以重資留數日余曰我非行道之人可貨取也固請余曰與其誤藥以死莫若服此三劑醒而能言不服藥可也後月餘至余家拜謝問之果服三劑而起竟不服他藥惟腿膝未健手臂猶麻爲立膏方而全愈此正內經所謂虛邪賊風也以辛熱剛燥治之固非以補陰滋膩

同學陳楙選景山覆校

徐大椿《洄溪医案》

该部医著共收录医案48条，其中内科32条，妇科4条，外科12条。所收医案以内科杂症为主，治法灵活多变，随症而治，有不少独到的临床见解，对读者颇多启发，也颇具学术研究价值。

《内经》所谓阳胜则不得入于阴，阳虚故目不瞑也。白茅根交春透发，能行阳气达于四肢，又能养血清火，使平日所服参、附之力皆达于外，自能手足温而卧矣。”听后，淮安医生恍然大悟。这一病例的治疗与用药情况，后被徐大椿列入《洄溪医案》，并反映出徐大椿的两个医疗思想：其一，诊断正确，用药准确，药到病除。他在《医学源流论》中说：“为医者，无一病不穷究其因，无一方不洞悉其理，无一药不精通其性，庶几可以自信，而不枉杀人。”其二，不滥用补药。在其《慎疾刍言》一书中，他说：“不论人之贫富，人参总为不祧之品，吾少时见前辈老医，必审贫富而后用药，尤见居心长厚，况是时参价，尤贱于今日二十倍，尚且如此谨慎，即此等存心，今人已不逮昔人远矣。”程埈经济条件优越，使得医生依赖人参、附子维持病体，却不敢停用，才致一误再误。正如徐大椿所说，“医法一误，必至伤生害命，尤不可不慎也。”他不用人参、附子却治愈了程氏的病例，实践了“古人用药，惟病是求，有一病则有一药以

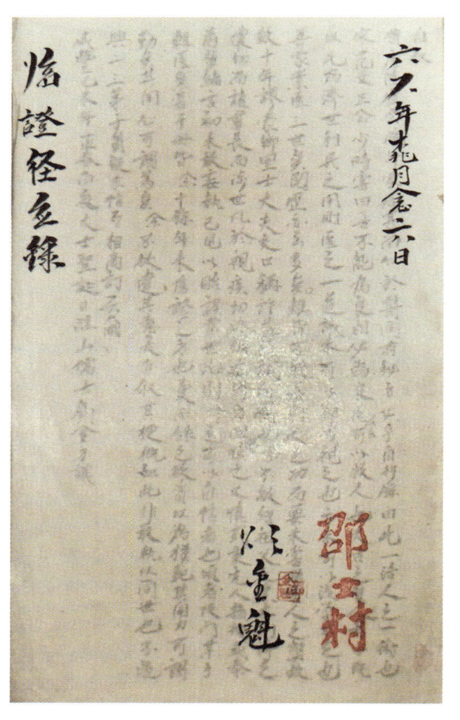

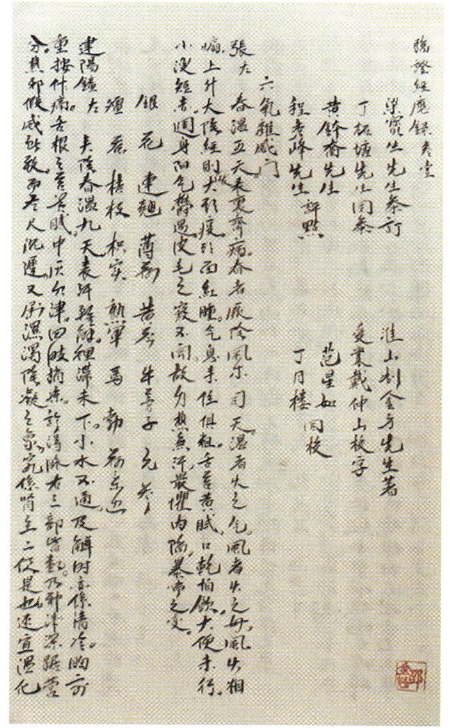

刘金方《临证经应录》

制之”，都是值得今人所借鉴的。

民国初年，王觐宸在编纂《淮安河下志》时，专门将《洄溪医案》中的这一病案收载入其中，以此提醒淮安医生治病用药之慎。他还同时转载了该医案中徐大椿诊治淮安程氏某盐商母亲的另一个“怔忡”病案，“以消痰之药去其涎，以安神之药养其血，以重坠补精之药纳其气，稍得寝。”最终仅仅半月有余，病症痊愈。

晋商赠房高映青。明代正德初年，山西商人阎翰来到淮安业盐，他曾官至太医院吏目，有着一套精明的医术。与其同时期来淮业盐的山陕商人中，还有杜、刘、高、乔、李、梁、王等氏。他们中，有的家族始终经营盐业如一，有的则业盐不利，后来改转其他行业经营。河下就有一处由山西盐商改行经营的皮货庄，业主因患“痞病”而病情危重，在请世居河北镇的名医高映青治疗痊愈后，竟将其河下湖嘴大街产业中坐西朝东的20余间房屋赠与高映青，以答谢其救命之恩。为此，留下了一段“晋商赠房高映青”的病患情深佳话。

高映青（1850—1910），字楚珍，受业于河北镇名医刘金方。他精通文史，医术甚高。自刘金方逝世后，高映青代应刘家门诊业务3年多，至刘金方之子刘少方从师兄李春台处学医期满归来，高映青才西临罗柳河自开诊室。从医数十年，每日求诊者接踵而来。他擅长温病、妇科及伤寒杂症，应手多效。曾治愈许多险症、奇症。他为山西商人治疗的“疫痞”，实际就是曾广泛流行于苏北地区的黑热病。他为治疗该病所创制的“鳖苋膏”，见效甚好。

鳖苋膏方后流传至印度，在中印两国建交后，印度卫生代表团访华时还专门询问起高氏鳖苋膏的情况，时卫生部还专程派员前往淮安调查此药。20世纪80年代末，山东省寄生虫病研究所所长王俊科拟文说，查阅历代医书，只有在高映青所著的《乳石山房医案》中，见到有关黑热病的确切记载。所述病例大都来自苏北的沭阳、新安（今连云港市灌南县）和皖北等地。此说也与淮安中医学者杨彦和于民国二十五年（1936）发表的《疫痞病理之解剖》一文观点一致。

高映青医术高明，名声在外，被乡里誉为神医，门下习医者多一时贤俊，如高仲华、刘光辉、耿召南等等。尤其高行素，曾主持徐州中医师公会事务多年，主编《医药周刊》。临床用药清新灵活，主张“清而不滞，润而不腻，护持津液，流畅气血。”慎重使用温补药，善清肃肺室，柔驯肝逆，以清灵平淡之方，收到良好效果。曾有《重编吴瑭温病条辨全书》，惜书稿毁于“文革”。

吴涞记述何金扬。吴涞是清代盐商后裔、学者吴昆田之子，世居淮安府清河县大兴庄（今淮安市淮阴区淮高镇大兴庄村）。幼承父学，后受业于淮安徐嘉馆中。在他的遗著《抑抑堂文集》中，记述了山阳医派名医何金扬的3件医事。何金扬，生卒不详，字承宣。从刘振元学医，先后在淮城、河下等地悬

清末学者、江苏师范学堂首任监院徐嘉画像

徐嘉（1834—1913），字宾华，一字遁庵，江苏淮安人。清末民初著名学者、诗人、教育家。7岁时从程祝三启蒙，后寄食于舅父家读书。21岁时以淮安府试第一名的成绩入学。后多次应试，均未成功。同治九年（1870），徐嘉乡试中举，赴京春闱依然不第，便回淮“家居授徒”，又辗转昆山等地教书。光绪三十年（1904），淮安同乡罗振玉在苏州创办江苏师范学堂后亲任学校监督，专门邀请徐嘉担任监院。其后又辗转于昆山教书，于光绪三十四年（1908）春猝患风疾，语謇手僵，不能动笔，返回淮安。他一生教书27年，为淮安乃至全省培养了许多杰出人才。

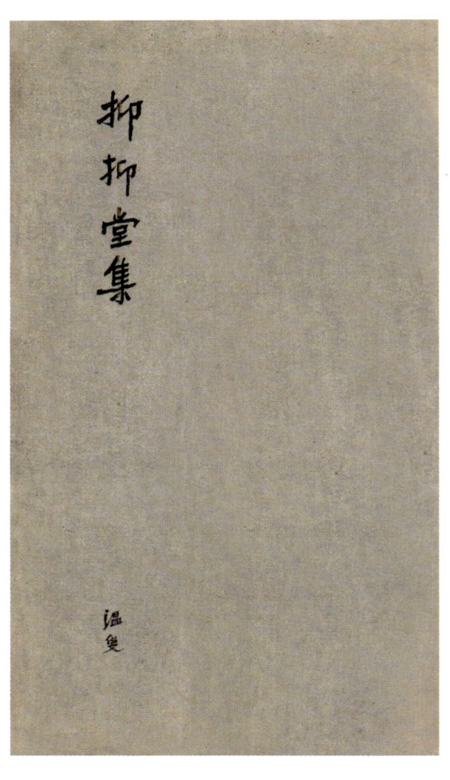

吴涑《抑抑堂集》

该书为清末民初学者吴涑遗稿，民国十二年（1923）由淮安学者段朝端编订，冯煦作序后刊印。吴涑（1869—1920），字温叟，淮安府清河县（今淮安市淮阴区）学者吴昆田之子。原居清河县大兴庄，咸丰十年（1860）捻军侵入清河，烧掠县城后，随父移居淮安城内西长街蒲葭巷。吴氏热衷于地方文化事业发展，为淮安地区留下不不少重要的历史资料。

壶。擅长治疗中医内科疾病，特别对胃病治疗经验丰富。

其一：吴涑在其十二三岁之时，得了一种很重的病，何金扬仅用一味中药就治愈了。患病起因是感受暑热，经庸医误治后病情加重。吴涑父亲吴昆田连忙让仆人前往淮安请来何金扬进行诊治。何金扬询问仆人大概情况，称当地医生给出的结论是邪气已进入心胞络。何金扬惊讶，因为邪气倘若真的侵入心胞络，人应该早就去世，他即便去了也无能为力。在仆人的再三请求下，何金扬考虑到与吴昆田的关系，便同意前往其家中一探究竟。若吴涑真的已去世，权当吊唁。至吴宅之后，在场的当地名医就有五六人之多，都在等待学习何金扬诊治方法。在观察了吴涑的状态后，见其忽要小解，便让家人准备西瓜水让其饮用，自己则去选择方药。在场诸医询问原因，何金扬道："心与膀胱相表里，若病邪进入心胞络，怎知小便？"并称："我先以天生白虎汤治疗。"在场有人担心滑肠问题，何金扬则称此时滑肠相比病情已不太重要，服数帖药后，便可痊愈。他还让吴家在吴涑病后调理时，用锅焦煮饭，以金华火腿、冬瓜为主菜。以锅焦具五行精气，冬瓜利湿气，金华火腿瘦而不油腻。果然，1个月后吴涑康复了。

其二：丁日昌是权倾一时的地方大吏，他曾先后担任两淮都转盐运使、江苏布政使、江苏巡抚，福建巡抚兼福建船政大臣、台湾学政等官职，是中国近代洋务运动的风云人物和中国近代四大藏书家之一。他曾因接受皇帝召

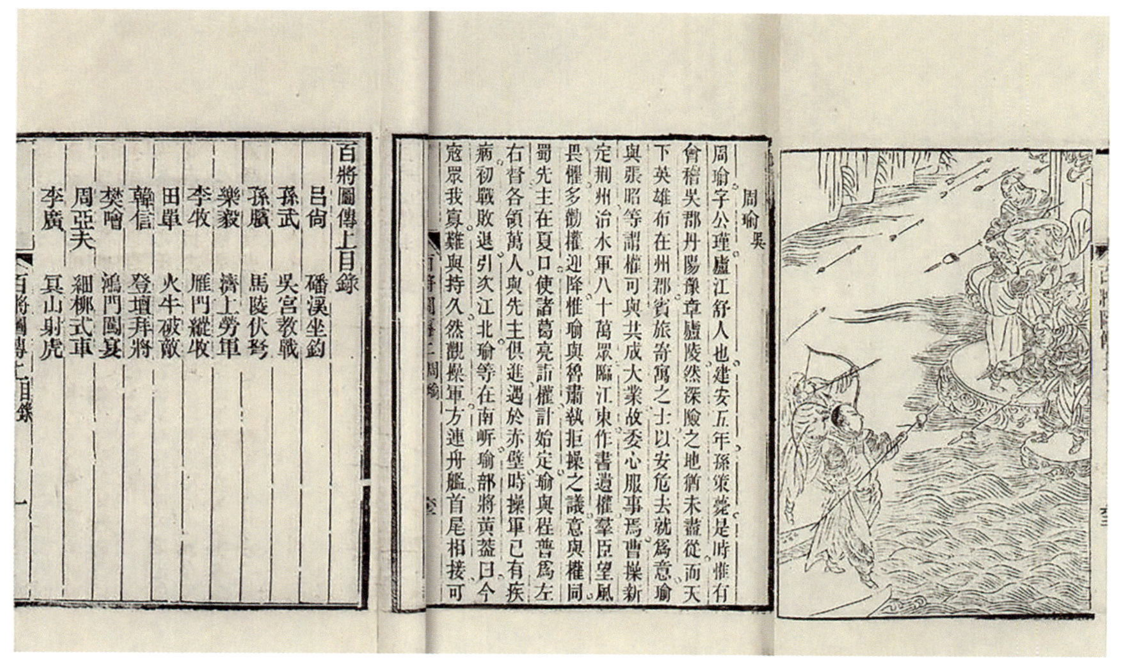

周瑜 吳

周瑜字公瑾廬江舒人也建安五年孫策薨是時惟有會稽吳郡丹陽豫章廬陵然深險之地猶未盡從而天下英雄布在州郡賓旅寄寓之士以安危去就爲意瑜與張昭等謂權可與共成大業故委心服事焉曹操新定荆州治水軍八十萬衆臨江東作書遺權羣臣望風畏懼多勸權迎降惟瑜與魯肅執拒操之議意與權同蜀先主在夏口使諸葛亮詣權計始定瑜與程普爲左右督各領萬人與先主俱進遇於赤壁時操軍已有疾病初戰敗退引次江北瑜等在南岸瑜部將黃蓋曰今寇衆我寡難與持久然觀操軍方連舟艦首尾相接可

百將圖傳上 周瑜

百將圖傳上目錄

呂尙 磻溪坐釣
孫武 吳宮教戰
孫臏 馬陵伏弩
樂毅 濟上勞軍
李牧 雁門縱收
田單 火牛破敵
韓信 登壇拜將
樊噲 鴻門闖宴
周亞夫 細柳式車
李廣 冥山射虎

百將圖傳上目錄 一

丁日昌《百将图传》

见，路过淮安时忽染疾病，专门邀请何金扬前往淮安西门码头船中为其诊治。何金扬诊脉时，见蜡烛光下丁日昌青布鞋有黑瘢点点，便问丁日昌昨夜是否吐血？在得到确定之后，又询问其呕吐时口中是否带有腥气味？丁日昌答否。后何金扬拿着蜡烛进入卧舱，见兰布床帷有黑点如同鞋子上的颜色，得知地面已经被打扫后，随即让人揭开地板，见舱底有一汪紫红色血迹，已凝固为血块，大概是从舱板裂缝中漏下的。只见他取白纸印上血迹，出舱后交由丁日昌手中，并告知他不必担心，只因事务繁杂而受到伤害，倘若瘀血不吐则病情加重，吐出后病情减轻，但不可再次吐血。之后，何金扬以陈墨配合其他药物进行治疗，丁日昌服药数帖后，疾病就痊愈了。

其三：河下一读书人妻子，冬天患伏暑病，不眠不食，已请多个医生来治，效果不佳。该妻忽然一日想吃西瓜，在其夫询问几位医生之后，均说暑证已经确定，如此寒冷天气哪有西瓜可吃？于是，他午夜叩门进城，请求何金扬指点。何金扬让其夫告知妻子此时有瓜，如愿意吃就吃个够，不愿意吃就不强迫。待病人疲倦时，将西瓜藏起，若能安稳睡眠就不要惊动，以待明日上门诊治。到了第二天，何金扬准时上门，病人在吃到西瓜后熟睡未醒。很久之后醒来，喊饿要吃粥，所患病

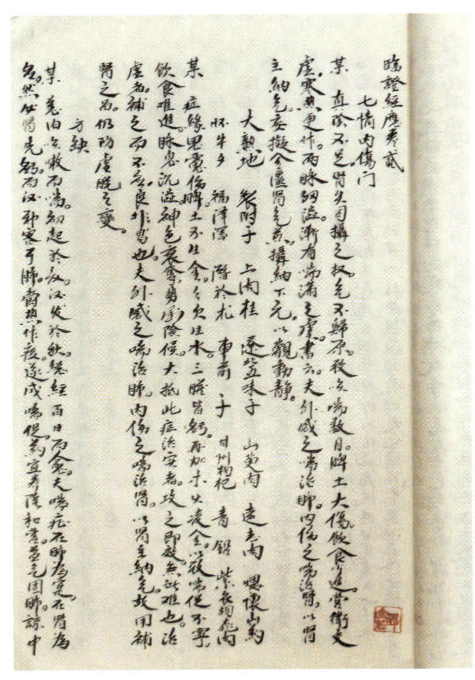

刘金方《临证经应录》“七情内伤门”

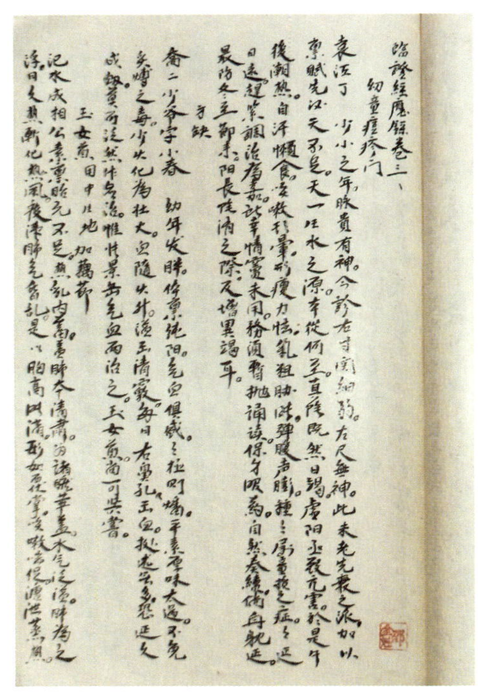

刘金方《临证经应录》“幼童痘疹门”

好似消失一样。何金扬向其家人解释，天气严寒，人们听说吃西瓜，肌肤就会呈现粟粒状，而过分索要西瓜吃，是内热过重感到难受，所以说要给他吃。假如先给她吃又阻止吃，病人惊觉瓜是寒凉物品，食后又将受到病苦。等到瓜饱之后，暑邪消失，自然一日安睡，醒而索粥，病也没有了。

从上述部分医事中，可见盐商在经营盐务活动中，也常为个人健康烦心。千里请名医对绝大多数人来说是无法做到的，但日日相处的医生水平不高，让盐商愿意砸下重金，诊治疾病，同时促进了整个行业的交流、进步与发展。

第二节　支持学术

淮安山阳医派的迅猛发展，主要发生在清代中期以后。此段时期，正是盐商在淮鼎盛经营时期。他们在经营之余，陆续关注淮安传统医学的学术发展，并不断对其进行扶持、赞助。这是切实关系到他们健康利益的大事，更是商贾们都乐于去做的一件公益善事。当年吴瑭所著、被列入中医四大名著之一的《温病条辨》，就是在汪廷珍的鼓励、资助下才得以问世。之后，淮安的医疗水平开始显著提升。先前盐商大病会四处寻访名医来淮治疗的历史一去不复返，取而代之的则是不少外地病患慕名而来寻访名医，或请淮上名医专程前往外地出诊，以解病忧。

程钟总评刘金方儿科痘疹医案。咸丰十一年（1861），盐商程钟给河北镇名医刘

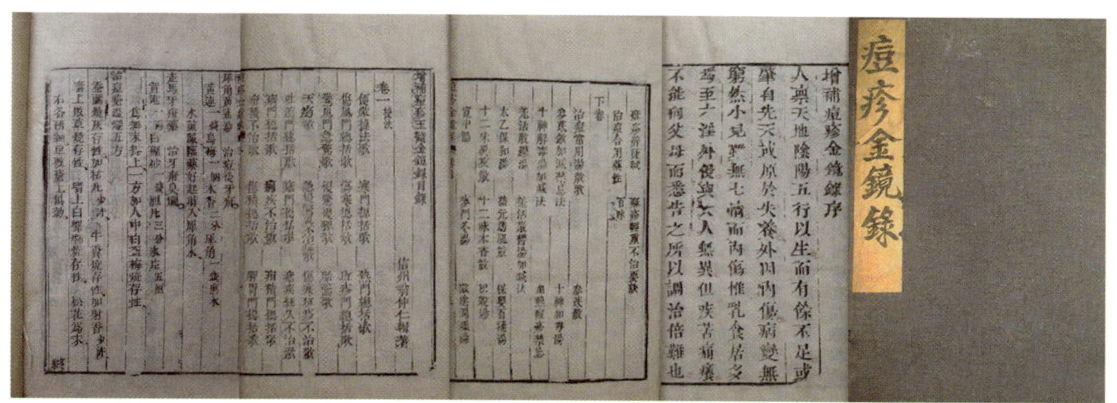

翁仲仁《痘疹金镜录》

金方编辑的《临证经应录·幼科痘疹门》写了总评。刘金方（1825—1888），字子成，自称淮山儒士，淮安人。自幼随祖父刘振元学医，为山阳医派著名中医，位列“淮扬九仙（时淮扬一带9位名医）”之一。他的许多医疗逸事为人传扬，宣统《续纂山阳县志》中还记载他：“居河北，工医术，母好施，金方助之施。友爱从弟，窭人就医，辄赠良药，或转袖金以遗之。”

程钟为其儿科痘疹医案所作总评全文共1300余字，开篇即道：“医者性命之关系，岂可不为深求？”之后便言：“最难者幼科也。业此道全赖心诚，看得真，辨得透，又何难之有？”据程钟文中回忆，其弟程珏曾随刘金方祖父刘振元学医，在研讨痘疹治疗时，刘振元就让他读翁仲仁的《痘疹金镜录》。所谓“大抵要合天符岁气，当分禀赋强弱，有先虚后实，先实后虚，有纯虚纯实，有半虚半实……”程钟在评刘金方儿科痘疹临床时，认可其先“明辨之”之根本，了解“幼童受病多半由二气衰薄，染病最易”，领会“出得尽，起发透，脓浆满，收靥齐，结痂厚”五要后，明确“疹以春夏为顺，秋冬为逆。以其出于脾肺二经，一遇风寒势必难出，且多变症，故于秋冬为不宜耳。疳疾者，疳者干也。干生乎湿，湿生乎土虚，土虚生于饮食不节，饮食不节生于初能饮食，见食即爱，不择精粗，不知饱满，食上加食，况小儿脏腑柔嫩，多食则不能化而脾气郁，脾气既郁有拘急之象。儿之父母犹认为肌渴而强与之。脾因郁而水谷之气不化，而脾愈郁，不为胃行其津液，湿斯停矣。”再了解其症“土恶湿，湿停而脾胃俱病矣。胃为阳明多气多血。之府，中焦受伤无以散精气，则五脏之汁亦干。营卫气馁，故多汗多血，愈虚血气，故肢体日瘦，中焦湿聚不化而腹满，腹日满而肢愈瘦，故曰干生于湿也”后，方可“立方虚

清代温病学家吴瑭画像

吴瑭（1757—1836），字配珩，号鞠通，淮安府山阳县（今淮安市淮安区），清代医学家。幼业儒，19岁时父病，久治不愈，愤而弃儒习医。后走京师，佣书《四库全书》馆，得以阅读大量医典。总结伤寒与温病治疗理论，考察叶桂治温实践，以10年时间，“进与病谋，退与心谋”，提出以明理为要，创三焦理论，奠定了温病学说。著《温病条辨》7卷，丰富了中华传统医学宝库。又见当时庸医谬妄太多，复著《医医病书》72篇，以医治庸医之病，兼以补论《温病条辨》所未能详论的一些医学问题。此外，尚有《问心堂医案》等四卷。

用补，实用攻，寒用温，热用清，虚实并见则攻补兼施”。

刘金方的医术精湛，且还充满了责任心，这都源自其祖父刘振元的真传。他还先后学习了祖父推荐的《内经》《景岳大全》《御纂医宗金鉴》《三家医案》及传抄本《温病条辨》等书，使自己日后诊察病情、诊脉、辨别证候、拟定方药，十分谨慎。刘金方所辑《临证经应录》医案稿本，后在医徒中广为传抄，成为重要的临证参考书之一。

刘氏医徒众多，除了有淮安盐商子弟，还有与盐商关系密切的何锦扬，有给吴瑭《温病条辨》编《温病赋与温病方歌》的李厚坤，还有给李厚坤《温病赋与温病方歌》写序的范莘儒，甚至曾给高官治病的高映青等等。

汪廷珍激励吴瑭专心著述《温病条辨》。明末清初，吴江震泽（今苏州市吴江区震泽镇）有位传染病学家吴有性，他写了一本医著《瘟疫论》，为温病学说的形成奠定了基础。清代中期，苏州叶桂著成《温热论》。而清代中晚期淮安吴瑭所完成的《温病条辨》著述，以三焦为纲，分论温病，将温病分为温热与湿温两大类，从而确立了温病学说的理论体系，形成了温热学派。吴瑭温病学术成就的取得，除靠自身的勤苦努力、不懈追求外，与淮安盐商家族后代中的汪廷珍鼓励密不可分。

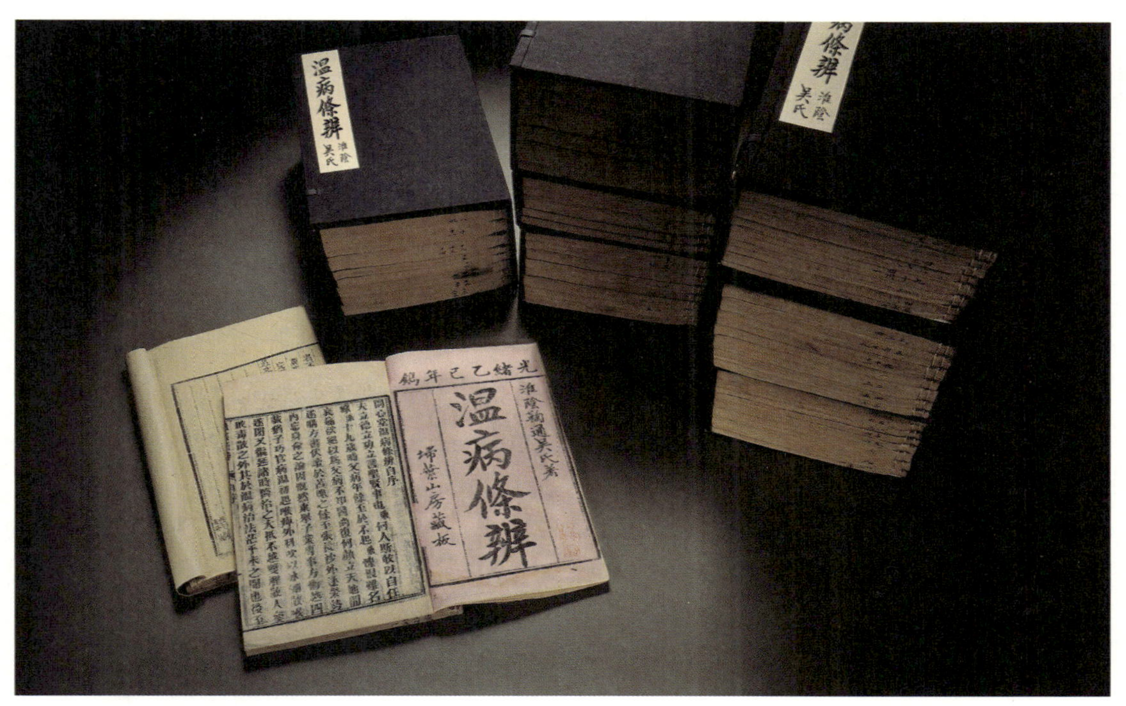

吴瑭《温病条辨》

该书为中医四大名著之一，由清代淮安人吴瑭（号鞠通）所著。《温病条辨》建立了完全独立于伤寒的温病学说体系，创立了三焦辨证纲领，是温病创新理论之一。在“温邪耗伤津液”思想指导下，倡“养阴保液”之法，并拟定层次分明的温病治法方药体系。《温病条辨》被称为清代温病学说标志性著作。

汪廷珍与吴瑭同乡，曾任道光帝师，官至礼部尚书、太子太保、协办大学士。吴瑭则为清代著名医学家，中医温病学集大成者。

汪廷珍家族从清初即来淮安业盐，他只比吴瑭长1岁，但19岁时已考入府学，为诸生。吴瑭26岁时游学京师，并以落榜生员身份聘得四库馆中检校的临时职务，后于29岁考获了一个副榜贡生的身份。当此二人在京城见面的时候，汪廷珍已中举且正准备参加会试，吴瑭则面临四库馆工作即将结束，准备重新选择职业的问题。二人促膝谈心时，吴瑭告诉汪廷珍，打算继续从事医学。汪廷珍则对他说：“医非神圣不能。”古人把道德、智慧、学识极高的人称为圣人或神人，汪廷珍认为从事医学的人要与圣人或神人相比肩。吴瑭听后感到吃惊，产生疑虑，但从未放弃对温病的探索。

嘉庆三年（1798），在久别11年之后，汪、吴二人再次见面。此时的汪廷珍已是侍讲学士、直上书房，官阶从四品。汪廷珍听说吴瑭要写一本叫《温病条辨》的医书，

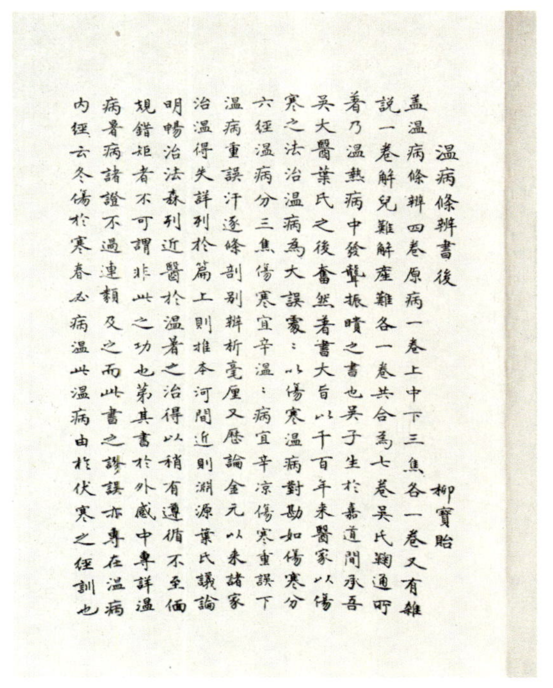

温病條辨書後

柳寶貽

蓋温病條辨四卷原病一卷上中下三焦各一卷又有雜説一卷解兒難解産難各一卷共合為七卷吴氏鞠通吁着乃温熱病中發聾振聵之書也吴子生於嘉道間承吾吴大醫葉氏之後奮然著書大旨以千百年来醫家以傷寒之法治温病為大誤々以傷寒温病對勘如傷寒分六經温病分三焦傷寒宜辛温々病宜辛凉傷寒重誤下温病重誤汗逐條剖別辨析毫厘又歷論金元以来諸家治温得失詳列於篇上則推本河間近則溯源葉氏議論明暢治法森列近醫於温暑之治得以稍有遵循不至偭規錯矩者不可謂非此之功也第其書於外感中專詳温病暑病諸證不過連類及之而此書之謬誤亦專在温病内經云冬傷於寒春必病温此温病由於伏寒之經訓也

柳宝诒（“贻”为另一写法）《温病条辨书后》

吴瑭《医医病书》

但因自觉才学不能胜任，所以一直未敢动手。汪廷珍听后随即催促，并称明年即为己未年，按运气学说推断，属湿土之年，将有温疫大流行。倘若能写出这本书，将造福于百姓。吴瑭听完此番言语，便愿撰写书稿，但仍自愧才学浅薄，缺少自信，唯恐自己虽怀有救人之心但事与愿违，反得欺人害民之罪名。汪廷珍则再次相劝，给他信心。他认为，学者没有自信，可天下却有非常多的温病，竟没有对付的方法。一旦获得了这个方法，则应赶快拿来公开救人。就好似抢救溺水之人、火烧之物，哪还能等待整理帽子、束结头发？且高明理论不会孤立，此书定会有人弥补其疏陋，使得遭受温病之人免于痛苦。

在汪廷珍的激励下，《温病条辨》书稿得以顺利完成。他还专门抽出时间为此书审稿、作序，并增加了数十条按语，与吴瑭相互阐发温病学术观点，以加深读者对温病学的理解。善医是汪氏盐商家族的一个重要特点，汪廷珍虽非专职医生，但从序言、按语中可见其对温病学有着较高的认知。清代淮安学者顾震福在给太医院原太医韩达哉《医学摘瑜》所作序中道：“吾乡襟淮带海，代产名医，自吴瑭先生著《温病条辨》一书，发明伤寒、温病之异，与夫三焦受病之不同。嗣是医家始不囿于仲景之论，所以生枯起朽者不知其几千万人

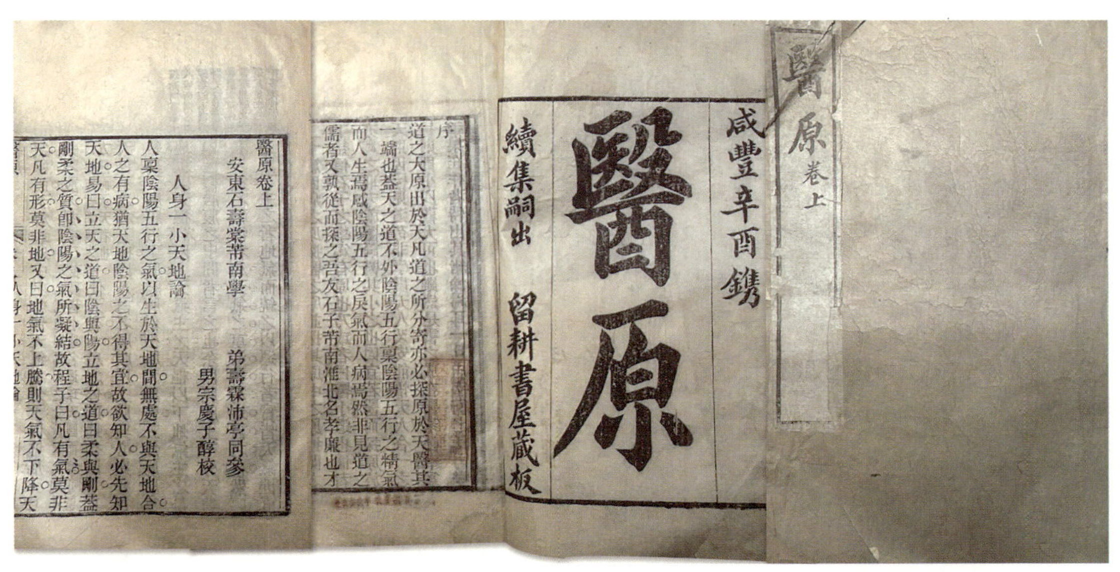
醫原 卷上

咸豐辛酉鐫
醫原
續集嗣出 留耕書屋藏板

序
道之大原出於天凡道之所分寄亦必探原於天醫其
一端也蓋天之道不外陰陽五行稟陰陽五行之精氣
而人生焉感陰陽五行之戾氣而人病焉然非見道之
儒者又孰從而探之吾友石子芾南淮北名孝廉也才

醫原卷上
安東石壽棠芾南學　弟壽霖沛亭同參
男宗慶子醇校
人身一小天地論
人稟陰陽五行之氣以生於天地間無處不與天地合
人之有病猶天地陰陽之不得其宜故欲知人必先知
天地易曰立天之道曰陰與陽立地之道曰柔與剛蓋
剛柔之質即陰陽之氣所凝結故程子曰凡有氣莫非
天凡有形莫非地又曰地氣不上騰則天氣不下降天

石寿棠《医原》

也。吴书既风行一时，淮医遂有声于世。乡后学缵承余绪，精亦求精，卢扁医家不可偻指。”至此以后，山阳医派闻名于世。

吴昆田鼓动石寿棠《医原》刻板。吴昆田是淮安府清河县（今淮安市淮阴区）吴氏盐商后代，也是当地著名学者，咸丰以后定居淮安城内。少时，曾拜学者、车桥人潘德舆为师，中举后先后担任中书舍人、刑部河南清吏司员外郎等官职。他在京城之时，曾机缘巧合认识了正在应礼部试的安东县（今淮安市涟水县）举人石寿棠。虽无特别之处，但石寿棠对他十分恭顺。吴昆田听说他精通医学，但看其所拟处方与别家相比也并无特殊，但治疗效果却很好。询问其原因，石寿棠认为社会上医生平时所用方药，概都如此。处方药量的轻重，病人体质的刚柔，药物先后的使用，是与不精通医学的人难以讲清的。咸丰十年（1860），捻军入侵江淮，吴昆田“主清河迤北团练”。时清河县城（今淮安市清江浦区老城区）被捻军攻陷，吴昆田随即移至淮安城内西长街蒲葭巷居住。同时，石寿棠主持安东团练，坚守城池，确保了一方平安。吴昆田听闻此消息后，便在年底专程拜访石寿棠。听说石寿棠正在著书，便求书稿一读。读后，吴昆田认为该书医学价值十分之大，便劝说、鼓动石寿棠进行刻版。也正是这次拜访，可能仅仅会以手抄本形式存在的一部医学著作，最终得以正规出版印刷。这部著作，即为通过阴阳、五行、八卦等学说，诠释人体脏腑、经络、气血（包括营卫）、津液的生理功能与疾病变化，指导辨证、立

清代医家石寿棠画像

石寿棠（1805—1869），字芾南、堪棠，淮安府安东县（今淮安市涟水县）人，世医出身，习儒兼习医。平生有著作多种，现行世者有三种，即《温热学讲义》《医原》及《温病合编》，俱有刊本行世。

法、处方、用药的《医原》。之后，吴昆田还为此书作序。

同治四年（1865），表奏石寿棠候补淮安府同知。同年，他被江苏巡抚李鸿章招募至苏州担任幕僚。同治六年（1867）年底捻军败退前，石寿棠又完成了《温病合编》著述。此编在推宗叶天士、吴瑭学术思想的同时，又博采众家，穷流溯源。对王叔和、张景岳、吴又可、喻嘉言的温病学观点进行辨正。再分卷列出9种温病的大纲和温病的察色、辨证方法、传变规律、病机、治则、遣方、用药及90多种分症的表里、寒热、虚实、脉象、治法的备述。在温热病的施治上，力主以三焦立论，认为在上焦宜用清凉轻宣，芳香逐秽诸法；中焦实证宜疏利攻下，终传下焦宜救阴潜阳；温病解后宜养阴之品。石寿棠虽然终生并未业医，但却留下两本著作，使他留名于中国医学史册。民国年间，淮医依据石寿棠对吴瑭化症回生丹、复亨丹的应用经验，将二方用于痞块病脾肿大的治疗。近年来，医家们发现石寿棠提出“湿热治肺，千古定论”的见解，与非典肺炎、新冠肺炎的证情相吻合，将他的藿朴夏苓汤列入治疗新冠肺炎选方。有学者还将石寿棠《温病合编》列为学习温病学的第一阶梯书籍。石寿棠是继吴瑭之后，淮安地区又一位敢于创新的医家。

第三节　医学传承

汪氏家族是在淮徽州盐商中既业盐又从医的典范，在曾经依靠经营盐业而获得大宗利润的历史一去不复返之后，汪氏盐商给淮安留下的，且最值得津津乐道的，就是优秀的传统医学传承和丰硕的医学成果。

承前启后。汪九成是汪氏医学传承的第六代，也是承前启后、承上启下的关键一代。汪九成（1871—1947），字仪庭、筱川，以字“筱川”行医，人称“汪筱川”。从20世纪初到新中国建立之后一段时期，淮安几乎无人不知。他天资聪颖，智力超群，为清末时期国子监太学生。医儒经史，琴棋书画，百家技艺都有所涉猎。从16岁开始，开始弃儒习医，协助父亲汪振瀛由淮城三仙楼药局转聘西坝公立同善堂官药局坐诊。汪振瀛去世后，已年至40岁的他，即被该官药局聘为医士，深得各科同仁器重。凡遇疑难杂症，都召其参与会诊。宣统三年（1911）淮北盐务局撤销后，官药局停办。汪九成回到淮安河下家中挂牌应诊，各地患者又纷纷前往河下寻其诊治，一时门庭若市。不少当地官员商贾患病时，首选汪九成诊治。民国三十四年（1945）10月，新四军江北指挥部副指挥兼新四军第四支队司令员徐海东从安徽省定远县撤至淮安休养，其间因多年肺病吐血，疾病一直未愈。来

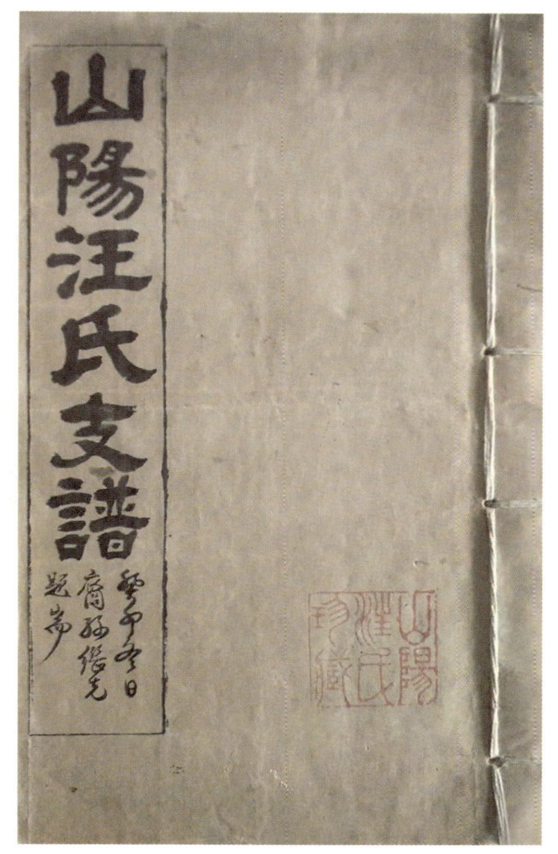

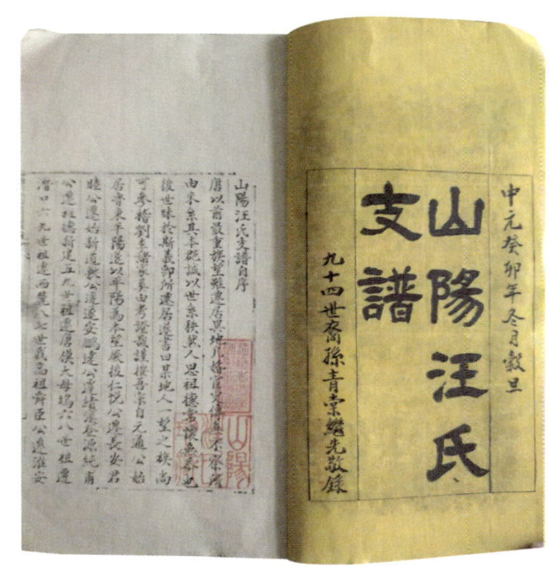

山阳汪氏家谱

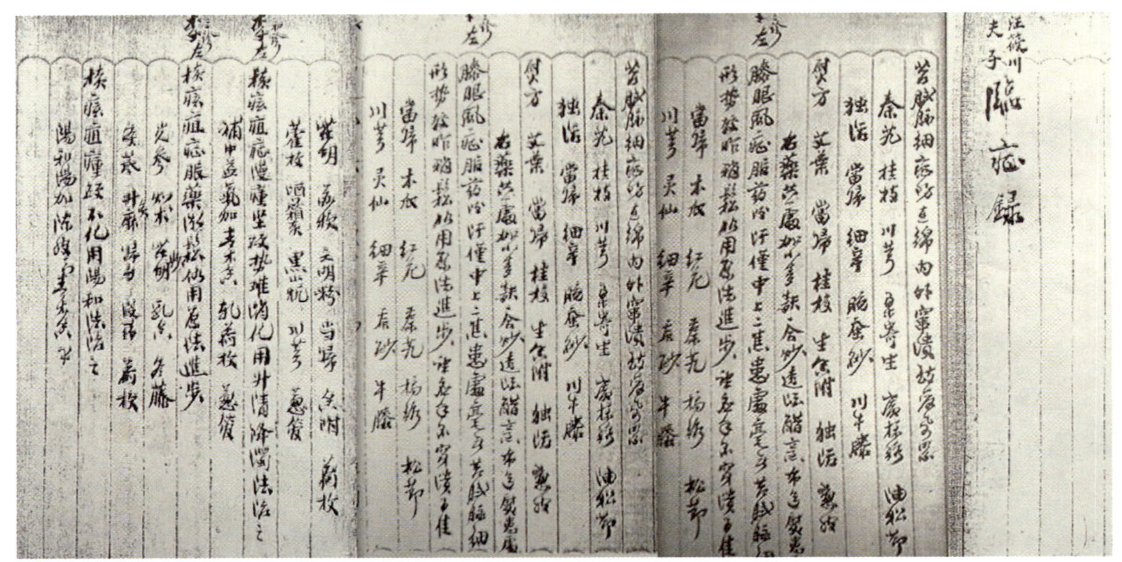

汪九成《临症录》

到淮安后寻得汪氏医治，汪九成吩嘱用糯米汤调适量白芨粉长期服用，出血时加三七粉配用，后病症得到了好转。汪九成平时虽业务繁忙，但仍抽出时间研究医书，对《内经》《伤寒论》《金匮》《本草经》《汤头歌》《温病条辨赋》《温病汤头歌括》《明医指掌》《医源》等熟读理解，灵活运用。

汪九成十分关注中医学的传承。从光绪三十三年（1907）他收了14岁的谭济安为医徒后，想到中医传统授徒方法并不符合医学发展的形势，便于民国元年（1912）倡议举办山阳中医学校，并得到政府认可和拨款。学校设在淮城西南隅月湖射阳弓院内，聘请龚镜清担任校长，自己教授中医外科。后因经费拮据，学校只办了一期就停止招生。之后，他又重新开始授徒，先后有邱慕韩、马毅、马济中、朱伯屏、姚肃吾、汪靄瑭、杜小缘、许益升、高景唐、皮昆仑等众多医徒，均佼佼不群。其中有许多学生，后来去上海、苏州、高邮、涟水以及淮阴（今淮安市清江浦区）等地业医，扩大了山阳医派在外地的影响。

民国初年，为团结医界同仁，有利于中医学术研究、交流活动，汪九成提议成立山阳医学研究会，被推举为首任会长，并主编《康健新声》月刊。在该刊发刊词中，他还鼓励青年医生："近中西争讼，嚣然未已，入奴出主，互相排挤，此即国医变动之见端，亦奋斗之时期。不意吾乡僻壤区域，竟激动一班青年后学之医士奋发兴起，结成团体，立青年医学会，悉心讨论，网罗搜索，凡现代之科学，一一引为学术之材料。更以怀疑之态度，研求古训，为人民生命谋健康。”所以，该刊名曰《康健新声》。他还专门用了“后生可畏”“莫蹈五分钟热度”等语句，把中医的发展和推动中西医结合的事业，寄希望于青年医生。民国十一年（1922），山阳医学研究会更名为淮安医药研究会，河下设分会，称钵池山医学研究会，汪九成任总会长兼任分会长。民国十九年（1930），成立淮安县中医公会，由应金台担任会长，河下成立钵池山中医公会，仍由汪九成担任会长，张锡周担任副会长。张锡周出生于医学世家，他的父亲张治平在清末民初之时，与阜宁余奉仙、兴化赵海仙齐名，并称“苏北三大名医”。

从清末民初开始，西方现代文化不断涌入中国。民国以后，北洋政府教育总长汪大燮认为，落后的中医药限制了中国的发展，便竭力主张废止中医。同时，主张推行西方现代医学，认为这才是对人民生命健康负责。民国十八年（1929），国民政府在南京召开第一届中央卫生委员会议，有委员提出的“废止旧医以扫除医事卫生之障碍案”，引发全国中医药界人士的强烈抗议。时汪九成团结淮安同仁，先后以山阳医学研究会、淮安医药界名义致函、致电，积极响应，并推举刘树农、姚肃吾等代表前往苏州支援江苏中医请愿、抗议活

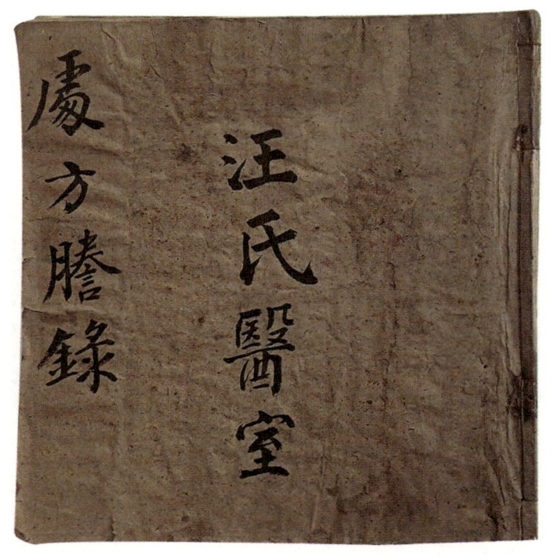

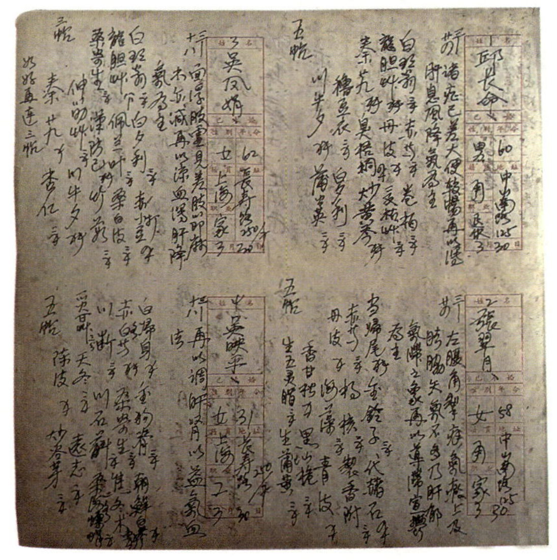

民国时期淮安汪氏医案

该医案为山阳医派传承人汪氏之医学诊疗史料，全册从脉象、诊断、用药等方面都有非常详细之记载。每例都标明服药几帖，通常中医都不敢如此表达，极具医学价值。

民国十八年（1929）国民政府废止中医案晋京请愿代表团成员合影

动。中央国医馆成立后，他又与馆长焦易堂、副馆长施今墨进行书信往来，结成千里“神交”。民国十四年（1935），江苏省民政厅发文审查中医资格，合格者发给资格证书和准许开业执照。汪九成不遗余力帮助会员办理申报手续。不久，淮安中医公会会员全部领到开业执照。

清末民初之时，苏北地区天花、霍乱、伤寒、白喉、麻疹、脑膜炎、黑热病等传染病流行，贫病者境遇悲惨。从民国九年（1920）开始，汪九成先后联合淮安各大名医成立公济施药局、中国红十字会河下时疫医院、中国红十字会时疫医院、河下防疫施药局等公益组织，自筹经费、药品，无偿为百姓诊治疾病。他还于民国二十二年（1933）为李厚坤所著《温病赋》被剽窃一事发表揭露文章，先后在《医界春秋》《苏北日报·医声》等多家杂志刊载。剽窃者姜子房，《宝应县卫生志》中称其为宝应县王通河（今扬州市宝应县柳堡镇王通河村）人，曾在淮安学医。

民国二十八年（1939）二月，日寇侵占淮安。汪九成和同里儒医季凤书前往上海避难。在沪行医，与上海名医吴莲洲、夏应堂结为好友，协编《文虎》月刊。后因季凤书病逝返淮，见家园遭受劫掠，一片破败景象，心中悲凉。从此，杜门却

中央国医馆理事会成员合影

扫，不与闻时事。后于民国三十六年（1947）五月逝世，时淮安县中医师公会理事长杨幼坪率全体会员前往吊唁，哀词中道："公天资聪敏，性气和平，秉家学之渊源，承先启后，得轩岐之奥旨，济世活人。福庇枌乡，对公益不辞劳粹。功弥淮北遇疾苦不计富贵……诚吾邑之完人，公会之领袖也……"

汪九成一生业医，勤于钻研，一生学术文章、著述颇多。如在民国十二年（1923）《医署月刊》第二期上发表"医学细菌解"，引证庄子《逍遥游》，试图从宏观上来说明古代人对细菌的认识。著作有《汪氏外科秘方》《三世临证奇异录》《汪氏医案》《李厚坤温病条辨赋修整》等，手稿有的被其孙汪青棠献给地方卫生部门，有的在"文革"中散失。

医术传承。汪九成之后，其子中汪士彪、汪炳文业医。其孙中，汪树棠、汪青棠、汪荫棠业医。汪青棠（1917—1968），又名汪贤，字继先，号俭庵。新中国成立后，曾担任原淮安县城北民办医院院长，被推选为淮安县第二、三届人民代表大会代表。在诊之余，热心整理淮安地方文史资料，编有《山阳园亭记续编》《山阳园亭记补编》，收录了问心堂、绿桐精舍、鲁石山房、梅竹山房等与河下医家有关

原政协淮安县委员会副主席马济中

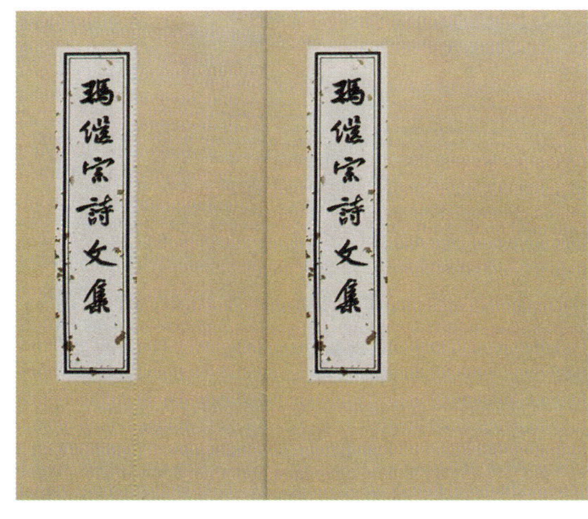

马济中《玛继宗诗文集》

的条目，特别是将清代温病学大家吴瑭故居以“问心堂”条目列入，为后世研究吴瑭生平留下了根脉。汪青棠还整理了其祖父汪九成的遗稿《三世医方录》《汪氏秘方》，编辑了《山阳汪氏五世诗存》等书。

汪九成早期医徒谭济安（1890—1961）因体弱多病，17岁便拜师学医，以为谋求自身保健，并作为一项能安身立命的本领。他曾在公济施药局行医近10年，个人诊所开业时，有时一天能接诊百余人。病员也由近到远，患者都是慕名而来求诊。在临诊中，他也积累了一些医疗小秘方，如治疗胸痛（可能由心胞积液、渗透性胸膜炎引起）选择控涎丹逐饮；治疗时疫表实证，用鸡蛋清调荞麦面捏成团，擦病人胸、背，疏通汗腺，使其出汗退热；治疗麻疹并发肺炎，除正常服药治疗外，用麝香和风化硝敷胸部。新中国成立后，他被选为时淮安县医协会研究委员，后成为多届人大代表。先后担任城北联合诊所所长、城北医院院长。1960年，被聘为时淮安县人民医院中医科医生。有医徒谭健民、查伯元、钱道承、刘玉芳等人。

马济中（1908—1996），又名玛继宗，回族，淮安地方著名爱国民主人士。自民国十七年（1928）从汪九成学医，后于民国二十五年（1936）考入江苏省医政学院举办的外科训练班。

因学校遭日军轰炸，未及毕业，疏散回家。民国二十七年（1938）领取江苏省民政厅发给的开业执照开始业医。先后参与民国三十四年（1945）年底参加苏皖边区政府卫生局局长张贤主持的淮城中西医大会考，带头组织淮安城外中西医研究会、河下防疫抢救站，救治霍乱病患者。新中国成立初期，担任防疫大队副队长，到淮安盐南、盐北两区防治恶性疟疾，救治了2800多名患者，受到政府表彰。先后担任人大代表、常委会副主任，苏北卫生工作委员会委员，淮安城北联合医院院长等职务。1956年，脱产担任政协原淮安县委员会副主席。晚年撰写了《抗战前的淮安中医药概况》《温病赋及其作者李厚坤》等文稿。逝世后，子女将其遗稿编成《玛继宗诗文集》印行。

谭健民（1920—1985）是谭济安的医徒之一，出生于乡村塾师之家，14岁就从族叔谭济安学医，18岁满师回到缺医少药的农村给患者治病。因成功救治1名麻疹患儿，引起轰动，登门求医者络绎不绝。后到淮城南门外租房挂牌行医，和刘绍渠、蓝志昌联营组织中医联合诊所，并担任所长，同时担任时淮安县医协会主任，被推选为时淮安县人民代表。1956年春，被聘为原淮安县人民医院中医科医生。他除临床带教中医实习学生外，还带徒培育了金殿林、方兆正、郝鉴泉、马建文、谭恩湛、谭恩伟、陈益夫、姚超群、刘志安、梁锦泉、梁洪珍、陈同祥、朱万兴等一批学员，为乡镇卫生院培养了中医人才。

谭健民中医门诊招牌

章臣沅（1902—1986），字湘侯，以字行医，人称“章湘侯”。他的祖父章文甫同样业医，父章顺咸继承祖业，兼营药业。章湘侯曾拜河下秀才殷汝金为师，学习文学，父亲病故后，到堂叔章鉴虞仁源生药店当学徒，再到叔父章顺同仁德堂药店就业。在药店从业之余，刻苦自学医学，遇到疑难问题，就请教汪九成，医术渐进，被人称为汪九成的“私淑徒弟”。民国三十六年（1947）之时，汪九成还制作了一块“汪九成夫子授章湘侯医道”黑底鎏金字木牌给章湘侯行医之用，承认章湘侯是他的学生。新中国成立后，章湘侯先后担任原淮安县人民医院中医科医生、原淮安县中医院医生、原淮阴地区医学科学研究所兼职研究员，县市两级人大代表、政协委员。他对中药知识娴熟，又掌握许多单方、验方，如八宝珍珠散、聍耳散、翠云散、珠黄散、黑灵散、鹅掌风散剂等，用于治疗相关疾患，效果显著，得心应手。诊病组方极其灵活，从不生搬硬套，每选用一药，都认真思考。先后撰写发表数十篇医学文章，如发表在医药杂志和地方报刊、文史资料上的有《鼻渊验方》《中风“珠网膜下腔出血”的治疗》《上焦宣肺汤临床运用体会》《吴鞠通学说对淮安温病学发展的影响》《吴鞠通生平及其著作》《淮安清代温病学家李厚坤》《潜心著述记》等文；指导中医师顾天培、袁长新、梁金尧撰写《吴鞠通故里初考》等。又在学生协助下编辑《章湘侯常用验方选》《竭丹手录（章湘侯医案集）》《论产后常见病辨证施治》等文。2008年1月，淮安市人民政府、淮安市文化局公布“吴瑭与山阳医派”为淮安市非物质文化遗产，其传承人即为章湘侯之学生袁长新。

第七章　盐商与淮扬菜

淮扬菜起源于淮安与扬州，始于春秋，兴于隋唐，盛于明清，与鲁菜、川菜、粤菜并称“中国四大菜系”，与北方菜、粤菜、辣味、清真并称“当代中国餐饮五大风味集聚区”，素有“东南第一佳味”之称。淮扬菜的形成、发展和成熟，与漕运、河务、盐务密切相关。明清时期的淮安，是众多盐商大贾的聚居之地，他们崇尚肴馔之美，注重淮扬菜的融合和创新，极大地促进了淮扬菜和淮扬菜文化的发展。可以说，盐商的推动是淮扬菜发展、成熟中不可或缺的一大因素。

第一节　促进发展

明清时期，两淮盐业极盛，两淮地区盐商云集。他们在极富状态下对奢华生活的追求，其中就包含了对肴馔之美的崇尚。不仅在两淮地区，盐商对全国各地的饮食风尚同样产生了极大的影响。淮扬地区则逐渐形成了以追求精致而著称的淮扬菜，并以高雅闻名于世。作为促进淮扬菜发展和成熟的重要推动者，盐商何以有如此巨大的能量推动一个菜系的发展？这其中有着深刻的历史原因。

交际功能。盐商拥有官商资本集团的身份，在结交攀附活动中，非常重视美食的交际功能，客观上促进了淮扬美食的创新发展。盐是民生必需品，生产与运销关系国计民生，历来受到统治阶级的重视。明清两代，国家实行食盐委托专卖制度，让盐商来负责食盐的销售，逐渐形成了上至皇帝，下至臣僚和两淮盐商在政治上、

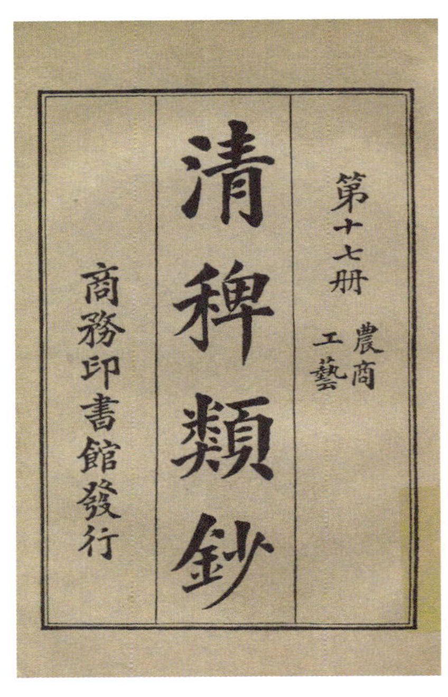

清稗類鈔

第十七册 農商 工藝

商務印書館發行

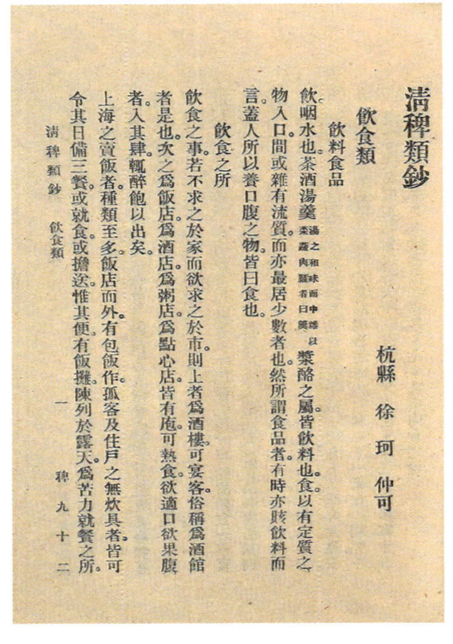

清稗類鈔

杭縣 徐珂 仲可

飲食類

飲料食品

飲。咽水也。茶酒湯羹（湯之和味而中雜以菜蔬肉類者曰羹）漿酪之屬。皆飲料也。食。以有定質之物入口。間或雜有流質。而亦最居少數者也。然所謂食品者。有時亦賅飲料而言。蓋人所以養口腹之物。皆曰食也。

飲食之所

飲食之事。若不求之於家而欲求之於市。則上者爲酒樓。可宴客。俗稱爲酒館者是也。次之爲飯店。爲酒店。爲粥店。爲點心店。皆有庖。可熱食。欲適口欲果腹者。入其肆。輒醉飽以出矣。

上海之賣飯者。種類至多。飯店而外。有包飯作。孤客及住戶之無炊具者。皆可令其日備三餐。或就食。或擔送。惟其便。有飯攤。陳列於露天。爲苦力就餐之所。

清稗類鈔 飲食類 一 稗九十二

徐珂《清稗类钞》

《清稗类钞》为民国时期学者徐珂创作的清代掌故遗闻汇编。全书由清人、近人文集、笔记、札记、报章、说部中广搜博采，仿清人潘永因《宋稗类钞》体例编辑而成。

经济上更加密切的关系。

在两淮盐商中，尤以徽商最善结交官府要人。无论是在京缙绅、过往名士，还是当任大小官僚，无一不是结交对象。他们常以邀请品尝美食为形式，并利用享受美食时的放松、融洽环境与官员们交流，使得攀附朝廷要员显得更为容易。清末民初学者徐珂在他的《清稗类钞》“饮食类”中记载了当时最著名的5种筵席，除满汉全席、燕窝席、豚蹄席外，淮安居2席，都是盐商培育起来的高规格接待筵席。他们通过与仕宦之间的频繁宴请，既获得了奉承上司的机会，最主要为自己在盐务上的便利打通了关节，以期获得更多的经营实惠。由于盐商与权力部门往来密切，逐渐发展成首总——总商——散商的格局。其中，首总由与皇室、官僚最密切的总商充当，是皇室官僚的代言人，具备相当的权力。

除交结官僚外，盐商们还与皇室保持着良好的关系。如清代康熙、乾隆二帝数度南巡，两淮盐商极尽献媚邀宠之能事。迎銮、接驾、饮食等事宜，自有重臣在前，朝廷事先也有所计划。盐商虽富，但也无法越位邀宠。而自康熙四十四年（1705）第五次南巡起，淮安盐商们挖空心思，以“万民宴”为由，总算抢了一回风头。据《圣祖五巡江南恭录》中记载：三月初九“圣驾行至乌沙河，有淮安绅衿百姓备进万民宴，又盐场备彩亭七座迎接”。名义上是百姓自发组织的，实际上是由淮安盐商们共同斥资组织和策划实施的，主要由大盐商程增经办，与普通百姓无涉。随后康熙皇帝在淮安寻欢作乐，皆其料理。又如，乾隆四十九年（1784）春，乾隆皇帝南巡至

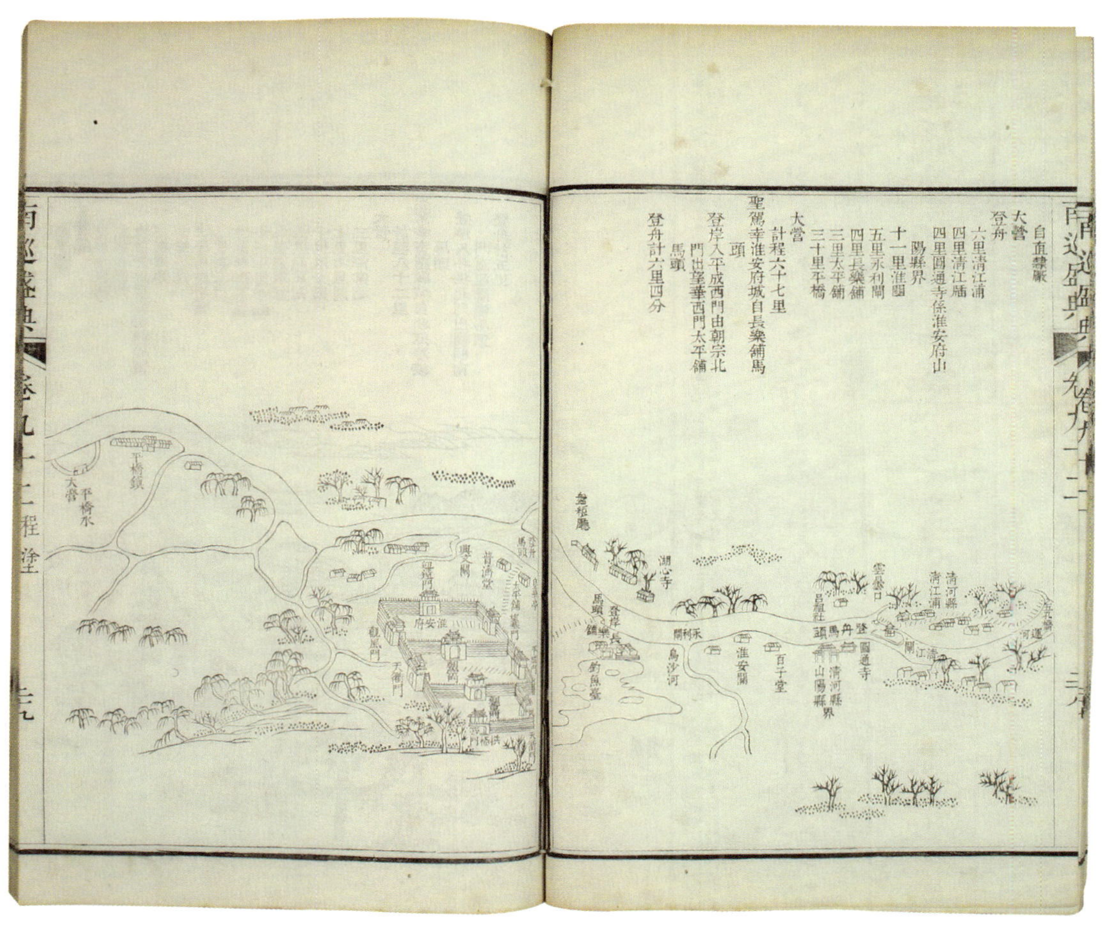
南巡盛典 卷九十二
自直隸廠
大營
登舟
六里清江浦
四里清江牐
四里圓通寺係淮安府山
陽縣界
十一里淮關
五里永利閘
四里長樂鋪
三里太平鋪
三十里平橋
大營
計程六十七里
聖駕幸淮安府城自長樂鋪馬
頭
登岸入平成西門由朝宗北
門出望華西門太平鋪
馬頭
登舟計六里四分

淮安，“盐宪谕诸商人自伏龙洞至南门外起造十里园亭，以荻庄建行宫，开御宴”。据估计，这一工程需花银3万两，后“因盐宪经纪稍后，诸商筹款未充，而为时甚促，遂寝其事”。但仍在运河两岸设景，又布置入城通道，使淮安盐商纷纷得到嘉奖。总商程易还在嘉庆元年（1796）应诏入朝，参与“德叟宴”，赏赐内府珍奇宝物，享受四品京官的待遇。以布衣上交天子，成为远近歆羡的商界奇闻。

清代乾隆《南巡盛典》

乾隆《南巡盛典》由时任两江总督高晋主持纂修，记乾隆十六年（1751）至乾隆三十年（1765）间乾隆皇帝前四次南巡相关情况。该书于乾隆三十一年（1766）七月请旨纂修，乾隆三十三年（1768）初稿成。

在这种利益交往下，盐商结交攀附官员和皇帝的饮食招待自然走向豪奢化，也让本就追求精细的淮安菜精益求精，制作技法更加繁复。如肉圆、捆蹄、鸡糕这3种食物，其实颇有类似。肉圆是猪肉打成泥后，炸成小丸子；捆蹄则是猪蹄膀肉腌好灌进肠衣里，用绳扎紧，炖煮定型；鸡

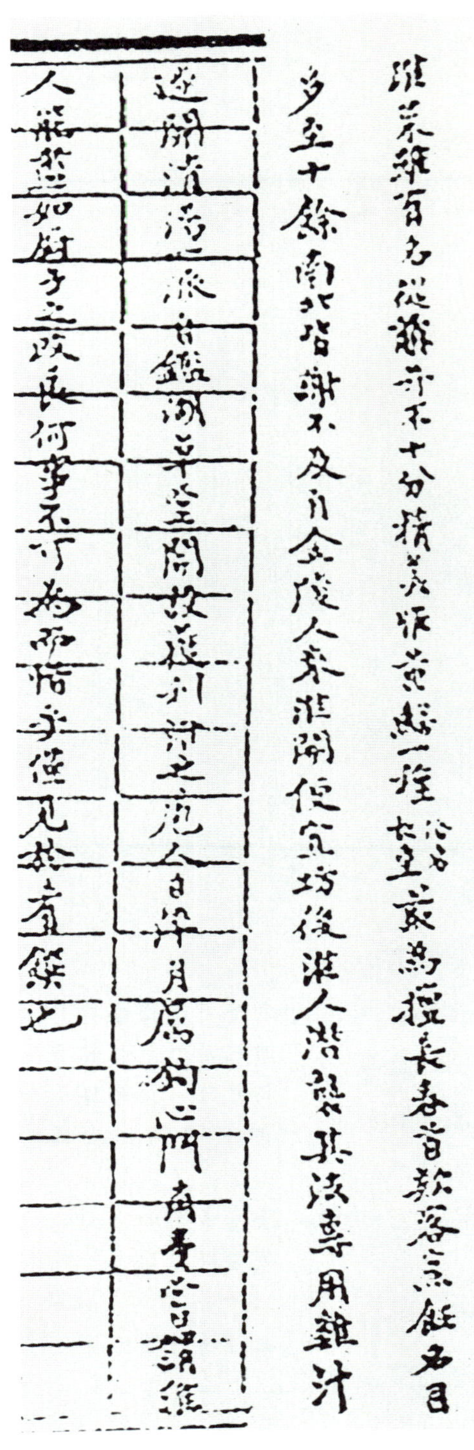

淮菜雖有名從遊亦不十分精美惟烹鱔一種[illegible]尤爲擅長春首款客烹飪名目多至十餘南北皆辦不及自金陵人來淮開便宜坊後淮人皆襲其法專用雜汁透開清湯之派昔鹽河平望閣故從利汁之冠人自平月層[illegible]門齋量高[illegible]人稱其如廚子之改良何事不可爲而皆求進見於吾儕也

清代学者段朝端在其《跰躃余话》中对淮安厨师烹饪长鱼（黄鳝）的一段描述

糕是鸡脯肉剁成泥后，加山药蒸熟塑形成大方块。三者都是把原本的食材，做得不像原来的模样，尽量好吃、且容易吃，满足达官贵人食不厌精、脍不厌细的要求。又如淮安传统鳝鱼名菜生炒蝴蝶片。淮厨采用高超的刀工处理技术，将鳝肉批成蝴蝶形片状，而得名。在淮安，行业中常用“细嫩、软嫩、脆嫩、酥嫩、滑嫩、肥嫩、活嫩”等来总结鳝鱼丰富变化的质感变化。而生炒蝴蝶片就是诸多鳝鱼菜中最能体现脆嫩特色并显现娴熟刀工的代表菜。此菜以粗活鳝鱼为原料，经宰杀去骨后，用刀劈成单片或双片，加热烹制后鱼片卷曲，似蝴蝶起舞，菜品色泽明亮，造型生动形象，鱼片脆嫩爽滑，口味咸鲜清香。清代后期，淮安盐商转向清河县西坝（今淮安市淮阴区王家营街道西坝社区）后，他们又开始推崇起“帝王菜”。所谓帝王菜，就是传说历史上帝王们在此吃过的有名气的菜肴。盐商们还列出菜谱，如楚王韩信的大烧马鞍桥、唐明皇的清蒸淮白鱼、诗仙李白的醉黄鸡、杨国夫人梁红玉的怒烧大杂烩、明太祖朱元璋的珍珠粥、乾隆皇帝的平桥豆腐、慈禧太后的扬州炒饭等等，并还在西坝开办了一家专业菜饭馆。

但在接待皇帝的饮食上，盐商们还是收敛起豪奢的作风，采用本土易得食材来进行烹制，但工艺、配料依然追求极致。平桥豆腐传说是平桥富商林百万所贡。据民国《淮安河下志》中记载，乾隆二十七年（1762）乾隆皇帝南巡，平桥富商林百万钻营接驾，

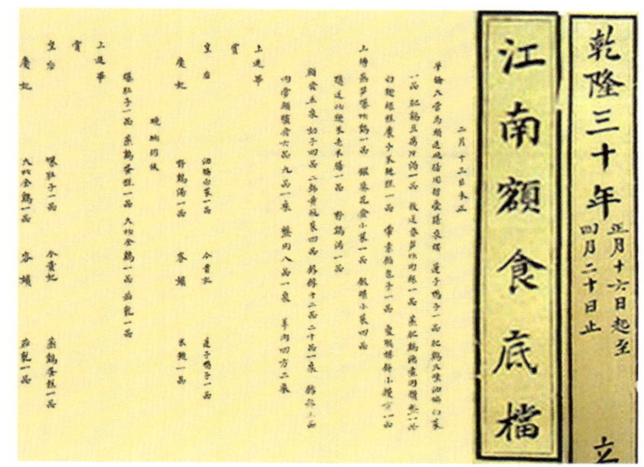

淮扬名菜“平桥豆腐”与清宫档案中乾隆皇帝南巡饮食的关联记载

绞尽脑汁，用鲫鱼脑烹制豆腐。乾隆皇帝吃后十分满意，赞不绝口，淮菜名肴“平桥豆腐”因此得名。但在《乾隆御膳档》中，乾隆南巡至淮安，地方所呈献之肴馔，不过是烧家野、蒲菜炒肉、淮山鸭羹、淮饺、肥鸡豆腐片儿汤而已，俨然伪装出一副“勤政节俭”的面孔。

盐商由于半官半商的特殊性质，自然要求他们必须跟官署甚至皇家保持良好的关系。而在盐商结交攀附皇帝、官员的过程中，高规格、奢侈化、精细化的宴请，发挥了至关重要的作用，这形成了盐商饮食奢靡之风的盛行，在客观上促进了淮扬菜的持续、迅猛发展。

助力发展。盐商巨额财富以及浮华的生活需求，成为淮扬菜发展成熟的重要物质基础。同时，刺激了淮扬菜的多元化发展，形成独特的风格和体系。明代嘉靖《两淮盐法志》中记载：“两淮岁课，当天下租庸之半，损益盈虚，动关国计。”盐商们依靠专卖特权，获取了巨额的垄断利润。除一部分用于盐业生产、城市建设和繁荣文化方面，大部分都用于奢侈性消费，其中处于消费底层的感官消费成为盐商消费的首选方面。如淮安河下盐商曾被时人总结为有“三好”，即“一吃、二嫖、三医”。

盐商的生活渐渐奢华，在饮食方面格外讲究，这与当时盐商的身份有关。商人在中国古代的地位一直都很低，处于“士农工商”的最底1层。到明清时期，随着商业的发展，商人地位虽有所提高，对商人的限制也有所减弱，但商人在用度上的自由度始终受到限制，如会被限制不许穿某种材料或某种款式的衣服等等。如此一来，“吃”也就成了商人们为数不多的能大肆花钱的领域。清代学者萧奭在其《永

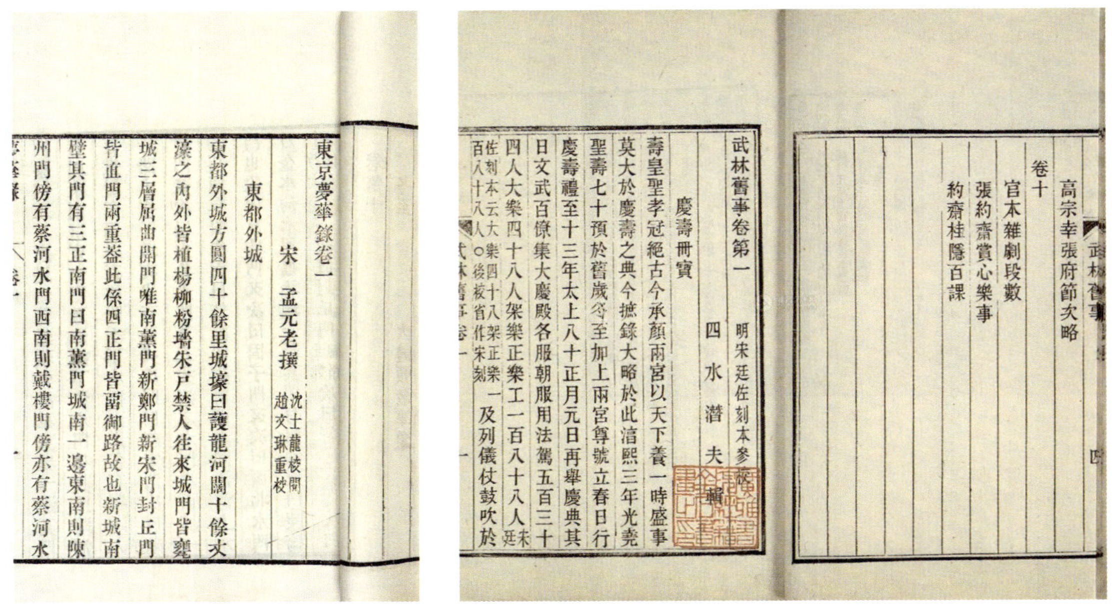

東京夢華錄卷一
宋　孟元老撰　沈士龍校閲　趙文琳重校
東都外城
東都外城方圓四十餘里城壕曰護龍河闊十餘丈濠之內外皆植楊柳粉墻朱戶禁人往來城門皆甕城三層屈曲開門唯南薰門新鄭門新宋門封丘門皆直門兩重蓋此係四正門皆留御路故也新城南壁其門有三正南門曰南薰門城南一邊東南則陳州門傍有蔡河水門西南則戴樓門傍亦有蔡河水

武林舊事卷第一　明宋廷佐刻本參校
四水潛夫輯
慶壽冊寶
壽皇聖孝冠絕古今承顏兩宮以天下養一時盛事莫大於慶壽之典今摭錄大略於此淳熙三年光堯聖壽七十預於舊歲冬至加上兩宮尊號立春日行慶壽禮至十三年太上八十正月元日再舉慶典其日文武百僚集大慶殿各服朝服用法駕五百三十四人大樂四十八人架樂正樂工一百八十八人宋廷佐刻本云大樂四十八架正樂一百八十八人○後校省作宋刻及列儀仗鼓吹於
武林舊事卷一

高宗幸張府節次略
卷十
官本雜劇段數
張約齋賞心樂事
約齋桂隱百課

孟元老《东京梦华录》及周密《武林旧事》

宪录》中记载雍正元年（1723）情形时说：“奢靡之习，莫甚于商人……各省盐商内实空虚，而外事奢靡。衣服屋宇，穷极华靡；饮食器具，备求工巧；俳优伎乐恒舞酣歌；宴会戏游，殆无虚日；金钱珠贝，视同泥沙；甚至悍仆豪奴，服食起居，同于仕宦，越礼犯分，罔知自检。骄奢淫佚，相习成风。各处盐商皆然，而淮、扬为尤甚。”其中，还特别提到淮安和扬州的盐商。《淮安河下志》中也有类似记载：“方盐策盛时，诸商声华煊赫，几如金、张、崇、恺，下至舆台厮养，莫不壁衣锦绮，食厌珍错……迹其繁富，不啻如《东京梦华录》《武林旧事》之所叙述，猗欤盛哉！”盐商们终日恒舞酣歌，饱食终日，争为奢靡，满足感官欲望，可见一斑。

盐商们用巨额财富大肆挥霍，玉食琼饮，逞豪炫富，追求豪奢、精致与新奇。清代淮安学者丁晏《萧湖曲》中所谓“馔玉炊金极毳鲜，春秋无日无华筵”，甚至“下至舆台厮养，莫不食厌珍错”，描写的就是这番景象。他们为了品尝全国各地的美味，不惜重金招揽雇用各地名厨，也使得淮扬菜烹饪技艺能够吸取众家所长，并形成兼容并蓄的风格。盐商们与淮安大小官员一起互相吃请，又着重饮食规模、排场和席间表演，追求味觉和视觉的双重享受，对淮扬菜饮食环境的塑造起了积极的作用。他们还在饮食方面精益求精，不计成本，不惜重金购买各种名贵食材，丰富了淮扬菜的食品种类。盐商们还在饮食方面互相攀比，争奇斗胜，在斗奇求新求特中，切磋厨艺，无形中促使淮扬菜厨师在技艺提高、菜品创新等方面精益求精。有时甚至一掷千金来满足口腹之欲和感官享受行为，客观上极大地促进了淮安饮食业、饮食文化的发展，并逐渐形成了淮安菜特有的风格和体系，加快了菜品的创新与交融，促进了淮扬菜的发展。

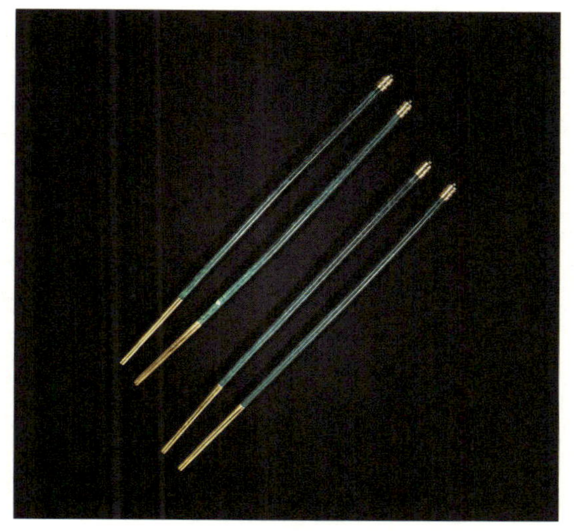

清代包金筷子

文化促进。盐商们贾而好儒、附庸风雅，乐于与文人结交，客观上促进了淮扬菜的传播和淮扬菜文化体系的形成。他们虽然豪富，但几千年历史所形成的社会地位并没有彻底改变。所以，不少盐商十分重视文化素养的提升，敬重和乐于结交文人雅士，重视子弟的文化教育，以此抬高自己的社会地位，这就是所谓的“贾而好儒”。如淮安河下程氏盐商、阎氏盐商都是此类。他们家族后代中，还有不少人考上了进士，实现了由商到士的转变。盐商们与文人雅士的结交过程中，经常伴有宴请或文酒聚会，如淮安的一些园林中就经常由盐商发起举办各类文人集会、宴会，如著名的曲江楼雅集、晚甘园雅集、寓园雅集、荻庄修禊等等，就属此类聚会。在与文人的宴请中，盐商们会撇去与官员宴请中一味求奢求奇的风格，而讲究选料平常，崇尚本真、清淡、调和的美食

清代粉彩陶瓷汤勺

清代青花酒杯

明代五彩陶瓷碗

审美。这在淮扬菜的发展中注入了浓烈的人文精神，是在豪奢风格之外形成的另一种“清淡鲜美”之风。

盐商在与文人的密切交往中，一方面提高了淮扬饮食的知名度，另一方面文人也注重将饮食实践上升为理论总结，或诗文抒怀，或著述立说，不但提高了淮扬菜的文化品位和内涵，更为弘扬淮扬菜文化的发展壮大，打下了坚实的文化基础。

明代青瓷碟

第二节　作用影响

淮扬菜历史悠久，在明清时期逐渐发展成熟。可以说，明清时期既是两淮盐业的极盛时期，也是两淮盐商对淮扬菜系发展影响最大的时期。具体而言，盐商对淮扬菜发展的重要作用和影响表现在多个方面。

一、“清淡鲜美”审美的形成

淮扬菜与其他几大菜系的重要区别就是以“清淡平和”为主体风味，其中对盐的运用极为讲究，按照物性，浓淡相怡，取决本味；辅不掩主，醇纯净一；浓不鞔胃，淡不槁舌，鲜而生津，清而有质，淡而不薄，肥而不腻等等。如清蒸白鱼，以其肉质细嫩、色白、味鲜而享有盛誉。

清代内粉彩花卉陶瓷盘

盐商对淮扬菜中盐的运用，极大程度继承了前代对清鲜、清新之味的追求，菜肴中亦处处体现这种饮食风尚。

淮扬菜系中的经典名菜——开洋蒲菜

如蔬菜菜肴中，以蒲菜为原料制作的“开洋扒蒲菜”“鸡油烩蒲菜”等名菜，其特色便清香味鲜。徐珂在《清稗类钞》中还记载：“豌豆苗之食法，有芼之为羹者，有炒之以油者。淮安人且烫而食之。以苗之生者投沸汤中，本味完足，食者皆甘之，然汤必为鸡汁或豚汁也。”这种以鸡汤或猪肉汤烹制的豌豆苗当然又是一种鲜香之味。

清新平和口味，是中国传统中庸哲学思想在饮食中的具体实践。淮扬菜颇具典雅、自然的风格，则与盐商饮食追求崇尚的生活理念、审美情趣密切相关。从明代万历年间开始，徽商在两淮地区的势力逐渐增强。到清代雍正、乾隆、嘉庆年间，两淮盐务总商清一色都是徽商。其中由徽州府治歙县（今安徽省黄山市歙县）岑山渡迁居淮安的程氏家族规模最大，财力也最雄厚。他们不但崇文重教，且十分重视饮食、养生等方面的细节。又喜与文人雅士交流结交，多和各地学者来往，便使得家中常年宴席不断，厨师的烹饪水平、菜肴创意，也会在主人的要求下日新月异。清代淮安学者黄钧宰在其《金壶七墨》中曾称程氏：“文酒笙歌，殆无虚日。”如盐商程晋芳与小说家吴敬梓志趣相投，成莫逆之交，多次在家中设宴招待吴敬梓，并提供了不少生活资助。吴敬梓对两淮盐商的的生活、起居亦有亲身体验，也为其创作《儒林外史》积累了丰富的生活素材。美食家袁枚与程晋芳也多有交往，

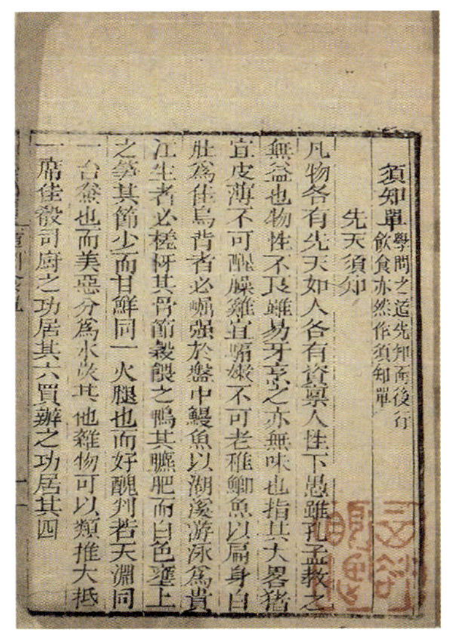
須知單 學問之道先知而後行飲食亦然作須知單

先天須知

凡物各有先天如人各有資稟人性下愚雖孔孟教之無益也物性不良雖易牙烹之亦無味也指其大畧猪宜皮薄不可腥臊雞宜騸嫩不可老稚鯽魚以扁身白肚為佳烏背者必崛強於盤中鰻魚以湖溪游泳為貴江生者必槎枒其骨節穀餵之鴨其膘肥而白色壅土之筍其節少而甘鮮同一火腿也而好醜判若天淵同一台鯗也而美惡分為冰炭其他雜物可以類推大抵一席佳餚司厨之功居其六買辦之功居其四

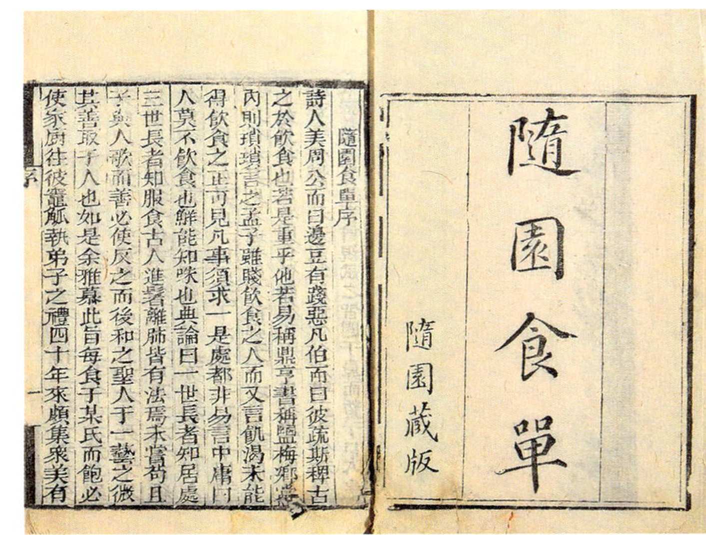
隨園食單

隨園藏版

隨園食單序

詩人美周公而曰籩豆有踐惡凡伯而曰彼疏斯稗古之於飲食也若是重乎他若易稱鼎亨書稱鹽梅鄉黨內則瑣瑣言之孟子雖賤飲食之人而又言飢渴未能得飲食之正可見凡事須求一是處都非易言中庸曰人莫不飲食也鮮能知味也典論曰一世長者知居處三世長者知服食古人進鬐離肺皆有法焉未嘗苟且子與人歌而善必使反之而後和之聖人于一藝之微其善取于人也如是余雅慕此旨每食于某氏而飽必使家廚往彼竈觚執弟子之禮四十年來頗集衆美有

袁枚《随园食单》

该书是清代系统论述江浙地区烹饪技术和菜点的重要著作，集中了江浙厨师长期积累的丰富的烹饪经验，也介绍了当时的美酒与名茶。

袁枚既是程晋芳的良师，又是益友，同时还是生意上的合作伙伴。袁枚在他的《随园食单》中对淮扬菜烹饪理论的精准论述，与程晋芳等盐商怕不无关系。反之，盐商在与文人的交往过程中，文人身上所体现出的寄情山水、能书善画、高歌吟唱的文化风骨，以及平和养生、身心兼修的饮食态度，顺应自然、崇尚本真、追求至美的美食精神，清淡调和、南北相恬的中庸治膳风格，也影响着盐商的饮食审美水平，使得他们懂得崇尚真美，追求精细、雅丽、清淡。若没有吴敬梓、袁枚等这些文人的指点，盐商的饮食审美或许很难达到一个较高的水平。

正因如此，淮扬菜审美便与明清时期文人间流行的发现自然物趣、满足感官享受的精神愉悦审美相一致。这一点，从淮扬菜制作过程中的选料、刀工、调味等方面可见一斑。那种讲求韵味意境的菜肴制作流程，就像写诗作画，有浓厚的中国传统文化底蕴。故此，淮扬菜又被许多美食学家称为“文人菜”。

二、原料选用

淮扬菜在原料的选用上有两个重要特点：一是丰富；一是平常，这也与盐商有着一定的关系。

丰富。一方面，淮安因其平原水乡的地理特点，猪牛羊禽、鱼虾蟹螺以及多种农作物水果比肩接市，物产甚丰，这为淮安创制美食提供了丰富的物质基础和广阔的施展空间。另一方面，淮安地处中国南北交界处，为大运河的中心枢纽城市，商贸舟楫往来频繁，南来北往的商人给淮安带来了各地的不同物产。在明代天启《淮安府志》中，述及淮安府境居民商业经营时载："民惮远涉，百物取给于远商，即有行贩，自稻、秫、麦、菽、醃切、园蔬、水鲜之外，无闻焉。若布帛、盐鹾诸利薮，则皆晋徽侨寓大力者负之而趋矣。"河下为盐商聚居区，这里甚至形成了专业化售卖商品的商业街巷，如羊肉巷、干鱼巷、茶巷、粉章巷、猪市、皮市、米市、柴市等等，为淮扬菜的制作提供了足够的食材选择。

雪燕

海参

除这些寻常食材，盐商亦会搜罗奇珍异味，追求珍奇食材。如清代学者吴炽昌在其《客窗闲话》中记载了淮安盐商之宴请："馔则客各一器，常供之雪燕、冰参以外，驼峰、鹿臡、熊蹯、象白，珍错毕陈。"雪燕即一种名贵树胶，冰参即海参，驼峰即骆驼背部隆起的脂肪、鹿臡即鹿肉及骨所制的酱，熊蹯即熊掌、象白即象脂。这些都是顶级的名贵食材，盐商喜欢，而旁人很少能消费得起。淮扬菜中的名菜——淮扬一

燕窝

长鱼（黄鳝）

品蛊的原型，就是将众多名贵的食材原料烹制于一器，工艺精湛，汤清味醇，营养丰富，食材和口味都超绝，所以称之为“一品”。

平常。淮扬菜的大部分原料实际都比较平常，几乎本土产什么，就制作什么，也可称为本土化、平民化。如淮扬名菜软兜长鱼、大烧马鞍桥、煨脐门、红酥长鱼、炝虎尾采用的都是淮安本地常见的长鱼（黄鳝）为主要原料；清蒸淮白、生熏白鱼、手撕风白鱼采用的也是淮安特产淮白鱼；蒲菜衬肉饦、鸡粥蒲菜、开洋扒蒲菜采用的是在淮安河湖中广泛生长的蒲菜。另外，如猪肉、鸡肉、鸭肉、螃蟹、豆腐、笆菜等也都是比较平常易见且并不昂贵的食材。

无论食材如何，盐商们似乎更重视厨师在平常原材料上所发挥的想象力和创造力。反复实践、不断创新，再进行深加工和精加工，通过独特的烹饪技术，做出本味的鲜美。如平桥豆腐所采用的原料是很常见的豆腐和鸡汤，但林姓盐商绞尽脑汁，聘请名厨，在平常的食材上下功夫，取3年以上肥母鸡制成高汤，烩嫩豆腐片，配以鸡肉丁等，再创造性地加入小鲫鱼脑提鲜，并在出锅前加猪油、胡椒、香

大闸蟹（螃蟹）

菜末等增润，使之成品色如白玉，嫩如凝脂，入口爽滑，香醇回味，终成淮扬菜的扛鼎名菜。再如钦工肉圆，主要原料是比较平常的猪精肉，但在制作的时候还要加些肥膘，掺点鱼肉，还有点馒头屑。将制好的肉圆和蒲菜一起煨，菜的清香和肉的鲜美互相浸染，成为独具的美味。

史料中还记载了一些河厅官员及豪奢盐商们开发的一些猎奇而显残忍的食材，如以竹竿击猪背而肿起的猪里脊条，驱活鹅于炽炭之上而烤至熟脆的鹅掌，以沸汤浇骆驼背而成的驼峰，以勺舀活猴的猴脑，以大鲤鱼倒悬于梁而碎首下滴的鱼血等等。凡此种种，不一而足，皆千奇百怪而暴殄天物，显示出一种暴发户似的愚昧、残忍和无聊。这些食材在广东、福建一带也有类似的烹制方式，但并不能代表淮扬菜或其他地区菜品特点，在淮扬地区也早已被排除在淮扬菜系主体之外。

三、创新作用

宋代文学家孟元老在他的《东京梦华录》序中写道：“伎巧则惊人耳目，侈奢则长人精神。”说明有寻求新奇之心的奢靡集团，是所谓“奇巧淫技”、声色犬

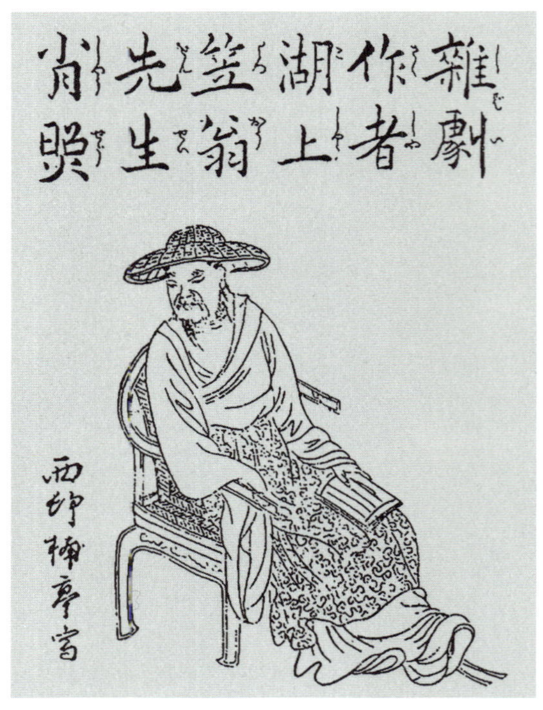

明末清初文学家、戏剧家李渔画像

李渔（1611—1680），原名仙侣，字谪凡，号天徒，后改名渔，字笠鸿，号笠翁，别号觉世稗官、笠道人、随庵主人、湖上笠翁等。祖籍浙江兰溪，生于江苏如皋。明末清初文学家、戏剧家、戏剧理论家、美学家。

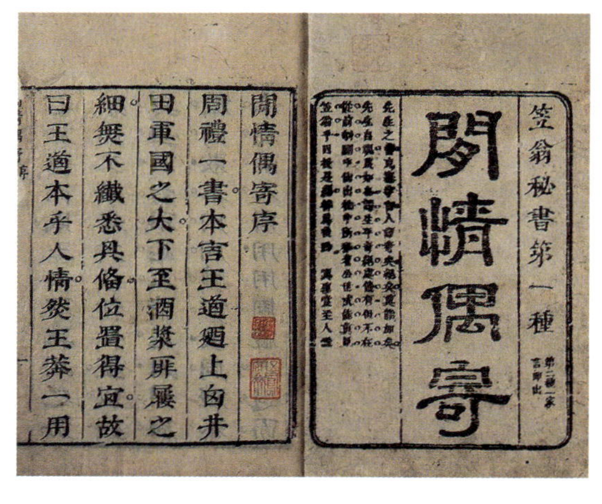
笠翁秘書第一種

閒情偶寄

閒情偶寄序

周禮一書本言王道廼上自井

田軍國之大下至酒漿屏履之

細無不纖悉具備位置得宜故

曰王道本乎人情然王莽一用

李渔《闲情偶寄》

马、饮食精靡等习尚产生的温床，也是不断花样翻新的基础。淮安盐商丰厚的家财支持他们可以满足这种豪奢猎奇的心理，满足他们对美食多变、多样的要求。一定程度上也促进了盐商雇用的淮厨庖丁去创新菜肴以满足口腹之欲，推动了淮扬菜的推陈出新。

盐商们对于自己的日常饮食充满十足的创造力，他们每天都制定食谱，每日“不吃重茬菜”。淮厨们深谙盐商们对食物多变性、多样性的要求，在“新”“活”二字上狠下功夫，达到心随意走、人菜合一的忘我境界。如明末清初学者、美食家李渔在他的戏曲论著《闲情偶寄》中论及野味和家味区别时说，野味香而不肥，家味肥而不香，二者不可得兼。淮安的厨师却创制了“炖家野”一菜，弥补了“家味缺其香，野味缺其肥”的缺陷。菜品以家鸭、野鸭同炖之，具“野鸭香酥，家鸭肥嫩，家野同烹，风味相济”的特点，是不可多得的冬令菜肴。

此外，盐商们还善于将某种食材的品鉴做到极致。这种纵深开发菜品是淮扬菜创新的重要方式。如徐珂在《清稗类钞》中，就对淮安的全鳝席有所记载：“同、光间，淮安多名庖，治鳝尤有名，胜于扬州之厨人。且能以全席之肴，皆以鳝为之，多者可至数十品。盘也，碗也，碟也，所盛皆鳝也，而味各不同，谓之曰全鳝席。”同时，他还提到淮安城西北的老清河县（今淮安市清江浦区）擅长料理羊肉，有全羊席：“清江庖人善治羊，如设盛筵，可以羊之全体为之。蒸之，烹之，炮之，炒之，爆之，灼之，熏之，炸之。汤也，羹也。膏也，甜也，咸也，辣也，椒盐也。无往而不见为羊也。多至七八十品，品各异味……谓之曰全羊席。同、光间有之。”全鳝席、全羊席可谓将同一种食材的烹饪技艺发挥到极致，这既体现了厨师技艺的佳绝，也充分体现了淮扬菜可纵深创新的可贵。再如淮安蒲菜，是地方特产，这种原料出自污泥，难尊名贵，然而却天生丽质，洁白如玉，清脆细嫩，香气清幽。蒲菜经淮厨顺性施味创新之后，做出了开洋蒲菜、鲍汁蒲菜、鸡油烩蒲菜、鸡粥蒲菜等十数道蒲菜佳肴，款款皆成身价不菲的筵上珍品，顿然令人眼睛一亮，品尝起来清香清脆，使人舒心畅意，勃发“至朴而实琦，至纯而实腴”的感慨。

依赖新食材、新烹饪技法的菜品，在创新达到一定程度之时，就会遇到发展瓶颈。而时常对日常饮食重新审视，再赋予、注入新的美食思想，便成为饮食发展的重要途径之一。尤其是强调细腻和繁复的工艺，将寻常食材精雕细琢，以华丽而雅致的姿态登场，同样属

蒲菜

蒲菜为香蒲科多年生植物香蒲的假茎，是淮扬菜系中经常采用的一种蔬菜类食材。蒲菜有绿茎类和红茎类两个大种，每一大种又有几个种类。其中，以淮安月湖天妃宫处所产蒲菜品种最优。株型高大，长度可达2.3米，茎宽可达7～8厘米。清香爽口，嫩脆若笋，风味独特，营养丰富。该品种又称淮笋，为蒲菜中的佳品。蒲菜的种植，主要集中在地势低洼的河荡地区，淤泥积层较厚，土壤营养元素丰富，有利于蒲菜的生长。

淮扬菜名点——蟹黄汤包

蟹黄汤包是淮扬菜中的一道名点，为江苏省传统名小吃，以淮安文楼汤包著名。因其诞生于盐商云集的淮安河下文楼，故名“文楼汤包”，并与当年盐商们的雅致生活有所关联。该点对食材原料、制作工艺十分讲究，馅为蟹黄和蟹肉，汤为原味鸡汤。面皮薄如纸片，吹弹即破。有诗赞其：“桂花飘香菊花黄，文楼汤包人争尝。皮薄蟹鲜馅味美，入喉顿觉身心爽。”

于一种创新，更是一种发展。

四、包容并蓄

淮扬菜兴盛不衰，不断发展，在中国美食风味流派中占有重要一席，与其“包容并蓄”的发展模式不无关系。

盐商财力雄厚，为了品尝多样化的美食，不惜重金雇用全国名厨。这些厨师南北有之，借助秦晋、齐鲁、江浙、黔鄂等地厨艺交流，淮扬菜的烹调技艺和口味风格得以丰富。风味方面，淮扬菜既继承了南方菜的鲜、嫩、甜，又吸收了北方菜的浓、脆、咸。饮食结构上，在两淮盐商的大力提倡和“开拓”之下，兼收鲁（京）、粤、徽、川等名菜经验，逐渐形成以菜、肴、面点、菜点、糕点为淮扬菜肴主体，以街头巷尾零担小吃为补充，以菜坊酒肆、庵观寺院经营饮食为陪衬的多层次食品结构，在国内竖起口碑，并享有一定的盛名。

具体到风味上，以徽商为主的盐商们，早已将徽菜的风味特点带到淮安，并与淮扬菜兼容并蓄，优势互补，形成了独具特色的淮扬风味。如徽州的徽面、徽饼和徽包等徽派风味食品，曾在淮扬一带的盐商社区盛行一时，并深受当地百姓欢迎。久而久之，便融人了淮扬地方饮食之中，成为淮扬菜的有机组成部分。徽菜取材上，讲究鲜活山珍野味和河鲜家禽，淮扬菜中的经典菜肴，如炖家野就融入了此种取材特点。徽菜

淮扬菜名菜——软兜长鱼（黄鳝）

还以烧、炖及熏、蒸菜品闻名，淮扬菜中也有与之相融合的菜品，如朱桥甲鱼羹、生熏白鱼盅等等，就有徽菜的一些烹饪特色。此外，淮安盐商巨贾喜欢与各色官员吃喝宴请，而官员群体本就来自五湖四海，所以盐商在宴请菜品的选择和制作中，必须充分考虑官员的家乡口味。如此一来，在盐商与官员的相互往来、觥筹交错间，让淮扬菜得以与全国各地菜系相互渗透融合。而盐商们走南闯北所带来的不同的饮食喜好，也促使淮扬菜在烹饪技术上汇集南北各地之长，最终形成了“咸鲜适中，南北适宜”的口味特色，“品一勺而知四海味”。如“开国第一菜”软兜长鱼，就是一道典型的南北融合菜肴，既凸显江南人家烹调的细致，又尽显北方菜肴的豪放。又有炝虎尾，徐珂在《清稗类钞》中称：“淮安庖人之治馔，以熘炒著。

鲜笋

冬瓜

香蕈（香菇）

其于鳝，普通之制法有三：一曰虎尾，专取尾之长及寸者，去其尖，加酱油调食之……”再红酥长鱼。袁枚在《随园食单》中云：“切鳝以寸为段，照煨鳗法煨之，或先用油炙使坚，再以冬瓜、鲜笋、香蕈作配。”两道名菜都以黄鳝为原料，口感因烹制法不同而异，溜炒柔而挺，熟焖软而嫩，油炸脆而酥。这些不同的烹制技艺，如熘炒、炖煨、油炸就是很好地融合了其他菜系的特色，使同一原料制作的菜品风味多变，各得其宜。

再如，淮扬菜烹饪技艺主要以炖、焖、煨、焐、蒸、烧、炒为主，极少用到烤，但并不妨碍淮扬菜中有以烤制为主要烹调方式的名菜，如葱烤河鳗。鳗鲡，淮安人称毛鱼、河鳗，富含胶原蛋白、脂肪及人体必需的氨基酸。活体鳗鱼最宜采用焖、煨、烧等方法烹制，《清稗类钞》也记有“红煨鳗”等多种鳗鱼菜肴。葱烤河鳗是在红烧、黄焖、烤等烹调方法的基础上创制的一道新菜，采用新鲜河鳗经红烧后，再配以淮安本地大葱烤制而成，其肉嫩、皮脆，葱香浓郁。这也是淮扬菜包容并蓄的又一实例，同样有一定特色。

第三节　衍生文化

在淮扬美食主体文化日趋精致的同时，与其相关的周边文化也随之被利

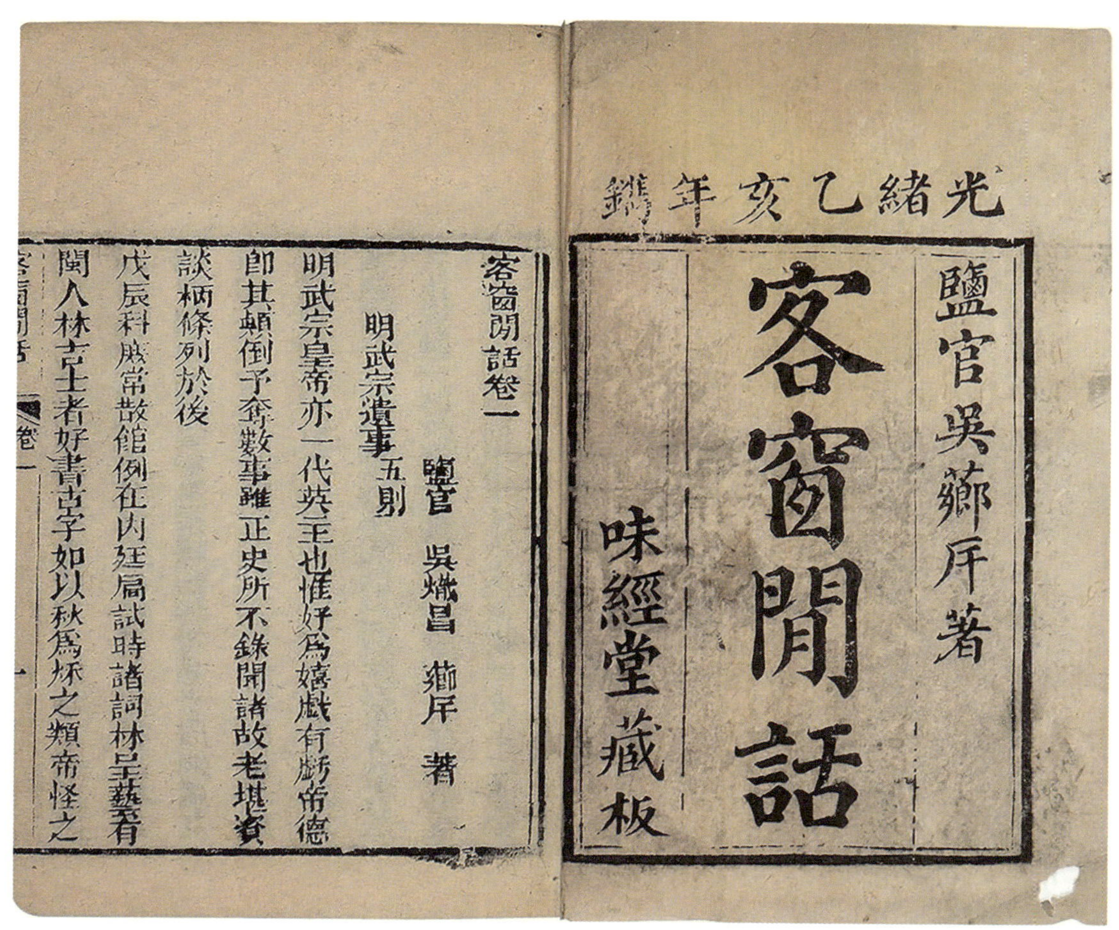

光緒乙亥年鐫

鹽官吳薌厈著

客窗閒話

味經堂藏板

客窗閒話卷一

鹽官 吳熾昌 薌厈 著

明武宗遺事五則

明武宗皇帝亦一代英主也惟好爲嬉戲有虧帝德即其顛倒予奪數事雖正史所不録聞諸故老堪資談柄條列於後

戊辰科庶常散館例在內廷扃試時諸詞林呈藝有閩人林古士者好書古字如以秋爲烁之類帝怪之

客窗閒話 卷一 一

吴炽昌《客窗闲话》

该书被认为是“道光后期成书并刊刻行世的成就最高的文言小说集”，共收文131篇，涉及颇广，兼记逸闻、史事，略于鬼怪，而以人事为主，多讽世之意。

用、被开发，进而成为与淮扬美食文化相辅相成的一整套饮食文化体系。

一、环境养成

我国古代宴会虽以美食佳饮为主导，但人们往往并不满足于口味上的享受，对就餐环境也格外重视。尤其到了清代，富甲一方的两淮盐商们在享受奢华生活的同时，一并对饮食环境提出了更高的要求。这是他们交际应酬所需，更是精神享乐的一个重要层面。

清代浙江学者吴炽昌曾“幕游淮上”，在淮安工作多年，他曾写过一本逸闻史事集——《客窗闲话》，记载了不少淮安故事。其中一篇《淮商宴客记》，就对当时一位洪氏盐商对他之宴请颇为感慨。这位盐商被吴炽昌称为“淮商之

安榴（石榴）

福荔（荔枝）

火枣（冬枣）

苹婆果（凤眼果）

巨擘也”，曾因“助饷百万”，被朝廷“赐头衔二品”，并称“其起居服食，有王侯不逮者”。吴炽昌用细致写实的笔调，记载了此次宴请就餐的环境：餐厅位于其优美雅致的园林之中，“堂构爽垲，楼阁壮丽”。宴会之所呈船舫造型，“卷帘入内，悬董思白雪景山水，配以赵子昂联句，下铺紫黄二竹互织“卍”字地簟，左右棕竹椅十六，磁凳二，磁榻一，以龙须草为枕褥，棕竹方几一，花栏细密，以锡作屉，面嵌水晶，中畜绿荇金鱼，游泳可玩。两壁皆以紫檀花板为之，雕镂山水人物，极其工致。空其隙以通两夹室，室中满贮香花，排五轮大扇，典守者运输转轴，风从隙入，阁中习习披香，忘其为夏。”而“椅桌皆湘妃竹镶青花磁面为之”，餐具皆“铁底哥窑，沉静古穆”。桌上“安榴、福荔、哀梨、火枣、苹婆果、哈密瓜之属，半非时物”。每位客人都专门配有2名服务人员，再配以追魂夺魄的席间歌舞表演和人工鼓水降温的独特设置，“妖鬟继至，妙舞清歌，追魂夺魄”，可谓豪奢至极。

盐商多选择自己家中园林宴请，除了考虑环境、菜品、节目质量可控之外，最关键的一个环节，就是其活动的隐秘性。清代学者黄钧宰在其《金壶浪墨》中，就描述了当时淮安大盐商家中的盛景：“曲廊高厦，食客盈门，细縠丰毛，山腴海馔，扬扬然意气自得也。”而每逢生日或其他红白喜事、同乡联谊，往往大摆宴席，“辄多招宾客，以为门庭光宠”，又在席间开筵演戏，“有降伯氏、舅氏之尊而枢楼磬折其庭者，群饮谐谑，尤而效之。一日之间团于酒食，士农工商，废时失业”。

二、厨师文化

厨师作为美食活动中的重要一环，成为盐商日常交际中的重要元素之一。正因如此，优秀的厨师资源便得到了盐商们的重视。他们不惜重金延揽名厨，精研烹技，别出心裁地以稀有之味抢占制高点。这些专门为自己烹调掌勺的厨师，被称为“家庖”或“家厨”，在明清时期盐商家中屡见不鲜，一时与官署中的官厨，酒楼菜馆中的肆厨三分天下，可见盐商对淮扬菜厨师文化的影响力。

在当时淮安盐商家宅中，每个家族至少豢养一支家厨队伍，大家族中的家厨队伍则规模稍大。有时盐商间还会组织家厨技艺切磋，相互争奇斗艳，这也是当时推动淮安厨师厨艺精益求精的一种形式。清代学者李斗在其《扬州画舫录》中，记载了扬州盐商家厨的本事：“烹饪之技，家庖最胜。吴一山炒豆腐，田雁门走炸鸡，江郑堂十样猪头，汪南溪拌鲟鳇，施胖子梨丝炒肉，张四回子全羊，汪银山没骨鱼，汪文密车螯饼，管大骨董汤、鲎鱼糊涂，孔切庵螃

李斗《扬州画舫录》

《扬州画舫录》由清代学者李斗所著，题名“画舫录”，取意于游踪所至登而记之、录而达之之意。该书记载了扬州一地的城市区划、园亭奇观、风土人物、名人轶事、戏曲史料、小说故事等内容。乾隆五十八年（1793），袁枚、阮元陆续为此书作序。袁枚认为此书胜于宋李廌的《洛阳名园记》和吴自牧《梦粱录》。亦与《山阳河下园亭记》有异曲同工之妙。现存有乾隆六十年（1795）自然庵初刻本、同治十一年（1872）方浚颐重印本等。

清代乾隆时期蓝釉雕瓷“寿”字盖碗

蟹面，文思和尚豆腐，小山和尚马鞍乔，风味皆臻绝胜”，这与系出同源的淮安盐商家厨有着异曲同工之处。有不少盐商在淮安、扬州两地均有产业，两地家宅中同样各养一支家厨队伍，汇南北美食之长，集淮扬风味之秀。如程氏家族、曹氏家族、汪氏家族、鲍氏家族，等等。

时淮安盐商招揽了烹坛各专项技艺顶尖高手，专门来研制各种色彩、口感、形态俱佳的菜品。有的厨师，数年只钻研一两道菜，使得菜肴的制作技艺和口味发挥到极致。如闻名全国的“全鳝席”，仅以鳝鱼一种原材料，就制成了各式不同的108道菜。一品一味，奇美佳绝。当时的淮厨群体整体水平高，技术竞争激烈，甚至形成一个具有独特地位的社会阶层，以至淮安当时形成“二难”与“三风”之说。“二难”即指考秀才难、学厨师难，时人将学厨师看得和考秀才一样难；“三风”是指当时淮安官员到职后“要厨子”，离职后“带厨子”，与上司、同僚、亲友交际时“送厨子”。这样“重厨”的社会风气，也从侧面体现了淮安当时的城市经济发展状况。晚清以后，随着盐政改革，漕粮海运，“漕河盐榷”如夕阳般失去辉煌，而建立在此基础上的饮食业逐渐回归理性。淮扬菜的厨师们，包括数量不少

淮安茶馓

的深藏绝技的盐商家厨，星飞云散，不得已“怀揣一勺走天下”，在天津、上海、北平（今北京市）等地开设淮扬菜馆，将淮扬菜系远播全国各地，名扬四海。

三、茶饮文化

淮安有句俗语：“开门七件事，柴米油盐酱醋茶。”茶与人相伴，也与淮安历史相随。作为大运河的枢纽城市，经济繁荣，人文荟萃，茶饮文化自然成为淮扬美食文化中的重要组成部分。早晨上茶馆，吸香品茗；午后去浴室，沐浴爽身，就是淮安盐商们生活习惯的形象描述。盐商吃早茶，又称为“清塘子”。上茶馆，沏壶茶，就少许油条、烧饼、小笼包之类的早点，这是他们每天的“必修课”。早茶还有谈生意和联络感情之功用，请吃早茶，花钱不多，谈论方便，自然促进了茶馆业之兴盛。如在盐商聚集的淮安河下茶巷，几乎都做茶馆生意，名字也起得很有意境，如望月楼、香云馆、云腴阁、小澄潭、隐仙阁、桐荫园等。建于清代道光八年（1828）的文楼饭店，前身也是茶馆，兴办之初只卖清茶、早点，后来才发展为淮扬菜名饭店。河下茶馆中沏茶所用之水，均来自茶巷中的道观——古天兴观，观内有“七泉”，水质甘美，俗称“七泉山”，尤以三官殿神座下一眼井水质最佳。茶

各类茶食

茶食是中国人喝茶时所配食之点心，历史悠久。因各地文化、特产不同，茶食亦有所区别。其中多包含糖果、脯饵、糕点等小食。淮安茶食有茶馓、薄脆、果子、桃酥、透糖、绿豆饼、绿豆糕、米糕、麻团、油端、油糍等品种，富有地方特色。

楼卖茶之外，还备有一些精致的茶食蜜饯、水晶楂糕等等。淮安茶馓是淮扬菜中的一道名点，本身也是一道茶食。其以白精面拉出细面丝，再一圈一圈绕于手掌，做成4寸余长、1寸余宽的套环后，放入麻油锅中炸成，质地酥脆，味道香美，成为品茶必点。楼外的小贩们会用篮子准备一些干果炒货、时鲜水果在门前兜售。客人若需热点心，自有当地的闲汉们供其驱使，咄嗟立办，收点小费。

在当时，淮安绝大部分茶馆从早开到晚，茶客们海阔天空神侃穷聊。有的茶馆带有说书的大茶园，如揽秀山房；还有“半红楼”则为喜欢听清音的茶客专享，古楚交响乐“十番锣鼓”等皆为知音。淮安地方剧种淮剧的前身老淮调，也在这里孕胎萌芽，并广泛传唱。故楼联曰：“知乐知音逢知己，新泉新火试新茶。”文人雅士和好风雅的盐商则最爱在

下半天登隐仙阁，其门上楹联云：“一瓯春露长留客，两腋清风几隐仙。”此茶馆档次较高，桌椅全用红木，售卖也都是各地名茶，再配上古朴精美的茶具。每日天亮前汲取三官殿神座下新泉，养于绿釉荷花缸中，以砂铫煮水，阳羡紫砂注汤，再以景德镇白瓷瓯供酌，人各一壶，自斟自饮，茶客们悠然自得，或赋诗联句，居然集成《隐仙阁茶社诗钞》。

除了在茶馆，盐商们在家茶饮也十分频繁。茶饮通常安排在正式的宴席之前，一般有两个作用：一是等客人到齐入席；一是歇息聊天。盐商茶饮喝的茶并不是清茶，而是藕粉（加冰糖、瓜子和核桃仁）、杏酪（杏仁霜调成藕粉状加芝麻）、果茶（用核桃仁、松仁），或铁观音加江西小桔饼、南枣、桂圆肉、橄榄和花生米泡茶。最常见为盖碗八宝茶（里有白糖或冰糖、枸杞、红枣、核桃仁、桂圆肉、芝麻、葡萄干、苹果片等配料），内容可任意选择。茶饮还需配茶食，一般包括：四干果（如板栗、榛子、杏仁、香榧子），四鲜果（例如梨、桃、橘子、葡萄），四点心（例如马蹄糕、枣泥糕、云片糕、芋头糕），四蜜饯（例如杏脯、桃脯、桔饼、金糕），号称“十六碟”。

盐商们对茶饮的要求不仅仅停留在解渴和简单的交际上，而是追求茶文化中讲究修身养性的境界之美。在茶艺、茶礼、茶境、修道四大要素中，都要有所发展。如茶艺：备器、选水、取火、候汤有讲究；茶礼：茶事中的礼仪、规范有讲究；茶境：茶事活动的场所、环境有讲究；修道：通过茶事活动来怡情修性、悟道体道有讲究。而延伸至整个淮扬菜系文化的形成和发展，历史特点和文化资源共同造就了淮扬菜系风格的形成，无论是官员、盐商等富裕阶层人士，对奢靡生活的崇尚或是交际活动需求，他们都为淮扬菜的精雕细琢、求精求新做出了要求或指引，客观上成就了淮扬菜体系的发展与完善。淮扬菜与盐商们的“吃”密不可分，盐商们对淮扬菜的推动作用也必不可少。

第八章　盐商与淮安城市建设

从公元前486年吴王夫差开邗沟至淮安起，江淮大地就迎来了城市化发展的精彩篇章。大大小小的城镇，在这条运河交通优势光环的照耀下，如雨后春笋般迅速崛起。来自各地的移民、思想、物资等陆续运抵至此，地产优质食盐又通过运河源源不断输往全国。与此同时，盐商成为江淮地区重要的税务征收群体，他们的勤苦经营，不断为地方经济输能，也为城市发展注入了新的活力。明清以后，盐产业迎来了鼎盛发展时期，来自山陕、安徽等地盐商迅速融入淮安地方。尤其是徽州盐商在逐渐主导两淮盐业之后，与淮安各个方面产生了极为密切的关系。他们在淮安古代城市建设方面所发挥的作用，成为当下研究明清徽商不可绕开的一个章节。

第一节　聚落形成

盐商对淮安城市建设发生直接推动作用，主要集中在明清两代。明代山西盐商阎氏等率先定居淮安新城古末口一带，修桥筑路，兴建宅园，经营生意，印证了明代自永乐以后即便运河改道向西、古末口交通地位锐减后，依然在一定程度上发挥着其重要的交通作用。河下随运河改道兴起后，山陕盐商又陆续由新城迁徙至此，但随着盐业政策的改革、变迁，又逐步与后来居上的徽州盐商不可同日而语。逐渐，河下成为徽州盐商经营、生活、享乐的阵地，也成为几百年间推动淮安城市建设、发展、进步的经济源头之一。

徽商足迹地图

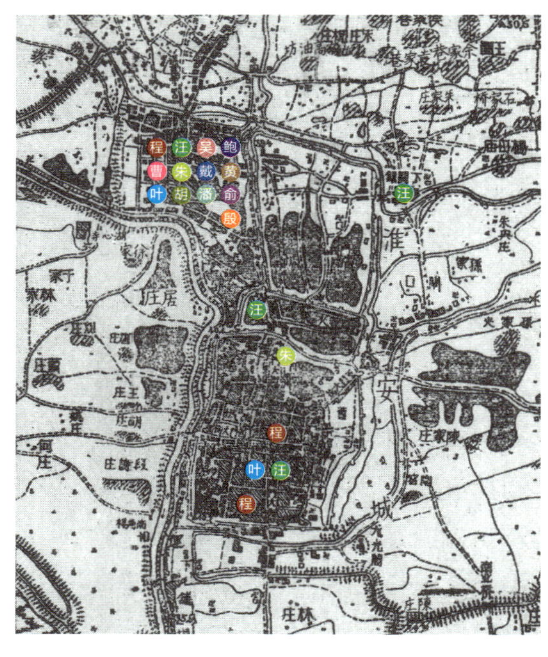

淮安城内外徽州盐商家族支系分布图

一、“无徽不成镇”

明清时期的徽州府（今安徽省黄山市），是一个移民输出较高的地区。以“新安商贾”自居的徽商，在全国各地随处可见。据明代万历《歙志》中记载：“今之所谓都会者，则大之而为两京，江、浙、闽、广诸省（会）；次之而苏、松、淮、扬诸府；临清、济宁诸州；仪真（即仪征）、芜湖诸县；瓜州、景德诸镇……”可见当年南京、北京、杭州、苏州、松江（今属上海市）、淮安、扬州、临清、济宁、仪征、芜湖等城市都有众多的徽州人侨居。无论是“附籍”还是“占籍”，但凡是其侨寓之地，徽商们都会以此为中心，建祠堂、修族谱、立商会、供神庙。逐渐，徽商开始本土化，并打破徽州传统文化中“宁发徽州，不发当地”的固有思维，将建设中心转移至驻地，建立起新的社区，从而影响到当地商业和城镇化的发展。正如民国《歙县志》中所述：“田少民稠，商贾居十之七，虽滇、黔、闽、粤、秦、燕、晋、豫，贸迁无不至焉。淮、浙、楚、汉其迩焉者矣。沿江区域向有‘无徽不成镇’之谚。”这句谚语，就是对徽州这个商帮在各地所形成的商业社区聚落一个较为形象的总结，更是对徽商在长江中下游地区市镇活动的一个高度概括。而他们对明清时期社会经济发展起到了极大的

徽州府城（今安徽省黄山市歙县县城）仁和楼及“徽商故里”碑

促进作用，在长江中下游地区影响巨大。

徽州盐商对两淮地区商业和城镇的发展影响，主要源自大批资金的流入，这是由于盐业利润所决定的一个重要结果，更是徽州盐商们逐渐本土化的一个具体细节。如在明代万历年间，淮北一些盐商“岁不下二十万”，淮南盐商则超过3000万两。其中就有很大一部分资金，被盐商用作地方建设等用途，其中就包括修桥、铺路、建庙、行善或施舍道、僧等。尤其到清代乾隆、嘉庆时期，此种形式的开支更是无度。据光绪《两淮盐法志》中记载：“淮南禺筴所入，可当天下租赋之半，官、商上下皆宽然有余裕，贤者馆游士，养食客，赒无告之民；否则治园亭，教歌舞，岁糜金钱无算。”淮扬地区城镇的空前繁荣，正是基于盐商手中所持有的丰厚资本所能完成。从某种意义上讲，古代淮安如果没有盐业和盐商，就没有淮安当时的文化昌盛和经济繁荣，这其中就包含了城市规模的扩大和城市面貌的日新月异。

二、河下崛起

在盐商聚集的两淮地区，有两处名为“河下”的盐商聚落。一处是扬州城南的

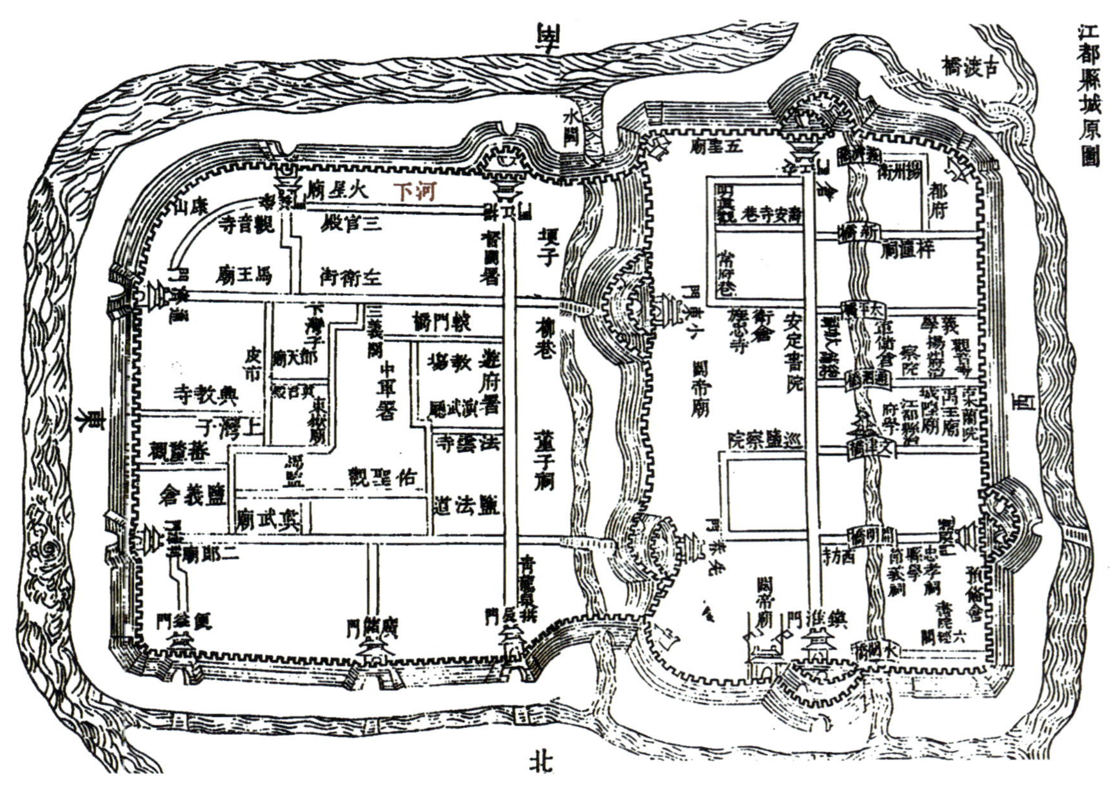

清代《江都县城（扬州城）原图》中的扬州“河下”

“河下”，另一处则是淮安城北的“河下”。因为淮安河下地处于北，被盐商们称为“北河下”，扬州“河下”位于南，盐商们又称其为“南河下”。

河下所依傍的淮安府城，地处旧时运河与黄河交汇点、里运河的最北端，为南北之要冲，集中央漕运指挥、河道治理、盐务运销及关税征收于一体，封建时期一直占据着十分重要的地位。康熙二十四年（1685），进士张鸿烈在《创修山阳县志序》中指出：“河、漕国之重务，治河与治漕相表里。欲考河、漕之原委得失，山阳（即指淮安府治）实当其冲……天下榷关独山阳之关凡三，今并三为一而税如故……若盐筴尤为蚕丛。产盐地在海州，掣盐场在山阳，淮北商人环居萃处，天下盐利淮为上。夫河、漕、关、盐非一县事，皆出于一县。”河下对于当时的盐商来说，是一个绝佳的寓居之地。既贴着城墙，但又不是城内；既靠近淮安城内的喧嚣，又与各级官署、官员、地方士绅保持着距离；还占得了天时地利的交通地理位置，方便掌控淮北或淮南盐务。据民国《淮安河下志》中载：“明初运道仍由北闸，继运道改由城西，河下遂居黄、运之间，沙河五坝为民商转搬之所，而船厂抽

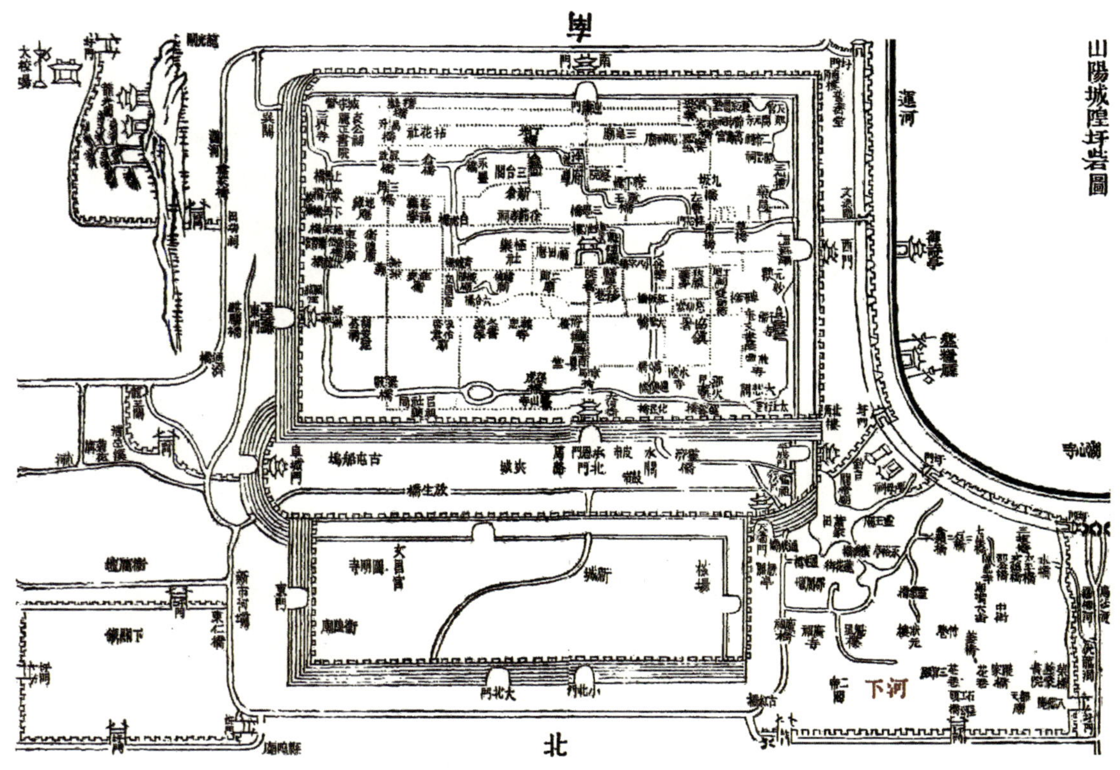

清代《山阳县城隍（淮安城）圩砦图》中的淮安“河下”

分复萃于是，钉铁绳篷，百货骈集。及草湾徙道，河下无黄河工程。而明中叶，司农叶公奏改开中之法，盐策富商咸挟资而来，家于河下，河下乃称极盛。”同治《重修山阳县志》中则称其：“城西北关厢之盛，独为一邑冠。”

淮安府城盐商的大批聚集，与当年两淮都转盐运使司淮安分司署驻节的安东县（今淮安市涟水县）常年大水不无关系。有不少盐商，因为祖产原因，即使定居在淮安城内或河下，而依然占籍安东。这与许多盐商占籍仪征，但“太半居郡城（扬州府城）”十分相似。与此同时，还有许多徽州盐商经由扬州迁来淮安河下，其中最著名者，即为程量越家族一支。

徽商的到来，带来了一方经济的发展，也带来了河下繁荣。在当时，河下店铺鳞次栉比、百货聚集、舟楫停埠、商贾辐辏，十分繁华。明代名臣邱浚在其《过山阳县》一诗中，如此描写河下当年的繁华：“十里朱旗两岸舟，夜深歌舞几曾休。扬州千载繁华景，移至西湖嘴上头。”清代淮安学者黄钧宰在《金壶七墨》中还记载道：“山阳西北五里曰河下，为淮北商人所萃，高堂曲榭，第宅连云，墙壁垒石

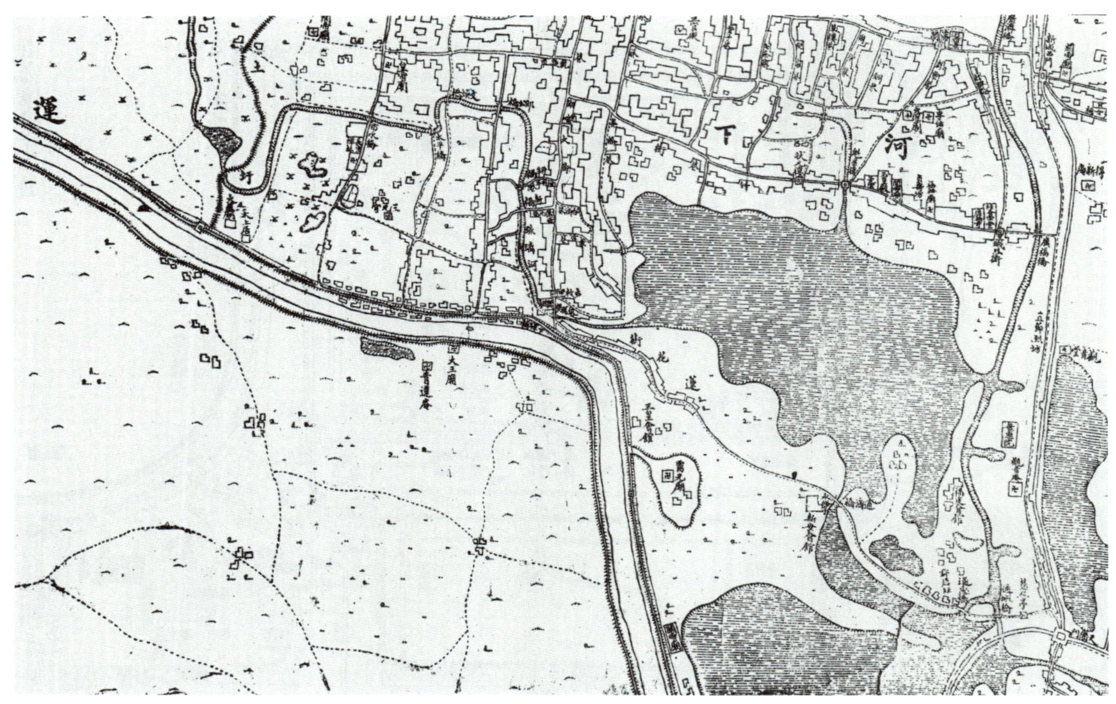

清末河下测绘图

该图由清末江北陆军学堂学生采用现代测量仪器测绘于光绪三十四年（1908）。

为基，煮米屑磁为汁，以为子孙百世业也。城外水木清华，故多寺观，诸商筑石路数百丈，遂凿莲花。出则仆从如烟，骏马飞舆，互相矜尚，其黠者颇与文人相结纳，藉以假借声誉，居然为风雅中人，一时宾客之豪，管弦之盛，谈者目为小扬州。”这便是由盐商建立起的一个特殊商业群体社区。

三、重创与重建

从明代嘉靖年间开始，淮安盐商聚集的河下就成为倭寇袭击和掳掠的重点目标。河下状元沈坤就曾积极组织民兵抗倭，他曾于竹巷建立御倭屯瞭所和其他防卫设施。为了保卫居民和盐商们的利益，盐商们还曾想在河下新筑一城，但因种种原因未能落实，而这一耽搁就是300余年。在一次让河下彻底受到重创的战事发生之后，此事才又得以重提。

咸丰十年（1860）二月，捻军将领李大喜、张宗禹率领其部2万余人，从徐州南下，一路占领淮安府桃源县（今宿迁市泗阳县）等地，直奔淮安城而来。时驻节清河县城（今淮安市清江浦区）的江南河道总督庚长正邀请漕运总督

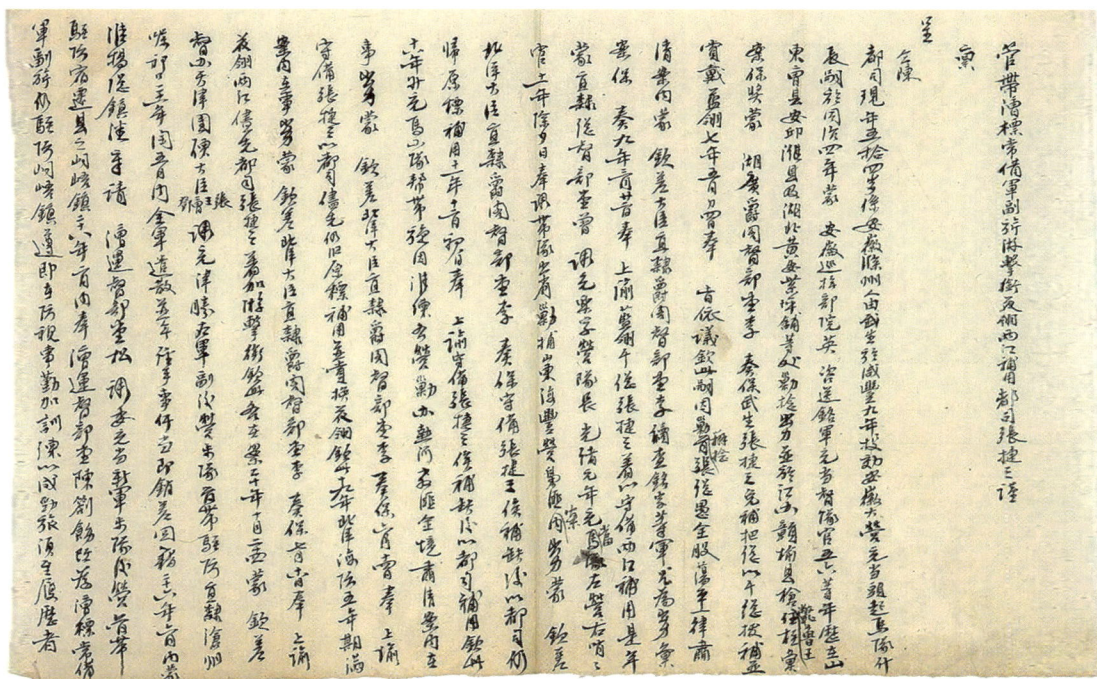

漕标清剿捻军公文

该禀文为清代末期部署清剿捻军，灭教匪的重要文献资料。

联英、淮安钞关税务监督祥恒等人在清河县禹王台看戏。突如其来的军报，让联英、祥恒顿感大事不妙，遂以身体不适为由，返回淮安府城。在当时，因清河县没有城池防御，处境十分危险，庚长索性也收拾行李，立即赶往淮安城内躲避战乱。先行到达城内的漕运总督联英，竟收拾好东西准备逃跑，拖拖拉拉的车辆，从官署门前一直排到南门口。亲自守城的山阳县（今淮安市淮安区）知县顾思尧见此状，随即动员城内地主士绅守好城门，坚决不给联英放行。因为一旦漕运总督离淮而去，恐怕城池难以把守。此法一施，最终促使联英返回总督署，并亲力亲为组织官兵准备迎战。江南河道总督庚长赶到淮安城西门后，守门官兵怕是捻军奸细并不敢放其进城，而在庚长找到关系躲入城内后，淮安钞关税务监督祥恒则未能顺利进城，只好愤愤离去躲避。捻军占领清河县城后，对城内居民大肆屠杀、奸淫和抢掠。而后，开始南下进攻淮安城，沿途顺及焚毁了板闸镇（今淮安市生态文旅区）后，直抵淮安城下。而这淮安西北城墙外，正是盐商们

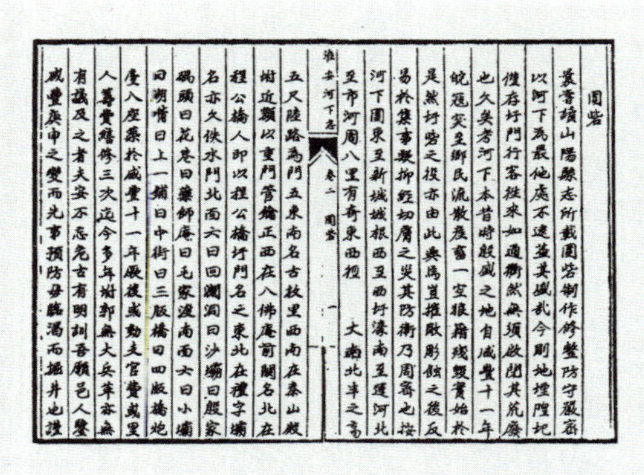

圍砦

蒙香墳山陽縣志所載圍砦制作修整防守嚴密以河下為最他處不逮蓋其風氣今則地埋隍圮僅存圩門行客往來如通衢然無須啟閉其荒廢也久矣考河下本昔時殷盛之地自咸豐十一年皖寇突至鄉民流散產畜一空狼籍殘毀實始於是然圩砦之設亦由此與焉崔推敗彫蝕之後反易於集事與抑經切膚之災其防衛乃周密也按河下圍東至新城城根西至西圩濠南至運河北至市河周八里有奇東西徑□□丈南北半之高

淮安河下志 卷二 圍砦 一

五尺陸路為門五東南名古枚里西南在泰山殿附近額以重門管鑰正西在八佛庵前闕名北在程公橋人即以程公橋圩門名之東北在禮字壩名亦久佚水門北面六曰回瀾洞曰沙壩曰殷家碼頭曰花巷曰藥師庵曰毛家渡南面六曰小壩曰湖嘴曰上一鋪曰中街曰三板橋曰四板橋炮臺八座築於咸豐十一年厥後或動支官費或里人募費歷修三次迄今多年樹郭無大兵革亦無有識及之者夫安不忘危古有明訓吾願邑人鑒咸豐庚申之變而先事預防毋臨渴而掘井也謹

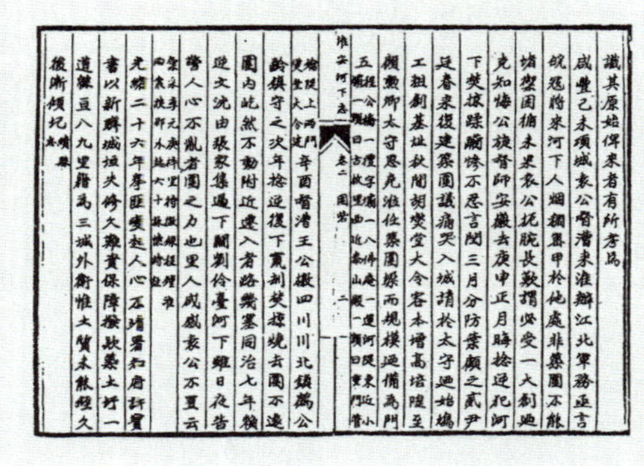

識其原始俾來者有所考焉

咸豐乙未項城袁公督漕來淮辦江北軍務亟言皖寇將來河下人烟稠密甲於他處非築圍不能堵禦因循未果袁公抚皖長歎謂必受一大創迨克知悔公旋督師安徽去庚申正月賊捻逆犯河下焚掠蹂躪慘不忍言閏三月分防棠顧之貳尹延春來復建築圍議痛哭入城請於太守迎始焉工祖創基址秋間胡樊堂大令客本增高培隍至願燉鄉太守恩克淮位築圍垛而規模迎備焉門

淮安河下志 卷二 圍砦 二

五 [illegible]

[illegible] 辛酉督漕王公徽四川川北鎮萬公齡鎮守之次年捻逆復下嵐刹焚掠燒去圍不逮圍內此然不動附近逃入者路幾塞同治七年賴逆文洗由張家集過下關劉伶臺河下雖日夜告警人心不亂者圍之力也里人戚戚袁公不置云

[illegible]

光緒二十六年庚匪變起人心不靖署知府許寶書以新築城垣失修久難責保障撥款築土圩一道周且八九里聯為三城外衛惟土質未能經久後漸傾圮矣續纂

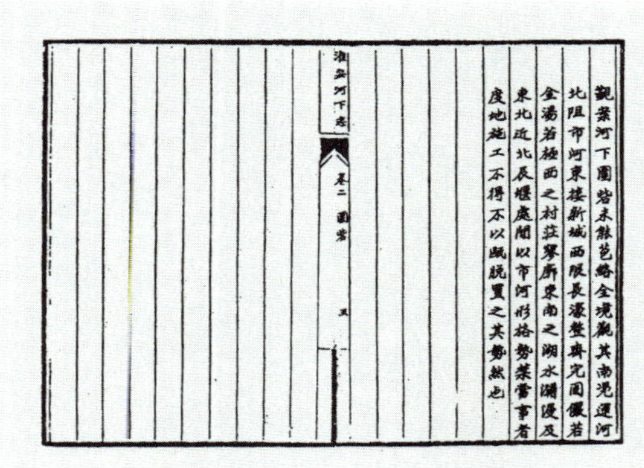

觀察河下圍砦未能包絡全境觀其南阻運河北阻市河東接新城西限長濠整齊完固儼若金湯若極西之村莊聚落東南之湖水瀰漫及東北近北辰堰處則以市河形格勢禁當事者度地施工不得不以甌脫置之其勢然也

淮安河下志 卷二 圍砦 五

《淮安河下志》中关于河下围寨的记载

民国时期由王觐宸编纂的《淮安河下志》中，以卷二系统介绍了河下的围寨情况，涉及其范围、规模、进出门以及防御措施等具体内容。

苦心经营了的河下。见这里如此繁华，园林、街市、店铺琳琅满目，捻军又是一番抢掠。之后，同样扔下了火把，曾经的繁华城镇，被付之一炬，变成瓦砾，“乡民流散，产畜一空，狼藉残毁，实始于是”。好在淮安府城有着高大的城墙作为防守，加上守城官兵殊死抵抗，捻军始终未能进城，最终只得撤兵离去。

捻军来袭致使河下被焚，河下筑城之议才又被重新复起。在漕运总督和府县官员以及一些商人的支持下，河下开始筑圩，次年即成。据民国《淮安河下志》中记载：“河下围东至新城城根，西至西圩濠，南至运河，北至市河，周八里有奇。东西径□□丈，南北半之，高五尺。陆路为门五，东南名‘古枚里’；西南名‘泰山殿’，附近额以‘重门管钥’；正西在八佛庵前，阙名；北在程公桥，人即以程公桥圩门名之；东北在礼字坝，名亦久佚。水门北面六，曰回澜洞，曰沙坝，曰殷家码头，曰花巷，曰药师庵，曰毛家渡；南面六，曰小坝，曰湖嘴，曰上一铺，曰中街，曰三板桥，曰四板桥。炮台八座，筑于咸丰十一年……”而就在咸丰十一年（1861）十月，太平军侵袭淮安，并与漕运总督麾下部队在河下相遇激战，“行至河下地方与贼接仗”“割取首级三十七颗”。战至次日，仍然继

太平军将领腰刀

此件腰刀为太平天国扶王陈得才所用，刀身采用鎏金工艺，饰云龙纹，雄硕遒劲，威仪横贯，气夺千里。整器造型优美，线条明快，装潢考究，工艺精湛，极为华美。

续作战，“连开大炮，轰毙马贼十数名，步贼数十名”。而“围内屹然不动，附近迁入者，路几塞”。由此以后，战乱停歇，河下在官署、盐商家族以及地方百姓的共同努力下，开始恢复生机。

第二节　社区相融

盐商从明代开始不断迁入淮安，一直持续至清代中后期。他们相对具备较高的文化素质，在建设驻地、经营驻地的同时，也将自己原籍地的诸多乡土习俗带到了淮安盐商社区，并逐步与淮安地方文化进行融合，成为明清时期淮安城市发展的一大特色。清代淮安学者阮葵生在《茶余客话·生日祝嘏》中就写道：“吾淮缙绅之家，皆守礼守法，无背情逆理之举，后因山右、新安贾人担筴至淮，占籍牟利，未与士大夫之列，往往行其乡俗。”

如在徽州人风俗中，结婚当天闹房有“炒新郎”的习俗。即亲朋好友携酒榼前来祝贺，虽名曰“祝贺”，实为“笑耍”，目的是要将新郎灌醉后，赏其醉态、丑态为乐。时在淮安河下这个以血缘、地缘为纽带的盐商社区中，闹房风俗便盛行不衰，甚至超出原本徽州闹房之风俗，恶搞、恶俗之丑象屡见不鲜。乾隆《淮安府志》中就将这种现象评价为：“闹房喧谑，恶俗不堪。”不仅婚俗如此，丧葬寿诞也同样带有浓厚的徽州乡土特色。乾隆《淮安府志·风俗》中记载：“淮俗祝寿吊丧最为劳攘，生辰虽非大庆，犹且仆仆

部分记载淮安风俗的古籍

往来，至丧事则讣者贸然而投，吊者亦率然而应”。而徽州盐商出手阔绰，每逢寿辰“辄多招宾客，以为门庭光宠”。清代学者戴晟还在《楚州二俗》中载道：“新安人子于父母已故，犹作冥寿，明灯彩筵，藉口祝嘏。”如此情景，反观乾隆《山阳县志》中对淮安风俗的记载：“淮俗从来俭朴，近则奢侈之习，不在荐绅，而在商贾。”便让淮安正统的地方乡绅甚感骇异。即便如此，徽州风俗仍然在潜移默化中影响到淮安地方风俗，二者最终得到了有机的统一。

都天会是徽州人十分热衷的一个风俗，虽在全国许多地方都有，但徽州人心目中对都天神有着特殊的地位，故对此特别崇尚。从清代开始，徽州盐商将这个风俗带到了淮安河下，并将其当作关公崇奉。在这种前提下，地方民众以及盐商共同集资，在盐政官署驻扎的河北镇以及盐商集聚的河下两地，分别建立了两座都天庙。其中，大都天庙在河北镇，小都天庙在河下。此后，一年之中大小会次不下10余次。据《淮安风俗志》记载：“赛会之风，随地都有，然未有如淮安之甚者。”都天会还分为大都天会和小都天会，河北镇为大都天会，河下则位为小都天会，《淮安河下志》中亦记载：“辄以六月初奉帝出巡，呼为‘小都天会’。”无论大小都天会，出巡之日，都天大帝像坐8人抬的绿纱大轿，前人鸣锣开道，后跟仪仗执事，旗牌伞盖。再往后，即为各行业的班会，如盐碱业的“民安会”、盐袋编织业的“财安会”、腌切业的“鲁安会”、南货业的“宝安会”等等，并伴有随队文艺演出。由此可见，乾隆、嘉庆时期河下的太平、繁盛景象，也能看出当时盐商们所热衷的一些风俗文化，在淮安其聚落社区中得以延续，并和地方风俗得到了很好的融合与共生。

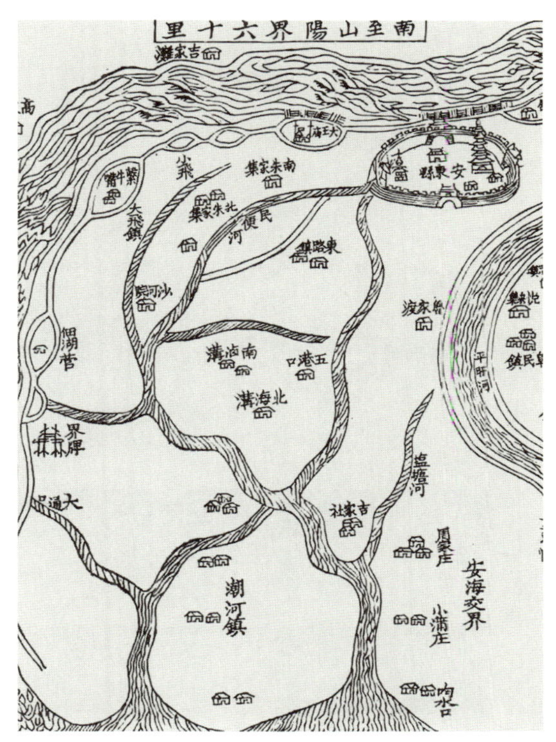

第三节　热心城建

盐商们热心淮安城市建设，历史上曾多次集资、出资、出力修建淮安的道路、人文景观或庙宇等，为我们今人留下了许多的物质文化遗产。

筑修茆良口。盐商程必忠是两淮地区著名的徽商，明季迁居安东（今淮安市涟水县）业盐。他“性宽和，好周人之急，里中有所抵牾，就必忠剖之立决”。他的儿子程朝宣年纪轻轻即有大志，平时虽然寡言笑，但是遇到别人需要帮助，都会施以援手如恐不及。时黄河于茆良口决口，导致河外大量房屋被洪水冲毁，且有淹没安东县城之势。当时已移居山阳县（今淮安市淮安区）的程朝宣听闻此讯后，随即变卖家产，助塞决口。其称：“吾从先人居涟数十年，其长老，吾故人；其少壮，吾故人

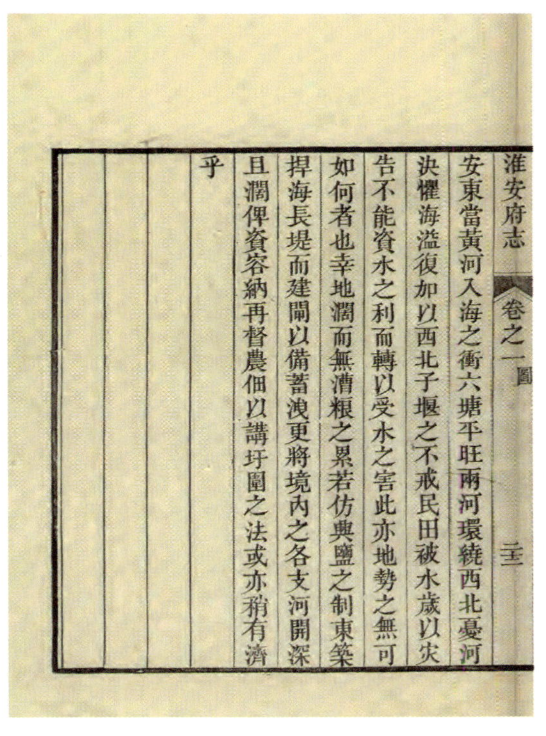
淮安府志　卷之一　圖

安東當黃河入海之衝六塘平旺兩河環繞西北憂河決懼海溢復加以西北子堰之不戒民田被水歲以災告不能資水之利而轉以受水之害此亦地勢之無可如何者也幸地濶而無漕粮之累若仿興鹽之制東築捍海長堤而建閘以備蓄洩更將境內之各支河開深且濶俾資容納再督農佃以講圩圍之法或亦稍有濟乎

清代乾隆《淮安府志》中安东县城形势记载

淮安府署旧影

子弟也，何忍弃之！”他还亲临现场，“躬厕畚锸，指挥筹画”，后终于堵住决口。程朝宣去世时，四方来哭者众多，其中就包括不少安东人。他们感念其恩惠，请求将他占籍安东，故程氏一族占籍安东，由此时开始。

嘉庆《两淮盐法志》中还记载了程朝宣另外一件善举：“康熙初，高家堰溃，死于水者百万家，遗民栖大树上，复为毒蛇所噬，血肉狼藉。一头陀欲募舟拯之，苦无力，朝宣倾囊出三千金畀僧，所全活甚众。”

程朝宣之兄程朝聘，同为盐商。程朝聘儿子程增“能诗工书，有干济才”“好读书，凡河漕盐策诸务，绘图画策如指掌”。康熙四十四年（1705）程增负责浚河，完工时躬逢康熙皇帝南巡检阅河工。时康熙皇帝对程增非常满意，便御书“旌劳”二字赐之。他的弟弟程均，以孝谨闻于乡里，“息营味淡，终身不涉外事。”程均之子程鏊为举人出生，候补内阁中书。《淮安河下志》中是如此评价程氏一门：“程氏自必忠至鏊凡四世，十余人，皆为时所重云。”

重建淮安府署大堂。淮安府署在明清时期的最后一次大修是在咸丰年间，这其中也有程氏盐商家族的贡献。咸丰十年（1860）八月十九日，时任淮安府知府恒廉

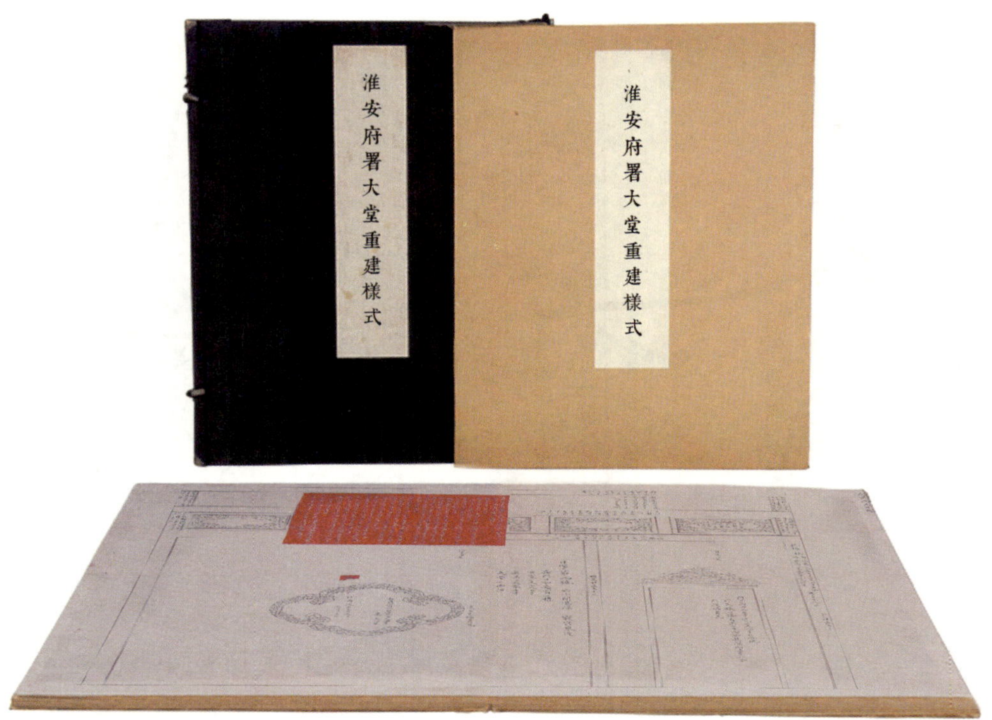

清代淮安府署大堂重修样式图册

卒于任上，棺柩停于内署，新任陶金诒拜印中察院，而郡堂虚无一人。二十七日丑刻，门卒吸食鸦片，火星落下没有戒备，大火突起于正堂之中，城内大小文武官员迅速集中到府署大堂救火。顾思尧等冒火而入，将大堂中所储存的火药70余石转移他处，而水龙手利用手中的钩戟等工具迅速救火。最终，大火被熄灭的同时，淮安府署大堂被彻底烧毁。正堂中梁所悬“镇淮堂”“勉力”匾额以及出自朱熹之手的“忠爱”匾额都毁于一旦。幸运的是，府署的其他屋舍没有受到影响。府署大堂之火，淮安地方众说纷纭。时漕运总督王梦龄兼任河道总督，他曾于道光年间做过淮安府知府，随即开始组织力量对大堂进行重修。具体主事者，淮安府通判、代理知府陶金诒便直接利用盐商程梦鼎住宅懋敷堂楠木厅上拆来的木料来修复了大堂。后大堂重新建起，但规模不如以往。

重建魁星楼。河下魁星楼是淮安河下学子为祭祀魁星所建的一座建筑。清代淮安学者李莘樵在其《梓里待征录》中记载，魁星楼在康熙年间“为更楼，以草为之”。后居住在河下的一些名士如黄宣泰、胡从中等“醵金建瓦，规制宏敞。旁有耳楼，上祀魁星像”。而另据当时另一位淮安学者胡从中在《重修魁星楼记》中

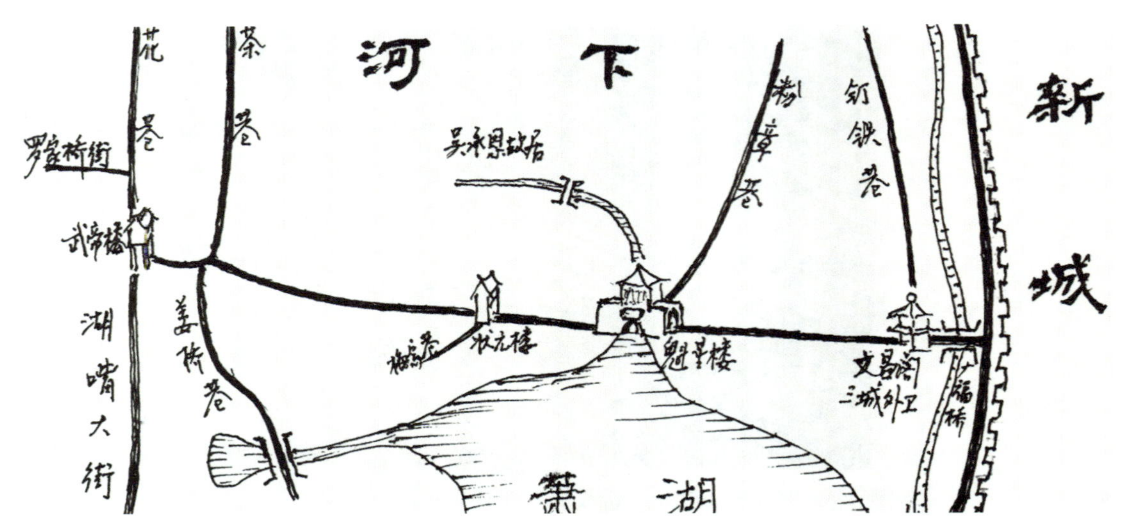

据清末《淮安城市附近图》所绘魁星楼位置图

的记载，除了他与黄宣泰外，还有其他盐商的参与。“程君叔献、宋君尔戬目击倾圮……较旧制而增崇之。桥之上，起建更楼，与状元里楼、广惠桥楼相为犄角，东西门户，严为启闭。桥之下，栅栏锁禁亦如之。爰命更夫居焉，与两楼击柝相闻，呼应相通，则竹巷一带人家，皆得有备无患。尤善者虔祀魁星于其上，文光四射，凡我同志以及诸子弟，弦诵鼓歌，科第骈集，正未有艾。于是鸠工庀材，赖诸先生长者，或以金钱，或以砖木，破格乐施，得告成功焉。”文中“程君叔献”即指盐商程朝征，他是程朝宣的弟弟。胡从中还明确提到魁星楼的复建赖之以各方襄助，或金钱，或砖木，方才告成。碑记后列出45人，均为捐资襄事之人，其中就有程朝宣、程量越、程特（程量入之子）等人参与其事。嘉庆年间，魁星楼欲倾圮，“商人程一庵、司马昌明出五百金重建，照旧制。”

铺设河下石板街。河下石板街今存总长约有5公里，铺路条石每块长约1米，宽0.5米，厚0.1米。这些石头的来源说法不一，但较为可信的是盐商出资购买说。时河下盐商麇集，他们既为自身出行方便，也为左邻右舍群众着想，常常利用回船放空的机会四处购买铺路条石。民国《淮安河下志》中记载：“丹林从叔以满浦一铺街（湖嘴街）为商贾辐辏之地，地崎岖，不便往来，捐白金八百两，购石板铺砌。由是继成善举者，指不胜屈，郡城之外，悉成坦途”。此处内容转自程纲《圣地觉世经注证》。程纲为乾隆五十三年（1788）贡生，其父程固安为乾隆四十四年（1779）贡生，据此判断其从叔程丹林至少也是乾隆年间人。上引史料中，能反

河下石板街今貌

映出以下几条信息：其一，程丹林生活的年代，淮安河下是“商贾辐辏之地”。其二，虽河下是商业重镇，但在乾隆年间也曾出现道路崎岖不平的现象。其三，程丹林倡议铺砌石板路之举，得到了许多商人的追随。而正是有他带领，河下才有了沿用至今的石板街。

正如程纲所言，河下的巷陌是由众人出力构造出来的。《淮安河下志》中还记载道：“河下，旧时殷阜区也，晴烟雨屐，巷陌云连，尝为吴縠人先生所艳称焉。”该志详细列举了彼时河下的巷陌，其中就有西湖嘴大街、状元里街、竹巷大街、北关厢街、螺蛳街、相家湾街、故衣街、鼓子街、茶巷大街、花巷大街、古菜市口大街、板厂街、中街、三板桥街、四板桥街、二层街、空心街、花椒刘街、莲花街等22条街；摇绳巷、小粉店巷、笔店巷、烟店巷、白酒巷、太史第巷、黄香院巷、王斗升巷、五字店巷、柳家巷、裤脚巷、高家巷、仁字店巷、文字店巷、亘字店巷、梅家巷、药店巷、阎家过道巷、状元楼巷、张家巷、许天和巷、沧浪巷、土地庙巷、小广福寺巷、大广福寺巷、钉铁巷、七曲文昌巷、弥陀庵巷、粉章巷、一房山巷、火星庙巷、麯坊巷、打铜巷、高升巷、扁担巷、周官巷、草楼

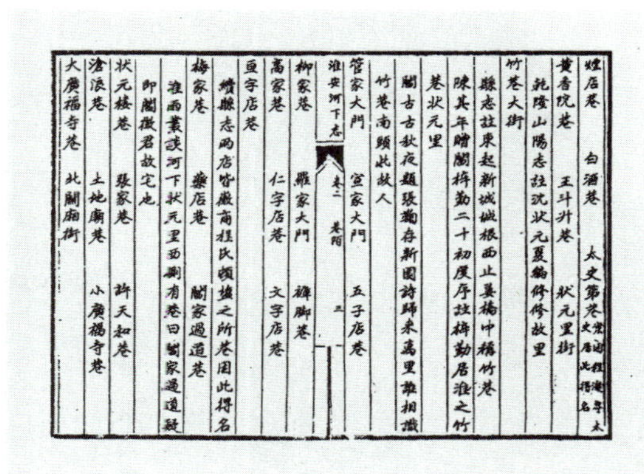
煙居巷　白酒巷　太史第巷以程太史居此得名
黃香院巷　王斗升巷　狀元里街
乾隆山陽志註沈狀元夏鍋修修故里
竹巷大街
縣志註東起新城城根西止姜橋中稱竹巷
陳其年贈閻梓勤二十初度序註梓勤居淮之竹
巷狀元里
閻古古秋夜題張鞠存新園詩歸來萬里誰相識
竹巷南頭此故人
管家大門　宣家大門　五子店巷
淮安河下志　卷二　巷陌　三
柳家巷　羅家大門　褲腳巷
高家巷　仁字店巷　文字店巷
豆字店巷
續縣志兩店皆徽商程氏積儲之所巷因此得名
梅家巷　藥居巷　閻家過道巷
淮西叢談河下狀元里西剛有巷曰閻家過道疑
即閻徵君故宅也
狀元樓巷　張家巷　許天和巷
滄浪巷　土地廟巷　小廣福寺巷
大廣福寺巷　北關廟街

民国《淮安河下志》中关于河下街巷的记载

估衣街旧影

罗家桥旧影

巷、倪家巷、清妙观巷、七条巷、侯家巷、殷家码头巷、牌坊巷、前三条巷、后三条巷、中三条巷、西三条巷、仓桥巷、马头巷、阎家巷、河泊所巷、关家巷、夹板箱巷、羊肉巷、财神庙巷、童羊馆巷、三元宫巷、药师庵巷、徐家巷、玳瑁鱼巷、淮北所巷、光禄第巷、书店巷、三官殿巷、小花巷、干鱼巷、锡巷、地官第巷、胡氏楼巷、斩龙巷、罗家桥巷、判厅巷、礼拜寺巷、余千户巷、绳巷、小绳巷、关帝庙巷、火巷、齐家巷、风箱巷、朱家巷、花园巷、翠花巷、梦家巷、姜桥巷等91条巷，另有老堤头、石工头、毛家渡口、水溜子、钥匙湾、琵琶刘、管家大门、宣家大门、罗家大门等9个巷陌。格局星罗棋布，蔚为大观。因史料的缺失，不能将这些巷陌全归功于盐商，但这其中势必有盐商出了很多人、财、物。

修建莲花街。莲花街是萧湖中的一条长堤，两旁当年是没有人家和街市的。据乾隆《山阳县志》中记载，莲花街始筑于清代雍正、乾隆年间。据说之前仅为一条小埂，会在汛期沉入湖底，而在枯水期露出水面可供行人通行。后终将其规整成一条高3尺、宽1丈、长1里的正式通道，且还是河下进城的捷径。黄钧宰在《金壶浪墨·纲盐改票》中记载该路由盐商建造：“城北水木清华，故多寺观，诸商筑路数百丈，遍凿莲花。”但也有一种说法，是由和尚、道士们募修，以方便来往行人。

关于莲花街还有很多传说，其中因此街而成就徽州盐商鲍氏创建砖雕的故事，于徽州、淮安两地广为流传。砖雕是徽派建筑“三雕（木雕、石雕、砖雕）”之一，被称“硬花活”，工艺主要分布于安徽、江苏、浙江、江西、上海等旧徽州府周边地区。相传徽州盐商鲍四曾是名窑匠，后随周围邻里出去经商，在淮安河下业盐，赚得盆满钵满。但他属于暴发户一类的商人，有钱之后经常到处炫耀。不但回家盖了深宅大院安顿好家人，还在河下揭榜、宣传要修一条鲍四街，狂赞自己钱财无数。而他修街尚未动工，先在街前为自己修造了一座“鲍四庙”，大殿中还专门为自己塑了全身像，规制一应俱全，张扬无比。一日，一中年妇女怀抱长颈瓶，瓶插杨柳枝，来到鲍四面前，双手合十就说：“鲍老板，请问你有多少钱财资产，敢夸得下如此海口新建一条街，还用你的名字命名？那你又有多大德行，敢为自己修庙塑像，有多大能耐去受万民香火呢？”鲍四表情傲慢，言语狂妄：“我钱财无数，可通天。”中年妇女大笑：“民间技艺无限，哪有天下钱财无数？”鲍四瞥了一眼中年妇女：“那你有何技艺？”中年妇女道：“妇孺人家，我会做莲花。”说完，她便从

砖雕局部

民国年间尽显破败的莲花街

“天衢门”石额

衣袖中拿出了1朵莲花。鲍四瞪大了眼睛说道：“我不妨与你一赌？”中年妇女问道：“鲍老板打算如何一赌？”鲍四随即说道：“你不是会做莲花吗？这样，你将你做的莲花放在我门前的石板路上，每放1朵莲花，我就在上面放1个元宝，我们看谁一直放到最后？看是你做的莲花多，还是我的元宝多？”于是，双方约定：如果鲍四输了，地上的元宝赠与乡人，且砸庙毁像。如果中年妇女输了，除了莲花送给鲍四装饰街面外，还准许鲍四建庙塑像，受万民之香火。在接下来的打赌中，中年妇女一步放1朵莲花，鲍四则让管家从家里取来大量银锭，紧随其后一步放1个元宝。而就在街即将走完之时，鲍四的银子用完，而中年妇女的莲花却还有。如此，鲍四只好认输。尔后，其只好履行承诺，送了银子又砸庙毁像。此时，中年妇女忽然化作一阵青烟，冉冉升起。地上的莲花，也随之变得红彤彤的，一下印到了每一块石板之上。鲍四恍然大悟，原来是观世音下凡，连忙跪身磕拜。之后，河下人用这些银子顺着这条石板路新建了一条街，也因此取名为“莲花街”。之后鲍四沦落，便变卖淮安房产重回徽州烧窑，他深得观世音菩萨“技艺无穷，钱财有限”的深深教诲，不再一门心思想发财，而是专心烧窑，拾回扔掉的技艺。由于对莲花的印象太深，他开始烧起莲花砖，渐渐又在砖上刻了花木、虫鱼、人物、楼阁。几年之后，鲍四技艺逐渐娴熟，还收徒专心钻研砖雕技艺，徽派砖雕技艺由此诞生。

“慧照亭”嵌墙石额

这是一个关于莲花街的传说，并非历史。现实地方志中记载：“联城天衢门外，危埂蜿蜒浮水面，雍正中埂北尤婆塞，募筑石路里许，兼施姜茗饫行人，时鹾商好义，制芙蕖石面，防人失足，因名莲花街。”反而更加贴近现实，也让我们知道盐商们对于城市建设所作出的贡献。石板上雕刻莲花是为了增加摩擦，防人失足，且寓步步莲花之意。文化气息浓厚，且风雅备至。

复建慧照亭。莲花街是萧湖中的一条长堤，乾隆《山阳县志》中载：“莲花街，联城北门外，转西直至运河堤。”慧照亭则是这条石板街中的一处公益凉亭，因为路人提供路灯照明，故名“慧照亭”。李莘樵在《梓里待征录》中亦有记载：“亭在联城外向东转莲花街头。旧有小庵，正殿供观音像。门外有亭，夏施凉茶，冬施姜汤。向晚以路灯照人行，并备小灯数十，上贴‘借去还来’四字，行人亦可携之去。其字盖属携去者送转，留为后用。亭覆以茅，上有额，题曰‘慧照’，署名为杨春仿先生寿恒。”道光年间，小庵住持去世后，小庵破烂不堪。扬州僧人净山继任住持后发愿修缮，“僧茹素习苦，每日持小木箱收万人缘，每日一二文不等。是时盐政改道，而街市生意尚盛，愿出者甚多。僧愿积之以修庙。”这里的众多“愿出者”中就有淮安盐商的身影。咸丰年间，慧照亭遭遇大火被毁。“庵左扫坟者焚化纸钱，风挟火以上草屋，立时火起。僧见火甚风大，救护莫及，急上殿抱观音像，与之俱焚。往救者见其口仍诵经不辍。荼毗后，得瓮钱二百余千，皆净山平时积为修庙用者。先是富绅林君德川乏嗣，默愿修复。适妾怀孕。一夕，恍惚见净山至，内传诞子，有人云‘净山转世也’。林即命工匠相度，重建观音殿三楹、两厢各三间。前建大门，门外建瓦茶亭，四面皆砖墙，上刻‘慧照亭’三字。大门内有平台，上覆以瓦，仿照戏台式。不数月而焕然一新。”

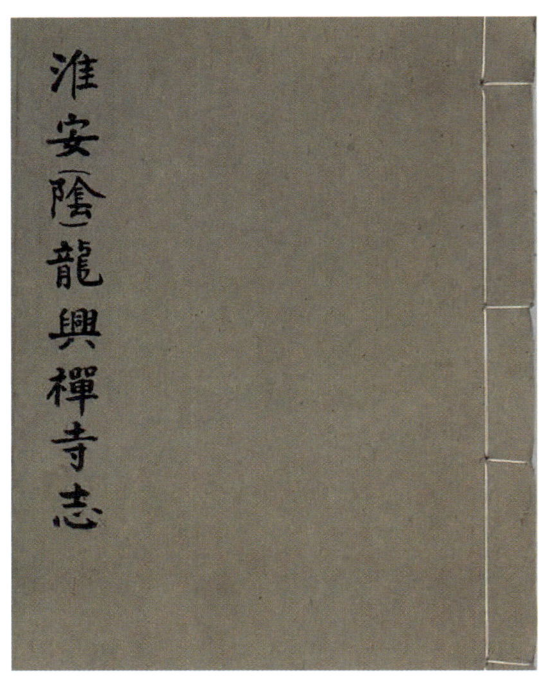

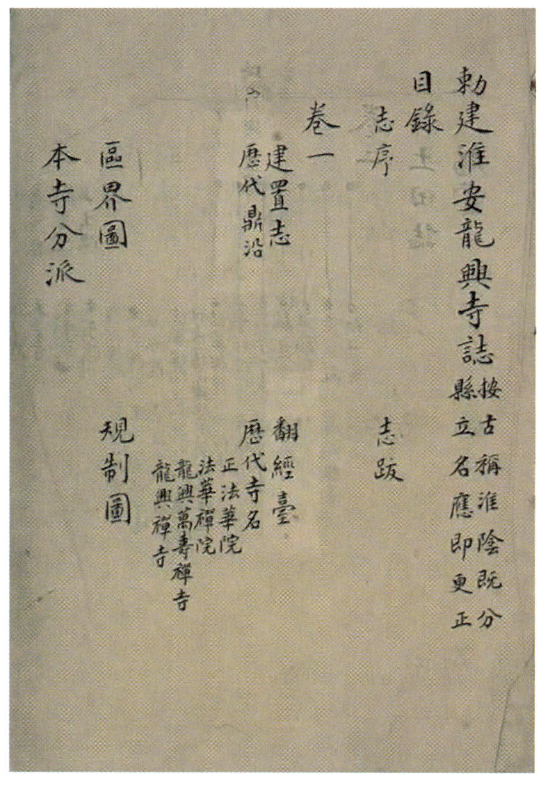

敕建淮安龍興寺誌 按古稱淮陰既分縣立名應即更正

目錄

志序 志跋

卷一

建置志 翻經臺

歷代縣沿 歷代寺名 正法華院 法華禪院 龍興萬壽禪寺 龍興禪寺

區界圖 規制圖

本寺分派

民国《淮安（阴）龙兴禅寺志》

助修龙兴寺。据《淮安（阴）龙兴禅寺志·德众志·檀越》中记载，山西盐商高溱曾出资助修过龙兴寺，“布施首高公溱，号仰山，山西襄陵人，仕户部检校。明来修寺时，高首倡，捐重资，功莫大焉。”据民国年间汪铭业增纂的《淮阴龙兴禅寺志》中记载，明代重修龙兴禅寺于万历十二年（1584）至万历十三年（1585）间。

重修淮渎庙。淮渎庙位于河下罗家桥，明代万历年间，曾赐敕书藏经。清代顺治三年（1646）曾修葺一新，地方官民认为由此“黄迁而东，淮与黄会于清口之地，去此且数十里，昔则浩瀚汪洋，今皆市廛安堵，水患去则人民安焉。”此后，由于“一帆风顺”“风平浪静”，人们便逐渐忘却了淮渎庙，庙也因此逐渐破败。乾隆十年（1745）淮安水灾，侨寓淮安多年、曾捐建过灵济祠痘神殿的盐商程梦鼐“不禁怦然心动，用是虔告卜吉，鸠工庀材”。他仅仅用4个月的时间，就让淮渎庙焕然一新。而正是这位大盐商豪宅懋敷堂中的楠木厅，后成为修复淮安府署大堂的木料。另有一些其他木料，则被邻县清河购走修缮清河县文庙。那座淮渎庙，后在咸丰年间捻军大举来袭时被焚毁。

修葺广福寺大殿。位于河下的广福寺，到乾隆末、嘉庆初时，大殿、山门已经颓败不堪，木瓦无存。正殿中的释迦摩尼佛像被移至隔壁的长寿庵，弥勒佛及诸罗汉神像则为风雨侵蚀，仅以斗篷覆盖了之。李苹樵在《梓里待征录》中写道：“时湖嘴业油麻业者王寅昌购货江西，船久不至，比回，知江中失风，有金身弥勒佛一现，舟即平。访之，不得其处。其家富而好善，当事为懋昭先生，乃玉航学正之祖也。一日，梦中见有戴斗篷、长眉大仙化缘，恍惚闻木鱼声。醒而异之，遍访至广福寺，果有戴斗篷罗汉如长眉大仙，与梦无异。露处之弥勒佛，或即江中所见与？因建大殿、山门、前檐，又添卷廊、东楼、十方功德。”这里的“懋昭先生”即指王维德，清河县籍，后由清河县迁山阳县河下定居。因盐运报效之功，曾受邀参加嘉庆元年（1796）千叟宴，获赐寿杖等物。与王维德同时赴宴的还有程易，他的家族业盐多年，他本人则也做过盐运副使。

修复状元楼。淮安人为纪念状元沈坤的丰功伟绩，在竹巷街东建了状元楼，内设位祀之。道光初年，状元楼有倾倒之势，周围百姓恐楼塌伤人，于是将其人为毁掉。此后，在盐商程道南的捐资下，“购木四作柱，上覆以瓦”，惜程道南不幸故去，工程遂止。后至咸丰二年（1852），在王天池、殷自芳、程钟、吴兆登等人的募捐下重新修复，并制定了祭祀规则，即“始则于每岁三

明代嘉靖年间状元沈坤画像

“状元及第”牌匾

月十二日一祭，是日为先生诞日。后改为春、秋二祭，合乎祀典。”殷自芳是当时著名的水利专家，同为徽州盐商后裔。殷氏从清初迁居淮安河下业盐，没落后，他便专心读书，后在水利方面有所钻研，“究心水利，倡浚市河、十字河，两岸农田成沃壤。尝从当事襄治黄运，颇著成效”。

开拓车桥。据清代学者潘亮彝《车桥闻见记》中记载，盐商程氏家族中有人曾到东乡车桥发展，并在那里建立庄园，拥有“车桥东境大半”土地。给人耕种不收地租，并建义冢，“于诸善事无不为”，还资助修建了车桥隆瑞庵。后程氏衰败，“地与庵俱归鲍氏，亦如程氏不索一钱”。可惜该篇见闻未能留名，只知此程氏“自河下来居车桥，读书入安东学籍”，极有可能为盐商程必忠的后代。鲍氏同为徽州盐商，是由明代迁淮的，后多定居于车桥。

第九章　淮安盐商的豪宅园林

明清时期淮安，为南北漕运咽喉和盐运重地，一度商贾云集，文士辈出。盐商作为商人中最富群体，生活奢靡，挥金如土。他们不惜重金争相构建豪宅园林，使得淮安园林胜极一时。尤其盐商聚居河下之后，更让淮安这座城边小镇“人文蔚起，甲第相望。志乘标扬冠冕，阖邑称鼎盛者，垂三百年”。据不完全统计，全胜时期，淮安各类园亭数量超过400处，仅河下一地就有园林100余处，其中绝大多数是由盐商所建。淮人还著有《山阳三城园亭记》《山阳河下园亭记》等书籍，以记载当时淮安园林盛景，也成为淮安文化史中一颗璀璨的明珠。

第一节　园宅栉比

淮安盐商修建豪宅园林之风，最早可追溯到明代。先有山西盐商阎翰在淮安新城东门内修建阎园，以眷西堂为文人雅集之所；后至徽州盐商大批聚居河下后，为求奢华生活，构造了数十处园林。各地来淮商人也纷纷效仿，园林或大或小，景观或精或简，无一不是淮安园林史话中的精彩篇章，同时也为淮安这座官署、官宦云集的古城，增添了一丝清新与秀雅。

清代中叶是盐商大批聚居淮安的高峰期，他们中以徽州盐商为主，少数来自山西、陕西、江西、河南等地。在徽商人群中，以程氏家族最为鼎盛，园林也极为奢华。清代淮安学者李莘樵在他的《梓里待征录》中记载：“程氏，徽之旺族，

徐扬《乾隆南巡图》第四卷（绢本局部）

全图由清代宫廷画家徐扬所创作，描绘了乾隆皇帝首次南巡时的盛景。其第二卷、第四卷均为水路运行。第四卷为乾隆皇帝临淮阅视黄淮河工之场景。时淮安各大盐商纷纷出力其中，而徽州盐商首当其冲。该图今藏于美国大都会艺术博物馆。

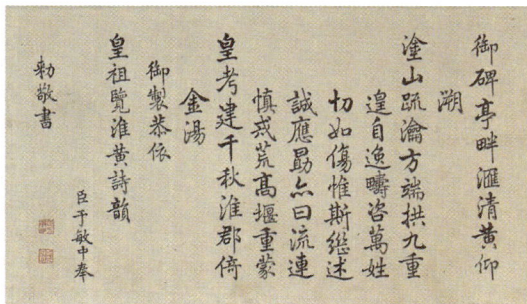

御碑亭畔滙清黄仰
湖
塗山疏瀹方端拱九重
遑自逸疇咨萬姓
切如傷惟斯繼述
誠應勗亾曰流連
慎式荒高堰重蒙
皇考建千秋淮郡倚
金湯
御製恭依
皇祖覽淮黄詩韻
臣于敏中奉
勅敬書

乾隆二年（1737）丁巳恩科状元、南书房行走于敏中在《乾隆南巡图》第四卷卷首之题跋

由歙迁于河下，凡数支，曰功、曰亘、曰大、曰仁、曰武、曰鹤，皆支分派别之所名。国初时，业禺策计十三家，皆程姓，俱极豪富。”程氏在河下先后拥有几十座园林，如程用昌的依绿园、程易的寓园、程茂的晚甘园、程兆庚的宜园、程云龙的师意园、程秋水的且园、以及程嗣立的孤蒲曲、程国俊的小山蹊、程孟昭的亦庐等等。大盐商程鉴的别业荻庄位于萧湖莲花街，是程氏诸园之最胜者。乾隆四十九年（1784），乾隆皇帝第六次南巡，淮安盐商欲在河下西侧的运河两岸大建园亭楼榭，遍植花草，张灯结彩。后虽未全部实现，但仍点缀了不少亭台花木，盛况空前。对此，清代淮安学者陈皜斋在其《潜天老人笔谈》中亦有载：“纯皇帝南巡过淮，盐宪谕诸商人，自伏龙洞至南门外，起造十里园亭，以荻庄建行宫开御

宴。……其工程需三百万，因盐宪经纪稍后，诸商筹款未充，而为时甚促，遂寝其事。只于运河两岸周鹅黄步障包荒，中间错落点缀亭台殿阁，间以林木花草，时在春末夏初，林花、萱草、牡丹、芍药、绣球一一争妍。”除程氏园林外，淮安盐商中还有阎翰的阎园、阎紫玲的思园、李时震的且园、汪垂裕的九狮园、吴进的带柳园，以及曹锡侯的曹家山、曹岂麟的补萝山房、王履享的存质、汪汲的一卷一勺、汪九成的梅竹山房、陈丙的潜天坞等等。

总体而言，淮安盐商的园宅景致，融南北之长，集古今之巧。山环水复，花木清幽；亭榭相接，楼台起伏；曲径通幽，意境深远。在当时，这些园林都达到很高的艺术水平，且拥有多重文化内涵，堪称中国古代园林史上的瑰宝。

一、水石亭台

淮安地处苏北平原腹地，水系密布，历史上被称为一座“漂浮在水上的城市”。旧、新、夹三城内，湖泊、河道纵横交错，水陆比例达1：2。在盐商云集的河下，繁华区域基本都被发达的水网所覆盖，大运河、盐河、乌沙河、罗柳河、东溪等纵横穿越。南侧有萧湖大片水面，向西过运河西堤为西湖（即管家湖）。环境优美，水木清嘉；又有若干寺庙点缀其间，梵音卜邻，更添幽致。

淮安盐商建园选址，多以临近湖滨河岸为佳，尤其以依临萧湖为最上之选。萧湖位于运河东侧，与运河仅一堤之隔，又名珠湖、东湖、萧家湖、萧家田。湖岸曲折，沿岸有韩侯钓台、漂母祠等名胜。湖南辟水田数百亩，景致疏旷；湖北临近河下街巷，船舫稠密；湖中央筑有一道石堤，将东西湖岸与中心岛屿串联一体，“蜿

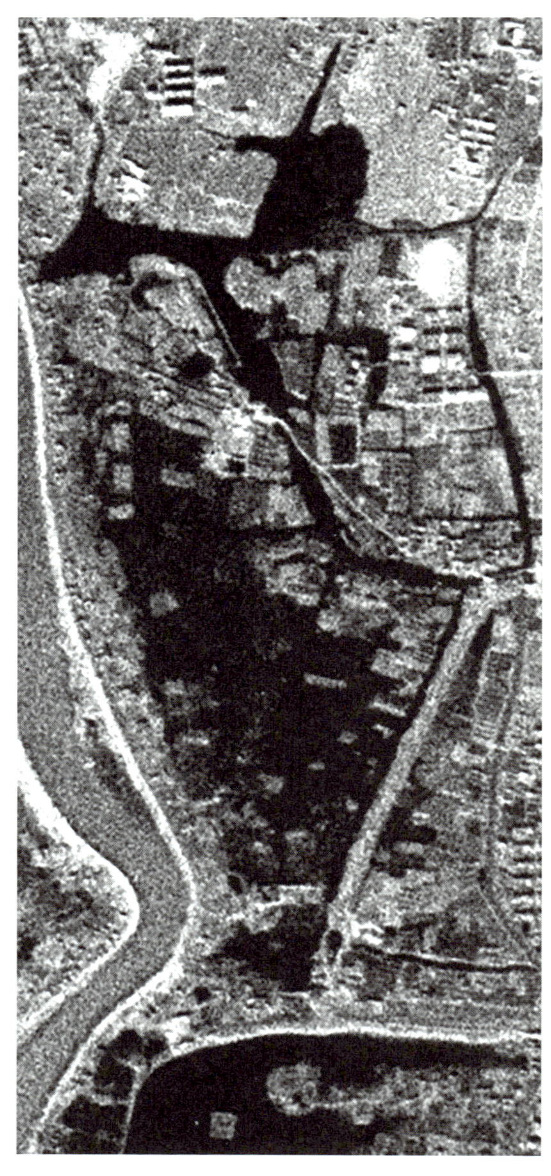

淮安萧湖航拍旧影

该图拍摄于1964年，是迄今发现最早的一张萧湖航拍图。作为淮安盐商园宅密集地区，萧湖此时虽已全无全胜时期的辉煌，且湖面大片被侵占、缩小，但仍能从中一览旧时萧湖风貌格局，与今日之萧湖仍能看出区别。

蜒数里，势若长虹，地上斫莲花，俗名莲花街。”昔人常以萧湖为泛舟之处，水中芦苇掩映，游鱼出没，令人神往。西南依临运河转弯处，地段也很优越。其余园林只能隐藏在街巷之间，用地相对比较局促。

商人往往有炫富的倾向，昂贵的建筑材料、高峻的厅堂楼阁、描金堆玉的装修、奇巧的山石、珍贵的禽鱼都是雄厚财力的象征。尽力罗致园中，必然带来一股富丽堂皇的气派，亦与其豪奢的游宴生活相呼应。从布局来看，寓园、荻庄、懋敷堂等盐商花园是重要的宴集之地，院落众多，格局宽敞，楼堂高峻，恰似北方园林。空间曲折者以程氏且园为代表，而燕贻轩“廊榭回复，曲折深邃”，衍庆堂有“深房曲室”，层次都很丰富，气质更近江南园林。厅堂、楼阁、亭榭、轩馆、书斋、画舫、游廊俱全，其中多建楼阁、草堂最富特色。这是因为，淮安周边缺少山岭丘陵等较高的外围景观，园林中便多建楼阁以供眺瞰。如且园之俯淮楼、春雨楼、云山楼，个别富商之园甚至建有楼阁建筑群，连绵相望，气势很大。如寓园中有樵峰阁、半红楼、跃如楼、涌云楼、卿云楼、得月楼、蕴藉楼、作赋楼等多座楼阁。而水乡淮安盛产芦苇、茅草，民间经常以此为材料建造民居，一些园林中也精心仿造，营造草堂、茅屋、草

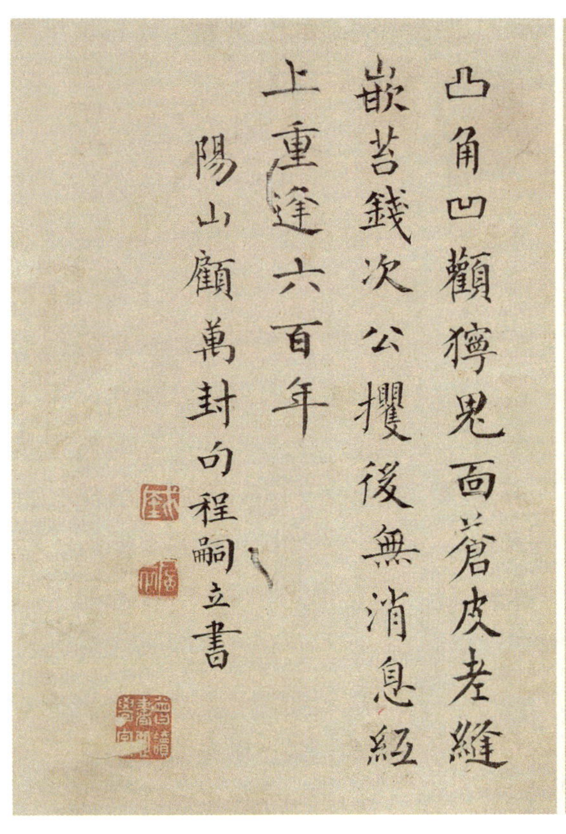

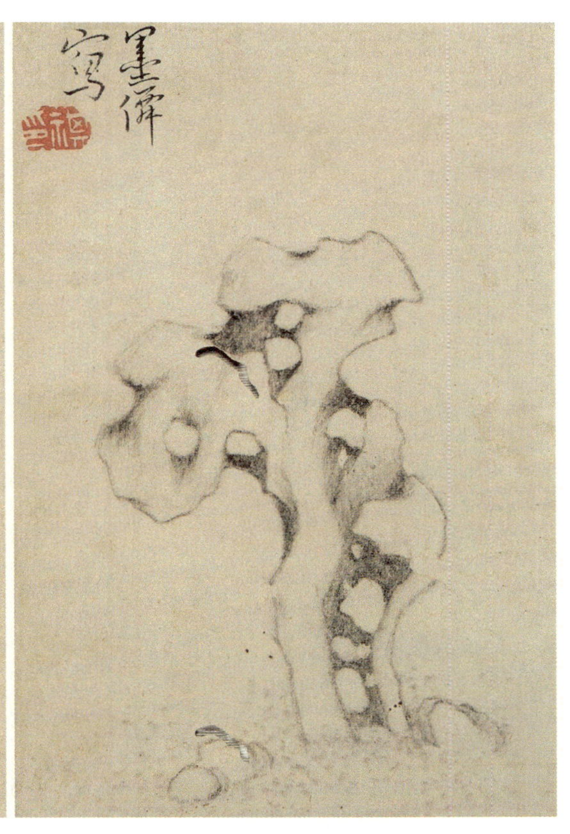

由边寿民所绘、程嗣立所书《奇石》

亭之类，宛如图画，以示风雅。对此，清代淮安学者阮葵生在其《茶余客话》就有记载：“淮民编芦作屋，贫家皆然，亦有精粗之别，园林中偶置一区，俨入画图。” 此外，还有画舫类建筑，河下将此类建筑称为“船房”，其中著名者有明末黄氏宅园中的舫阁、荻庄中的“虚游”，以及且园中的小舫轩与大舫轩等。

“掇山”是中国古典园林中的重要内容，以模拟自然真山为宗旨。盐商的这些园林中，常以假山为主景，但多数规模不大。其形式主要分土山、土石结合和石山三类。土山形态最为简朴，堆造容易，还可以在山上种植花木，形成浓荫密布的山林景致，在淮安园林中最为常见。土石结合的惯用手法是先堆土山形成起伏轮廓，再在山坡高处竖立一座或几座石峰，形态更为丰富，如且园中，“当门一土坡，高丈余，立数巨石，一大垂杨。” 荻庄也有土山矗立，上立峰峦；黄氏止园后为盐商曹氏宅园，其土山名“梅花岭”，上有一座高3丈的美人峰。杜氏绾秀园中有“三峰削，直插崔嵬”，应为3座高耸的石峰。纯粹的湖石假山数量不多，一些园

清代《黄河万里图》中的淮安城

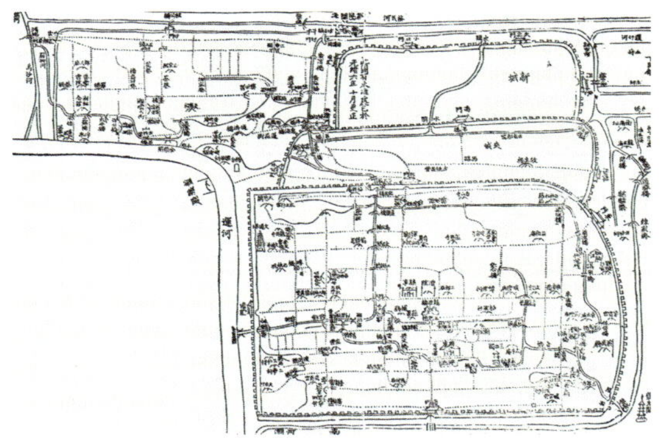

清代《淮安府城图》

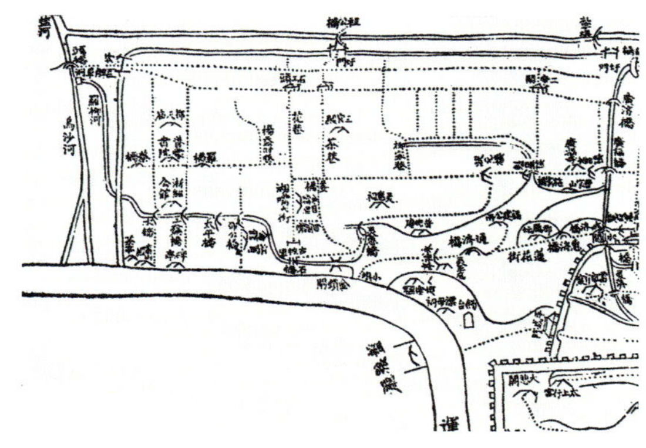

清代《淮安府城图》中的河下

林也把姿态秀美的大块湖石或石笋单独设立，如寓园的狮子石。

虽说河下处于河湖之间，富于水源，但多数小型园林中并未辟置池沼溪流，只有一些中大型园林中会设有水景，与假山密切配合。且园主体院落就以大水池为中心，若干亭榭舫楼环池而立，池中可泛小舟；寓园水池也以宽深著称，直通金家桥，可引活水源源不断入园。园中水池通常都种荷花，形成荷池景象，如荻庄“堂外有池，回环种荷。”

园林中的绿化也很重要。作为盐商们的享乐之所，园林中必然花木繁盛。乔木中最重视梧桐，其次偏重柳树、槐树、枣树，常种于院落周围或水池、厅堂一侧，还有银杏、枫、柏、松、榆、皂荚等树种。宜于竹子生长的土壤，让淮安的这些园林中遍植绿竹，且几乎无园不竹。一些较大规模的园林，还形成了竹林之景。竹子经常与梧桐同植，便还会形成梧竹交映的景观。灌木中最重梅花，其次有桃、李、杏、海棠、石榴等。花卉中看重牡丹、芍药和菊花。藤蔓类植物以紫藤为上，葡萄架也比较多见。所有这些植株为园林带来绿荫、花果和香气，环境十分宜人。

匾额和楹联是中国古典园林中不可或缺的文学元素，对园景主题有画龙点睛的渲染作用。淮安盐商园林中的匾额、楹联大多出自知名文人之手，重视运用典故，同时强调地方特色。如周边一带水中多芦苇、蒲草，岸边多荻花、柳树，又常有船驶过，菰蒲曲、荻庄、柳衣园、俯淮楼等名目便被创作、悬挂出来，极具浓厚的乡土气息。有一些匾额、对联，直接强调景致特点。如天心水面亭、小山丛桂留人等等，又如柳衣园涵清轩有联“好句似仙黄鸟地，澹交如水白鸥天”，用词比较优美，可与实景产生共鸣。还有一些匾额主要强调某种道德规范或哲学思想，如可继轩、退一步轩、慈和轩等，都可以引人遐思。

盐商园林叠石旧影

二、可游可居

园林的首要功能在于游乐。淮安每座盐商园林都有预设的游览路线，循序而进，移步换景，最大限度地展现景物之美。具体游览方式，往往因季节、时刻和天气情况不同而发生变化，体验感也有天壤之别。尤其在一些重要的节日，园林游乐活动更为盛行。如每逢元旦、元宵、花朝、端午、中元、中秋、蜡腊等节日，盐商们都要在园中举办豪宴、灯会或戏曲表演，笙歌燕舞，累日不绝，尽显一派铺金陈玉、纸醉金迷的朱门胜境。清代淮安学者丁晏曾作《萧湖曲》，描写了萧湖周边盐商园林中的欢宴盛况：“旧游歇绝如云烟，鹾商营构纷连骈。绮疏绣桷穷雕缛，馔玉炊金

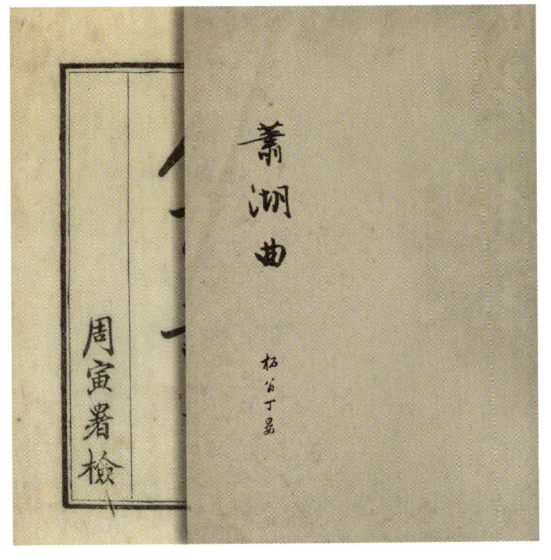

丁晏《萧湖曲》

清代杨柳青木板年画

该画作为杨柳青木版套色印本年画《大观园游莲花池》。

及毳鲜。荻庄元赏开游宴，春秋无日无华筵。龙舟竞衍深泗戏，鹊架争输下聘钱。”赵翼亦作有诗句，记载了程氏寓园中观剧景象，好似《红楼梦》中的大观园。

盐商的园林，还是当地文人的主要聚会场所。一些富于文人气质的盐商和出身盐商世家的诗人、画家也热衷于此。如绾秀园主人杜首昌有词描绘园中雅集：“一时骋怀游目，正紫薇乱落，兰菊争开。钵击诗成，觞飞花到，酒龙文虎惊才。竹林千载同今日（此日宾主7人），形骸放，坐卧莓苔。想天气秋深更好，不妨乘兴还来。”诗中自比魏晋竹林七贤，其游目骋怀、飞花流觞之态又好似东晋兰亭之会。又如乾隆四年（1739）十月十八日，程嗣立与其子程祐纯及朋友共9人在宅园菰蒲曲雅集，其《冬日菰蒲曲雅集诗序》中载：“嘉定周牧山，吴门张篁村、徐友竹，锡山杜受兹毕集菰蒲曲之籍慎堂，适云间旭上人瓢笠而至，诸君欣然作烟云之会……是日，儿子祐纯、学人徐仰山皆得预会，凡九人。时乾隆己未孟冬十八日。”还有些盐商园林，会临时出借给文士举办雅集。例如，乾隆五十九年（1794）秋日，吴江文人郭麐曾经在荻庄参加诗社聚会，作《荻庄秋社》组诗5

首，其中一首七律云："略彴平桥碎石街，爱冲微雨踏吴鞋。登高又是重阳近，能赋真如七子皆。笑我匆匆留笔迹，昔贤各各有诗牌。更谁隔着疏帘看，木末一花红上阶。"

中国古代大型园林往往会宅、园分置，而中小型园林通常宅园合为一体。无论规模大小，淮安盐商诸园皆为理想的起居生活场所，为主人全家带来很多情趣。盐商日常饮食、服饰都十分讲究，园林中的相关设施也力求精致。此外，在淮安崇尚学业氛围的熏陶下，一些盐商还专门在自己的园中开辟讲学、课读场所。如师意园主人程云龙父子，两代均聘请学者史震林在园中私塾馆教授子弟。

清代中期《私塾婴戏图》

在我国古代绘画艺术作品中，以儿童游戏为装饰题材的画作称之为《婴戏图》，这是源于社会生活稳定、人口增长较快背景下，所习见的一类艺术画面。该图先生酣睡于讲桌旁的椅子上，私塾馆内的儿童则四处打闹皮玩。整幅画面自然朴素，充满了童趣。

第二节　名园胜概

淮安园林中的精华之作，多由盐商构筑。但随着历史的变迁，尤其是在经历盐制改革、内外战争等因素影响后，大量的淮安园林或被损毁，或被荒废，或被人为拆除、改建。淮安园林的命运，如同河湖中的木舟，紧随风浪的变幻而漂浮不定。而他们主人的命运，也如同这园林一般，跌宕沉浮。

绾秀园。绾秀园位于淮安湖嘴，是明代富商杜氏宅园。杜氏原籍山西太原，世居淮安，因业盐而成为巨富，素以资产雄厚而著称。其园建于明末，第

山西盐商园林概览表				
朝代	园名	园主	地点	原籍
明代	阎园	阎翰	新城东门内	太原县
	绾秀园	杜光绍	湖嘴湖心寺旁	
清代	眷西堂新	阎若璩	竹巷	
	思园	阎若琛	蔡桥	
	耕岚阁	李时谦	大绳巷	襄陵县
	且园	李时震	小绳巷	
	存质	王履亨	白酒巷	太谷县
	澄观园	王锡祺	中长街南门大街	

一任主人杜光绍不但是位盐商，且有秀才功名在身。崇祯十七年（1644），李自成大军攻破北京，潞、福、周、崇四王纷从北方逃来淮安避难。除周王病逝于淮安西湖木舟外，潞、福、崇三王一直借住于绾秀园中。清初以后，绾秀园由杜光绍之子杜首昌继承。他喜好读书，擅长诗词、草书，但不善经营，家道便慢慢中落。

此园临近西湖（即管家湖），园中设有挥麈亭、如如室、天心水面亭，假山上竖立3座灵秀的石峰，景致极美，号称“淮阴（今淮安市淮安区）园亭极胜者”。其中“如如室”是杜首昌独坐冥思或用来招待朋友小饮的场所，典出唐代白居易《读禅经》诗“不禅不动即如如”。“天心水面亭”借用北宋理学家邵雍《清夜吟》中的两句诗“月到天心处，风来水面时”。此亭浮于水面，夜间可与明月、倒影做伴。苏州网师园中有一座“月到风来亭”，与“天心水面亭”用的是同一典故。清代后期，杜氏绾秀园废毁，旧址尚存4尺见方的巨石，据说是当年福王所住厅房的柱础，可见其宏伟之势。

柳衣园。柳衣园的前身是张新标的依绿园，是明清两代淮安园林中名气较大的一座。此园位于萧湖西岸普光庵东，三面环湖，大门临水，园名“依绿”，典出唐代杜甫《陪郑广文游何将军山林》诗“名园依绿水，野竹上青霄”，强调园址依邻绿波荡漾的萧湖。西南处为3间正楼曲江楼，楼下墙壁上嵌石碑，刻西汉张良、北宋张载、南宋张栻3位张氏古代先贤画像；又有3间云起阁面东而立，可临瞰萧湖，远望城墙雉堞；云起阁北为涵清轩，西为娱轩。园中辟有荷池，西南设船房6间，东部题为“水西亭”，西部题为“半亩方塘”，北侧有亭名“万斛香”，后门设4

王松《寓园唱和图》

该图由时参加寓园雅集的画家王松所绘，收录于《寓园赠答诗钞》书前。

扇竹扉。园中另有水仙别馆、香雪山房等景致，分别以水仙花和梅花为胜。

该园后卖于程氏盐商，并几度在程氏家族间转卖。至程埈手中时，加以扩建，并更名为“柳衣园”，以形容周围烟柳笼罩的环境特征。嘉庆、道光年间，户部尚书、协办大学士英和为此园题写“柳衣园”匾额。程埈的堂弟程垲、程嗣立曾多次领衔在园中组织文社，大江南北文彦云集于此，风行一时，为当时文化界一大盛事。

关于此园还有一个神秘掌故。乾隆二十八年（1763），学者史震林在程家担任私塾教师，住云起阁。有一天，见对岸火光冲天，好像有一条龙腾空而上。次日，他便将此事告诉程氏兄弟，称河下龙气跑掉，不久就会走向衰败。果然，第二年秋天老坝口决堤，河下被淹，淮安全城元气大伤。

寓园。寓园位于竹巷街西端，梅家巷巷头，原为程易祖父程埈住宅“可继轩”中的园林，相传前身为明代状元、南

徽州程氏盐商园林概览表				
朝　代	园　名	园　主	地　点	原　籍
清　代	柳衣园	程　埈	萧湖普光庵东	歙　县
	寓　园	程　易	竹　巷	
	且　园	程　鏊	亘字店巷东	
	南　园	程　鏊	萧湖荻庄对岸	
	师意园	程云龙	竹巷西	
	宜　园	程兆庚	三条巷	
	晚甘园	程　茂	萧湖中	
	桐荫园	程　钟	竹　巷	

京国子监祭酒沈坤的故宅，后卖于山西阎氏盐商，辗转至程埈手中。宅门内，前为斯美堂，向东入一座八角门，可见一座菉竹堂，面南背北，其后为兼山堂，再北为新厅、听汲轩；兼山堂一侧有枣花楼，再折而向东，筑六有斋、怡怡楼。听汲轩附近的另一座小轩即为可继轩。兼山堂东侧有1座3间小室，面宽不过2丈，进深1丈，前临大街，平时很嘈杂。屋子东墙下种有2株杞树，均为百年古木，枝干都有八九尺长，形象却截然相反，一株清瘦遒劲，枝条垂地，叶子细，果实红而甘甜；另一株粗壮坚实，昂然高举，叶子肥大，果实颜色如蜜，味道很酸。程埈的五弟程嗣立曾在兼山堂居住，特别喜欢这两株杞树，并将这座小室定名为“二杞堂”。他经常在树下坐卧，也忘却了外面的喧嚣。

程埈子孙几代人都居住于此，且家中业盐字号“俭德”旗就设于宅旁。宅园后传至程埈孙子程易手中，他对园林的建造情有独钟，不但多有增设，还专门邀请著名书法家梁山舟题写“寓园”石额，并将此园雅称为可园、可以园。作为程氏宅中的后花园，寓园以假山叠洞进入。园西筑高楼，雕梁画栋、朱栏玉砌，颇具气势，周边叠石连绵，以代墙垣。园中水池宽阔深邃，其上架10丈红桥。假山之间峰回路转，高处建有翼然亭，亭下立狮子石，盘空矗立，姿态不凡。3间正厅名“平远山堂”，西为樵峰阁和3间荫绿草堂，北为香云馆、半红楼，东侧设长长的园墙，上辟门洞，有3间横廊，白石铺地，另有一处合6间为1间的敞轩名“揽秀”，是赏曲的地方；西侧设门，有梁山舟所题石额“寓园”；揽秀东侧又筑跃如楼，三面立红色栏杆，2层与大街东侧的另一座楼房相连，形成过街楼。楼下有敞厅殿春轩，院

徽州程氏盐商园林概览表				
朝 代	园 名	园 主	地 点	原 籍
清 代	谁 庄	程 坤	城东石塘中桥	歙 县
	荻 庄	程 鉴	莲花街	
	菰蒲曲	程嗣立	伏龙洞	
	小山蹊	程国俊	绳 巷	
	亦 庐	程孟昭	高家巷	
	懋敷堂	程梦鼐	绳 巷	
	衍庆堂	程维吉	湖嘴大街	
	情话堂	程 沆	湖嘴大街	

中种芍药，旁设射圃箭道。芍药通常春末开花，故有“殿春”之誉。苏州网师园中有一座殿春簃，与寓园的殿春轩很相似。

此外，园中还有涌云楼、卿云楼、得月楼、蕴藉楼、作赋楼、澄潭山房等建筑，楼阁数量显超普通宅园，连绵相望，很有气魄，与扬州何园媲美。于时泰有诗赞曰：“山外有山楼外楼，屋中更见屋通幽。一泓清水池塘静，四面轩亭倒影流。阑干曲折相回向，人语依稀互酬唱。虬藤怪石密周遮，北垞南荣隔屏障。”

寓园后易主改为桐荫园茶社，楼阁亭榭大多倾圮无存，只剩下一座荫绿草堂和一片残山剩水，但仍有清幽之气。清代末期，寓园旧址被王氏购为宅园，更名“研诒斋”，假山、荷塘略存旧貌。

且园。清代淮安有两座且园：一座为康熙、雍正年间内阁中书李时震的宅园，位于小绳巷，规模较小，园中有颐堂、玉立山房、桂白亭、养拙楼、云岫阁；另一座位于亘字店巷东、文字店巷西，规模较大，园主程鏊，出身盐商世家，乾隆年间曾经担任刑部官员。程氏且园设有“二十二景”，比唐代诗人王维的辋川别业“二十景”还多出2景。宅门朝东，二门西南位置设一方砖所砌的大门，入门堆有土坡，坡上竖立几块巨石，旁依垂杨。土坡之北有石径，折而向南，过一甬道，上题“且园”二字，左侧墙为北方园林常用的黄石冰纹墙（虎皮石墙），右侧墙为江南园林中常见的白粉壁，以一线之地兼南北之长。甬道中立有一架紫藤，铺地采用白矾石，上面刻凿水浪花纹。甬道西端小院北侧开辟一个圆形随墙门，门内为3间小厅藤花书屋。小厅之外辟大水池，池水宽阔，其中有小船游弋。环池设正堂芙蓉

徽州程氏盐商园林概览表				
朝 代	园 名	园 主	地 点	原 籍
清 代	勉行斋	程晋芳	干鱼巷西	歙 县
	耘砚斋	程世椿	竹巷状元楼西	
	只拙斋	程 鑾	萧湖畔鹤笑亭	
	可继轩	程 埈	梅家巷头	
	可止轩	程成文	罗家桥旁	
	燕贻轩	程 晟	梅家巷	
	高咏轩	程世桂	高家巷	
	芝兰室	程 熉	土地庙巷	

堂以及小舫轩、大舫轩、春雨楼等建筑，临水取胜。除此之外，园中另有林下堂、俯淮楼、十字亭、古香阁、接叶亭、春雨楼、云山楼、方轩诸景。

程鏊少年时在扬州寓居，家境贫寒，曾经在一条僻陋小巷中遇到一位妇人，问他为什么愁眉苦脸，程氏告知自己的穷困窘态，妇人于是送给他200两银子，并指点他去官府购买盐引，由此成为盐商，逐渐致富。程鏊发达后再去扬州寻访妇人，只看见一片荒地，不由怀疑自己遇到了仙女。且园中专门修筑了一座林下堂，以纪念这段奇遇，堂周围皆种梅树；春雨楼内部不设楼梯，从楼外的假山盘旋而上。

且园是河下名园中结构最曲折的一座，充分展现了中国古典园林曲径通幽、庭院深深的特点，其布局与苏州留园大有异曲同工之妙。同族的程钟有诗赞誉此园："秋水诗人俊逸才，且园当日辟蒿莱。俯淮楼回宵看月，林下堂深晓咏梅。"程鏊后冤于《秋水诗钞》案，家道中落。他去世后，宅园遂被吴氏购得，"池水甚阔，小艇游泳，芙蓉堂依水尤胜。林下堂周遭梅树，春雨楼无梯，盘旋而上。"依然保持着原有景致。据说程鏊当时还有一处南园，位于荻庄对岸。

师意园。师意园位于竹巷以西，是盐商程云龙的宅园。园中建造不夜亭、竹所。程嗣立《过云农（龙）侄师意园》诗云："长衢罗冠盖，络绎疲迎送。老梅淡无言，寂寂幽兰共。阿咸亦苦贫，腊酒开新瓮。野味遐方来，春蔬园丁供。"从诗句判断，园中还有古梅、幽兰和菜圃。晚清时期，此园旧址被人称为"旦华空地"。程云龙长子程昶，为淮安府学庠生。

晚甘园。晚甘园位于萧湖中，是盐商程茂的别业。晚甘园又名南园，中有土

徽州程氏盐商园林概览表				
朝　代	园　名	园　主	地　点	原　籍
清　代	秋声阁	程勋著	粉章巷	歙　县
	伴竹居	程韶凤	竹巷义贞祠前	
	培兰书屋	程宏楫	大绳巷市口	
	敬一书屋	程春祺	相家湾	
	南藤花书屋	程昌龄	茶　巷	
	茶话山房	程蔼人	竹　巷	
	岑山草堂	程　钟	竹巷义贞祠北	
	坐春草堂	程广誉	梅家巷头	

山、枫树、藤花、芍药、竹林，其余景致不详。程茂有一幅《风雨晦明图》，描绘了此园中的景致。程晋芳为之题诗："斜阳未没城南角，一带浓林张翠幄。摇烟飐雨竹千竿，湖上风生波濯濯。园亭畅好得佳主，并写丹青归卷握。知君意不在图画，别有奇怀寄幽邈。"钟曙另有诗曰："为爱清幽到水庄，蓼花莲叶绕回塘。波间棹举凫鹭散，桥上人归虾菜香。落日楼台偏窈窕，新秋烟树倍苍茫。扁舟便有江湖兴，一片西风蕙带凉。"由诗意可知此园可借萧湖和城墙之景。

晚甘园在当时特别受女性欢迎，清代学者袁枚在他的《随园诗话补》一书中，就有这样一段记载："程莼江晚甘园，屋甚少，而春间游女甚多。主人请余作对联。余提笔云：'时花美女有来时，明月清风没逃处。'主人喜其贴切。"

九狮园。九狮园位于杨天爵巷，是汪垂裕质库的后园。园中岩壑玲珑，中有九孔，相传由文学家李渔亲手点缀。敞厅数楹，假山曲折，池小水深，树木幽秀，山巅一亭，房约百余楹。所谓"九狮巧叠石玲珑，手笔相传李笠翁。可惜拏云神勇在，恰教狐鼠逐春风。"

带柳园。带柳园是吴进的别业，在莲花街头，临近萧湖。园中茅屋八九间，周遭种柳，左右渔樵相杂。园不大，而结构曲折，题额甚多。有淡中堂、淡怀堂、红药草堂、碧润轩、听雨楼、一咏轩等建筑。

清代学者孙耕曾绘有《带柳园长图》，孙耕题《带柳园诗》，吴进题《带柳园图》，其云："城北莲花街，地冷僻，居人类以刈蒲、捕鱼为业。街南荒畦一亩，面临湖水，旧有古柳数十株，周环如带。余构为园，因名曰带柳。于西结茅屋数

徽州汪氏盐商园林概览表				
朝代	园名	园主	地点	原籍
清代	九狮园	汪垂裕	杨天爵巷	休宁县
	汪园	汪枚	板闸钵池山下	
	粟园	汪桂	联城内	
	一卷一勺	汪汲	钉铁巷	
	道宁堂	汪隐园	相家湾路南	
	是山堂	汪灏	板闸钵池山下	
	实事求是斋	汪廷珍	淮安府学东	
	梅竹山房	汪九成	二帝阁南	

椽，不剪不斲，朴如也。植花数本，聊以自娱。隙地手锄，艺瓜豆，小人之事，不学而能也。东凿一塘，引水种鱼，客至可品。蒲至夏结干，干棒也，俗所谓蒲棒也。闲登小舟摘之，夏燃驱域，冬揭其英，纳被以代絮。柳枝可炭，蒲絮可被，冷僻之乡，吾暖甚也。爰属孙子稼堂作图，率笔识之。”由此可见，此园以淡著称，无笙歌丝竹，既幽静，又充满平常读书人的生活气息。诗如其人，吴进就是位田园诗人，著有《味轩诗集》。

澄观园。澄观园是王锡祺家的花园，位于中长街（南门大街）路西、兴文街以北、胯下街以东、小牛巷以南，建于嘉庆末道光初，有百多间房屋。王锡祺祖父王履谦原为淮安大盐商，曾为堵黄河决口捐银万两，受旨褒奖。

该园“亭台池馆，花木竹石兼擅胜致”，有槐绿草堂、冷香亭、遏云阁、桐轩、绿窗人静、双桂轩、莲舫等丛篁华馆，曲榭层台。纯石假山亦名九狮，状极诡异。还有1座戏台，台口前为池塘，观剧者在池之彼岸。家中蓄有内班，尤其喜庆之日，常于戏台唱戏说书。王锡祺堂兄王锡纯为清代著名戏曲家，曾出版《遏云阁曲谱》，为昆曲演员之必备。同治初，淮安府学教授汪彦树有句云：“颇闻刁家池上好，东风一试南街行。洞门高阁清风满，鸟语花香聚池馆。牡丹将落绣球开，万颗团圞照人眼……零房署馆碧参差，月榭风亭抱曲池。”最后还称赞“主人风雅酣文史，邺架图签灿罗绮。”这当不是应酬虚誉之词。

曹家山。曹家山原为清初退职官员黄宣泰所筑，初名“止园”。因园中广植梅花，正厅即称为“梅花屋”。又堆叠假山梅花岭，开辟藕塘。梅花岭本是一座

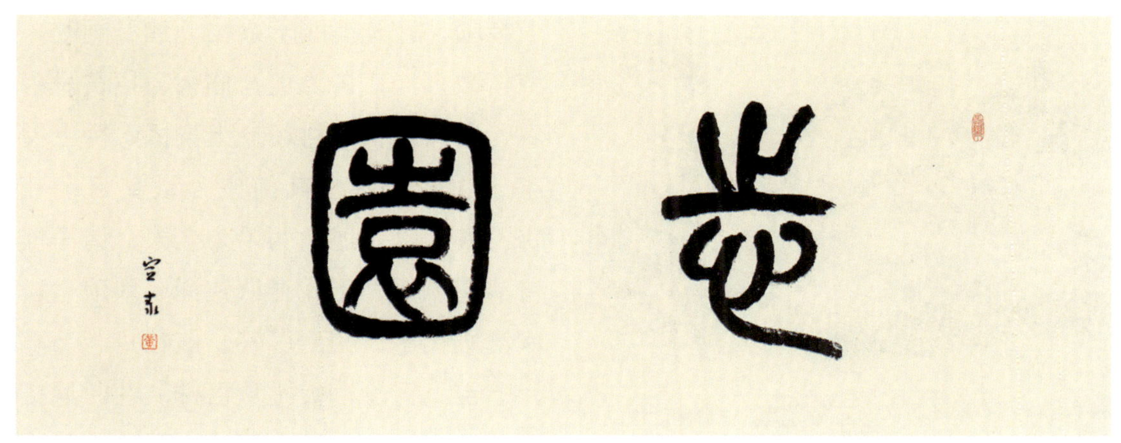

"止园"匾额题字

该园初由宁夏兵备道黄宣泰退职回乡后修建。因其对梅花情有独钟，故选址于梅花岭建造。园成后，在相当长的时间，成为大江南北文人雅士宴赏聚游之地。满座高朋，觥筹交错，诗词吟咏也很多。丁晏《山阳诗征》、王觐宸《淮安河下志》中多有辑录。

土山，山顶立有一株奇石，名曰"美人峰"，高3丈，极为秀美。中国古典园林最推崇玲珑多窍的湖石，常常把一些形态高大、姿态秀丽的湖石单独陈列，或者竖立在山顶上，苏州留园的冠云峰高约5.7米，被誉为江南第一名石。河下园林也很喜欢采用这一手法，不少名园都拥有一两块这样的湖石，而止园梅花岭上的美人峰是其中最著名的例子，高度约合9.6米，应比冠云峰更胜一筹。

止园卖于徽州曹氏家族后，称"曹家山"，时主曹锡侯将"美人峰"运回安徽老家，不幸江遇风，遗落水中，一代名石就此湮没，十分可惜。

谁庄。谁庄位于淮安城东石塘中桥，主人程坤即程茂的父亲，程埈长子。此园为程坤隐居之所，共买废田万亩，掘渠4000余丈灌溉其中，遂成沃壤。植牡丹、芍药，以环其居。取王维诗句"来者复为谁，空悲昔人有"意，取名"谁庄"，流连觞咏以终。

清初学者王兆符曾作《谁庄记》中云："淮阴新城（今淮安市淮安区淮城街道新城社区）东南十五里曰石塘，又东五里为谁庄之前庄，北三里曰中桥，又北六里曰南湾。庄之南北十里，纵横周广五十余里。明万历时，黄河决，废为故道，斥卤迷漫无耕土。程君退翁叹曰：'此岂不毛之地乎？'既购南湾田数顷，伐茅启土。又购中桥及前庄田凡

民国元年（1912）赵云壑仿前人《谁庄图》

清代《唐英泥塑坐像》

唐英（1682—1756），字俊公，汉军正白旗人，清代陶瓷烧制艺术家。雍正六年（1728）奉命至景德镇御窑厂协理窑务。乾隆元年（1736）起，先后担任淮安关监督、九江关监督、粤海关监督，并兼理窑务多年。时朝廷每年定向从淮安关拨银景德镇制瓷，故有多任钞关监督同时兼理景德镇窑务。

百余顷，计开渠四千余丈，建石闸四，植柳数万株，各为屯仓佃舍，招贫民为农，所在成村。村环流上架桥，桥上覆亭，遂名谁庄。其前庄为堂室，杂花卉，夥图籍。退翁两弟为名人，诸子侄皆清奇孤秀，于此春秋弦诵，琅琅也。南湾则构亭，四面厂轩，植牡丹、芍药六七亩，树榆柳梅桃数百株。花时遍招亲朋歌诗饮燕。颜亭曰：'眼界宽'。亭之西为堂，颜曰：'小人'。于前庄为亭，颜曰：'劳止'。自始事十有六年，而退翁卒。"

程坤的谁庄何止仅仅是一处园林，更像是搞了一片大农业开发区。程嗣立曾作了不少与谁庄有关的诗，如《谁庄》《南湾庄居》等。乾隆年间，著名陶瓷艺术家、景德镇督陶官唐英于淮安担任淮安钞关税务监督。他也曾造访过谁庄，作有《谁庄看芍药》一诗，程嗣立并作《和唐榷使偕司空高公谁园看芍药原韵二首》。

荻庄。荻庄位于萧湖莲花街之中，为清代乾隆年间大盐商程鉴的别业。程鉴幼年贫穷，因业盐而家境大富。"荻"是一种亲水草本植物，形似芦苇。此园以此为名，有强烈的地域特色。荻庄三面临水，其中正厅5间，名"廓其有容之堂"，由高凤翰题额，面南依水；东侧接小轩平安馆舍，背临百竿翠竹；东厢位置有3间带湖草堂，由

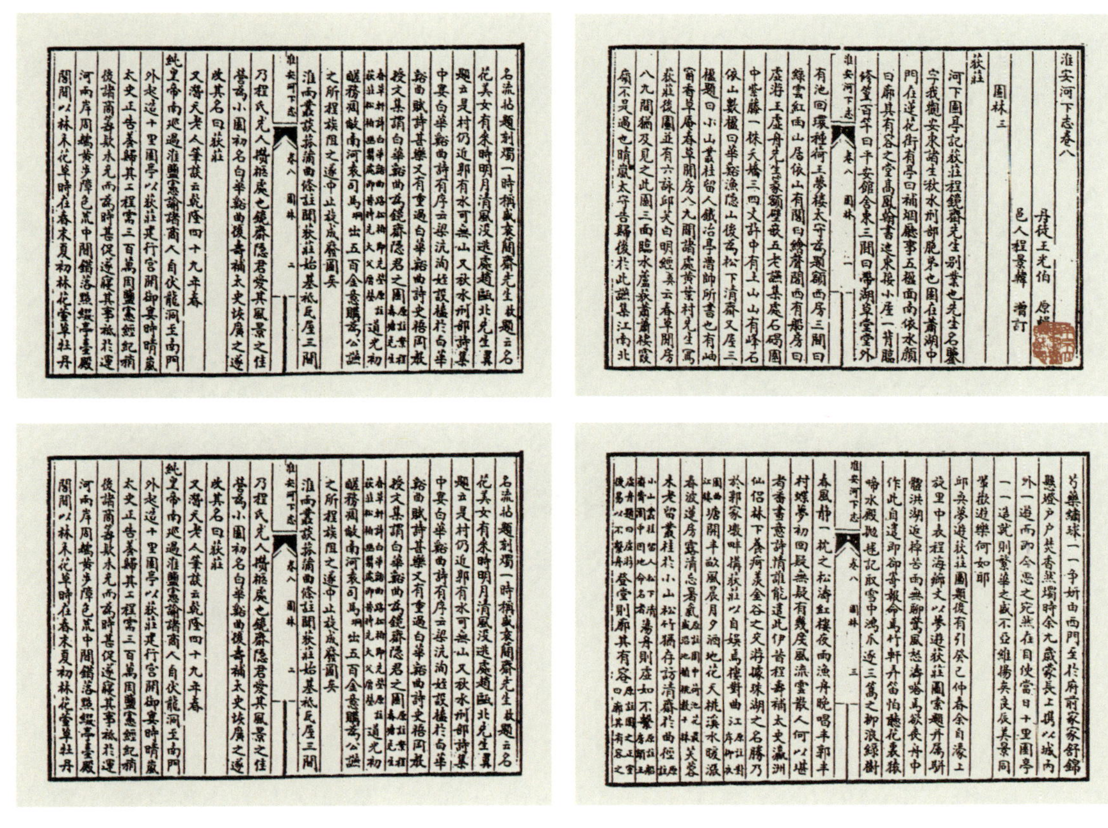

淮安河下志卷八

丹徒王光伯　原輯

邑人程景韓　增訂

園林三

荻莊

河下園亭記荻莊程鏡齋先生別業也先生名鑒字我觀安東諸生秋水刑部晁弟也園在蕭湖中門在蓮花街有亭曰補烟廳事五楹面南依水顏曰廊其有容之堂高鳳翰書迤東接小屋一背臨蒔篁百竿曰平安館舍東三間曰帶湖草堂堂外

淮安河下志　卷八　園林

有池回環種荷王夢樓太守為題額西房三間曰綠雲紅雨山居依山有閣曰繪聲閣西有船房曰虛游王虛舟先生篆額壁嵌五老讌集處石碣園中紫藤一株夭矯三四丈許中有土山山有峰石依山數楹曰華谿漁隱山後為松下清齋又屋三楹題曰小山叢桂留人鐵冶亭漕帥所書也有岫窗香草庵春草閒房八九間諸處黃葉村先生寫荻莊後圖並有六詠卯芙白明經集云春草閒房八九間猶及見之此園三面臨水蘆荻蕭蕭襟霞翁不是過也晴嵐太守吾歸後於此讌集江南北

名流觴詠刻燭一時稱盛袁簡齋先生故題云名花美女有來時明月清風没處題北先生畢題云是村仍近郭有水可無山又秋水刑部詩集中宴白華谿曲詩有序云婆娑沉淘姑設樞於白華谿曲賦詩甚樂又有重過白華谿曲詩史梧岡敖校文集謂白華谿曲為鏡齋隱君之園[illegible]道光初蠲務同知南河袁司馬坰出五百金意購為公讌之所程族阻之遂中止殺成癸圖矣

淮南叢荻蘇滿曲條莊開荻莊始基祇瓦屋三間

淮安河下志　卷八　園林　二

乃程氏先人構樞處也鏡齋隱君愛其風景之佳營為小園初名白華谿曲後奇補太史垓廣之遂改其名曰荻莊

又潛天老人筆談云乾隆四十九年春

純皇帝南巡過淮鹽憲諭諸商人自伏龍洞至南門外起造十里園亭以荻莊建行宮開御宴時晴嵐太史正告養歸其工程需三百萬兩鹽憲鑑紀補後諸商籌款未充而為時甚促遂寢其事祇於運河兩岸周鋪黃步障色緞中間錯落點綴亭臺殿閣間以林木花草時在春末夏初林花蕾草牡丹

名流觴詠刻燭一時稱盛袁簡齋先生故題云名花美女有來時明月清風没處題北先生畢題云是村仍近郭有水可無山又秋水刑部詩集中宴白華谿曲詩有序云婆娑沉淘姑設樞於白華谿曲賦詩甚樂又有重過白華谿曲詩史梧岡敖校文集謂白華谿曲為鏡齋隱君之園[illegible]道光初蠲務同知南河袁司馬坰出五百金意購為公讌之所程族阻之遂中止殺成癸圖矣

淮南叢荻蘇滿曲條莊開荻莊始基祇瓦屋三間

淮安河下志　卷八　園林　二

乃程氏先人構樞處也鏡齋隱君愛其風景之佳營為小園初名白華谿曲後奇補太史垓廣之遂改其名曰荻莊

又潛天老人筆談云乾隆四十九年春

純皇帝南巡過淮鹽憲諭諸商人自伏龍洞至南門外起造十里園亭以荻莊建行宮開御宴時晴嵐太史正告養歸其工程需三百萬兩鹽憲鑑紀補後諸商籌款未充而為時甚促遂寢其事祇於運河兩岸周鋪黃步障色緞中間錯落點綴亭臺殿閣間以林木花草時在春末夏初林花蕾草牡丹

芍藥繡球一一爭妍由西門至於府前家家舒錦懸燈户户焚香燃燭時余九歲家長上攜以城内外一遊而今思之宛然在目使當日十里園亭一一造就則繁華之盛不亞維揚矣良辰美景同賞歡遊樂何如耶

邱奂夢遊荻莊圖題後有引癸乙仲春余自濠上旋里中表程海鄉文以夢遊荻莊圖索題并屬駢體洪湖逆棹苦雨無聊驚風怒濤嗒焉莫奈舟中作此自遣卯寄報命焉竹軒升笛怕聽花裏猿啼水殿琵琶記取雪中鴻爪逶三篙之柳浪綠樹

淮安河下志　卷八　園林　三

春風静一枕之松濤紅樓夜雨漁舟晚唱丰郭丰村蝶夢初回殿無殿有幾度風流雲散人何以堪者番書意詩情誰能遣此伊昔程壽補太史瀛洲仙侶林下養痾羨金谷之交游據珠湖之名勝乃於郭家墩畔構荻莊以自娛爲樓對曲江[illegible]園曲塘開半畝風晨月夕滴地花天桃溪水暖浪春波蓮房露清忘暑氣[illegible]芙蓉木老留叢桂於小山松竹猶存訪清齋於曲徑[illegible]湯舟則虛如不繫[illegible]登堂則廊其有容[illegible]

民国《淮安河下志》中对荻庄的记载

书法家王文治题额；堂外辟水池，内种荷花，岸边又种桃树几十株；西厢位置建3间绿云红雨山居，旁依假山，山侧有绘声阁。西有船房名“虚游”，王虚舟题额，墙间嵌“五老宴集处”石碑。园中有一株紫藤，长三四丈，枝干虬结。园内又堆土山，上立峰石，临山构“华溪渔隐”，山后筑松下清斋，旁有3间小轩名“小山丛桂留人”，漕运总督铁保题额。此外还有岫窗、香草庵、春草闲房等八九处建筑。

此园为当时河下园林中之规模较大者，集富丽堂皇与精奇典雅于一身，曾预选为乾隆皇帝第六次南巡行宫。当时的高官、名士多曾拜访此园，名气极大。刘作柱有诗咏道：“轻舟棹入荻芦丛，篱竹弯弯曲径通。几处回廊烟渚外，一重古木画图中。”荻庄风景秀丽，各级官员常来冶游。道光初年，江南河道总督署中就有一位名为袁坰的外南同知（负责黄河河工），愿以“五百金”购买荻庄，而被程氏族人阻止。

按清代淮安学者邱奂《梦游荻庄图》题跋中的记载，嘉庆年间荻庄已经逐渐颓

"菰蒲曲"匾额

败，嘉庆十六年（1811）至嘉庆十七年（1812）间，有潘姓文人为之作《程氏废园记》。嘉庆二十五年（1820），程氏后人程蔼人曾对园林进行重修，与乡贤在此雅集酬唱，绘图纪事，但已无法与当年烈火烹油、繁花着锦的盛况相提并论。

菰蒲曲。菰蒲曲位于河下伏龙洞，筑于乾隆年间。园主程嗣立，又称水南先生，出身盐商世家，却以文人名士自居，擅长诗文书画，与当时的文坛名人多有交游。此园临近程嗣立母亲的墓地，规模较小，居此兼有守庐尽孝的含义。园门为柴扉形式，入门后有绿柳夹径，穿小桥，隐含山林之气。正堂为籍慎堂，内藏有很多古书。堂西接长廊，通向一座方亭，亭旁植树一株绿牡丹，色如绣球。园北深处筑有一楼，楼上悬有程嗣立本人所绘的观音像。楼外有古树数株，其中包含一棵大银杏，枝干粗壮，可容一人合抱。当初移栽时，有一对喜鹊绕着树不停地飞翔啼鸣，待树重新入土后，这对喜鹊就在树上筑巢，很有些喜庆色彩。园中建筑包括来鹤轩、晚翠山房、林芳山馆等。菰和蒲是浅水中生长的植物，其嫩茎可食，具有朴素的水乡风情。

程嗣立常在园中召集文友，诗文酬答，留下了不少描绘园景的诗篇。如程崟诗云："野水环屋外，悠然风月俱。柴门通略彴，中有隐者庐。亭亭竹千个，落落梅数株。小阁一眺览，平远铺青芜。谁投盘古句，顿入辋川图。闲行玩鸟鱼，独坐拥图书。百年守丘陇，寸心答勤劬。此中有真意，非樵亦非渔。”可见此园风貌类似隐士草庐。另有竹林、梅花，登小阁可以远眺，意境深远。

一卷一勺。一卷一勺是汪汲的宅园，位于钉铁巷内。园中有楼，有10多万卷藏书。园由门东偏，穿竹径，门额署曰“一卷一勺”。土山矗起，上有峰峦。旁峙平台，下即书屋五楹。外有抱厦，亦五楹。迤东曰“似村居”，后有“围尺山房”。清代中后期校勘学家丁晏曾设帐园中，教授汪氏子弟，李莘樵也曾在其中受教。

小山蹊。小山蹊为程国俊别业，位于绳巷内，与淮北盐引批验大使署相近，并和其祖父程梦鼐宅相对。园中树木幽秀，山石玲珑，廊舍回合。家道中落后，树木山石被方士购得。至其孙程邦福时，家族又开始兴盛起来，于杨天爵巷内小巷另辟一宅，依小山蹊原貌种树垒石。由此，该园被重新建起。程邦福还专程邀请制壶大师陈鸿寿（号曼生，即曼生壶创始人）书额，以志遗迹。

亦庐。亦庐位于高家巷，是盐商程孟昭宅园。园中有一座高楼，前堆土山，下有水池，周围竹树掩映，还种了一棵梓树。后园归举人张培厚，在园内增建小室，开窗即见繁茂花木。

清代校勘学家丁晏画像

丁晏（1794—1876），字俭卿，号柘堂，江苏淮安人。清代中后期著名经学家、校勘学家、文学家。官至内阁中书，后赏二品衔。晚年主讲于丽正书院，有《尚书余论》《论语孔注证伪》《颐志斋丛书》《石亭纪事》等著作。

取懋敷堂楠木厅木料复建的淮安府署大堂旧影

咸丰十一年（1861）府署大堂重建后房梁题记

懋敷堂。懋敷堂位于河下绳巷，是盐商程梦鼐的豪宅。懋敷堂实际是正厅之名，5间屋宇，高大广阔，匾额由官至工部尚书的归宣光所书。堂后有几十间房屋，其中一座后楼的栋梁，以柏木制成。其宅西侧也有一处园子，正厅以楠木建成，称之楠木厅。周围亭轩游廊，曲折幽深。四周点缀山石花木，引人入胜。

清代淮扬和苏杭地区富甲天下，却远离京师，一些富商的花园屡屡出现楠木营造的大厅，虽然也有奢侈逾制的问题，大家却不以为异。苏州留园现存的五峰仙馆也是一座楠木厅，与懋敷堂花园中的楠木厅性质相似。

程梦鼐的孙子程振扬曾任山西河东道，因官场弊案受牵连，宅园被官署查抄罚没，后改作淮北盐引批验所大使署。道光初年，批验官员林树保，密谋盐运改道，引发盐业工人抗议。上千人持香拥往大使署争执，混乱中将楠木厅点燃，整整烧了一天一夜。咸丰十年（1860）河下遭捻军焚掠后，懋敷堂旧园中剩余建筑都被拆除，材料用于重修淮安府署，以及被清河县购买重修文庙等建筑，全园彻底成为一片废墟。

衍庆堂。衍庆堂位于湖嘴大街，为盐商程维吉之宅园，衍庆堂为其正厅之名。堂南有深房曲室，院中置有紫藤一架，旁边的小厅名“紫藤书屋”，邻近留荫山房。后院种植松树和槐树，一侧

“衍庆堂”匾额题字

的藏书室名叫“学松斋”，旁边另有一座清槐堂。

程维吉在此园居住时，喜欢大宴宾客，“酣歌恒舞无虚日”。后该园卖于丁兆祺后，一改旧风，平时只邀几位文友聚谈，在花晨月夕下小坐，怡然自乐。他还将紫藤书屋改为“藤花厅”，清槐堂改为“法藏永劫之堂”。“法藏永劫”是佛教尊者摩诃迦叶的称号，可能意味此堂用于供佛，所以新题了这样的匾额。堂极为宽敞，奇特之处在于堂中有4根柱子，相传柱下各有一井，不知是何用途。堂后种竹数百竿，有寒碧之气，夏天最适合乘凉。

情话堂。情话堂位于湖嘴大街，是程沆宅之宅园，情话堂为其正厅之名。程沆为大盐商程鉴第四子，乾隆二十八年（1763）中进士后，授翰林院庶吉士，后任方略馆纂修官。宅园之中，有瓶花馆、晚研堂等建筑，程沆晚年在此每天练习书法。晚清时期，该宅卖出成为浙江宁波商人的四明会馆。

退一步轩。退一步轩位于竹巷魁星楼东侧，是盐商黄粲的宅园。黄粲与其兄黄杰、其弟黄炯，均为当时著名的画家，黄粲技艺尤高。花园在住宅之后，堆有土山，山下辟小水池，周围环绕松柏、梧桐、竹子。假山旁有一间小室名“只古轩”。退一步轩是园中画室，又名“紫薇清署”。道光以后，盐业改制，黄氏家道败落，黄粲把全部精力到放到作画上，水平更高。

可止轩。可止轩位于罗家桥旁，是盐商程成文的宅园。宅中正厅为春和堂，旁设花园，周围堆叠山石，山间有瀑布飞挂。园中布局曲折，窗户上罩有丝网，十分清雅。程成文具有贡生资格，擅长诗文，作有《一层楼诗集》。

高咏轩。高咏轩位于高家巷，是盐商程世桂的宅园。程世桂与其兄程学博均以经营盐务为业，商号名为“观裕轩”。此处本是朱氏旧宅，素以壮丽而著称。正厅名为静寿堂，东厢为沃兰轩，西厢为高咏轩，庭院中点缀一些竹树山石。

<table>
<tr><th colspan="5">其他盐商园林概览表</th></tr>
<tr><th>朝 代</th><th>园 名</th><th>园 主</th><th>地 点</th><th>原 籍</th></tr>
<tr><td rowspan="15">清 代</td><td>曹家山</td><td>曹锡侯</td><td>萧湖东岸</td><td rowspan="8">歙 县</td></tr>
<tr><td>补萝山房</td><td>曹岂麟</td><td>许天和巷</td></tr>
<tr><td>三益居</td><td>曹荣生</td><td>仓桥街北</td></tr>
<tr><td>带柳园</td><td>吴 进</td><td>莲花街头</td></tr>
<tr><td>梅花书屋</td><td>吴宁谔</td><td>打铜巷</td></tr>
<tr><td>退一步轩</td><td>黄 粲</td><td>竹 巷</td></tr>
<tr><td>吟清楼</td><td>黄曰堪</td><td>竹巷魁星楼东</td></tr>
<tr><td>松竹草堂</td><td>殷自芳</td><td>后三条巷</td></tr>
<tr><td>餐花吟馆</td><td rowspan="2">李长发</td><td>曲坊巷</td><td rowspan="3">吴 县</td></tr>
<tr><td>绿天书屋</td><td>关家巷</td></tr>
<tr><td>玉诜堂</td><td>李挺秀</td><td>湖 嘴</td></tr>
<tr><td>研诒斋</td><td rowspan="2">王鸿翔</td><td rowspan="2">柳家巷</td><td rowspan="3">丹徒县</td></tr>
<tr><td>二十二研斋</td></tr>
<tr><td>蝯石山房</td><td>王覲宸</td><td>柳家巷</td></tr>
<tr><td>潜天坞</td><td>陈 丙</td><td>广福寺南巷</td><td>安南国越南</td></tr>
</table>

燕贻轩。燕贻轩位于梅家巷，是盐商程晟宅园。宅中正厅名“宝善堂”，由程晟本人亲自题写匾额。堂侧开辟花园，南部有思过斋、将就室、卧云阁，另有春满玉壶堂。园内亭榭轩廊循环往复，曲折深邃。程氏家道破落后，此园售于退职官员丁兆祺为别业。

梅花书屋。梅花书屋位于打铜巷西偏，是吴宁谔宅园。吴宁谔出身于盐商世家，本人是山阳县庠生，与其堂兄吴宁谧均以文章驰名乡里。其子吴玉镕中进士，其侄吴玉搢是清代著名的朴学家。吴氏亲戚——广西巡抚吴虎炳的夫人潘氏曾造访此园，作《梅花书屋诗》：“绕屋梅花展卷香，吟来更觉味深长。枝头烂漫皆新蕊，架上峥嵘尽旧章。”可见书屋周围栽有梅花，室内藏书琳琅，花香与书香相互映衬，清幽迷人。吴承孝另有咏梅花书屋牡丹诗：“曲江群彦好词华，金石流传摭百家。自笑风霜孤祖砚，一樽聊醉鼠姑花。”说明园中牡丹也很盛。

培兰书屋。培兰书屋位于大绳巷市口，后移火巷宅中，为程宏楫藏书处。其地房屋全毁，藏书量暂未发现记载。

南藤花书屋。南藤花书屋位于茶巷，为程昌龄宅中的花圃。程昌龄官至两浙都转盐运副使，由杭州归淮后迁此居住。宅中有环云阁、春华秋实之馆，中有土山、紫藤架，清阴可爱。盐政改革后，程昌龄郁郁而卒，园售他氏。据说宅园出售后，依园中结构，疑似康熙皇帝南巡淮安时题“雪作须眉”者刘谦吉之一篑园旧址。另说为淮安一萧氏商人之故宅，内旧有“片石山房”。

耘砚斋。耘砚斋位于竹巷状元楼西侧，是盐商程世椿宅园。园中有咏歌吾庐、道凝堂、吟青楼等建筑。其子程元吉曾任职于翰林院，退职回乡后又在园中修筑春草轩、一壶天、清芬馆、茶话山房，与自己的兄弟整天在此饮酒赋诗。

淮安盐商园林聚集地——民国时期萧湖残影

第三节 故宅遗存

明清至民国时期，淮安还有许多并不附带大型园林的盐商宅邸坐落于城内外的街巷之中。不少毁于战火，但也有一部分幸免保存了下来。

王槐堂宅。该宅位于河下湖嘴大街中段西侧，原有多路、多进房屋百余间，今仅存清代抬梁结构硬山式建筑1幢2间，屋脊、檐口较高，院落地面以石板铺就。虽外观损坏严重，但风貌仍存。王槐堂以经营盐业为主，附带涉足百货零售业。

王槐堂宅幸存堂屋今貌

周鹤九宅楠木厅旧影

周鹤九宅。该宅位于淮安城东长街百姓巷（今讹为百善巷）内，南北原有清代建筑五进约60间。周鹤九既是盐商出身，又是清末候补道台，文人秉性让他对宅院建造的需求相比常人要更加富有人文想象。为此，他创意建造了楠、松、柏、桐、椿五厅，即分别以楠木、松木、柏木、桐木和椿木来建造五处厅堂。如建材最为昂贵的楠木厅，梁、柱、檩、椽、门、窗等皆为楠木所制。其为抬梁结构硬山式建造，面阔3间14.15米，进深4柱9檩9.05米，檐高3.5米。筑有轩廊，2檩、宽2米。宅院各个院落间均建有连廊，雨天不湿脚，夏热不晒阳。

民国十五年（1926），在3位淮安籍金融家谈荔孙（大陆银行创始人)、周作民（金城银行创始人）、朱邦献（大清银行首任总办）的发起下，以谈荔孙为主，募集10万元基金，以4万元购得周鹤九宅，在此创办了淮安历史上著名的公益性质学校——江北慈幼院。又以2万元购置校具、教具等设备，并将剩余4万元存放银行作为流动基金。后因战乱于民国二十一年（1932）12月停办。在此以后，地方政府和有识之士先后在此兴办上海江淮中学淮安分校、淮安县初级中学、中山小学、忠孝镇国民中心小学、瞻岱小学、江苏省淮安师范附属小学及淮安市楚州小学。2003年8月，学校定名为淮安市楚州实验小学，校园中的周鹤九宅遗存建筑，也随着学校

由周鹤九宅改建的淮安师范附属小学

王蔚华宅全景图示

的发展，而逐步拆除。最后被拆除的楠木厅木料，幸被整体移建于淮安府署，今为其东路藤花厅。

王蔚华宅。该宅位于淮安城内上坂街与龙窝巷之间北首，建于清末民初，建筑面积约4000平方米。王宅东院正门临上坂街，西院后门临龙窝巷。院内有单层瓦房、楼房数十间。主屋为2层中式走马楼房2进，抬梁结构硬山式建造，面阔3间13米，进深9檩7米，檐高7米。其建筑考究，雕花装饰精美，是清末民初淮安地区富贾住宅的典型代表。

王蔚华宅遗存部分航拍

王蔚华宅走马楼

王蔚华原居扬州，因经营盐业实体而迁居淮安，并在淮安城内大羔皮巷、丁光桥等处拥有房产。他在河下姜桥巷的宅院，有房屋百十间。其上坂街与龙

王蔚华宅鸟瞰

王蔚华宅遗存建筑

窝巷之间宅院至今保存完整。该宅大门位于上坂街北首西侧，建有高大门厅，墙面为精细水磨砖。主屋两侧均建有东西厢房，并与之形成四合院。东路建筑主要为厅房，大多用于接待宾朋等用途。中路建筑和西路为王宅内院，并以中路建筑为主体。自南向北，除堂屋外，还曾建有戏台一座。堂屋明间铺设地转，东西房间多为木地板。最后一进院落即为一座四合走马楼，南北为2层小楼，东西两面为2层连廊。西路主要以单层瓦房为主，其中一进房屋为王蔚华给其女陪嫁之用。该宅建筑立面窗檐多采用“一门三搭”形式，即窗楣叠砌，并和砖雕组合成装饰。宅内曾有一座小花园，今已不存。

第四节 余音袅袅

清代道光七年（1827），两江总督陶澍进行盐法改革，实行“纲盐改票”，取消盐商世袭垄断经营食盐的特权，从此以后，河下盐务逐渐衰落，盐商们纷纷破产，昔日名园渐次颓败，不复往日盛况。正如宣统《续纂山阳县志》所称：“纲盐改票，昔之甲族夷为编氓；漕运改途，昔之巨商去而他适，百事罢废，生计萧然。富者日益贫，贫者日益偷。”清代学者黄钧宰《金壶浪墨》中亦载：“改票后不及十年，高台倾，曲池平，子孙流落，有不忍言者，旧日繁华，胜（剩）有寒菜一畦、垂杨几树而已。”

咸丰十年（1860），捻军攻入淮安，处于淮安西北城墙外的河下全境，焚掠成墟，大多数园林毁于一旦。河下更趋衰败，不可复振。清代诗人曹应熊在《河下口占》诗中感叹：“河下盛处是湖嘴，往时极目多帆樯。北来运道久淤塞，南去江天空阻长。乱后车尘灰已冷，旱余稗屑价都昂。故人相遇一慰问，话到兴衰欲断肠。”光绪二十八年（1902），盐商子弟王锡祺在《山阳河下园亭记续编》序言中总结道：“往昔鹾运盛时，甲第蝉联，市廛阛溢，土木

王蔚华宅部分建筑局部

之功，冠裳之会，烜赫宇内……自更纲为票，利源中竭，潭潭巨宅，飙忽易主，识者伤焉。迨捻寇剽夺，惨遭劫灰，大厦华堂，荡为瓦砾。间有一二存者，亦摧颓毁败于荒榛蔓草中，末由兴复矣。”民国以后，河下彻底衰败，完全失去了往昔的风采。中华人民共和国成立后，地方政府忙于经济恢复，并未对残存园林古迹采取有效的保护措施，昔日的名园遗存最终毁失。所幸的是，河下旧有水系环境、街巷格局和部分民居店铺得以大致保存，其深厚的历史价值和文化价值也在不断被发掘。

明清以来的史籍、方志中，多有对淮安园林的记载，尤其是墨客雅士在盐商园林中留下的大量诗词文赋和笔记著作，列述其盛况，足供今人俯仰追忆。昔日的盐商园林辉煌虽已消逝，却仍是淮安文化遗产中不可缺少的组成部分。

第十章　盐商与社会公益事业

中国人的传统精神世界中始终有着慈善观念，儒家的仁爱、墨家的兼爱、道家的积德、佛教的慈悲等等，都聚焦着众爱亲仁。受此影响，人们普遍具有善心，盐商自然不例外。他们在物质上得到极大满足的同时，并没有安于挥霍的“暴发户”心态，而是在心理层面实现了新的升华。一方面“贾儒结合”以结交上层，另一方面参与社会公益以树口碑。热心慈善救济，关心社会建设，痴心捐资助学的最终目的，都是为了更好地维系和促进生意的兴旺发达。他们主观的目的，也在无形中产生了客观的影响，结出了累累硕果，为地方社会的稳定、发展做出了较大贡献，这是值得肯定的。

第一节　扶危济困

慈善救济是中国传统社会中的重要组成部分，无论是官方还是民间，历来对此都较为重视。一定程度上的社会救济和慈善事业的开展，不但能使得穷苦百姓的艰难生活得以维持，更是加强社会稳定的良药。商贾参与其中之后，又让慈善救济的形式朝着多元化的方向发展，是中国古代的慈善事业的又一种飞跃。

一、收养弃婴

传统社会因家庭变故、婴儿有恙以及重男轻女等，时常会出现一些弃婴。盐商为此也多有出力。如民国《淮安河下志》中记载程量越：“雍正十一年（1733），

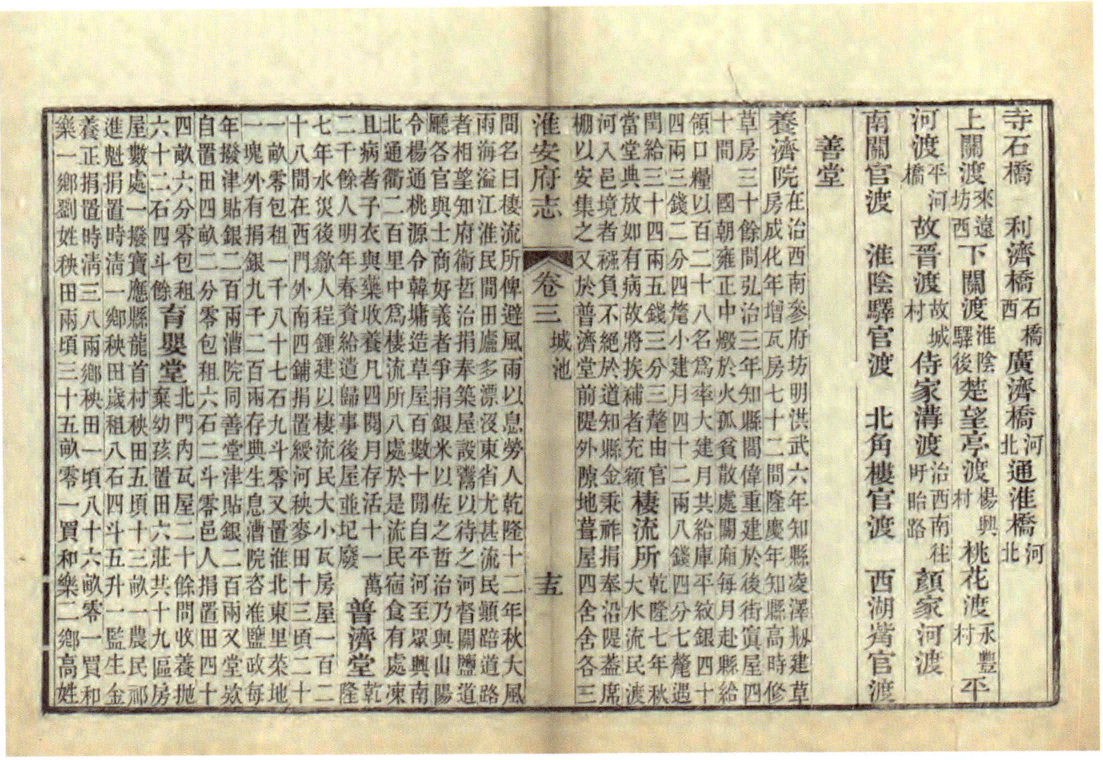

寺石橋　利濟橋西石橋　廣濟橋北河　通淮橋北河
上關渡來遠坊西　下關渡淮陰驛後　楚望亭渡楊興村　桃花渡永豐村　平
河渡平河橋　故晉渡故城村　侍家溝渡治西南往盱眙路　顏家河渡
南關官渡　淮陰驛官渡　北角樓官渡　西湖嘴官渡

善堂

養濟院在治西南參府坊明洪武六年知縣凌澤牀建草房三十餘間弘治三年知縣閻偉重建於後街賃屋四十間國朝雍正中燬於火孤貧散處關廂每月赴縣給領口糧以百二十八名爲率大建月共給庫平紋銀四兩三錢二分四釐小建月四十二兩八錢四分七釐遇閏給三十四兩五錢三分三釐由官當堂典放如有病故將挨補者充額 棲流所乾隆七年秋大水流民渡河入邑境者襁負不絕於道知縣金秉祚捐奉沿堤蓋席棚以安集之又於普濟堂前隄外隙地葺屋四舍各三

淮安府志　卷三　城池　圭

間名曰棲流所俾避風雨以息勞人乾隆十二年秋大風雨海溢江淮民間田廬多漂沒東省尤甚流民顛踣道路者相望知府衛哲治捐奉築屋設饘以待之河督闕鹽道廳各官與士商好義者爭捐銀米以佐之哲治乃與山陽令楊通桃源令韓墉造草屋百數十間自平河至眾興南北通衢二百里中爲棲流所八處於是流民宿食有處凍且病者予衣與藥收養凡四閱月存活十一萬二千餘人明年春資給遣歸事後屋垂圮廢 普濟堂乾隆七年水災後歙人程鍾建以棲流民大小瓦房屋一百二十八間在西門外南四鋪捐置緩河秧麥田十三頃二十一畝零包租一千八十七石九斗零又置淮北東里桑地一塊外有捐銀九千二百兩存典生息漕院咨淮鹽政每年撥津貼銀二百兩漕院同善堂津貼銀二百兩又堂款自置田四畝二分零包租六石二斗零邑人捐置田四十四畝六分零包租六十二石四斗餘 育嬰堂北門內瓦屋二十餘間收養拋棄幼孩置田六莊共十九區房屋數處一撥寶應縣龍首村秧田五頃十三畝一農民祁進魁捐置時清一鄉秧田歲租八石四斗五升一監生金養正捐置時清三八兩鄉秧田一頃八十六畝零一買和樂一鄉劉姓秧田兩頃三十五畝零一買和樂二鄉高姓

清代光绪《淮安府志》中关于淮安善堂的记载

出资建育婴堂于北门府下坂。”光绪《淮安府志》中也详细记载了育婴堂的发展历程：“瓦屋二十余间……置田六庄，共十九区，房屋数处。一、拨宝应县龙首村秧田五顷十三亩；一、农民祁进魁捐置时清一乡秧田，岁租八石四斗五升；一、监生金养正捐置时清三、八两乡秧田一顷八十六亩零；一、买和乐一乡刘姓秧田两顷三十五亩零；一、买和乐二乡高姓秧田二顷六十七亩零；一、买和乐五乡边姓秧田一顷三十亩零；一、买和乐五乡王姓秧田二十四亩零；一、买和乐五乡张姓秧田六亩；一、买和乐五乡余姓秧田十五亩零；一、买和乐五乡余姓秧田六十七亩零；一、买和乐五乡余姓秧田五十一亩零；一、买和乐五乡余姓秧田三亩零；一、买和乐六乡刘姓秧田一顷二十七亩零；一、买和乐六乡朱姓秧田二亩零；一、买和乐六乡陈姓秧田三亩零；一、买和乐六乡龚姓秧田四亩零；一、买时清三、八两乡梁姓秧田二契，岁租共三十六石三斗；一、买时清三、八两乡吉姓秧田三亩零；一、买和乐二乡许姓秧田七十七亩零。又，原存王肇庆典楚课库平银一千两，一分二厘行息，又，银一百五十两，一分二厘行息；又，银三百三十三两，一分行息，此一项为秋礼义学生徒经费；又，存济锦源典银七十九两三钱；又，银六十七两五钱三分二厘，俱一分八厘行息；又，出租市、住房五处，按月收租。以上各款，与淮关岁给银八十两，均以助给本堂经费，每年收支账目均在漕督衙门报销。同治十年，重修朝南住房三间，大厅三间，及厅左右廊房。厅后旧有观音殿，闰余书塾义学暂寓其内，经费由漕督拨给，与本堂无关。其收养婴孩，约计大数每年率有百数十名，经费所入，粗得敷用。”每逢凶荒，送到育婴堂的幼儿都会激增，育婴堂另有规定，“幼孩六岁以上留堂哺养，六岁以下由乳妇领养，司事者每月数次，亲诣查看，以防践踏换易诸弊，尤有心保赤者所当留意也。”

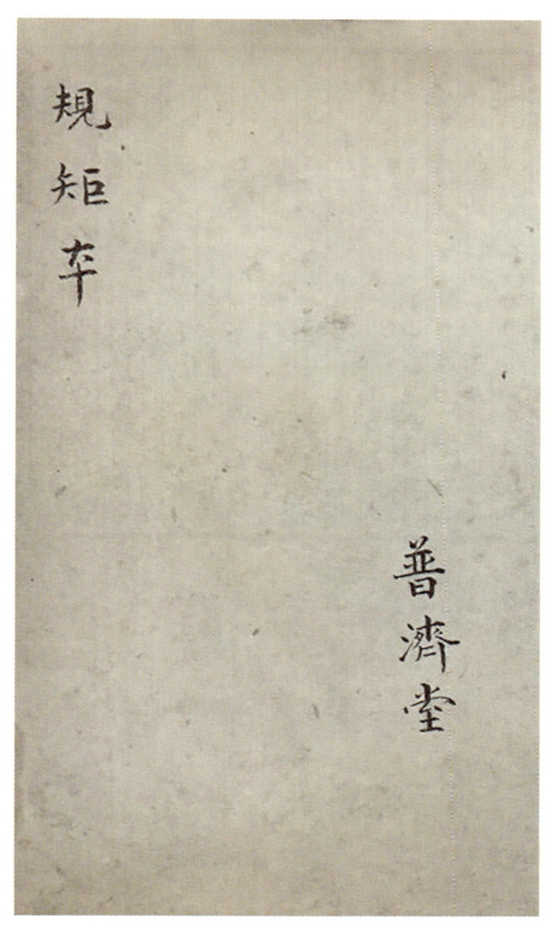

普济堂《规矩本》

二、招抚流民

流民问题，与封建王朝相始终，历来也是政权覆灭的导火索。因此，历代官方都会有相应的措施来处理流民问题。在面对这一严重社会问题时，为维系地方稳定，民间也会有一些举措来协助解决流民问题。

普济堂印章

乾隆七年（1542）淮安水灾之后，疫疠盛行，流民病毙者累累于道。徽州盐商程钟以银3000两，购买淮安西门外南四铺地方民房，建普济堂以栖之。光绪《淮安府志》记载：“乾隆七年（1742）水灾后，歙人程钟建，以栖流

淮安河下志 卷十三 流寓 二十一

戶罔卹其誠心濟物類如此癸未歲遊寧從叔祖
入祠從人謂公積善之報
程鍾歙人業鹽淮北乾隆中創立淮安普濟堂捐貲
巨萬
高宗純皇帝御書謹敦任卹四字賜之十二年水災
詔截南漕八十萬石備賑時齋普亦餓流民渡河
而南者日以千計鹽漕河道諸臣各捐廉俸廣設
棲流所於山陽清河桃源諸處鍾率同志醵金襄
其事以養流民全活十餘萬人 兩淮鹽法志
程鍾字葭應號嶰谷徽商捐職知縣性慈祥見義
勇為賑窮恤老如飢渴之於飲食淮地為南北通
衢乾隆九年水災後疫癘盛行流民病斃者眾
棄於道旁鍾惻然矜念援雍正二年 諭旨遵設
普濟堂於西門外運河岸上建房屋一所具一切
器用經費計輸銀一萬四千餘兩稟請督撫具題
奉 恩旨賞加一級職銜 御書謹敦任卹匾額
遣侍郎沈德潛使道賫賜以示褒獎堂內酌訂章
程部署有法務令人得實惠凡遠人抱病投其中
賴活者前後數萬計刊普濟堂志四冊覽者謂其
擇實之能籌思之密非僅慨義俠一輩所可及他

淮安河下志 卷十三 流寓 二十二

如建純烈女祠以顯久沉之節義刻吳山夫別雅
以飲好古之士皆事裒於道義晚歲家漸絀而好
德之志始終不衰 山陽志
從叔曾祖嶰谷公樂善好施乾隆八年創建普濟
堂收養鰥寡孤獨公年四十無子夜夢一婦曰予
純烈女也有請於君直而詢庠士許肯憲先生云
南鎮嫩有明故貞女純氏墓康熙年間余請於徐
邑侯恕清查基址依墓建祠從夢烈女携一兒至
予遂生子大桐今祠圮矣嘉慶重脩爲公郎捐貲建
祠後亦夢烈女以一子相贈乾隆丙辰元旦從叔

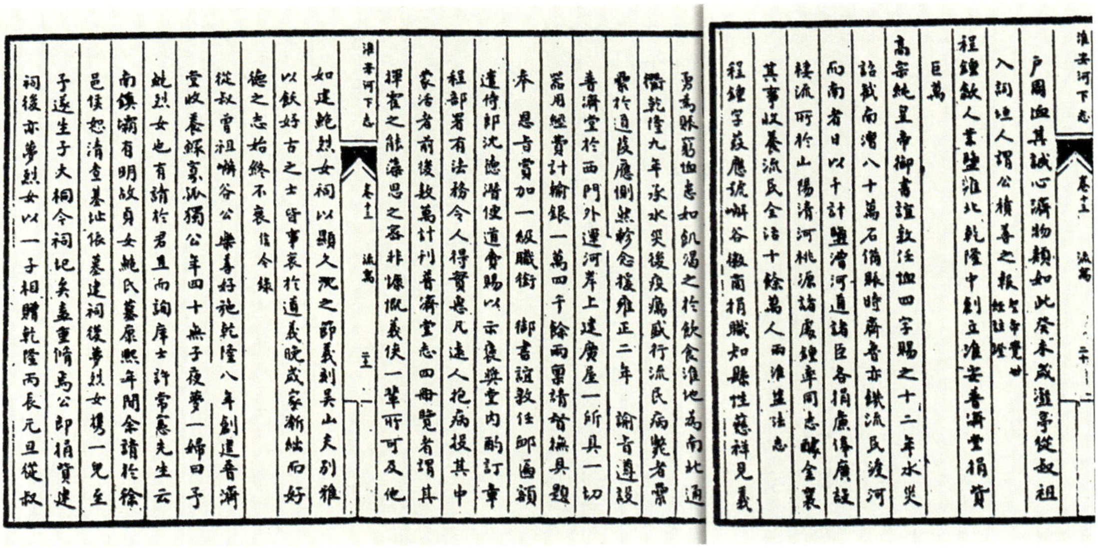

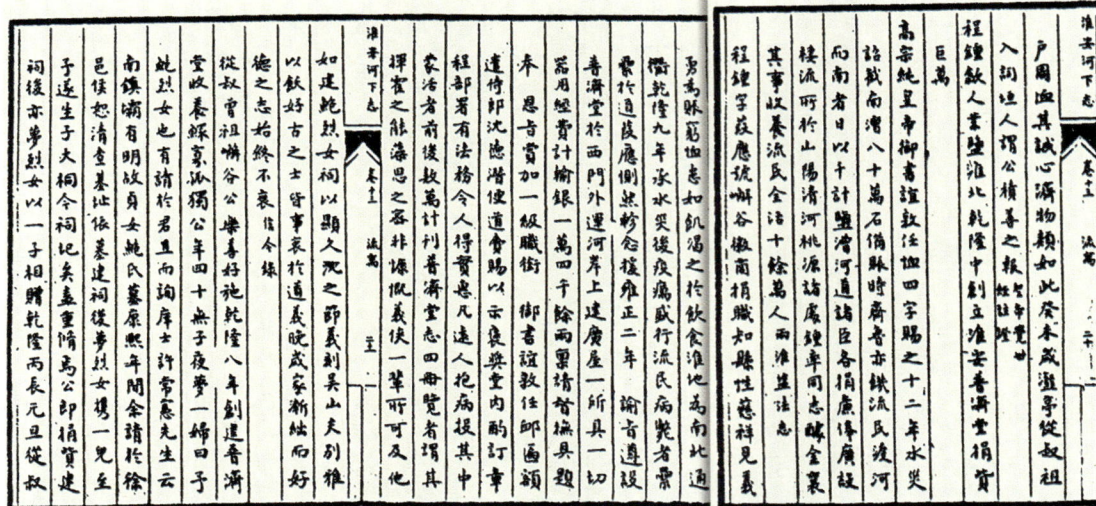

民国《淮安河下志》中关于程钟的记载

民。大小瓦房屋一百二十八间，在西门外南四铺。捐置绶河秧麦田十三顷二十一亩零，包租一千八十七石九斗零；又置淮北东里菜地一块，外有捐银九千二百两存典生息。漕院咨准盐政每年拨津贴银二百两，漕院同善堂津贴银二百两；又，堂款自置田四亩二分零，包租六石二斗零；邑人捐置田四十四亩六分零，包租六十二石四斗余。”上述史料说明了这样几个事实：其一，普济堂是盐商程钟所倡建的；其二，普济堂的创建得到了官方的认可，每年划拨了一定数额的津贴银；其三，在程钟的感召下，地方有识之士亦有所襄助。

普济堂建成后，明文列出救济范围，救济标准等，为普济堂的正常运转奠定了基础。清代淮安学者杨庆之在其《春宵呓剩》中记载了普济堂的规则如下：“乡中瞽聋癞哑而老断肢体而无收恤、疲癃残疾而无期功亲，与耄耋而不能食力者，由保举入堂。男归男宅，女归女宅。每人房一间、支脚床一具，早一膳、晚一膳，盐渍杂菜一盘。病有堂医，药至药局领，炊爨另有雇人。毋许钩结滋事，毋许不遵堂规。每逢节，亦有犒赏。但以百人为额，住房不多，本资未增，既入而复出，许；既出而又复入，不许。本以多收立愿，后有借此息肩，有美事，仍复他去，而徒使真苦之人不能投入。故限定人数，缺出方补，亦不得已也。司事者三日一点名。有暴亡者，堂倅报司事。亡者如有亲友可赠棺者，听其收敛；否，则仁人君子予以棺，亦不禁止。例概予以席土工，舁葬义冢所。”盐商做事，向来细致，如此完备的运转规则，可见程钟的良苦用心。

普济堂起到了它应有的作用，《淮安河下志》中这样记载："远人抱病投其中，蒙活者前后数万计。"程钟由此也获得了许多殊荣，他"禀请督抚具题，奉恩旨赏加一级职衔，御书'谊敦任恤'匾额，遣侍郎沈德潜便道赍赐，以示褒奖。"当然，除了建普济堂招抚流民，程钟还"建鲍烈女祠，以显久沉之节义，刻吴玉搢《别雅》，以饫好古之士，皆事衷于道义。"即便晚年家中日渐衰落，他的好德之心始终不衰。

招抚流民者还有盐商程量越。据民国《淮安河下志》中记载，康熙十年（1670），"水益大，盐城、高、宝尤甚，流民入山阳者千余户，量越筑庐栖之。"康熙十三年（1673），"三藩构乱，温、台诸郡妇女被俘过淮者甚众，量越出金赎千余人，各资给遣归"。人们感念程量越的恩德，为其立生祠。不但如此，乐善好施的程量越还在雍正十一年（1733）创建紫霄宫后楼，修前殿庑、大门等等。

三、救济贫苦

遇到贫苦者，盐商总能不遗余力地给予救济，以全活之。如盐商程鉴少时家贫，17岁补安东县诸生，后放弃科举，专心业盐而致富，成为淮北大商。程鉴"为人忠信沉毅，尤喜施予，每岁杪必遣人环视城内贫乏而资给之，

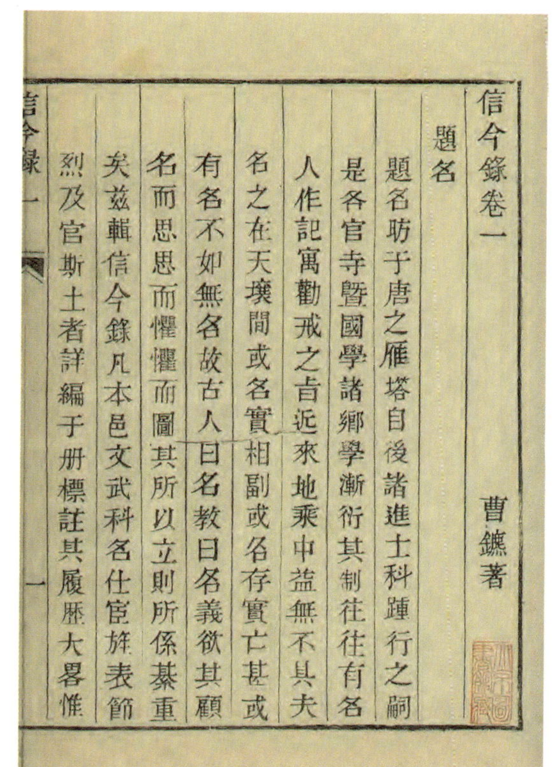
信今錄卷一

題名　　　　曹鑣著

題名昉于唐之雁塔自後諸進士科踵行之嗣是各官寺暨國學諸鄉學漸衍其制往往有名人作記寓勸戒之旨近來地乘中益無不具夫名之在天壤間或名實相副或名存實亡甚或有名不如無名故古人曰名教曰名義欲其顧名而思思而懼懼而圖其所以立則所係綦重矣茲輯信今錄凡本邑文武科名仕宦旌表節烈及官斯土者詳編于册標註其履歷大畧惟

信今錄一　　一

曹鑣《信今录》

该书由清代淮安学者曹镳所撰，阮仲瑗等增订。名为《信今录》，实为"乾隆《山阳县志》补遗"。曹镳（1744—1824），字琢文，号砺庵，室名甘白斋，江苏淮安人。其为嘉庆年间岁贡生。少从任瑗，关心乡里事务。平生以信义自将，不避劳怨。留意乡邦文献。乾隆三十九年（1774）黄河决口后，大水涌入淮安城，典籍散失。曹镳随即着手收集有关资料，并进行实地访问后，对乾隆《山阳县志》进行订正和补充。该书成稿于乾隆五十八年（1793），定稿于道光元年（1821），木刻版印于道光十一年（1831），总计10卷。

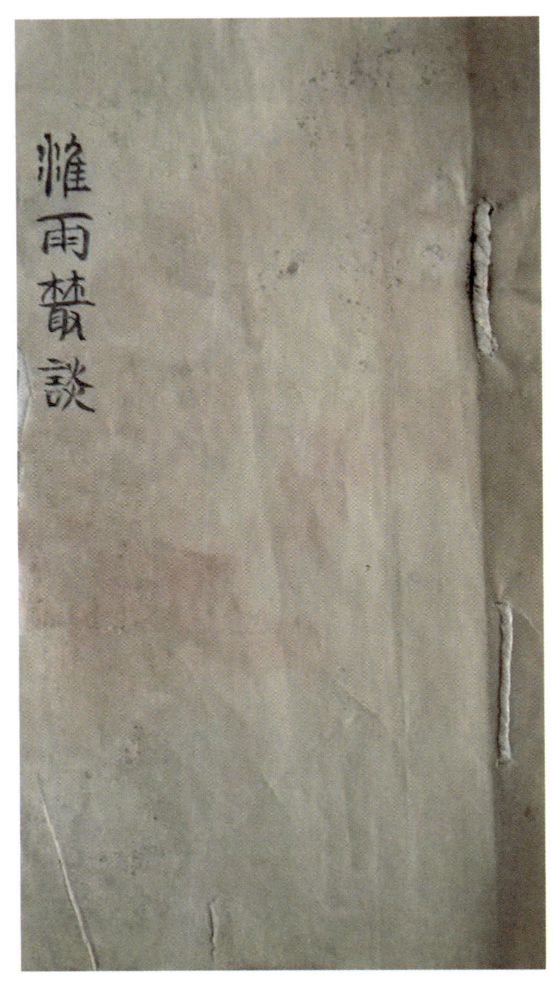

程钟《淮雨丛谈》

该书由徽州盐商程钟所撰。书中所录，林林总总，涉及历史、地理、风俗、经济、艺文各方面。上及秦汉，如淮阴侯韩信之佚闻，下迄作者当世。对于淮上一些重大的历史事件如庚申之乱、淮河泛滥、盐商骄奢、乾隆南巡等都有记录；太平军、捻军之难中死节之士女、官绅，淮地之古迹、艺文，俱有所搜求。其中还涉及盐商兴替、园林盛景、纲盐改票、清江兵劫等等内容。

被灾及丧葬之不能举者亦然。邑人曹师圣官彭泽令罢归，亏帑三千金，罪且不测，鉴慨然代师圣偿之。师圣殁，复营其殡，育其孤女，及笄择士族嫁之。一日，隆冬奇寒，方就寝，忽呜咽失声。人问其故，曰：'我被重衾而冷如此，无衣褐者何以堪之!'立起就贫民散给棉絮。"他资助贫乏者、安葬去世者、周全寒士、同情弱者，是内心的自觉，天性的使然。据清代淮安学者曹镳《信今录》中记载，程鉴之子程沆继承了其父慈善之心，同样宅心仁厚，广施仁德，"闻人道疾苦之甚者，至推箸不能下咽，泪涔涔也。"程量越亦"赈饥民、偿逋赋诸善事，行之终身"。再如王玨，程钟在《淮雨丛谈》中称其："生平轻财重义，不吝施予。宗族邻党，尤加意周恤。每岁冬寒，购絮衣若干，以给贫者。又制秧草背心若干件，以给街途行乞之辈。河下有公善堂、济贫局，岁助经费不倦。咸丰丙辰（1856），淮境旱荒，斗米价五六百，诸谷亦涌贵，贫民饥死者累累。玨购米百余石，在广福寺散赈，自冬及春，贫民藉以存活，此尤称义举云。"

第二节　捐资助学

盐商特别重视教育，尤其是徽州盐商，他们更是不惜重金培养家族读书人。据嘉庆《重修两淮盐法志》统计，

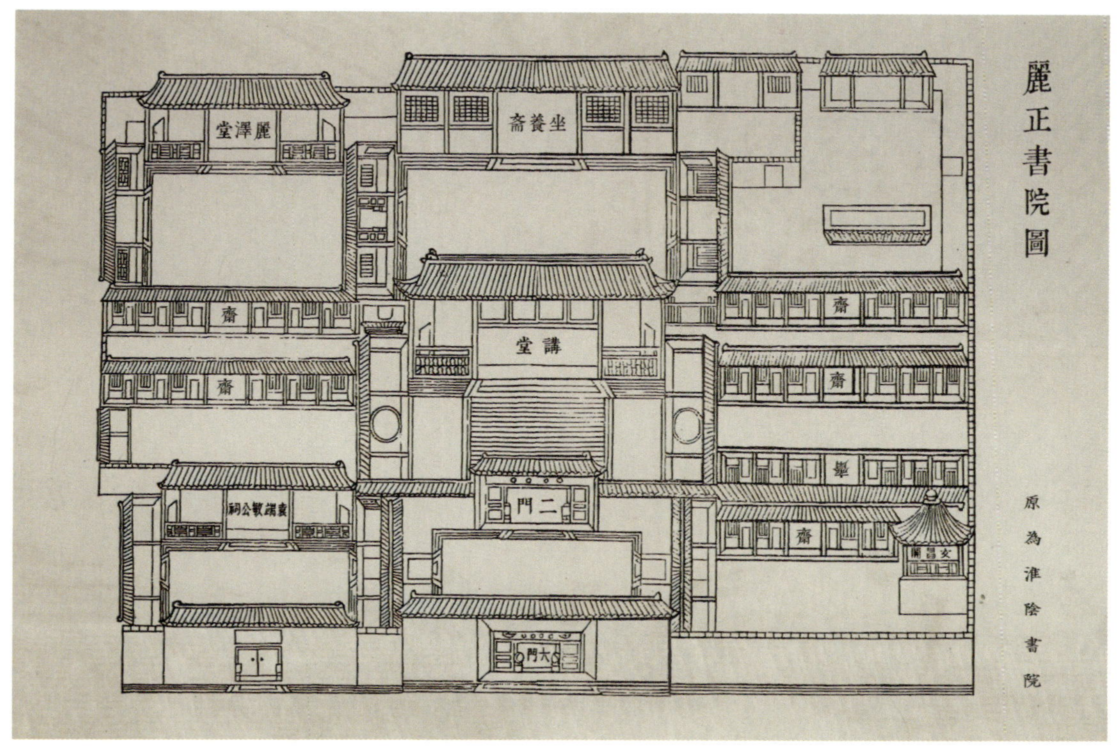

丽正书院图

由淮阴书院改扩建后的丽正书院，于清末改为淮安府中学堂，为省立淮安中学前身。新中国成立后，该校先后培养出3名中国科学院院士，知名校友遍及全国各地。

从顺治二年（1645）到嘉庆十年（1805），两淮盐商子弟登进士者有85人，中举者有116人，可谓文化成就卓然。不仅如此，盐商还为地方投入了大量财力、物力以辅助官方办学，即投入地方的文化建设。历史上淮安文风兴盛，能人辈出，与盐商捐资助学有着密不可分的关系。

淮阴书院。淮阴书院初由清代雍正晚期淮安府知府杨应瑶创办于万柳池（月湖），是当时淮安城内规模较大的一所学校。据乾隆《山阳县志》中记载：“淮阴书院，在旧城西南隅天妃宫后。旧有君子堂，因为讲堂，环号舍十五间，以居学者。经始于知府杨应瑶。乾隆六年，总漕常安、知府李璋建为淮阴书院，淮北商绅岁捐四百金以资束修膏火。七年（1740），总漕顾琮益振兴之。十年（1743），知府卫哲治、知县金秉祚遴选生童，勤加省试。提调事务则教授黄施锷、沈惊远、训导汪克绍。徐、扬向学之士自远而至，济济弦诵，称极盛焉。”乾隆六年（1741）之时，书院曾“屋舍

“淮阴书院”石额

倾圮，墙垣不治”，漕运总督常安、知府李璋便在盐商程长泰等人的帮助下重修书院。次年，漕运总督顾琮又对书院加大发展力度。建成后的淮阴书院书声琅琅，不仅教育培养淮上子弟，还吸引了徐州、扬州等周边城市读书人。

淮安府知府常安后作《淮阴书院记》一文，专门记载了淮阴书院的有关情况：“淮之旧城西南隅，有万柳园，前守杨应瑶创建书院，奈屋舍倾圮，墙垣不治，会商绅程长泰等踊跃捐助，亦乐其子弟之得叨教育也。鸠工庀材，共落成焉。其地水匝四面，一埂自东而西半里许入讲堂。堂背阴向阳，轩翥疏豁，诸生诵习之舍，人各一区。堂后为池，池上有桥，桥外有亭，多禽鱼花鸟之观，颜曰‘淮阴书院’。延先达之蓄道德、能文章者以为师，诸商又请于郡守，岁捐资四百金为馆谷膏火费，设司爨供饔飧，司阍职，启闭水，种荷蕖。门栽榆柳，太守更仿姑孰、池阳旧例，设法置田以给薪米，是余向所行于江右者，得贤太守赞襄之，复举于淮，以仰副圣天子作人之意，若其敬业乐群，不自暴弃，砥砺磨磐，共成有用之材，余更于诸生有厚望焉！”

淮阴书院不仅邀请名家讲学，地方官员也时常莅临讲学。乾隆《山阳县志》中就记载漕运总督顾琮：“公时亲临会课，文教以兴，至今守其成法。”

奎文书院。乾隆年间，淮安府知府陶易建悦道楼崇祀周公、孔子，并在空屋里召集诸生讲学，取名“惜阴书塾”。嘉庆四年（1799），时任淮安府知府宫懋弼为光大淮安文风，振兴淮安教育，率众增修书塾，同时还向富商大贾募捐，将书塾改名为“奎文书院”。增修后的奎文书院，无论是校舍规模，还是学生人数，抑或是经费来源，都有了很大改善。而好景不长，仅仅过去10来年，书院便因经费被侵占而导致发展遇到瓶颈。所幸，此时担任书院山长的是淮安府学教授张凤山，他在

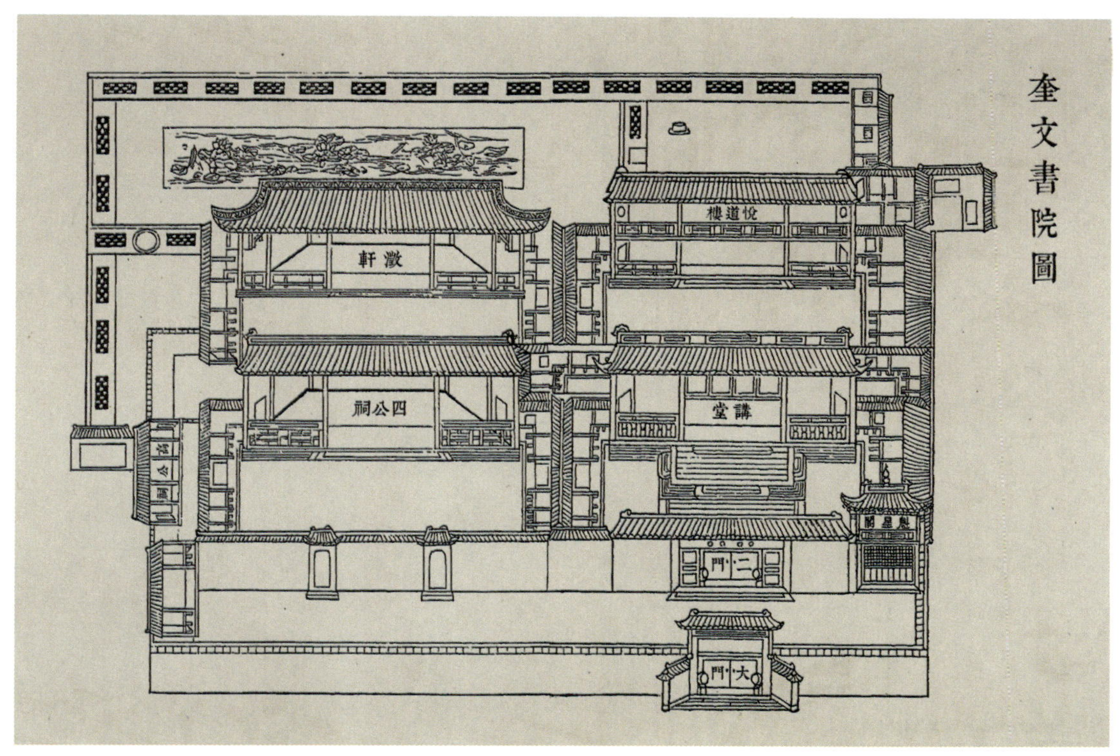

奎文书院图

奎文书院于清末改为校士馆。光绪二十八年（1902）改公立山阳县高等小学堂。民国后，为淮安县第一高等小学。校址今为淮安市文通中学。

查收经费田数百亩后，解决了书院的后顾之忧。捻军侵淮之后，书院资产大半下落不明。同治初，淮安府知府顾思尧决心重振书院，将书院由联城移建至城西北隅。书院建成后，经费来源有很多方面，其中重要一个来源就是盐务捐助。据光绪《淮安府志》中记载，时“淮北盐运分司捐银五千两，存盐务生息，岁得银六百两”。

养蒙书院。同治初年，全国各地府、州、县遵旨设立义学，以收纳贫民子弟接受教育。其主要目的，是防止这些人走向朝廷对立面。时山阳县（今淮安市淮安区）境内有多处义学。城中义学由漕运总督负责，板闸义学由钞关负责，而昔日人口稠密的河下萧条之后，创办义学能够更好地教导当地蒙童。李莘樵在《梓里待征录》中就记载了同治三年（1864）河下义学——养蒙书院的创办过程：“甲子春，督漕盱眙吴公购河下广来典基房屋，造河督署。用存砖瓦木植，并余房，计有楼六间，二门三间，群房十余间。（吴澹

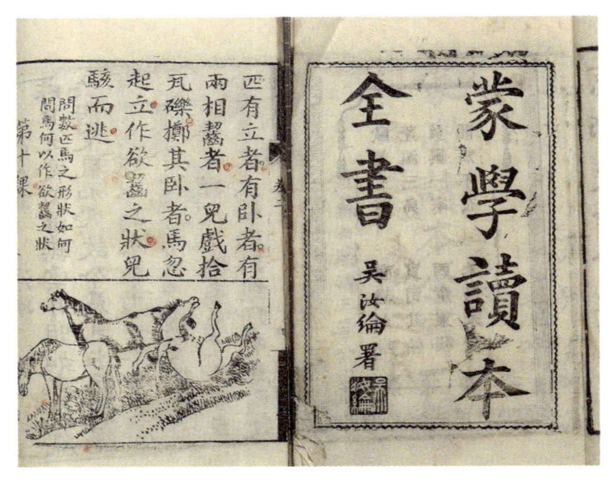

《蒙学读本全书》

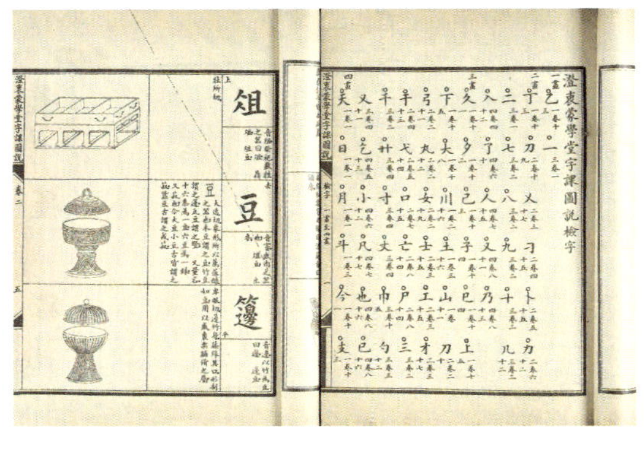

《澄衷蒙学堂字课图说》

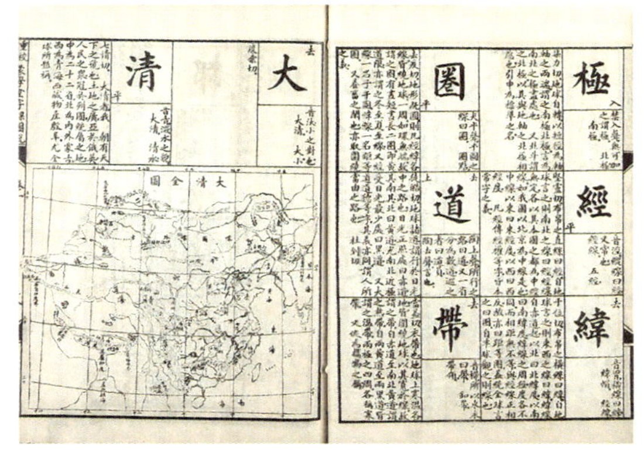

《重校蒙学字课图说》

泉）明经请于吴公，谕程秀峰明经钟、丁穆庵州倅蘧、徐宾华明经嘉，暨儿子钟骏以所遗之产为创办义学用，吴公允之。遂就其地抓挲搜剔，靡有孑遗。除留二门改为讲堂外，小楼上下四间、大门门房各一间、会客所二间不动。又移建忠义祠、男祠三楹，女祠三楹，大门一座。其中有更衣所二间，亦系余房。外计售得足制钱九百千文，发肇庆典，照一分八厘行息。延经师授童子十二人，岁致修八十千文。看院佣工一名，月给工食一千、茶水五百文。来学者，先收旧家子弟，笔墨、纸张、读本、书籍均由院中供给。同人议其名，不曰‘义学’，而以‘养蒙书院’名之。吴公颇韪焉。立有规条，详请立案。事成后，程明经、丁州倅辞去。吴公又增吴君学粹、刘君暄、方君琚、刘君熙廷、程君庆生并徐君嘉、儿子钟骏董其事，按月输司，上承下替。”养蒙书院，对学生的要求非常严格，“每月考验学生一次，或作文、或作诗、或对对、或默书、或认字，按照优绌而奖之”，良苦用心，可见一斑。此后，“张丘章秋亭太守闻而异之，谕将某罚款拨四百千文存典生息，归书院，添蒙师一位，授童子十人，每岁致送束脩五十六千文，利余归杂用。又河下应考文童，每二十日会文一次，延河下前辈有名望者命题，当日交卷，由执事者糊名，送往评定甲乙，前十名奖之。午餐一荤两蔬，概不给烛。督漕南皮张公升任去，同人又请拨款三百千文，存典生息，又添蒙师一位，如蒙师例。经馆中颇多与小试者，及肄业，文童脱颖而去者，岁不乏人。”

桂香义塾。同治七年（1868）冬，山阳县知县王鸿训遵上之令，邀淮安地方士绅公议、商议，请其“捐城内外房租一月，为兴办（义学）之用”。其中，士绅多为盐商或其后代。所收捐额仅河下即有500余千文，全数存典生息。王鸿训经多方勘定，选中玉皇殿之桂香阁创立“桂香义塾”。该义塾“额设学生十名，延师一人，岁致修脯五十千。次年增十千，正月入学，馈塾师筵资一千，庙祝工食钱月二百，茶水钱月六百，玉皇殿香火钱岁六千，纸笔书籍俱由塾发。岁修房屋一次，董事者庚与叶鸣驺广文珂。两月一轮考验，分别优绌，略给奖资。岁用经费九十余千，余款存城内总司事处。总司事者，何俊卿内阁、丁禹襄大令也。”

第三节 善举相传

盐商的善举代际相传，即便盐商的时代已经过去了，他们的后代仍会尽心尽力地方社会公益，这是一种渗透进骨子里的心理自觉。

公善堂。公善堂是道光年间淮安士商集资开设的一处公益粥厂，以救济贫苦大众温饱为开办目的。清代李莘樵在他的《梓里待征录》中记载：“公善堂，施粥所也。起自道光二十二年（1842）。初因岁歉至今，令穷而饿死者不少。程声伯明经埙慨然存拯济心，于知交中募化米石煮粥。每人每晚给粥一勺半，敷一餐，在魁星楼下两边栅栏中。冬至日起，九尽日止。嗣因人众，无地可容，且男女混杂。至己丑岁，有捐地一区、有捐钱若干者，在白酒巷底起草屋三间、大门一间，为女堂，移妇女至此居之；男

桂香义塾牌匾

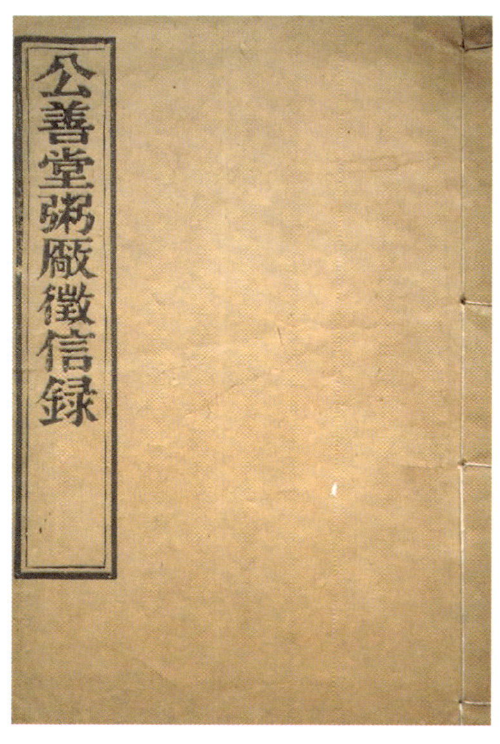

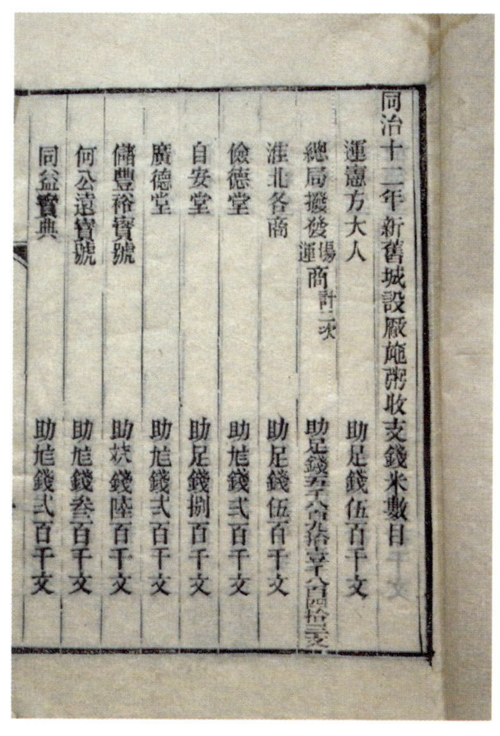

同治十二年新舊城設廠施粥收支錢米數目

運憲方大人 助足錢伍百千文

總局撥發揚運商 計二次 助足錢[illegible]文

淮北各商 助足錢伍百千文

儉德堂 助尨錢弍百千文

自安堂 助足錢捌百千文

廣德堂 助尨錢弍百千文

儲豐裕寶號 助[illegible]錢陸百千文

何公遠寶號 助尨錢叁百千文

同益寶典 助尨錢弍百千文

清末《公善堂粥厂征信录》中盐商捐赠记录

者仍在楼下。越二年，又有捐地一区，并有捐钱若干者，在状元楼北起草屋上下六间、大门一间，移男者于此，为男堂。女堂因人多，又建三间下堂。是役也，每岁广募，孳孳不倦，独任其劳者，则明经一人而已；赞成擘画，始终不懈者，杨柳岑工部也；岁出重资而踵成其事，为王两峰理问、紫垣内阁也。并邀同志者六七人，如杨锡章广文、叶鸣驺广文、吴邑懿民大令、姚金圃明经与庚也。初无存款，除两王愿助资外，则外募。或十千、或二十千以及数千，嗣启会，得数百千。一典姚姓田，一典徐姓田，均包租钱，岁入以充堂用。后有督漕盱眙吴夫人助百千，南皮张公升任去，又拨公款，存典生息，两王岁助钱六十千。由冬至起，至九尽止。或因春寒，多展十日，或展五日。每岁，先一日令地保造册取保。是夕分防点名给筹，领粥二勺半，小口减半。上下堂两堂头倍之。女堂住堂方给粥。散后锁门，次早方开。既养穷黎，又杜宵小。殁者给绳席，并给抬埋工八十文，看义地人给钱二十文，以成冢。地方亦有工食，规画井然。买米每若干石，存广福寺。每岁用煮粥夫二名。每日饭后，一人烧水，一人打米。常年日用米一斗五六升，连堂夫日食在内；人多时则二斗、三斗不等。除夕前仍散米票，或三升、二升，在河下地段，贫苦而不来食粥者。此固出资者乐善不倦，亦由司事相与有成也。某年，女堂下堂毁于火。近亦因无多人故，未复。旧男堂上下六间俱有厚板，女堂亦有，藉免湿地坐卧。此前二尹胡公容本为之也。”

“程声伯明经埙”即指盐商后代程埙，系此次义举的发起人。他多方筹措资金，孜孜不倦，乐此不疲。程埙的善举得到了同为盐商后代的王理、王辅叔侄大力支持。他们慷慨解囊，乐助其成。为使公善堂能够正常运转，程埙等人还制定了详细的章程，以“既养穷黎，又杜宵小”。

养幼堂。程埙不仅创办了公善堂，还创办了养幼堂作为公善堂的补充，专事收养“无处养赡”“即为乞丐”的幼孩。养幼堂不仅给吃给喝，还聘请教师对幼孩进行培养，待到幼孩长大，还为他们的生计考虑，“男为择业，女为择婿”。据李莘樵《梓里待征录》中记载：“养幼堂，即小人堂也。河下初无斯举，因公善堂男女两所男、妇携有幼孩，于九尽后无处养赡。胡公因念幼小即为乞丐，其将奈何？捐廉俸，不足，又从而募之，以为收养计。先制衣裤与之。藉魁星楼后一间，延师教之。一年后，扩而充之，借三元宫广为收养，名‘养幼堂’。适郡伯顾公思尧代领阜邑文田十余顷，以岁所入与城局、小人堂，按层分用。卒以田薄，岁租歉收，郡伯章公仪林出示行一文，愿在河下、下关、河北等处，日收或五六百文定额，收男女孩二十六名。初，两餐粥，继乃撙节支用，每日一粥一饭。岁寒，以棉衣之。男为

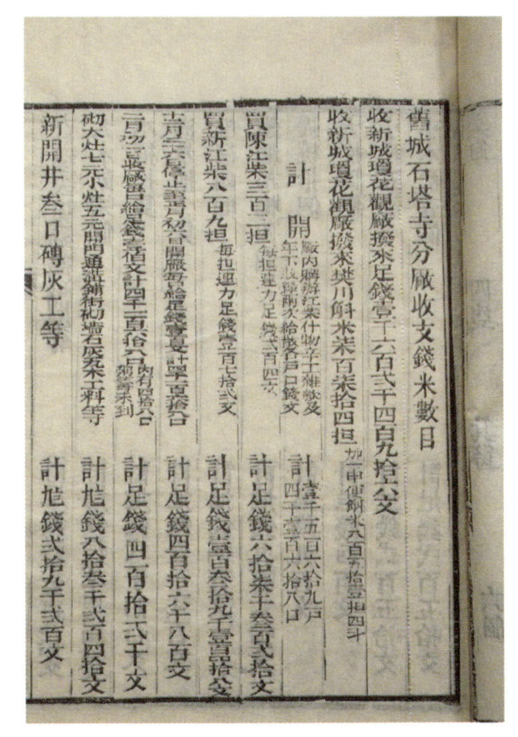

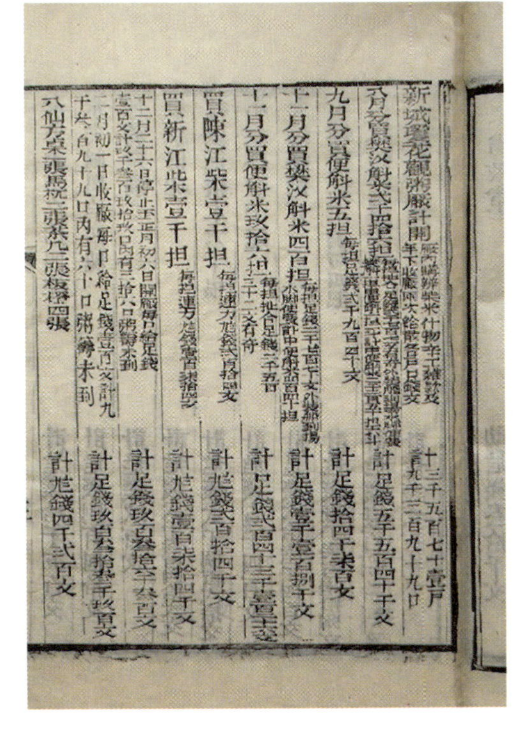

《公善堂粥厂征信录》中部分开支记录

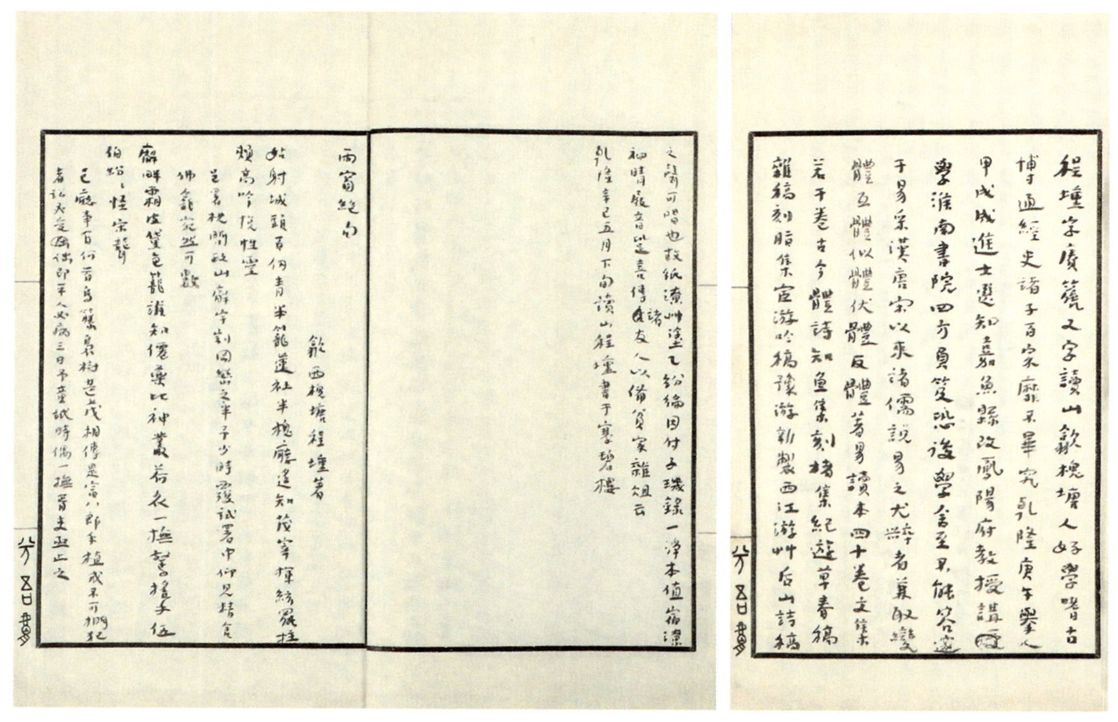

程塽《雨窗绝句》

择业，女为择婿。实心任事，始则程声伯明经塽，近则潘琴材广文桐也。”程塽之后，又由潘桐负责，其为河下十笏园主。

济稚局。在济稚局之前，城中已有收养贫民婴孩的育婴堂。但育婴堂位于府上坂，离河下有三四里之遥。同治十二年（1873），河下士绅李莘樵、张镜泉、郭抡斋等人联合发起建设济稚局，专事收养贫民婴孩。济稚局选址于湖嘴彤华宫，并向社会劝募，得到若干资助。又呈请漕运总督给予补助400千文。所得资助，均存典生息。济稚局立有条规：“凡河下男女婴孩，未及三岁者，给其母每月五百文以养之，以四十名为率，按月散给。”李莘樵先祖初由山西来淮业盐，后弃贾为儒。

量剂堂。据李莘樵《梓里待征录》中记载：“河下当盐务盛时，穷者甚少，以故贫无以验者亦不恒有。自盐务改道，失业者不知凡几，生无以养，死无以葬，此之然矣。同治壬申，有侨寓者京江张君镜泉良沅，饶于财，力行善事。慨然创施棺木之议，黄蕙伯鹾尹赞成之。以□百千置二帝阁东住房一所，每月行租充用。岁往南购杉板一次，归即预锭成具。每钉工约三百余文。领者经本坊地保呈明，司事亲履其处验明，并给抬埋费钱□百文。现又置义地两所，一在礼字坝北，以葬男；一在头桥下，以葬女。经绅土许凝秀等呈请立案，板具存竹巷玉皇殿。”从这段记载可以看出，至同治十一年（1872）之时，河下已经大量出现失业者，有许多人“死无以葬”。面临这样的局面，镇江商人张良沅、原富安盐场大使黄海长便想到了开一个“施棺木”之所，而后他们出资购房再出租，以租金作为量济堂经费之用，解决了当时河下不少流民的安葬问题。

热心社会公益除了给盐商带来了良好社会口碑，促进了事业发展，还不时为自己带来意想不到的收获。如创建普济堂的程钟，据地方志记载：“徽商程葭应，乐善好施。中岁无子，忽梦一妇抱一儿谓曰：‘君善士，当以此延君后。’程梦中问曰：‘子何人？’曰：‘吾鲍烈女也，有墓在某处。’及醒，记识宛然，自此得子。然素不知所谓鲍烈女者，如梦中言，物色之。于下一铺关旁，得其迹，询之故老，益悉颠末。既心感其施，又憬然于芳洁之魂，久而不灭，乃大出资，陈其贞节事迹于官，乞请旌典，恢廓其祠宇，葺其墓，建坊树碑，置人奉香火。其子稍长，每令节朔望，必令躬诣祠焚香展拜。”这里提到的鲍烈女，是徽商的后代，程钟于乾隆六年（1741）为其请求旌表，得到批准，重建鲍烈女祠。新建的鲍烈女祠，“辟故基，拓而大之，缭以门垣，堂寝具备，于是绰楔巍焕，栋宇崇隆，而贞烈之迹历久而愈新。”乐善好施的程钟，因此之故，中年得子。过程虽带有神秘色彩，但不能不说明这是人们对人性之善的褒扬。

后　记

淮安市淮安区政协主席、党组书记　关晓卫

盐业经济是我国古代社会经济的重要组成部分，历代倍受统治阶级重视，并影响到政治、经济、文化、军事等社会诸多方面，以至有“专煮海之利，以为赡国之术”（《议减盐价诏》）。从先秦到汉唐以来，两淮（指江苏省淮河南北地区）区域皆为海盐的重要产地，“东南盐利，视天下为最厚”（《宋史》）。元代时，意大利旅行家马可·波罗来到中国，在其所著《马可·波罗行记》中记载淮安城“是一甚大城市”“此城制盐甚多，供给其他四十城市之用。由是大汗收入之额甚巨”，可见当时淮安已成为全国重要的食盐集散地。特别是明清时期，淮安以其府境横跨淮河南北的独特地理优势，随着国家推行盐法新政，迎来了盐政机构、盐商等纷纷迁淮，并在河下一带形成了独具特色的盐商社区，对淮安当地的政治、经济、文化、教育、卫生、饮食等方面产生了广泛的影响，盐业也与“河、漕、榷、驿”一同，成为运河之都——淮安城市发展的五大柱石，举足轻重。

为了说清历史上盐政制度与淮安关系，弄清盐产业在淮安的体系，理清盐商与淮安的联系，淮安区政协从2021年起，组织文史专家及特邀文史委员，历时2年，精心编写了《淮安盐商》一书，是淮安区政协文史工作中取得的又一项重要研究成果。在该书编写过程中，淮安区文广旅游局副研究员刘怀玉负责第一章“盐政与淮安盐业发展”，江苏省社会主义学院办公室四级主任科员罗志负责第二章“盐商与淮安盐业”，淮安区政协办公室副主任叶占鳌、淮安区文史资料研究中心编辑张璞负责第三章“淮安盐商家族与人物”，张璞负责第四章“盐商生活与地方文化发展”，江苏省淮安工业中等专业学校高级教师徐爱明负责第五章“盐商与淮安教育发展”，淮安区第二人民医院中医主治医师田富生负责第六章“淮安盐商与山阳医派”，淮安市市志办编辑李想、李静华负责第七章“盐商与淮扬菜”，淮阴工学院马克思主义学院副教授解军、淮安区人大办公室副主任徐波、张璞负责第八章“盐商与淮安城市建设”，清华大学建筑图书馆馆长贾珺教授负责第九章“淮安盐商的豪宅园林”，解军负责第十章“盐商与社会公益事业”。全书由张璞统稿，徐爱明统校。

编写过程中，中共淮安市淮安区委书记颜复、淮安区人民政府代区长邓萌对本书给予了关心和支持，颜复书记还欣然为本书撰写序言；淮阴师范学院原党委副书记、《江苏地方文化史·淮安卷》主编顾建国教授亲自担任本书总编审；清华大学建筑图书馆馆长贾珺教授、淮安市政协文化文史委一级调研员季祥猛、淮安区历史文化研究会会长金志庚以及文史专家刘怀玉先生对本书的编写给予了悉心指导；本书责任编辑、中国文史出版社第五编辑室主任窦忠如为《淮安盐商》的出版提供了大力的支持，在此一并致以衷心的谢意和敬意。

限于编写时间仓促、编写水平有限，本书在编写过程中难免会有疏漏、谬误之处，恳请专家和读者批评指正，以待再版时校正。